MATLAB과 함께 하는

금융수학입문

데즈먼드 하이엄 지음
추정호 · 황석정 옮김

KM 경문사

옮긴이 머리말

파생상품은 어떻게 보면 참으로 단순하게 움직이는 듯하지만, 실제로는 기초 자산과 전혀 다른 방향으로 움직이기도 한다. 파생상품의 대표격이라 할 수 있는 옵션은 주식처럼 값이 오르면 무조건 이득을 보는 것이 아닌, '수익 구조'라는 틀을 가지고 있고 기초 자산이 그 조건을 만족시켜야만 이득을 얻는다. 그렇다 보니 옵션 가격을 내는데 기초 자산이 그 조건을 만족시킬 확률이 매우 중요한 요소가 된다. 그 확률을 구하기 위해 여러 가지 가정(assumption)을 첨가하고 확률 분포를 더하고, 이를 모두 섞어 블랙-숄즈라는 마법의 상자로 부터 옵션의 가격을 얻어낸다. 덕분에 처음 접하는 사람들에게 옵션의 가격은 마치 우주선을 타고 나타난 듯한 다른 세상의 무엇처럼 느껴지기도 한다.

《은하수를 여행하는 히치하이커를 위한 안내서》라는 소설에 'DON'T PANIC'이라는 유명한 문구가 나온다. 이 문구는 심각하게 복잡해 보이는 기계를 이용해 은하수 사이를 여행하는데 지레 겁먹지 말라는 의미로 나오는 말이다. 옵션의 평가를 공부하는데 이 말을 똑같이 적용할 수 있을 것 같다. 오히려 소설 속처럼 기괴하고 뜬금 없는 일은 없고, 알고 보면 학교 다니면서 배운 미적분학에 기반하여 이야기가 전개되므로 은하수 여행보다 쉽고 재미있지 않을까 생각한다.

옵션 가격을 구하는데 가장 먼저 수학적인 지식이 필요하고, 그와 더불어 값을 계산해내기 위한 프로그래밍 능력도 필요하다. 이 책의 장점은 어렵지 않은 말로 옵션 평가 방법을 설명하면서 각 장의 말미에 MATLAB으로 짠 코드를 제시한다는 것이다. 이 책의 구성처럼 이론을 차근차근 학습하고 MATLAB 코드를 통하여 실제로 결과를 확인해 나가다 보면, 학습을 마칠 때 쯤 문무를 모두 갖출 수 있을 것이라고 생각된다.

옮긴이들이 처음 이 책을 접했을 때, 정말 많은 도움을 받았고 매우 잘 쓰인 책이라는 인상을 받았다. 머리말에서 저자는 이 책의 대상으로 수학 및 관련 학과 학생을 지목했지만, 실제로는 더 많은 범위의 사람들이 읽을 수 있는 책이라고 생각한다. 부디 우리의 번역이 이 책의 가치를 떨어트리지 않길 바란다. 그리고 이 책을 출간하는데 많은 도움을 주신 김희동 전무님을 비롯하여 이강서 팀장님 이하 OTC트레이딩팀 팀원분들께 감사의 말씀을 드리며, 경문사 관계자들에게도 감사를 표한다.

2011년 8월

여의도에서 옮긴이 일동

지은이 머리말

이 책의 목적은 수학, 통계학 및 이와 관련된 분야의 학부생에게 금융상품의 하나인 옵션(option)의 가치 평가를 재미있고 생동감 있게 소개하는 것이다. 선수 과목은 최소한으로 한정하였다. 이 책의 독자는 대학 수학 1년 과정의 미적분학 실력을 가지고 있다고 가정한다. 확률론과 통계 또는 수치해석학에 대한 기본 실력은 요구하지 않는다. 하지만 이에 관한 지식을 가지고 있다면 이 책을 처음 읽더라도 내용을 이해하는데 많은 도움이 될 것이다.

책의 내용은 작은 장(章)의 형식으로 구성된다. 한 개의 장(章)은 학기 중에 한 시간의 강의로 소화할 수 있는 양이다. 이 책은 스트래스클라이드(Strathclyde) 대학에서 Xuerong Mao 교수와 같이 강의를 했던 파생 상품에서의 수학이라는 학부 4학년 과목에서 발전한 것이다. 이 강의는 수학 또는 통계를 전공하는 학생 또는 수학, 통계, 경제, 경영, 회계, 컴퓨터 공학, 물리 등을 복수 전공하는 학생을 대상으로 한다. 개인적인 생각으로 이러한 강의는 아래의 두 가지가 중요하다.

- 학생의 관점에서는 이러한 주제를 미래의 잠재 고용주에게 관심을 끌 수 있는 것으로 여긴다.
- 교수의 관점에서는 이 주제는 수리적 모델링, 해석, 확률론, 수치해

석의 근본적인 아이디어를 제공한다.

옵션의 가치 평가에 대한 좋은 책은 많다. 그러나 강의를 준비하는 과정에서 아래의 분야에 대하여 균형감 있게 강조하는 한 권의 입문서가 있으면 좋겠다는 생각을 하였다.

- 응용 수학
- 확률 과정론
- 계산 알고리즘

고전적인 응용 수학의 관점은 Wilmott, Howison, Dewynne(1995)의 교재에 잘 나와 있다. 이 책의 목적은 위의 책에 비하여 (옵션 가치평가에 대하여 한정함으로써) 서술 범위를 줄여서 편미분 방정식에 대한 설명을 줄이고, 확률 모델링과 시뮬레이션에 보다 강조하여 전체적으로 비슷한 수준을 유지하는 것이다.

이 책의 중요한 특징은 다음과 같다.

(i) 기본적인 대수정규분포의 자산 가격 모델에 대하여 자세한 유도 및 논의를 하였다.
(ii) 이항 모형, 유한차분법, 몬테카를로 방법에 대하여 비슷하게 강조하여 설명하였다. 특히, 몬테카를로 방법에서 분산 감소법(variance reduction)에 대하여 자세하게 설명하였다.
(iii) 설명의 방법으로서 많은 계산 예제와 그림을 제시하였다.
(iv) 주요 알고리즘을 구현한 독자적인 MATLAB 코드의 전체 리스트와 이해하기 쉬운 설명을 첨부하였다. 본문의 내용은 MATLAB 코드와 별개로 읽을 수 있다. 다른 언어에 익숙한 독자는 MATLAB 코드를 쉽게 다른 언어로 바꿀 수 있다.

간단하게 말하면, 이 책은 내가 스트래스클라이드(Strathclyde)에서 강의를 준비할 때 있으면 좋겠다고 생각한 바로 그 책이다.

이와 같은 책을 계획할 때에 확률 미적분학의 수준을 결정하는 것이 매우 중요하다. 이 책의 철학은

> 측도(measure)를 바탕으로 하는 엄밀한 확률과정론은 아름다울지 몰라도 학부생이 공부해서 이해하기에는 어렵다. 반대로, 몬테카를로 시뮬레이션은 상대적으로 이해하기 쉬운 개념이며, 예제를 잘 선택하면 (엄밀하지 못한) 발견적 방법 (heuristic)의 주장을 보충할 좋은 방법론이다.

그러므로 이 책에서는 엄밀하지는 않지만 계산 예제를 많이 제시하는 수준에서 확률 미적분학을 다룰 것이다. 이 책에서 발견적(heuristic) 논의의 기초로서 중심 극한 정리(Central Limit Theorem)에 매우 의존한다. 중심 극한 정리를 엄밀하게 증명하기 위해서는, 분포로서의 수렴(convergence in distribution)을 보다 강력한 수렴 조건으로 바꾸어야 한다. 그러나 독자들의 접근성(accessibility)을 높이고 이 책의 목적과도 부합한다면 곳곳에서 엄밀성을 포기하였다.

실제로, 블랙-숄즈의 편미분방정식을 유도할 때 이토(Itô)의 보조정리를 명시적으로 참조하지 않는다. 이토(Itô)의 보조정리를 발견적 방법으로 유도한 후에 하나의 간단한 경우에 대하여 적용하는 것보다, 뛰어난 설명을 하고 있는 Almgren(2002)의 논문과 비슷하게 발견적 방법을 직접 적용을 하는 것이 보다 교육적이라고 판단하였다. 적어도 학부생의 경우에는 참고문헌을 따라 읽고 실제 상황에 적용하고자 하는 동기부여를 받기바란다.

각 장(章)의 앞에 있는 중요항목(bullet point)만을 골라 읽으면 이 책

의 내용에 대하여 감을 잡을 수 있을 것이다. 뒤에 위치한 많은 장(章)들은 각각 독립적으로 읽어도 되고, 심지어는 생략해도 상관없다.

연습문제는 각 장(章)의 끝에 주어진다. 개인적인 경험으로는 적극적으로 문제 풀이를 하는 것이 가장 좋은 배움의 자세이기에, 학생들이 항상 이 책의 연습문제를 이용하기를 권장한다. 각각의 문제에는 별이 붙어 있다. 별이 한 개인 문제는 해답이 비교적 쉽고 짧은 것이며, 별이 세 개인 문제는 해답이 가장 어렵고 긴 것이다. 홀수 번의 문제에 대한 간단한 해답을 아래에 제시하는 웹사이트에서 구할 수 있다. 짝수 번의 문제는 여전히 교육자료로서 남겨 둔다. 어떤 문제는 본문의 내용에서 가장 중요한 것일 때도 있다. 자습을 하는 사람을 돕기 위하여, 이런 문제들은 가급적 홀수 번에 나오도록 노력하였다.

위와 같이 짧고 간단한 머리말은 수박 겉핥기에 불과하다. 그러므로 각각의 장(章)에서, 중요한 누락에 대하여 개인적인 힌트를 제공하는 주석 및 참고문헌(*Notes and references*)의 절(節)로 끝을 낸다. 모든 참고문헌은 이 책의 마지막 장(章)에 수록하였다.

교육 및 재미의 목적으로 각각 장(章)의 마지막에 몇 개의 인용을 제시하였다. 어떤 것은 본문의 사고를 강조하는 것이고, 어떤 것들은 의문을 제시하는 것이다. 금융수학은 명백한 오류를 가지고 있거나 또는 그렇게까지 분석할 가치도 없을 것 같은 간단한 모형을 기반으로 하는 매우 현학적인 해석이라는 점이 아이러니하다. 강의 노트를 준비할 때에, 권위 있고 간략한 인용이 이러한 긴장을 강조하는 방법으로 매우 효과적임을 알았다. 스트래스클라이드(Strathclyde) 대학의 어떤 학생은 본문의 내용보다 인용에 더 많은 시간을 투자하는 것을 보고 불편한 기분을 느꼈다. 그래서 가급적이면 인용들이 본문의 내용을 요약하는 방식이 되도록 구성하였다. 대부분의 인용들은 그 장(章)의 내용과 연관이 있다. 그러나 삭제하기에는 너무 좋은 몇몇의 인용들은 책의 전 영역에 골고루 분배를 하였다.

이 책의 홈페이지는 www.maths.strath.ac.uk/~aas96106/option_book.html이다.[1] 여기에는 다음의 것들이 있다.

- 이 책에 수록한 MATLAB 코드
- 홀수 번 연습문제의 개괄적인 풀이
- 이 책에서 언급한 웹사이트들에 대한 링크
- 몇 개의 컬러 그림
- 오류 수정 목록
- 이 책에 수록하지 않은 인용들

이 책에 많은 영향을 끼친 몇몇 사람들에게 감사를 표한다. Nick Higham은 초기 원고에 많은 비평과 조언을 주었다. Vicky Henderson은 본문의 내용과 연습문제의 해답을 검토하였다. Petter Wiberg는 주가를 다루는 MATLAB 코드를 나에게 알려 주었다. Xuerong Mao는 활기찬 토론과 공동 연구를 통하여 확률 과정론과 이것의 금융수학에서의 역할에 대한 나의 이해를 넓혀 주었다. 게다가, 5명의 검토자는 선입견 없는 피드백을 주었다. 특히, 이 책에서 사용한 엄밀하지 못한 확률 과정론에 대하여 긍정적이지 않은 한 명의 검토자는 끊임없이 나에게 지적을 해주었고, 이로 인해 책이 많이 발전하였다. 마지막으로, 스트래스클라이드(Strathclyde)의 3학년 학생들이 내가 금융수학의 내용을 보다 넓은 대중에게 어떻게 설명을 해야 하는지에 대한 나의 생각을 형성하는 것에 많은 도움을 주었다.

[1] http://personal.strath.ac.uk/d.j.higham/option_book.html로 변경되었다. (옮긴이 주)

MATLAB programs

계산 알고리즘을 잘 이해하고 있는지를 확인하는 가장 좋은 방법은 실제 프로그램을 작성하고 실행해 보는 것이다. 이런 이유로, 각 장(章)의 뒷부분에 프로그램과 연습 이라는 절(節)을 만들어 두었다. 각각의 프로그램은 중요한 주제를 잘 설명해 주는 것이다. 이러한 프로그램들은 앞에서 언급한 웹사이트에서 구할 수 있다.

모든 프로그램들은 MATLAB[2]으로 쓰였다. 아래와 같은 이유에서 MATLAB을 선택하였다.

- 좋은 난수 발생기와 편리한 그래프를 제공한다.
- 행렬 연산 및 통계에서 내장된 고급 명령어를 제공한다.
- 다양한 종류의 하드웨어에서 작동된다.
- 수학과와 컴퓨터 공학과에서 널리 사용되고 있고 때때로 과학 계산이나 수치해석 과목의 기초로 이용되고 있다. 학생은 적당한 가격에서 개별 정품을 구입할 수 있다.

나는 효율성이나 우아함보다 정확성과 명확성에 염두를 두고 프로그램을 작성하였다. 나는 MATLAB이 제공하는 벡터 연산을 많이 사용하였다. 이것은 배열의 내용에 직접 접근하거나 `for` 루프를 사용하지 않게 해준다. 이렇게 하는 것이 배열을 직접 접근하는 것에 비하여 프로그램의 길이가 짧고, 실행 시에 보다 빠르고, 가독성을 높여준다. 의미 있는 주석이 각각의 코드 내부와 본문에 첨부되어 있다. 이러한 주석을 통하여 실행 당시의 MATLAB의 정보를 제공한다. 보다 구체적인 MATLAB의 설명이 필요하면, Higham and Higham(2000)을 참조하는 것이 좋다.

---

[2]MATLAB은 The MathWorks사의 등록상표이다.

이 책에서는 추가 비용이 소요되는 매틀랩 툴박스(MATLAB toolboxes)는 사용하지 않았다. 이는 (a) 이 책이 기본적으로 모델과 알고리즘의 이해를 강조하는 책이지, 패키지를 블랙박스처럼 사용하는 것은 아니다. 그리고 (b) 단지 MATLAB 사용자 중의 몇몇만이 툴박스를 사용 가능하기 때문이다. 그러나 MATLAB을 이용한 옵션 계산의 효율을 고려하는 사람은 금융, 통계, 최적화, 편미분 방정식 등의 toolbox를 고려해보는 것이 좋을 것이다.

Java, C 또는 FORTRAN과 같은 언어를 이용하여 과학연산에 익숙한 독자들은 이 책에 있는 MATLAB 코드를 별 무리 없이 읽을 수 있을 것이다. 과학연산에 경험이 없는 사람은 더 많은 노력이 필요하겠지만, 그 노력은 곧 성과를 낼 것이다.

MATLAB은 The Mathworks사가 개발한 상용 소프트웨어이고 The Mathworks사의 홈페이지는 `www.mathworks.com/`이다.

여기에 있는 각각의 프로그램은 전적으로 독립적이며 이 책은 각각의 MATLAB 프로그램의 참조 없이 읽을 수 있다는 것을 다시 한번 더 강조한다. 그러나 프로그램은 이 책의 중요한 요소를 구성하며, 프로그램을 이해하면 이 책의 많은 부분을 이해하는 것이 된다.

Disclaimer of warranty

이 책에 포함된 프로그램이 에러가 없고, 상용품의 표준과 일치한다거나 또는 특정 응용 프로그램이 당신의 요구에 만족한다는 것을 명시적 또는 암묵적으로도 보장하지 않는다. 이 프로그램은 잘못 구해진 해가 궁극적으로 사람에게 손상을 주거나 재산의 손실이 발생하는 문제에 적용해서는 안 된다. 만약에 이러한 문제에 이 책에 있는 프로그램을 이용한다면, 발생하는 위험은 사용자가 책임을 져야 한다. 저자와 출판사는 프로그램의 이용에서 발생하는 직접 또는 간접의 손실에 대하여 책임을 질 아무런 의무가 없음을 밝힌다.

차 례

그림 차례

1 장

옵션

개 요

- 유럽식 콜옵션과 풋옵션
- 수익구조 그래프
- 옵션 거래의 방식과 이유

1.1 옵션이란?

이 책에서는 현재의 가치를 알고 있지만, 미래에는 그 가치가 변화하는 금융상품에 자산(*asset*)이라는 용어를 사용한다. 다음은 전형적인 예이다.

- 일반 회사의 보통주(share)
- 금, 원유, 전기와 같은 원자재(commodity)
- 통화 (예: USD 100$에 대응하는 유로화)

앞으로 나오는 장(章)에서 자산에 대하여 많은 언급을 할 예정이다. 그러나 여기에서 바로 옵션(*option*)에 대한 정의를 하겠다.

정 의 유럽형 콜옵션은 발행자로부터 미래의 미리 정한 시점에 미리 정한 가격으로 미리 정한 주식을 살 수 있는 (의무가 아닌) 권리를 소유자에게 주는 것이다.

미리 정한 가격을 행사가(exercise price, strike price)라고 하고, 미래의 미리 정한 날을 만기일이라 한다.

예로써, 오늘 당신의 친구인 스마트 교수(옵션의 발행자)가 지금으로부터 3달 후에 IBM 회사의 주식 100주를 $1000에 살 수 있는 권리를 당신에게 준다고 생각해 보자. 3달이 지난 만기일에 당신의 행동은 아래의 둘 중 하나가 된다.

(a) 만약에 100주의 IBM 주식의 실제 가격이 $1000 이상이 되면, 당신은 스마트 교수로부터 주식을 살 수 있는 권리를 행사할 것이다. 왜냐하면, 바로 시장에 되팔아서 수익을 낼 수 있기 때문이다.

(b) 100주의 IBM 주식의 실제 가격이 $1000 이하가 되면, 당신은 스마트 교수로부터 주식을 살 수 있는 권리를 행사하지 않을 것이다. 왜냐하면, 그 거래는 가치가 없기 때문이다.

옵션의 소유자는 주식을 사야 하는 의무가 있지 않기 때문에, 손실이 나지는 않는다.((a)의 경우에는 수익이 나고 (b)의 경우에는 수익도 손실도 나지 않는다.) 반대로, 스마트 교수는 만기시점에 수익은 나지 않고 손실의 가능성은 한정이 없다. 이와 같은 비대칭성을 보상하기 위해서는 옵션 계약이 체결되는 날(위의 예에서는 오늘) 당신은 옵션의 가치에 해당하는 돈을 스마트 교수에게 지불을 하는 것이 맞다.

유럽형 콜옵션의 반대는 유럽형 풋옵션이다.

정 의 유럽형 풋옵션은 발행자로부터 미래의 미리 정한 시점에 미리 정한 가격으로 미리 정한 주식을 팔 수 있는 (의무가 아닌) 권리를 소유자에게 주는 것이다.

이 책에서 언급하는 가장 중요한 질문은 옵션 소유자는 옵션의 권리 소유로 얼마를 지불해야 하는가이다. 바꾸어 말하면, 옵션의 공정가를 어떻게 계산하는가이다.

이 질문에 답하기 위해서는 자산 가격의 거동에 관한 수학적 모델을 만들어야 하고, 공정성에 대한 정확한 해석을 하여야 하고, 그러고 나서 여러 가지의 해석을 추가하여야 한다. 다음에 나올 여러 장(章)에서 행해지는 단계들이 그 유명한 블랙-숄즈 공식을 유도하는 중간과정들이다. 보다 실용적인 문제와 이색옵션을 계산하기 위해서는 계산 알고리즘이 필요하며 이러한 것들이 책의 후반부를 구성한다.

이 장의 나머지 부분은 옵션이 어떻게, 그리고 왜 거래가 되는가에 대하여 설명을 할 예정이다.

1.2 옵션을 공부하는 이유는?

옵션이 매우 유행하기 시작했다. 너무 유행하여서 기초자산인 주식보다 옵션에 투자되어 있는 현금의 양이 더 많아졌다. 그렇다면 왜 옵션이 주목을 받는 것일까? 두 가지 중요한 이유가 있다.

(1) 투기(speculation)와 헤지(hedge)의 두 가지 목적의 경우에 옵션은 투자자에게 매우 매력적이다.
(2) 옵션의 가치를 결정하는 조직적인 방법이 있기 때문에, 투자자는 어느 정도의 신뢰성을 가지고 옵션을 거래할 수 있다

(2)번 항목이 이 책의 주제이다. (1)번 항목을 설명하기 위해서, 당신이 마이크로소프트사의 주가가 오를 것이라고 믿는다면, 적당한 콜옵션을 매수함으로써 투기를 할 수 있다. 일반적으로 주식을 매수하는 것보다 옵션을 매수하는 것이, 초기 투자금액에 비하여 상대적으로 큰 수익을 얻을 수 있다.[1] 반대의 경우로서, 당신이 미국 회사의 주인이며 3달 후에 미리 정해진 유로화의 가격으로 독일의 공장을 구매하기로 결정했다면, 유로화에 대하여 달러화의 가치가 절하되는 경우에 수익이 나는 옵션에 매수함으로써 리스크를 헤지할 수 있다.[2]

더 매력적인 것은 다른 종류의 옵션을 조합함으로써 다양한 종류의 기초자산의 거동에 수익을 낼 수 있는 포지션을 구성할 수 있다. 이것을 이해하기 위해서는, 수익구조(payoff diagrams)라고 하는 그래프를 이용하여 옵션을 시각화하는 것이 유용하다.

E를 행사가라 하고, $S(T)$를 만기시점의 기초자산의 가격이라고 하자. (당연히, 옵션을 매수하는 시점에서는 $S(T)$를 알 수 없다.) 뒤의 장(章)에서, $S(t)$는 일반적인 t시점의 자산 가격을 의미하고, T는 만기시점을 의미한다. 만기 시에, $S(T) > E$이면, 유럽형 콜옵션의 매수자는 가격 E로 주식을 사서, 시장에 $S(T)$의 가격으로 팔아, $S(T) - E$의 수익을 얻게 된다. 반대로, $E \le S(T)$이면 옵션 매수자는 아무것도 얻지 못하게 된다. 그러므로 만기 시점의 유럽형 콜옵션의 가치를 C라고 두면 아래와 같게 된다.

$$C = \max(S(T) - E, 0) \tag{1.1}$$

x축을 $S(T)$, y축을 C로 하는 수익구조 그래프가 그림 (1.1)이다. 이제 유럽형 풋옵션을 고려해 보자. 만기 시점에 만약에 $E > S(T)$이면, 이 옵션

[1] ROI(Return On Investment)가 높다고 한다.(옮긴이 주)

[2] 이 경우에 유로화 절상이 리스크이다. (옮긴이 주)

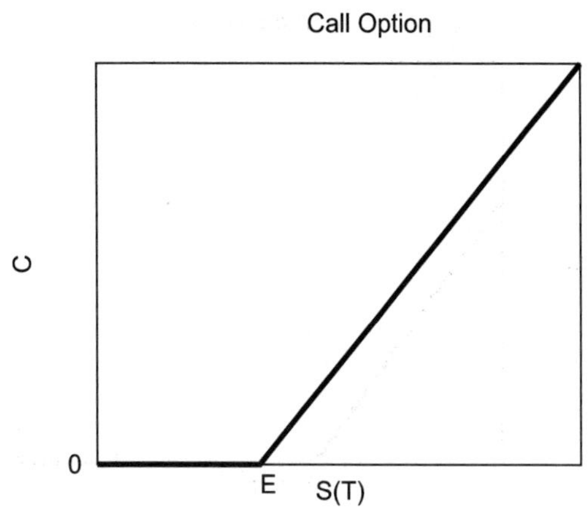

그림 1.1: 유럽형 콜옵션에 대한 만기 수익 그래프. 공식은 $C = \max(S(T) - E, 0)$

의 매수자는 시장에서 주식을 $S(T)$의 가격으로 사서, 옵션을 행사한 후에 E의 가격으로 팔 수 있다. 이로써 $E - S(T)$의 수익을 얻는다. 반대로, $E \le S(T)$이면 옵션의 소유자는 아무 행동도 하지 않는다. 그러므로 유럽형 풋옵션의 가치를 P라고 두면 아래와 같게 된다.

$$P = \max(E - S(T), 0,) \tag{1.2}$$

풋옵션에 해당하는 수익구조 그래프가 그림 (1.2)이다. 그림 (1.1), (1.2)에 있는 구간연속(piecewise linear)의 수익구조는 그 모양 때문에 때때로 하키스틱 *(hockey sticks)*이라고 불린다.

이로부터 각 옵션의 여러 조합에 대한 수익구조 그래프를 그릴 수 있다. 예를 들면, 같은 만기와 같은 행사가의 같은 기초자산으로 하는 콜옵션과 풋옵션을 소유하고 있다고 가정하자. 그러면 만기시점의 가치는 $\max(S(T) - E, 0)$와 $\max(E - S(T), 0)$의 합이 되고 이는 $|S(T) - E|$가 된다.

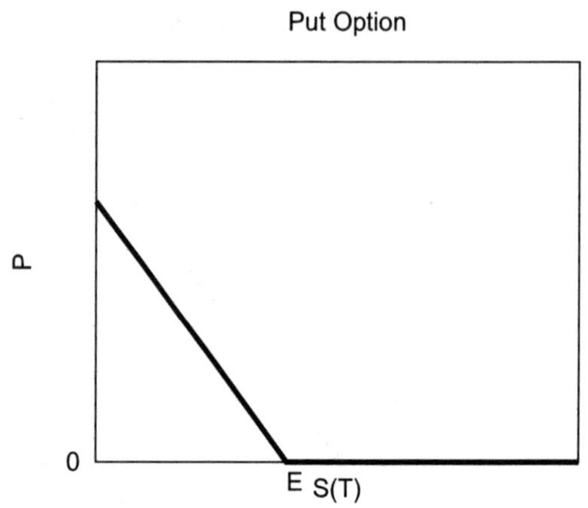

그림 1.2: 유럽형 풋옵션에 대한 만기 수익 그래프. 공식은 $P = \max(E - S(T), 0)$

(연습문제 (1.2)) 이 조합은 하향 제한 스트래들(bottom straddle)이라는 이름을 가지고 있다. 이 옵션의 소유자는 기초자산의 방향성과는 무관하며 단지 만기 날의 자산의 가격이 행사가로부터 많이 떨어지는 경우에 수익이 많이 난다.

다른 예로써 행사가 E_1의 콜옵션을 매수하고, 같은 기초자산과 같은 만기일의 행사가 E_2 ($E_2 > E_1$)의 콜옵션을 매도하는 것이다. 만기시점에서 첫 번째 옵션의 가치는 $\max(S(T) - E_1, 0)$이고 두 번째 옵션의 가치는 $-\max(S(T) - E_2, 0)$이다. 그러므로 만기시점의 전체 옵션의 가치는 $\max(S(T)-E_1, 0) - \max(S(T)-E_2, 0)$이며 그림 (1.3)에 나타냈다. 이러한 조합은 강세 스프레드 (bull spread)의 한 예이다. 그림에서부터 기초자신의 가격이 E_1이상에서 끝나면 스프레드에서 수익이 나지만, 기초자산 가격이 E_2이상의 경우에 추가 수익이 나지 않는다.

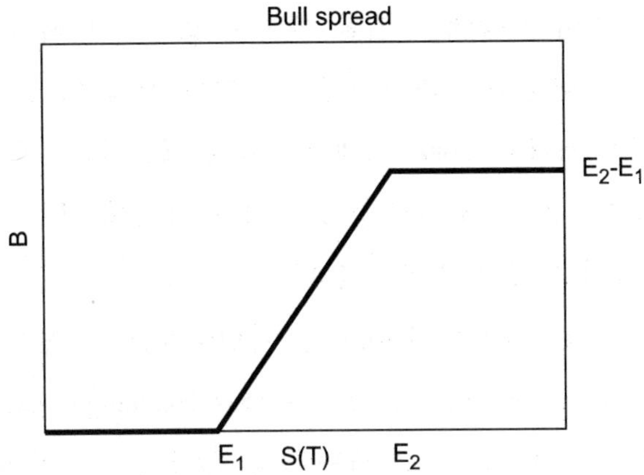

그림 1.3: 강세 스프레드에 대한 만기 수익 그래프. 공식은 $B = \max(S(T) - E_1, 0) - \max(S(T) - E_2, 0)$

1.3 옵션이 거래되는 방식

옵션은 현재 수많은 거래소에서 매매가 가능하다. 첫 거래는 1973년에 시카고 거래소(CBOE)에서 있었다. 2004년에 세계 전체에 50군데 이상의 거래소에서 옵션이 거래되고 있다. 많은 거래소에서는 시장 형성자(market makers)를 이용한다. 시장 형성자는 어떤 투자자가 옵션을 사거나 팔기를 원한다면 그렇게 해주어야 하는 의무가 있다. 투자자의 요청으로 시장 형성자는 가격을 제시하게 된다. 정확하게 말하면, 매수호가(*bid price*)와 매도호가(*ask price*)의 두 가격이 제시될 것이다. 매수호가는 시장 형성자가 옵션을 매수하려고 하는 가격이고, 매도호가는 시장 형성자가 옵션을 매도하려고 하는 가격이다. 시장 형성자도 수익을 내야 하기 때문에 매수호가는 매도호가보다 낮다. 매수호가와 매도호가의 차이를 매수-매도 스프레드(bid-ask spread)이라 한다. 일반적으로 시장 형성자는 매수-매도 간격에서 수익을 내려 하며 시장에 투기할 의향은 없다. 이 책의 8장, 9장에서 소개되는 기법들을 이용하여 자신들의 리스크를 헤지하려고 한다.

옵션은 장외(Over-The-Counter)에서 투자은행들끼리 직접 거래되기도 한다. 이러한 옵션들은 거래 상대방의 특별한 목적에 부합하기 위한 비표준적인 특성을 가지고 있는 경우가 많다.

파이낸셜 타임스(Financial Times)는 런던국제금융선물옵션거래소(London International Financial Futures & Options Exchange, LIFFE)에서 거래되는 옵션의 가격을 제시한다. 2003년 9월 19일 금요일판에 아래의 정보들이 제공된다.

		Calls			Puts		
Option		Oct	Nov	Dec	Oct	Nov	Dec
Royal Bk Scot.	1600	67.0	92.5	109.5	29.0	49.0	62.5
(1634.0)	1700	19.5	43.5	59.0	82.0	100.0	112.5

1634.0은 RBS(The Royal Bank of Scotland)의 전날 종가(close price)이다. 1600과 1700은 각각의 행사가이다. (파이낸셜 타임스는 두 행사가에 대한 옵션의 가격을 제공하지만, 다른 행사가의 경우에도 거래소에서 거래가 되고 있다.) 숫자 67.0, 92.5, 109.5는 행사가가 1600이고 만기가 10월, 11월, 12월인 (정확하게는 만기 월의 셋째 주의 수요일 오후 6시이다.) 각각의 콜옵션 가격이다. 비슷하게, 19.5, 43.5, 59.0은 같은 만기의 행사가 1700의 옵션의 가격이다. 숫자 29.0, 49.0, 62.5는 행사가가 1600, 만기가 10월, 11월, 12월인 풋옵션의 가격이고, 82.0, 100.0, 112.5은 같은 만기의 행사가 1700인 풋옵션의 가격이다. 위에서 언급한 숫자는 매수호가와 매도호가 사이의 가격이다.

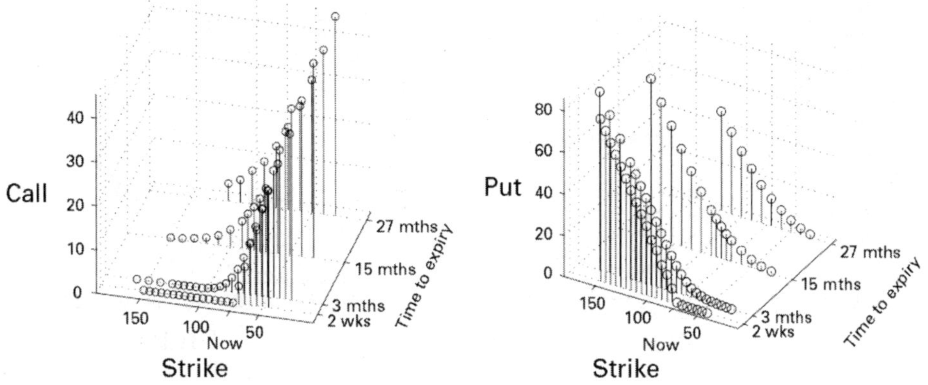

그림 1.4: 다양한 행사가와 만기에 대한 IBM 콜옵션과 풋옵션의 시장가격

월스트리트 저널(Wall Street Journal)도 비슷한 형식으로 옵션가격을 공개한다. 많은 업자들이 전자화된 정보를 제공하며 그 중 기본적인 것은 무료로 공개되어 있다. (5.5)장에 몇 개를 제시하였다.

1.4 전형적인 옵션 가격

그림 (1.4)에서 2002년 10월 13일에 뉴욕증권거래소(New York Stock Exchange, NYSE)에서 거래되는 IBM을 기초자산으로 하는 콜옵션과 풋옵션의 가격을 보여준다. 그림 (1.4)의 몇 부분은 그림 (1.5)에서 다른 형식으로 다시 나타내었다. 기초자산의 현재가 (더 정확하게 말하면 가장 최근에 체결된 가격)는 74.25이며 그림 (1.4)에서 Now라고 표기되었다. 일정한 범위 내의 행사가와 잔존만기의 옵션가격이 있다. 이 가격은 유럽형이 아니라 미국형 옵션이다. 미국형 옵션은 18장에서 소개할 것이다. 여기에서는

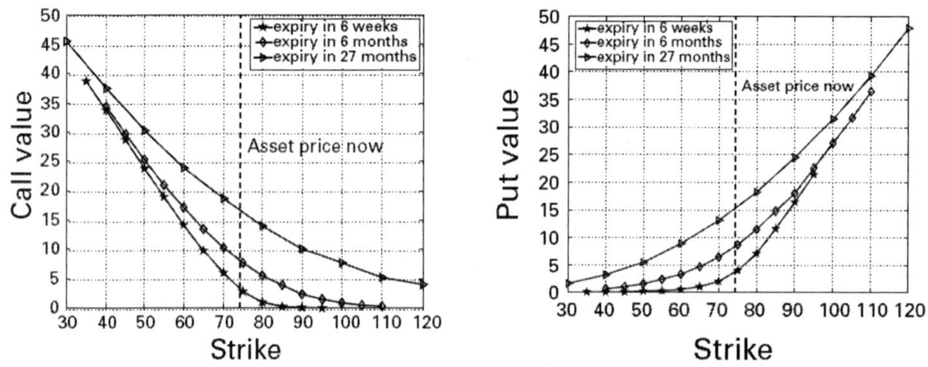

그림 1.5: 다양한 행사가와 만기에 대한 IBM 콜옵션(좌)과 풋옵션(우)의 시장가격. 이 그래프는 그림 (1.4)의 일부를 나타낸 것임.

미국형 콜옵션은 배당이 없다면 유럽형 콜옵션과 같은 가치를 가지고 미국형 풋옵션은 유럽형 풋옵션보다 높은 가치를 갖는다는 것만 주의하자.

이 예제에서, 만기가 주어진 상태이면, 행사가가 커짐에 따라 콜옵션의 가격은 감소한다. 이것은 당연한 것이다. 행사가를 높이면 만기 수익에 부정적인 영향을 주게 되며 옵션의 가치는 낮아지게 된다. 비슷하게, 풋옵션의 가격은 행사가가 커짐에 따라 증가한다. 주어진 행사가에 대해서 잔존만기가 길수록 콜옵션과 풋옵션 모두 가격이 올라가는 것을 관찰할 수 있다. 이러한 가격의 거동은 유럽형 콜옵션에 일반적이 것이며 (2.6)장에서 살펴볼 것이다.

1.5 다른 파생상품

유럽형 콜옵션과 풋옵션은 금융파생상품의 전형적인 예이다. 파생(derivative)이라는 용어는 이 상품의 가격이 기초자산의 가격으로부터 결정이 된다는 것이다. 수학에서 나오는 미분(derivative)과는 아무런 관련이 없다. 이 책에서는 특별히 옵션에만 집중할 것이다. 전반부에서는 유럽형 옵션을 고려하여 수학적 해석을 전개할 것이고, 후반부에는 미국형 옵션과 이색 옵션(exotic option)을 다룰 예정이다.

1.6 주석 및 참고문헌

주식 시장이 어떻게 작동하는지에 대한 입문서는 Dalton(2001), Walker(1991) 등 많이 있다. Hull(2000) 책의 6장에 옵션 운용에 대한 아래와 같은 실질적인 정보가 나와 있다.

- 전형적으로 거래되는 옵션의 만기와 행사가들
- 배당과 주식 분할을 다루는 방법
- 현금과 상품이 실제로 교환이 되는 방법

이 책의 (5.5)절에서 주식 거래소의 URL을 몇 개 언급하였다.

연습문제

1.1 ★ 상승과 하락의 단어를 이용하여 아래의 문장을 완성하라.

유럽형 콜옵션의 매수자는 주가가 ......하기를 기대한다.
유럽형 콜옵션의 매도자는 주가가 ......하기를 기대한다.
유럽형 풋옵션의 매수자는 주가가 ......하기를 기대한다.
유럽형 풋옵션의 매도자는 주가가 ......하기를 기대한다.

1.2 ★ $\max(S(T) - E, 0) + \max(E - S(T), 0)$이 $|S(T) - E|$와 같음을 보이고 하향 제한 스트래들 (bottom straddle)의 수익구조 그래프를 그려라.

1.3 ★★ 기초자산과 만기일이 같은 행사가 E_1과 행사가 E_3 ($E_3 > E_1$)의 콜옵션을 각각 한 개씩 매수하고 $E_2 := (E_1 + E_3)/2$ 행사가의 콜옵션 두 개를 매도한 경우를 고려하자. 이것은 버터플라이 스프레드(*butterfly spread*)의 한 예이다.[3] 만기 시점의 버터플라이의 가치에 대한 공식을 유도하고 수익구조 그래프를 그려라.

1.4 ★ 그림 (1.3)의 수익구조를 가지는 강세 스프레드(*bull spread*)의 소유자는 만기시의 기초자산의 가격이 적어도 E_2가 되기를 희망한다. 그러나 E_2를 넘어서는 자산의 가격에 대하서는 무관심하다. 이와 비슷한 문장을 문제 (1.2)의 하향 제한 스트래들(*bottom straddle*)의 소유자와 문제 (1.3)의 버터플라이 스프레드의 소유자에 대하여 서술하라.

1.7 프로그램과 연습

이 책의 첫번째 MATLAB 프로그램은 기본적인 그래프 명령어(plot commands)를 사용하여 그림 (1.3)에서 나타나 있는 특정 인수 E_1, E_2에 대하여 강세 스프레드를 그리는 것이다. 이 프로그램의 이름을 `ch01`이라 하고 `ch01.m`이라는 파일 이름으로 저장을 한다. 프로그램의 코드는 그림 (1.6)에 나타냈다. 이 프로그램은 MATLAB 환경에서 `ch01`을 타이핑함으로써 실행을 시킬 수 있다. 첫 번째 세 줄은 `%`로 시작하는데, 이것은 주석 줄이다. 이러한 줄들은 MATLAB에 의해서는 무시되지만, 이 코드를 읽는 사람들에게 유용한 정보를 전달하는 것이 목적이다. 주석 줄은 아무 곳에나 삽입이 가능하지만, 코드의 시작 부분에 있는 주석들은 `help ch01`을

[3] Serve with warm toast.

```
%CH01 Program for chapter 1
%
% Plots a simple payoff diagram

clf
E1 = 2;
E2 = 4;

S = linspace(0,6,100);
B = max(S-E1,0)-max(S-E2,0);
plot(S,B)
ylim([0,3])

xlabel('S')
ylabel('B')
title('Bull Spread Payoff')
grid on
```

그림 1.6: 1장의 프로그램: ch01.m.

타이핑하면 아래와 같이 나타나는 특별한 성질이 있다.

```
CH01 Program for chapter1
Plots a simple payoff diagram
```

파일 자체는 소문자를 사용하여도 대문자로 된 파일이름으로 시작하는 주석 줄을 작성하는 것이 일반적이다.

첫 명령어인 clf는 현재 그림 윈도우에 있는 이전의 그래프를 제거하여 깨끗하게 정리한다. E1 = 2;와 E2 = 4;는 대입문(assignment statement)이다. 변수 E1과 E2는 자동적으로 생성이 되며 값이 주어지게 된다. 각 줄의 끝에 세미콜론이 있으면 결과를 출력하지 않는다. 세미콜론이 없다면 다음의 결과가 화면에 나타나게 될 것이다.

```
E1 = 2
E2 = 4
```

명령어 `S = linspace(0,6,100)`는 0부터 6까지를 균등하게 구분하여 100개의 성분을 가지는 1차원 배열 S를 생성한다. 이것은 MATLAB의 프롬프트에서 S를 타이핑함으로써 확인할 수 있다. 명령어 `max(S-E1,0)`는 *i*번째 배열의 성분이 `S(i)-E1`과 0 중에서 큰 값을 가지는 1차원 배열을 생성한다. MATLAB에서는 배열과 스칼라값을 혼용하여 사용하여도 된다. `max`와 같은 함수가 배열에 사용되면, 배열의 구성원소에 각각 함수가 적용된다. `B = max(S-E1,0) - max(S-E2,0);`는 S에 대응하는 스프레드의 수익을 저장하는 배열 B를 생성한다.

그런 후에 `plot(S,B)`를 이용하여 손익구조 그래프를 그린다. 축의 범위와 축에 있는 틱들의 위치 등 여러 가지의 요소들을 MATLAB이 알아서 결정을 한다. 이러한 것들은 구체적인 다른 명령어를 사용하거나 그림 윈도우의 툴박스를 이용하여 변경할 수 있다. 우리의 예에서 `ylim([0,3])`으로 설정한, 이것은 MATLAB가 자동적으로 설정하는 것을 y축의 범위를 무시하고 이 값을 사용하도록 하는 것이다. 축의 명칭과 제목은 `xlabel('S')`, `ylabel('B')`, `title('Bull Spread Payoff')`에 의해 만들어진다. 마지막 명령어 `grid on`은 그래프에 점선으로 된 참고용 수직선과 수평선을 생성한다. MATLAB의 프롬프트에서 `ch01`을 타이핑함으로써 이 프로그램을 실행할 수 있고, 그 결과로 팝업 창에서 그림 (1.3)과 비슷한 그림을 얻는다.

명령어 창에서 `help linspace`, `help max`, `help plot` 등을 입력하면 각각의 함수에 대한 정보나 명령어 `doc`로 볼 수 있는 하이퍼텍스트 형식의 매뉴얼인 MATLAB 온라인 문서를 얻을 수 있다.

프로그래밍 연습문제

P1.1 E1과 E2를 사용자가 지정할 수 있도록 `input` 명령어를 이용하여 `ch01`을 수정하라.

P1.2 연습문제 (1.3)에서 설명한 버터플라이 스프레드의 수익구조 그래프를 그릴 수 있는 프로그램을 작성하라.

인 용

거래 속도가 빠르고 증거금이 작기 때문에 – 5% 미만의 증거금으로
프랑크푸르트에서 DAX 30
파리에서 CAC 40, 런던에서 FTSE 100, 도쿄에서 Nikkei 225,
뉴욕에서 S&P 500의 선물을 살수 있다. – 파생 상품의 거래는
기초자산의 시장을 압도하고 있다.

THOMAS A. BASS (Bass, 1999)

주가가 오를 거라고 믿는다면, 작은 금액으로
큰 잠재 수익을 획득하기 위해서 콜옵션을 사면 된다.
그러나 당신의 믿음이 틀린다면
옵션에 투자한 모든 돈을 잃게 된다.

ROBERT ALMGREN (Almgren, 2002)

당신이 오래된 포드 자동차를 팔기 위해 중고차 센터에 갔다고 하자.
중고차 직원은 타이어를 차면서 범퍼에 흠이 있는 것을 지적하면서,
당신에게 백만 원을 제시할 것이다.
다음날 그 포드 차를 되사기 위하여 중고차 센터에 다시 간다면,

중고차 직원은 이 차가 얼마 운행되지 않았음을 강조하면서
200만 원 이하로는 절대로 팔 수 없다고 할 것이다.
이것이 살 때의 가격(매수호가)과 팔 때의 가격(매도호가)의 차이이다.

THOMAS A. BASS (Bass, 1999)

익룡(Pterodactyl)은 실제 거래에서 매우 드물다.
그러나 기술자들은 이것이 단지 고전적인 버터플라이의 스프레드로
구성이 되었다는 것을 알고 싶어 한다.
저자가 새로운 차가 필요한 경우가 아니라면
이 포지션은 추천하지 않을 것이다.

A. L. H. SMITH (Smith, 1986)

최근의 역사는 잘못된 파생상품 거래의 예로 가득 차 있다.

PHILIP MCBRIDE JOHNSON (Johnson, 1999)

겨울, 봄, 여름, 가을, 당신이 해야 하는 모든 것은 콜 ...

CAROL KING, *You've Got a Friend*, EMI Music Inc.

2 장

옵션 평가의 기초

개 요

- 연속복리의 이자율
- 공매도
- 무차익 거래의 원리
- 풋-콜 패리티
- 옵션 가치에서의 기본적인 부등식

2.1 학습목표

옵션 평가의 결과 중에서 기본적인 원리에서 시작하여 간단한 수학을 이용하여 유도할 수 있는 것들이 있다. 이 장(章)에서는 이러한 것들을 유도할 것이다. 이것을 위하여 여기에서 이자율을 이용한 할인과 무차익 거래의 원리에 관한 개념을 소개할 것이다. 여기서 유도한 결과는 기초자산의 거동에 대한 어떤 가정도 하지 않았고, 확률 이론도 이용하지 않았다.

2.2 이자율

위험이 없는 은행 저축 계좌를 가지고 있다고 하자. 은행 저축 계좌의 현금이 연속복리 (continuously compounded interest rate) r로 증가한다고 하면, 이것은 계좌의 현금이 시간 t동안에 e^{rt}배 증가함을 의미한다. 즉, 0시점에서 D_0인 것이 t시점에서의 가치는 아래와 같게 된다.

$$D(t) = e^{rt}D_0 \tag{2.1}$$

이 책에서는 r을 연이율을 나타낼 것이며 시간을 연(年) 단위로 측정하여 표기한다. r의 특성값은 0.01에서 0.1사이의 값이다.(1%에서 10%의 금리) $D(t)$를 달러, 유로 또는 다른 화폐로 표기하여도 이 책에서는 그 차이가 중요하지 않다.

이 책에서는 현금을 빌리거나 또는 빌려줄 때에 고정 금리 r이 통용된다는 가정을 한다. 즉, 같은 금리 r이 시간과 현금의 양에 무관하게 적용이 된다. 물론 이러한 가정은 현실에 대한 근사이다. 금리는 시간에 따라서 변화하고 또 투자 금액에 따라서도 바뀐다.

위와 같은 금리를 가정하면 다음의 사실을 알 수 있다. 누군가가 당신에게 다음의 제안을 한다면

(a) $t = 0$ 시점에서 \$100

(b) t 시점에서 $\$100e^{rt}$

당신은 두 제안이 같은 값을 가진다고 생각할 것이다. (a)의 경우에 현금을 은행에 투자함으로써 시각 t에서 $\$100e^{rt}$을 얻게 된다. (b)의 경우에는 $t = 0$에서 \$100를 대출하고 t시점의 현금을 이용하여 대출을 갚는다.

비슷한 방법으로 생각해 보면, t시점에 \$100이 발생하는 거래는 $t = 0$에서 $\$100e^{-rt}$의 가치를 가지게 된다. \$100에서 $\$100e^{-rt}$로 바꾸는 것을

금리를 이용한 할인(discounting for interest) 또는 인플레이션에 의한 할인(discounting for inflation)이라 부르며 앞으로 자주 사용할 개념이다.

2.3 공매도

이 책에서는 아래 자산들의 조합을 표현하기 위하여 포트폴리오(*portfolio*)라는 용어를 사용한다.

(i) 주식
(ii) 옵션
(iii) (은행에 예금된) 현금

더 나아가서, 각각의 자산에 대하여 음수의 양을 소유하는 것이 가능하다고 가정한다. 음수의 현금은 은행에 예금이 된 것이 아니라 대출을 받은 현금이라는 것을 쉽게 유추할 수 있다. 음수의 주식이나 옵션을 소유하는 것은 해석이 쉽지 않다. 그러나 많은 경우에 음수의 양을 소유하는 것은 공매도(*short selling*)를 통해서 가능하다. 이것은 뒷날에 되살 의도로 소유하지 않은 자산을 매도하는 것을 의미한다. 실제에서는 공매도를 하기 위해서는 이를 소유하고 있는 다른 사람으로부터 자산을 빌려야 하고 후에 이를 되갚아야 한다. 이 책에서는 이러한 대주(貸株)가 비용이 들지 않고, 시장에서 주식을 사서 되갚는 때를 자유롭게 결정할 수 있다고 가정한다.

예를 들어서 설명해보자. $S(t)$를 t시점의 주식 가격이라고 하자. t_1 시점에서 공매도를 하고, t_2 시점에서 이것을 다시 매수했다고 하면,

(a) $t = t_1$ 시점에 공매도로 $S(t_1)$의 금액을 획득
(b) $t = t_2$ 시점에 다시 매수함으로 $S(t_2)$의 금액을 지출

처음의 금액을 은행에 예금하였다고 가정하면, $t = t_2$ 시점에서의 전체 손익은 $e^{r(t_2-t_1)}S(t_1) - S(t_2)$이다.

2.4 차익 거래

옵션 평가 이론의 가장 중요한 원리는 무차익 거래 (*no arbitrage*)이다. 이는 다음으로 요약할 수 있다.

예금보다 높은 수익을 내는 무위험 거래는 존재할 수 없다.

이 가정은 무위험 수익에 관한 것이며, 은행의 예금보다 높은 수익을 낼 수 있는 가능성을 가지고 있는 포트폴리오와는 무관하다.

무차익 거래에 대한 가정이 타당함을 보이기 위하여 은행의 금리보다 높은 수익률을 내는 포트폴리오가 있다고 가정해 보자. 현명한 투자자라면 당연히 은행에서 융자를 받아서 이러한 포트폴리오에 투자를 하여 은행 이자보다 높은 무위험 수익을 확정할 것이다. 그러면 수요와 공급의 법칙으로 포트폴리오의 수익률은 떨어지거나, 은행 금리가 올라가거나 또는 둘 다 동시에 발생하여 포트폴리오의 수익률과 은행의 금리가 같아지게 된다. 그러므로 무차익거래 가정의 타당성은 은행 금리보다 높은 무위험 수익을 내는 기회를 시장에서 항상 찾아 발굴하는 차익 거래자(*arbitrageur*)의 존재로서 보장된다.

2.5 풋-콜 패리티

같은 행사가 E, 같은 만기일 T를 가지는 유럽형 콜옵션의 가격 C와 유럽형 풋옵션의 가격 P의 관계를 결정하는 간단하고 흥미로운 관계식이 있다. (이 절과 다음 절에서는 다른 언급이 없는 경우에 가격은 $t = 0$에서의 가격을 의미한다.) 아래의 두 가지 포트폴리오를 고려해보자.

π_A : 한 개의 콜옵션과 (은행에 예금을 들은) 현금 Ee^{-rT}

π_B : 한 개의 풋옵션과 기초자산 한 개의 주식

만기일에 포트폴리오 π_A는 $\max(S(T) - E, 0) + E$, 즉 $\max(S(T), E)$의 가치를 지닌다. 포트폴리오 π_B는 만기일에 $\max(E - S(T), 0) + S(T)$, 즉 $\max(S(T), E)$의 가치를 지닌다. 상식적으로 생각해 보아도, 두 개의 포트폴리오가 만기일에 같은 수익을 가지기 때문에 $t = 0$의 시점에서도 두 개의 가치는 같아야 한다. 그러므로

$$C + Ee^{-rT} = P + S \tag{2.2}$$

이 관계식이 풋-콜 패리티(*put-call parity*)이며, 콜옵션의 가격과 풋옵션의 가격을 연결한다. 식 (2.2)는 자산 가격의 거동에 대하여 아무런 가정을 하지 않고 유도되었음을 주의하자. 만약에 콜옵션을 평가할 수 있는 방법을 알아 낸다면 풋-콜 패리티를 이용하면 풋옵션의 가격 또한 계산할 수 있다. 반대의 경우도 성립한다.

식 (2.2)의 유도과정을 무차익 거래 원리를 이용하면 보다 정교하게 만들 수 있다. 만약에 $t = 0$시점에 π_A가 π_B보다 비싸다면 π_A를 매도하고 (즉, 콜옵션을 매도하고 현금을 대출 받음.) π_B를 매수하는 것이 가능하며, (즉, 풋옵션과 주식 1주를 매수함.) 만기일에 π_A와 π_B의 손익이 완전히 상쇄되기 때문에 $t = 0$ 시점에 $\pi_A - \pi_B$의 수익을 낸다. 이와 같은 수익은 무차익 거래 원리에 어긋나게 된다. $t = 0$에서 π_B가 π_A보다 비싼 경우에 비슷하게 적용할 수 있다.

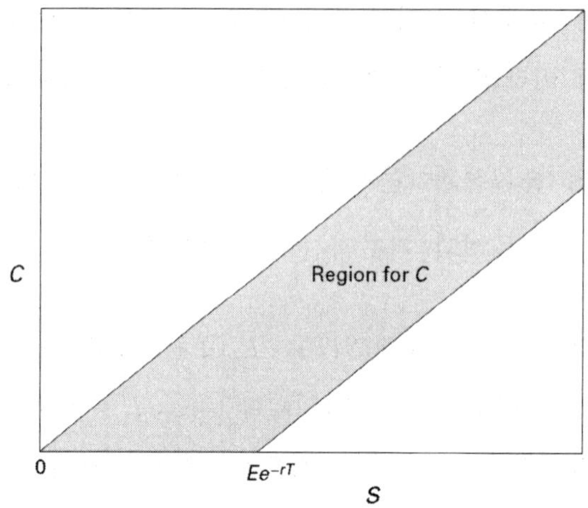

그림 2.1: 유럽형 콜옵션에 대한 하한계 (2.4)와 상한계 (2.5). 여기에서 x축은 $t = 0$ 시점의 자산 가격인 S이고, y축은 $t = 0$ 시점의 옵션 가격인 C이다. 옵션 가격 C는 흐린 영역 (shaded region)에만 존재해야 한다.

2.6 옵션가격의 상한과 하한

위와 비슷한 논법으로 유럽형 콜옵션의 가격 C와 풋옵션의 가격 P에 대하여 간단한 상한과 하한을 구할 수 있다.

다음의 두 개의 포트폴리오를 고려하자.

π_A : 한 개의 콜옵션과 (은행에 예금을 들은) 현금 Ee^{-rT}

$\widehat{\pi}_B$: 기초자산 한 개의 주식

만기시점에 π_A는 $\max(S(T), E)$의 수익을 가지는 것을 위에서 설명하였다. 포트폴리오 $\widehat{\pi}_B$는 $S(T)$의 수익을 가지며, 이 것은 π_A의 수익보다 클 수가 없다. 상식적으로 생각해도 (또는 연습문제 (2.3)에서처럼 엄밀하게 무

차익 거래를 적용하여도) $t = 0$시점에서 $\widehat{\pi}_B$는 π_A보다 큰 값을 가질 수 없다. 이것은 $S \le C + Ee^{-rT}$ 또는

$$C \ge S - Ee^{-rT} \tag{2.3}$$

이다. 콜옵션의 가격은 음의 값을 가질 수 없는데, 이를 강조해서 나타내면 아래와 같이 표현할 수 있다.

$$C \ge \max(S - Ee^{-rT}, 0) \tag{2.4}$$

반대로, 행사가 $E \ge 0$이므로, 콜옵션의 가격은 기초자산의 가격보다 높을 수 없다. 그러므로 아래 식이 성립한다.

$$C \le S \tag{2.5}$$

그림 (2.1)은 식 (2.4)와 식 (2.5)의 영역을 나타낸 것이다.

풋옵션의 가격에 대한 상한과 하한은 비슷한 방법으로 유도하면 아래와 같다.

$$P \ge \max(Ee^{-rT} - S, 0), \qquad P \le Ee^{-rT} \tag{2.6}$$

또는 식 (2.4), (2.5) 그리고 풋-콜 패리티인 식 (2.2)를 이용하여도 같은 식을 구할 수 있다. (연습문제 (2.4) 참조)

무차익 거래 원리로 유도할 수 있는 마지막 결과는 다음과 같다.

> $t = 0$ 시점의 콜옵션의 가격 C는 만기일 T에 대하여 감소하지 않는 함수(nondecreasing function)이다.

이것을 살펴보기 위해서, 만기일이 T_1과 T_2 $(T_2 > T_1)$인 콜옵션을 고려하자. T_2 옵션이 적어도 $e^{r(T_2-T_1)}\max(S(T_1) - E, 0)$ 만큼 더 가치 있는 것을

보일 것이다. T_2 옵션의 소유자가 $t = T_1$시점에서 다음과 같은 행동을 했다고 가정하자.

1 $S(T_1) \le E$이면 아무런 행동도 취하지 않는다. (T_1 옵션의 수익은 영이며, T_2 옵션의 수익은 이보다 더 나빠질 수 없다.)

2 $S(T_1) > E$이면 $t = T_1$에서 기초자산을 공매도하고, 그 현금을 은행에 저축하고, $t = T_2$ 시점에 기초자산을 되산다. (직관적으로 볼 때, T_1 옵션이 양의 수익을 냈다. 이를 맞추기 위해서 T_2 옵션 소유자는 기초자산이 하락함으로써 수익을 내는 공매도를 이용하여 기초자산 하락에 대하여 옵션을 보호하여야 한다.)

첫 번째 경우에 T_2 옵션 소유자가 적어도 $e^{r(T_2-T_1)}\max(S(T_1)-E,0)=0$ 이상의 수익을 가진다는 것은 자명하다. 두 번째 경우에 T_2 옵션 소유자의 수익은 아래와 같이 구성된다.

(a) 원래의 T_2 옵션에서 $\max(S(T_2)-E,0)$

(b) $t = T_1$ 시점에서 공매도하여 생긴 현금을 은행에 예금한 $e^{r(T_2-T_1)}S(T_1)$

(c) 공매도한 주식을 되사면서 $-S(T_2)$

그러므로 $t = T_2$ 시점에서 전체 수익은

$$
\begin{aligned}
&\max(S(T_2)-E,0)+e^{r(T_2-T_1)}S(T_1)-S(T_2)\\
&\quad=\max\left(e^{r(T_2-T_1)}S(T_1)-E,\,e^{r(T_2-T_1)}S(T_1)-S(T_2)\right)\\
&\quad\ge e^{r(T_2-T_1)}S(T_1)-E\\
&\quad\ge e^{r(T_2-T_1)}(S(T_1)-E)\\
&\quad=e^{r(T_2-T_1)}\max(S(T_1)-E,0)
\end{aligned}
$$

(셋째 줄과 마지막 줄은 **2**번 경우를 고려하고 있기 때문에 성립한다.)

앞에서, T_1 옵션의 소유자에 비하여 T_2 옵션의 소유자가 금리로 할인을 하여도 더 적지 않은 수익이 나는 전략이 있음을 보였다. 그러므로 무차익 거래의 원리에서 T_2 옵션이 T_1 옵션에 비하여 같거나 큰 가격을 가져야 한다.

놀랍게도, 이와 비슷한 결과가 유럽형 풋옵션에는 존재하지 않는다. (연습문제 (10.7)을 참조하라.)

이 장(章)에서는 무차익 거래의 원리에서 유도할 수 있는 간단한 결과들을 제시하였다. 여기에서 더 논의를 전개하기 위해서는 기초자산의 거동에 대한 가정을 하여야 한다. 이것은 확률론과 확률변수의 도입이 필요하다.

2.7 주석 및 참고문헌

차익거래와 공매도에 대한 깊은 논의는 Hull(2000)에서 찾을 수 있다.

연습문제

2.1 ★ 연속복리는 다음과 같이 작용한다. 시각 t까지 복리 r_c로 m번의 이자를 지급하는 상품에 $t = 0$ 시점에 D_0를 투자하면, t 시점에 가치는 다음과 같다.

$$D(t) = \left(1 + \frac{r_c t}{m}\right)^m D_0$$

주어진 m에 대하여, 자산가치가 연속복리인 $e^{rt}D_0$와 같게 되는 복리 금리 r_c가

$$r_c = m(e^{rt/m} - 1)/t$$

를 만족함을 보여라. 그리고 x가 작을 때, $e^x \approx 1 + x$의 근사식을 이용하여, m이 큰 경우에 $r_c \approx r$임을 보여라. (앞으로 이 책에서는 연속 복리만을 다룰 것이다.)

2.2 ★★ 연속 복리의 공식은 다음의 방법으로 유도할 수 있다.

(a) 시간 간격 $[0, t]$를 등 간격 $[0, \delta t]$, $[\delta t, 2\delta t]$, …, $[(L-1)\delta t, L\delta t]$으로 분리한다. (여기에서 $\delta t = t/L$이다.)

(b) 각 구간에서 $r\,\delta t$에 비례하는 금액이 증가함을 가정한다.

$t_i = i\,\delta t$라 두면, (b)에서 의미하는 것은

$$D(t_{i+1}) = (1 + r\,\delta t)D(t_i) \tag{2.7}$$

이며, 또한

$$D(t = t_L) = (1 + r\,\delta t)^L D_0$$

이다. 표현을 바꾸어서 $D(t) = e^{L\log(1+rt/L)}D_0$라 두고, $\epsilon \to 0$일 때의 근사식 $\log(1 + \epsilon) = \epsilon + O(\epsilon^2)$을 이용하면, $L \to \infty$ (즉, $\delta t \to 0$)일 때, 식 (2.7)의 모형이 식 (2.1)을 재현함을 보여라. 아래의 두 모형

$$D(t_{i+1}) = \left(1 + r\sqrt{\delta t}\right) D(t_i) \tag{2.8}$$

$$D(t_{i+1}) = \left(1 + r\,(\delta t)^{\frac{3}{2}}\right) D(t_i) \tag{2.9}$$

은 $L \to \infty$일 때 연속복리와 일치하지 않음을 보여라

2.3 ★★ 무차익 거래 원리를 기초로 하여 식 (2.3)이 참이 됨을 보여라.

2.4 ★★ 식 (2.6)을 아래의 독립적인 2가지 방법으로 유도하라.

(a) 알맞은 포트폴리오를 설정하고 식 (2.4)–(2.5)를 유도하는 논법을 비슷하게 적용하라.

(b) 식 (2.4)–(2.5)와 풋-콜 패리티 (2.2)를 적용하라.

2.5 ★★★ 연습문제 (1.3)에서의 버터플라이 스프레드를 (콜옵션이 아닌) 풋옵션을 이용하여 구성할 수 있음을 보여라. 풋-콜 패리티 (2.2)를 이용하여 (콜옵션과 풋옵션) 두 가지 모두 버터플라이 스프레드를 구성하기 위하여 같은 초기 비용(set-up cost)이 필요함을 보여라.

2.6 ★★★ 선물 계약(*futures contract*)과 비슷한 선도 계약(*forward contract*)은 다음과 같다. $t = 0$ 시점에서 A는 미리 정해진 시각 $t = T$에 미리 정해진 가격 F에 B로부터 주식을 매수하는 것에 동의한다. (A는 미래의 거래를 수행하여야 하는데, 이는 미리 정해진 가격에 주식을 매수할 수 있는 의무가 아닌 권리를 가지고 있는 콜옵션과는 차이가 있다.) 무차익 거래의 원리를 적용하여 F의 공정가는 $S(0)e^{rT}$임을 보여라.

2.8 프로그램과 연습

연습문제 (2.1)에서 언급한 일반복리와 연속복리의 관계를 보여준다. 프로그램 `ch02`는 MATLAB의 `for`문을 이용하여 그림 (2.2)에 프로그램의 소스를 제시하였다. 그래프 윈도우를 깨끗하게 지우고, `dzero`, `r`, `T`, `m`을 초기화한 후에, `for`문을 이용하여 주요한 계산을 한다. `for i = 1;m ... end`의 문장은 `i=1`부터 시작하여 `i=2`로 증가한 후 마지막으로 `i=m`이 될 때까지 문장을 `m`번 반복하는 것이다. 연습문제 (2.1)에서부터, `d(i)`는 `i`번째 달의 자산 가치를 나타내고, 이때의 시각은 `tval(i)`에 저장된다.

```
%CH02 Program for Chapter 2
%
% Illustrates compound interest

clf
dzero = 5;
r = 0.15; % Compound interest rate
T = 5; % 5 year period
m = 60; % 60 months

for i = 1:m % let i months elapse
    tval(i) = i/12; % time in years
    d(i) = dzero*(1+r*tval(i)/i)^i; % compound i times
end

trange = [0,tval];
drange = [dzero,d];

plot(trange,drange,'r*')
hold on
tcts = linspace(0,T,100);
dcts = dzero*exp(r*tcts);
plot(tcts,dcts,'b-')
grid on
xlabel('t')
ylabel('D(t)')
title('Compound versus Continuous Interest')
legend('Compound','Continuous',2)
```

그림 2.2: 2장의 프로그램: ch02.m.

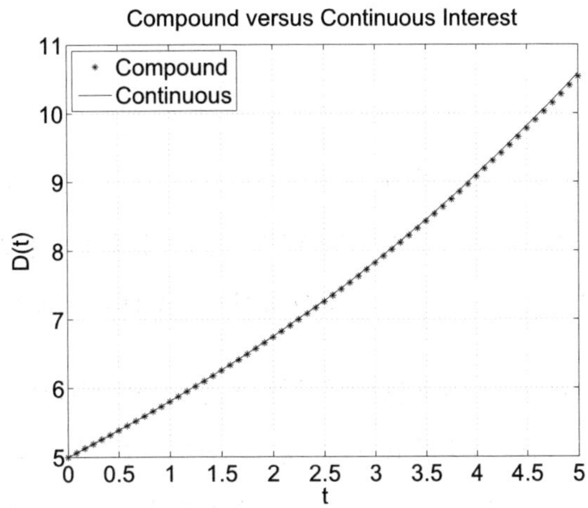

그림 2.3: `ch02.m`으로 생성된 그림.

명령어 `trange = [0,tval]`는 첫 번째 요소는 0이고, 두 번째 요소는 `tval(1)`, 세 번째 요소는 `tval(2)`이고, 마지막 m+1번째 요소는 `tval(m)`인 새로운 일차원 배열을 생성한다. 비슷하게 `drange`의 요소는 `dzero`, `d(1)`, `d(2)`, ..., `d(m)`이다. 이런 값들이 그래프를 그리는 곳에 사용되기 때문에 따로 모아둔 것이다. `legend` 함수는 그래프의 왼쪽 윗부분에 주석을 만들어 준다. 프로그램의 다른 부분은 1장에서 설명한 명령어를 사용하고 있다. 이 프로그램이 생성하는 그래프가 그림 (2.3)에 나와 있다.

프로그래밍 연습문제

P2.1 `ch02`를 수정하여 식 (2.8), (2.9)의 모형이 다른 의미를 가지는 것을 보여라.

P2.2 명령어 `fill`을 이용하여 그림 (2.1)을 만들어라.

인 용

무차익 거래의 원리는 자명하다.
그러나 이것의 응용은 가격들의 예측하지 못한 심오한 관계를 밝혀준다.

JOHN H. COCHRANE (Cochrane, 2001)

타인의 돈을 이용하는 것에 대한 완곡한 표현이 필요해서
우리는 이런 것을 차익거래라고 하는데, 혼선만 야기하였다.

MICHAEL LEWIS (Lewis, 1989)

현실에서는 대주를 하여 공매도를 한다. 나중에 주식을 갚아야 하는데,
그때쯤에는 주가가 하락할 거라 믿는다.
싼 가격에 사서 비싼 가격에 파는 원리는 여전히 성립한다.
공매도는 단지 순서를 바꾼 것뿐이다: 비싸게 팔고 난 **후에**, 싸게 사라.

ROGER LOWENSTEIN (Lowenstein, 2001)

어떤 사람들은 오헤어 스트래들이라고 알려진 도박을 고려하고 있다.
여기서는 당신의 신용(대출)을 극대화하여 내일 아침 시가에 베팅을 한 후에 오헤어 공항으로 도망을 갈 것이다.
다음 날 리오에서 눈을 뜨면, 파산이 난 도망자가 되어 있거나,
운좋게 백만장자가 되어 있을 것이다.

THOMAS A. BASS (Bass, 1999)

3 장

확률 변수

개 요

- 이산 확률 변수와 연속 확률 변수
- 기대값과 분산
- 균등분포와 정규분포
- 중심 극한 정리

3.1 학습목표

이 책에서 논의할 수학적인 개념은 확률변수(*random variables*)와 관련된 것이다. 이 장(章)에서는 앞으로 필요한 주요 개념에 대하여 간단하게 소개한다. 만약에 이러한 것이 새로운 내용이라면, 이 책의 나머지 부분을 읽어 나가면서 이 장(章)을 계속해서 참조하는 것이 좋다.

3.2 확률 변수, 확률 그리고 평균

공정한 주사위를 던진다면, 결과는 같은 가능성으로 1, 2, ..., 6 중에서 하나가 나타날 것이다. 그래서 각각의 결과가 1/6의 확률을 가진다고 말한다. 이러한 생각을 유한한 값 $x_1, x_2, \ldots, x_m$만을 가질 수 있는 이산 확률 변수(*discrete random variable*) X로 일반화할 수 있다. 확률변수 X에 대하여 x_i가 발생할 확률이 p_i라는 확률집합 $p_1, p_2, \ldots, p_m$이 있다. $\mathbb{P}(X = x_i)$라고 표기하면 $X = x_i$일 확률을 의미한다. 이것이 의미를 가지기 위해서는 다음의 조건을 만족하여야 한다.

- 모든 i에 대하여 $p_i \geq 0$. (음의 확률값은 허용되지 않는다.)
- $\sum_{i=1}^{m} p_i = 1$. (확률값을 모두 더하면 1이 된다.)

이산 확률 변수 X의 평균값 또는 기대값을 $\mathbb{E}(X)$로 표기하고 아래와 같이 정의한다.

$$\mathbb{E}[X] := \sum_{i=1}^{m} x_i p_i \tag{3.1}$$

앞의 주사위 문제에서 평균은

$$\mathbb{E}(X) = \frac{1}{6} \cdot 1 + \frac{1}{6} \cdot 2 + \cdots + \frac{1}{6} \cdot 6 = \frac{1}{6} \cdot \frac{6 \cdot (6+1)}{2} = \frac{6+1}{2}$$

이며, 이는 직관적인 계산과 일치하는 값이다.

예 시 확률변수 X가 p (단, $0 \leq p \leq 1$)의 확률로 값 1을 가지고, $1 - p$의 확률로 값 0을 가지는 것을 모수 p를 가지는 베르누이 확률 변수(a Bernoulli random variable with parameter p)라고 한다. 이것을 위의 표현법으로 바꾸면 $m = 2,\ x_1 = 1,\ x_2 = 0,\ p_1 = p,\ p_2 = 1 - p$이 된다. 그러

므로 평균은 다음과 같이 계산 가능하다.

$$\mathbb{E}(X) = 1 \cdot p + 0 \cdot (1 - p) = p \tag{3.2}$$

◇

연속 확률 변수(*continuous random variable*)는 $\mathbb{R}$에서 모든 값을 가진다. 이 책에서는 연속 확률 변수를 이에 대응하는 밀도 함수(density function)를 이용하여 결정할 것이다. X가 연속 확률 변수라면, 밀도 함수(density function) f가 존재하고 $a \le X \le b$의 확률을 $x = a$에서 $x = b$까지 $f(x)$를 적분한 것과 같음을 가정한다. 즉,

$$\mathbb{P}(a \le X \le b) = \int_a^b f(x)\, dx \tag{3.3}$$

여기에서 $\mathbb{P}(a \le X \le b)$는 $a \le X \le b$일 확률을 의미한다. 이것이 의미를 가지기 위해서는 다음을 만족하여야 한다.

- 모든 x에 대하여 $f(x) \ge 0$. (음의 확률값은 허용하지 않는다.)
- $\int_{-\infty}^{\infty} f(x)dx = 1$. (밀도함수를 적분하면 1이 된다.)

연속 확률 변수 X에서 평균값 또는 기대값은 $\mathbb{E}(X)$로 표기하고 아래와 같이 정의된다.

$$\mathbb{E}[X] := \int_{-\infty}^{\infty} xf(x)dx \tag{3.4}$$

어떤 경우에는 적분이 정의되지 않을 수도 있다. 이 책에서는 $\mathbb{E}[\cdot]$라고 표기하는 경우에는 적분이 존재한다는 것을 암시적으로 가정한다.

예 시 확률변수 X가 아래와 같은 밀도함수를 갖는 경우에 (α,β)에서

균등분포라고 한다.

$$f(x) = \begin{cases} (\beta - \alpha)^{-1}, & \alpha < x < \beta \\ 0, & \text{그외} \end{cases} \tag{3.5}$$

$X \sim \mathsf{U}(\alpha,\beta)$와 같이 표기한다. 직관적으로는 X가 α와 β 사이의 값만 가지고, 각각의 값을 가질 가능성은 같다. 정확하게 표현하면, $\alpha < x_1 < x_2 < \beta$의 관계를 만족하는 x_1과 x_2가 주어지면, X가 범위 $[x_1, x_2]$의 값을 가질 확률은 구간의 상대 크기인 $(x_2 - x_1)/(\beta - \alpha)$로 주어진다. 연습문제 (3.1)에서 이 계산을 할 것이다. 만약에 $X \sim \mathsf{U}(\alpha,\beta)$이면, X의 평균은 다음과 같이 주어진다.

$$\mathbb{E}(X) = \int_{-\infty}^{\infty} xf(x)dx = \frac{1}{\beta-\alpha}\int_{\alpha}^{\beta} x\,dx = \frac{1}{\beta-\alpha}\left[\frac{x^2}{2}\right]_{\alpha}^{\beta} = \frac{\alpha+\beta}{2}$$

평균값이 구간 $[\alpha,\beta]$의 중점이며, 이는 직관과도 일치한다. ◇

일반적으로, X와 Y가 확률 변수라면, 이것들을 조합하여 새로운 확률 변수를 만들 수 있다. 예로써, $X+Y$, $X^2 + \sin(Y)$, $e^{\sqrt{X+Y}}$ 또한 확률 변수들이다.

임의의 확률 변수 X와 Y에 적용할 수 있는 두 개의 기본적인 항등식은 다음과 같다.

$$\mathbb{E}(X+Y) = \mathbb{E}(X) + \mathbb{E}(Y) \tag{3.6}$$

$$\mathbb{E}(\alpha X) = \alpha\mathbb{E}(X), \qquad \alpha \in \mathbb{R} \tag{3.7}$$

위 수식이 의미하는 것은 합의 평균은 평균의 합이고, 상수 곱의 평균은 평균의 상수 곱과 같다. 다음 결과 또한 매우 유용하다. 연속 확률 변수 X에 함수 h를 적용하면, 확률 변수 $h(X)$의 평균은 다음으로 주어진다.

$$\mathbb{E}(h(X)) = \int_{-\infty}^{\infty} h(x)f(x)\,dx \tag{3.8}$$

3.3 독립

두 개의 확률변수 X와 Y가 독립이라고 하면, 직관적인 해석으로 X가 가지는 값이 Y의 값에 의존하지 않고, 그 반대도 성립하는 것을 말한다. 고전적이고 형식적으로 이것을 표현하려면 이 책에서 제시하고 있는 것보다 더 많은 이론이 필요하다. 그러나 간단하게 아래와 같이 표현 가능하다.

$$\mathbb{E}(g(X)h(Y)) = \mathbb{E}(g(X))\mathbb{E}(h(Y)), \quad \text{for all } g, h : \mathbb{R} \to \mathbb{R}$$

특히, g와 h를 항등함수(identity function)라 하면, 다음과 같은 성질을 알 수 있다.

$$X\text{와 } Y\text{는 독립} \Rightarrow \mathbb{E}(XY) = \mathbb{E}(X)\mathbb{E}(Y) \tag{3.9}$$

X와 Y가 독립이 아닌 일반적인 경우에는 $\mathbb{E}(XY) = \mathbb{E}(X)\mathbb{E}(Y)$가 만족하는 것은 아니다. 예로써, 연습문제 (3.4)와 같이 X를 선택하고, $Y = X$라 하면 $E[X^2] \neq (\mathbb{E}[X])^2$이다.

때때로, 독립 동일 분포(independent and identically distributed, 줄여서 i.i.d.라 표기한다.)를 가지는 확률변수의 수열(sequences)이 자주 등장한다. X_1, X_2, X_3, $\ldots$가 i.i.d.라고 하는 것은

(i) 이산 변수의 경우에는, X_i들이 같은 값 $\{x_1, x_2, \ldots, x_m\}$과 같은 확률 $\{p_1, p_2, \ldots, p_m\}$을 가지고, 연속 변수인 경우에는 X_i가 같은 밀도함수 $f(x)$를 갖는다.

(ii) 어떤 하나의 X_i에 대한 값의 정보가 다른 X_i들의 값에 대하여 아무런 정보를 주지 못한다.

특히, $X_1, X_2, X_3, \ldots$가 i.i.d.이면, 이들 각각의 쌍이 독립이며 즉, $i \neq j$인 경우에 $\mathbb{E}(X_iX_j) = \mathbb{E}(X_i)\mathbb{E}(X_j)$이다.

3.4 분산

식 (3.1), (3.4)에서 이산 및 연속 확률변수에 대하여 평균을 정의하였기 때문에 분산(variance)을 아래와 같이 정의할 수 있다.

$$\mathsf{var}(X) := \mathbb{E}\left[(X - \mathbb{E}[X])^2\right] \tag{3.10}$$

대략적으로 말하면, 기대값은 특성치 또는 평균치를 제시해 주며 분산은 이 값 주위에서 변동분을 제시한다.

분산은 아래와 같은 다른 정의를 가진다. (연습문제 (3.3) 참조)

$$\mathsf{var}(X) := \mathbb{E}(X^2) - (\mathbb{E}[X])^2 \tag{3.11}$$

연습문제 (3.3)에서 다음의 배수 성질(scaling property)을 증명하여야 한다.

$$\mathsf{var}(\alpha X) = \alpha^2 \mathsf{var}(X), \quad \text{for } \alpha \in \mathbb{R} \tag{3.12}$$

표준편차는 std라고 표기하며 단순히 분산의 제곱근이다. 즉

$$\mathsf{std}(X) := \sqrt{\mathsf{var}(X)} \tag{3.13}$$

예 시 X가 앞에서 소개한 모수 p의 베르누이 분포를 따른다고 하자. 그러면 $[X - \mathbb{E}(X)]^2$은 확률 p로 $(1-p)^2$의 값을 가지고, 확률 $1-p$로 p^2의 값을 가진다. 그러므로 식 (3.10)을 이용하면

$$\mathsf{var}(X) = \mathbb{E}[(X - E[X])^2)] = (1-p)^2 \cdot p + p^2 \cdot (1-p) = p - p^2 \tag{3.14}$$

임을 알 수 있다. 위의 식에서 $p = 1/2$일 때 분산이 최대값을 가진다는 것을 알 수 있다. ◇

예 시 $X \sim \mathsf{U}(\alpha,\beta)$이면, $E(X^2) = (\alpha^2 + \alpha\beta + \beta^2)/3$이며, 식 (3.11)로 부

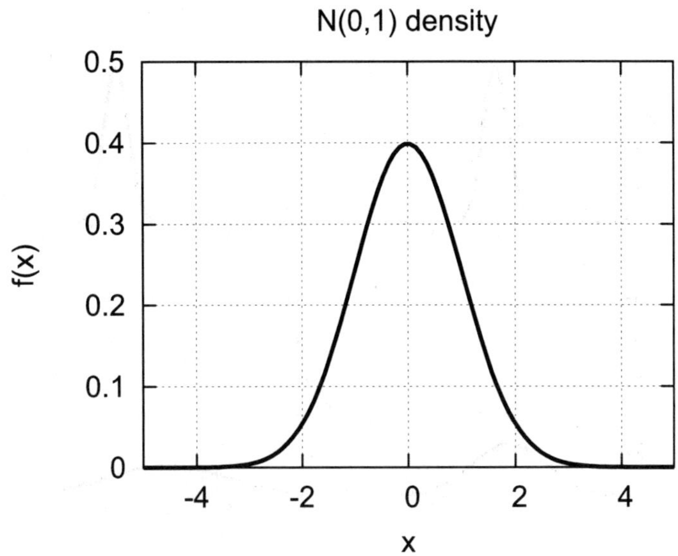

그림 3.1: N(0, 1)을 만족하는 확률 변수의 밀도함수 (3.15)

터 var(X) = $(\beta - \alpha)^2/12$임을 알 수 있다.(연습문제 (3.5) 참조) 그러므로 $Y_1 \sim$ U$(-1, 1)$이고 $Y_2 \sim$ U$(-2, 2)$이면, Y_1과 Y_2는 같은 평균을 가지게 되는데 Y_2가 더 큰 분산을 가지며 이는 직관과도 일치한다. ◇

3.5 정규분포

이 책의 목적(또는 대부분의 목적)에 매우 유용한 하나의 특정한 확률 변수가 있다. X가 아래의 밀도함수를 가지는 연속 확률 변수이면

$$f(x) = \frac{1}{\sqrt{2\pi}} \exp(-x^2/2) \tag{3.15}$$

X가 표준정규분포를 가진다고 말하고, $X \sim$ N$(0, 1)$로 표기한다. 여기에서 N은 정규(normal)를 나타내고, 0은 평균, 1은 분산이다. 그러므로 이러

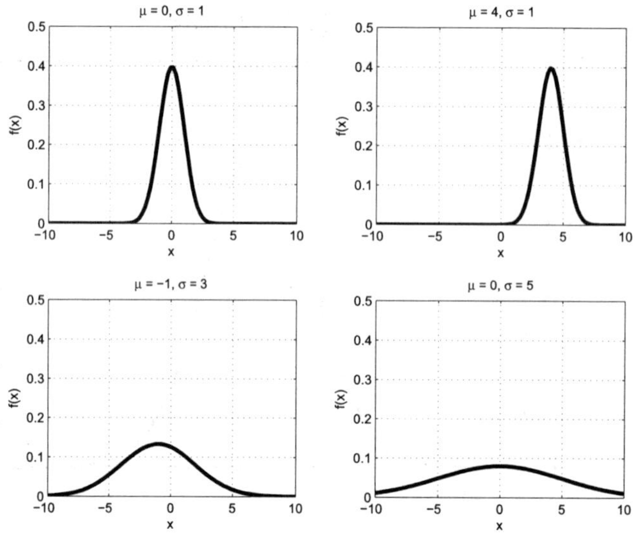

그림 3.2: 다양한 $\mathrm{N}(\mu, \sigma^2)$을 만족하는 확률 변수의 밀도함수

한 X에 대하여, $\mathbb{E}(X) = 0$이고 $\mathrm{var}(X) = 1$이다. (연습문제 (3.7) 참조) 식 (3.15)에 나온 f의 그래프를 그려보면 종모양의 곡선이 나타난다. (그림 (3.1) 참조)

일반적으로 $\mathrm{N}(\mu, \sigma^2)$을 따르는 확률변수는 밀도함수

$$f(x) = \frac{1}{\sqrt{2\pi\sigma^2}} \exp\left[-\frac{(x-\mu)^2}{2\sigma^2}\right] \tag{3.16}$$

으로 결정되고 평균은 μ, 분산은 σ^2이다. (연습문제 (3.8) 참조) 그림 (3.2)는 다양한 μ와 σ에 대한 밀도함수의 그래프를 보여준다. 그래프는 $x = \mu$에 대하여 대칭이다. 분산 σ^2을 증가시키면 밀도함수는 보다 평평해지면서 극한의 값(extreme value)을 가질 확률이 더 높인다.

연속 확률변수 X에 주어진 밀도함수 $f(x)$에 대하여 분포함수(distribution

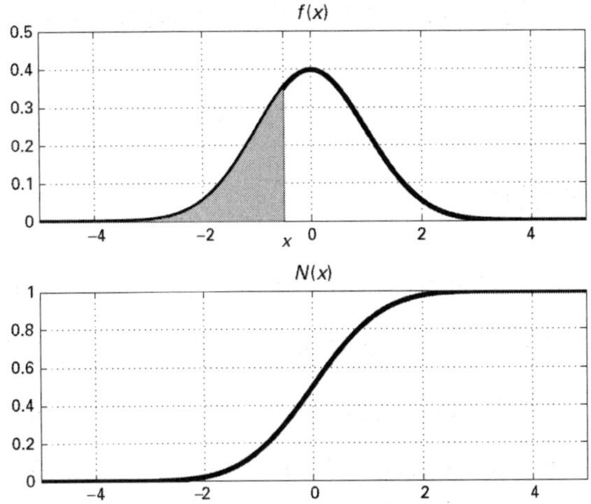

그림 3.3: 윗그림: N(0, 1)의 밀도함수, 아래그림: 분포함수 $N(x)$ – 각 x에 대하여 이 값은 위 그림에서 회색 영역의 면적이다.

function) $F(x) := \mathbb{P}(X \le x)$를 정의할 수 있다. 즉

$$F(x) := \int_{-\infty}^{x} f(s)\,ds \tag{3.17}$$

위의 식이 의미하는 것은 $F(x)$는 x의 왼쪽 편에 있는 밀도함수의 곡선 밑의 면적이다. 표준정규 확률변수에 대응하는 분포함수는 이 책에서 중요한 역할을 하기 때문에 이를 $N(x)$로 표기한다.

$$N(x) := \frac{1}{\sqrt{2\pi}} \int_{-\infty}^{x} \exp(-s^2/2)\,ds \tag{3.18}$$

그림 (3.3)에 $N(x)$의 그래프를 보여준다.

정규 확률변수의 몇 가지 유용한 성질들이다.

(i) $X \sim \mathsf{N}(\mu, \sigma^2)$이면, $(X-\mu)/\sigma \sim \mathsf{N}(0,1)$이다.

(ii) $Y \sim \mathsf{N}(0,1)$이면, $\sigma Y + \mu \sim \mathsf{N}(\mu, \sigma^2)$이다.

(iii) $X_1 \sim \mathsf{N}(\mu_1, \sigma_1^2)$, $X_2 \sim \mathsf{N}(\mu_2, \sigma_2^2)$ 이고 X_1과 X_2가 독립이면, $X_1 + X_2 \sim \mathsf{N}(\mu_1 + \mu_2, \sigma_1^2 + \sigma_2^2)$이다.

3.6 중심 극한 정리

확률론에서 근본적이며 미학적이면서도 또한 많은 응용 분야를 가지고 있는 정리는 많은 개수의 i.i.d.인 확률변수의 합은 근사적으로 정규분포를 따른다는 것이다. 이것이 중심 극한 정리(Central Limit Theorem)이다. 보다 정확하게 표현하면, $X_1, X_2, X_3, \ldots$가 i.i.d.인 평균이 μ, 분산이 σ^2인 확률변수의 수열이라 하고,

$$S_n := \sum_{i=1}^{n} X_i$$

라고 하자. 그러면 중심 극한 정리가 말하는 것은 n이 큰 경우에 S_n은 $\mathsf{N}(n\mu,\ n\sigma^2)$을 따른다는 것이다. 보다 엄밀하게 말하면, $(S_n - n\mu)/\left(\sigma\sqrt{n}\right)$인 근사적으로 다음과 같은 의미에서 $\mathsf{N}(0,1)$가 된다는 것이다.

$$\mathbb{P}\left(\frac{S_n - n\mu}{\sigma\sqrt{n}} \le x\right) \to N(x), \quad \text{as } n \to \infty \tag{3.19}$$

식 (3.19)는 분포로서의 수렴(convergence in distribution)을 의미한다. 이는 $(S_n - n\mu)/\left(\sigma\sqrt{n}\right)$의 분포함수가 각 점에서 $N(x)$로 수렴한다는 것이다. 확률변수가 다른 형태의 극한을 나타내는 경우가 많이 있지만, 이 책에서는 다른 종류의 극한은 소개하지 않을 것이다. 그러므로 확률변수의 수열이 다른 어떤 확률 변수 X에 가깝다고 하면, 이 책에서는 암시적으로 분포의 의미에서 가까움을 뜻한다. 이 책에서 여러 가지 확률 표현 식을 발견적 방법으로 유도하기 위하여 중심극한 정리를 사용할 것이다. 이러한 유도를 엄밀하게 하려면 수렴의 개념을 보다 엄밀하게 도입하고 증명을 위한

다양한 수학적 기교들을 소개하여야 한다. 가급적 초보자가 이 책을 읽을 수 있도록 하기 위하여 이와 같은 방식은 피하기로 한다. 다행히도, 중심 극한 정리 자체는 책을 이론적으로 만들지는 않는다.

중심 극한 정리를 인지하고 나서 많은 과학자들이 다음과 같은 논리적인 주장을 하였다. – 실생활의 시스템들은 i.i.d.로 근사할 수 있는 외부 요소들에 노출되어 있기 때문에 전체의 영향은 근사적으로 하나의 정규분포로 모델링을 할 수 있을 것이다. 이것이 확률 모형론에서 정규 확률 변수가 어디에서나 많이 나타나는 이유이다. 이것을 염두에 두면, 주가 모형과 옵션 평가에서 정규 확률 변수가 중요한 역할을 하는 것은 당연할 것이다.

3.7 주석 및 참고문헌

이 장의 목표는 이 책의 나머지 부분에서 필요한 최소한의 확률론을 소개하는 것이다. 그러므로 많은 내용이 언급되지 않았다. 이런 주제에 대해서 좋은 입문서가 많이 있다. 많이 보는 책은 Grimmett and Welsh(1986)이고, 보다 고급과정의 교과서로 Grimmett and Stirzaker(2001)을 추천한다.

Issac(1995)와 Nahin(2000)에 보다 쉽게 읽을 수 있고, 수학적이지 않은 좀 더 편안한 내용들이 소개되어 있다.

인터넷에서 내려 받을 수 있는 보다 종합적인 입문서로는 Grinstead and Snell(1997)이 있다. 이 책과 다른 책들을 `http://mathcs.carleton.edu/probweb/probweb.html`에 있는 *The Probability Web*을 통하여 찾을 수 있다.

매우 엄밀한 수준까지 확률론을 공부하기 위해서는 측도이론(measure theory)을 알아야 한다. 이 계통으로는 Capińsk and Kopp(1999)와 Rosenthal(2000)을 참조하는 것이 좋다.

연습문제

3.1 ★ X는 $\mathsf{U}(\alpha,\beta)$를 따른다고 하자. (α,β)에 속하는 구간 $[x_1, x_2]$에 대하여 다음을 만족하는 것을 보여라.

$$\mathbb{P}(x_1 \le X \le x_2) = \frac{x_2 - x_1}{\beta - \alpha}$$

3.2 ★★ 식 (3.7)이 이산 확률변수에 대하여 성립함을 보여라. 이제, X가 밀도 함수 f를 가지는 연속 확률변수라고 하자. 밀도 함수는 식 (3.3)에 의하여 결정되는 것을 기억하면, 실수 α에 대하여 αX의 밀도함수는 무엇인가? 식 (3.7)이 연속 확률변수에 대해서도 성립함을 보여라.

3.3 ★★ 식 (3.6)과 (3.7)을 이용하여 식 (3.10)과 (3.11)이 일치함을 보이고, 식 (3.12)가 성립함을 보여라.

3.4 ★★ $\lambda > 0$에 대하여 다음의 밀도함수를 가지는 연속 확률 변수 X를 모수 λ의 지수분포 (exponential distribution)라고 한다.

$$f(x) = \begin{cases} \lambda e^{-\lambda x}, & x > 0 \\ 0, & x \le 0 \end{cases}$$

이 경우에서 $\mathbb{E}(X) = 1/\lambda$임을 보여라. 또한 $\mathbb{E}(X^2) = 2/\lambda^2$임을 보이고 $\mathsf{var}(X)$를 구하여라.

3.5 ★★ $X \sim \mathsf{U}(\alpha,\beta)$이면, $\mathbb{E}(X^2) = \left(\alpha^2 + \alpha\beta + \beta^2\right)/3$이고, $\mathsf{var}(X) = (\beta - \alpha)^2/12$ 임을 보여라.

3.6 ★ X와 Y는 서로 독립인 확률 변수이고, α는 실수이다. $\mathsf{var}(X + Y) = \mathsf{var}(X) + \mathsf{var}(Y)$와 $\mathsf{var}(\alpha + X) = \mathsf{var}(X)$임을 보여라.

3.7 ★★★ $X \sim \mathrm{N}(0,1)$이라 하자. $\mathbb{E}(X) = 0$임을 확인하라. 식 (3.8)에서 X의 0I차 모멘트(second moment)인 $\mathbb{E}(X^2)$가 아래와 같이 주어진다.

$$\mathbb{E}(X^2) = \frac{1}{\sqrt{2\pi}} \int_{-\infty}^{\infty} x^2 \exp(-x^2/2)\, dx$$

부분 적분을 이용하여 $\mathbb{E}(X^2) = 1$을 보이고, 결과적으로 $\mathrm{var}(X) = 1$임을 증명하라. 다시, 식 (3.8)에서 p차 모멘트 $\mathbb{E}(X^p)$를 아래와 같이 정의된다.

$$\mathbb{E}(X^p) = \frac{1}{\sqrt{2\pi}} \int_{-\infty}^{\infty} x^p \exp(-x^2/2)\, dx$$

$\mathbb{E}(X^3) = 0$, $\mathbb{E}(X^4) = 3$임을 보이고, $\mathbb{E}(X^p)$에 대한 일반 식을 구하라. (증명없이 $\int_{-\infty}^{\infty} \exp(-x^2/2)\, dx = \sqrt{2\pi}$임을 이용하여도 된다.)

3.8 ★★ 정규분포의 밀도함수의 정의 식인 (3.16)에서, $\mathrm{N}(\mu, \sigma^2)$을 만족하는 확률 변수의 평균이 μ, 분산이 σ^2임을 보여라.

3.9 ★★ 식 (3.18)에서 정의된 $N(x)$가 $N(\alpha) + N(-\alpha) = 1$을 만족하는 것을 보여라.

3.8 프로그램과 연습

그림 (3.2)에 제시한 4개의 분리된 그래프의 대안으로 그림 (3.4)에 나타낸 프로그램 `ch03`은 σ를 바꾸면서 $\mathrm{N}(0, \sigma^2)$의 밀도함수를 3차원의 그래프로 그려준다. 여기서 새로 도입된 명령어는 `meshgrid`와 `waterfall`이다. σ의 값은 1에서 5까지 `dsig = 0.25`의 간격이고, `dx = 0.5`의 간격으로 `x`의 값이 -10부터 10까지의 밀도함수를 그린다. 명령어

```
%CH03 Program for Chapter 3
%
% Illustrates Normal distribution

clf

dsig = 0.25;
dx = 0.5;
mu = 0;
[X,SIGMA] = meshgrid(-10:dx:10,1:dsig:5);
Z = exp(-(X-mu).^2./(2*SIGMA.^2))./sqrt(2*pi*SIGMA.^2);
waterfall(X,SIGMA,Z)
xlabel('x')
ylabel('\sigma')
zlabel('f(x)')
title('N(0,\sigma) density for various \sigma')
```

그림 3.4: 3장의 프로그램: ch03.m.

```
[X,SIGMA] = meshgrid(-10:dx:10,1:dsigma:5)
```

는 3차원 그래프를 그리기 위한 알맞은 포맷으로 σ와 x의 값을 저장하는 17×41의 이중배열인 X와 SIGMA를 생성한다. 다음의 명령어

```
Z = exp(-(X-mu).^2./(2*SIGMA.^2))./sqrt(2*pi*SIGMA.^2);
```

는 밀도함수를 계산한다. 파워 연산자 ^ 와 나눗셈 연산자 / 앞에 마침표 (.)가 있다는 것에 주의하라. 이는 MATLAB이 배열의 각각 성분 별로 연산자를 적용하도록 하는 것이다. 이러한 효과의 간단한 예는 다음과 같다.

```
>> [1,2,3].*[5,6,7]
>> ans = 5 12 21
```

x 방향으로 슬라이스를 만드는 Z의 3차원 그래프를 생성하기 위하여

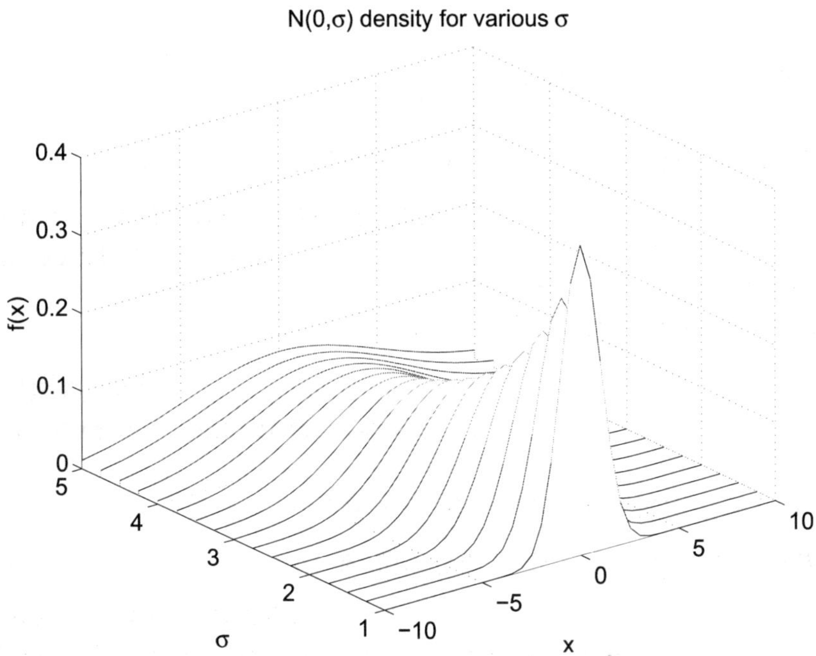

그림 3.5: ch03으로 생성된 그림

MATLAB의 명령어인 waterfall을 사용하였다. 그림 (3.5)가 그 결과이다.

프로그래밍 연습문제

P3.1 프로그램 ch03에서 dx와 dsigma의 값을 바꾸어 보거나, waterfall의 명령어를 mesh, surf, surfc로 바꾸어서 실행해 보라.

P3.2 연습문제 (3.4)에서 정의한 지수 분포의 밀도함수에 대하여 ch03과 비슷한 프로그램을 작성하라.

인 용

확률의 형식 논리를 직관으로 완전히 대체할 수 없다.

MARK DENNEY AND STEVEN GAINES
(Denney and Gaines, 2000)

통계: 무지에 대한 수학 이론

MORRIS KLINE,
source www.mathacademy.com/pr/quotes/

주가가 영원한 안정기에 도달한 것 같아 보인다.
(1929년 주식 폭락 9일 전에 있었던 연설에서.)

IRVING FISHER, economist,
source www.quotesforall.com/f/fisherirving.htm

노먼이 기술적 분석가의 가르침에 연관이 되었다.
기술적 분석은 주가를 종이 위에 그래프를 그려서, 그래프의 모양을 자세히 봄으로써 시장의 움직임을 예측할 수 있다고 생각하는 주술적인 사람이다. 기술적 분석과 금융의 관계는 점성술과 우주공학의 관계와 같다.
동물의 내장을 읽는 것과 비슷한 신비로운 것이다.
그러나 월스트리트 저널은 이것을 기록하고 미국의 대형 금융 기관의 대부분이 암암리에 한두 명의 기술적 분석가를 고용하고 있다.

THOMAS A. BASS (Bass, 1999)

4 장

컴퓨터 시뮬레이션

개 요

- 난수 생성
- 표본의 평균과 분산
- 커널 밀도 평가
- Q-Q 그래프

4.1 학습목표

옵션 평가를 위하여 개발한 모형은 무작위성(randomness)을 포함할 것이다. 이 책의 기본적인 방침은 생각을 실험해보고 시각화하고, 또 해석적으로 결정하기 힘든 값들을 추정하기 위하여 컴퓨터 시뮬레이션을 이용하는 것이다. 이 장(章)에서는 향후 이 책에서 사용할 도구들을 소개한다.

4.2 의사난수

컴퓨터는 결정적(deterministic)이다. – 컴퓨터는 명령 받은 것을 정확하게 수행하기 때문에 완전히 예측 가능하다. 일반적으로 이것은 좋은 일이지만 난수를 만드는 것과는 상충된다. 그러나 실제에서는 의사난수(擬似亂數)만으로도 대부분 충분하다. 의사난수는 결정적인 알고리즘을 이용하여 생성되는 수들의 집합이지만, 전체의 집단으로 볼 때 알맞은 통계 성질을 가지고 있다는 의미에서 난수로 여겨진다. 이 책에서는 의사난수의 수열을 생성하는 공개되지 않은 프로그램에 접근할 수 있다고 가정한다. 그러므로 의사난수를 생성하는 알고리즘을 설계하는 문제는 완전히 무시할 것이다. 난수 생성은 매우 어려우며 현재에도 활발하게 연구되는 분야이다. 비전문가에게 가장 좋은 알고리즘을 이해시키고 직접 구현하도록 하는 것은 무리이므로 생략하겠다. 가끔 직접 구현하는 것보다 기성품을 이용하는 것이 좋을 때가 있다. 여기에서는 책의 논점에 보다 더 집중하기 위하여 기존의 라이브러리를 이용하였다.

표 (4.1)은 10개 숫자들의 두 개의 집합이다. 이것들은 $\mathsf{U}(0,1)$과 $\mathsf{N}(0,1)$을 생성하는 좋은 품질의 의사난수 생성기를 이용하여 만들었다.[1] $\mathsf{U}(0,1)$로 간주되는 표본들은 구간 (0,1)에 자유롭게 퍼져 있고, $\mathsf{N}(0,1)$로 추정되는 표본들은 0에 보다 더 밀집되어 있는 것을 볼 수 있는데, 그러나 이것만으로는 무언가를 판단을 하는 것은 어렵다.

---

[1] 이 책의 모든 전산 실험은 MATLAB을 사용하였다. $\mathsf{U}(0,1)$은 `rand`, $\mathsf{N}(0,1)$은 `randn`의 MATLAB 내부함수를 이용하였다. 발생된 무작위 수가 재현되기 위하여 난수 발생기에 시드(seed)를 100으로 설정하였다. 즉, `rand('state',100)`과, `randn('state',100)`을 사용하였다.

표 4.1: U(0, 1)과 N(0, 1)을 이용하여 생성한 10개의 의사 난수들

U(0, 1)	N(0, 1)
0.3929	0.9085
0.6398	−2.2207
0.7245	−0.2391
0.6953	0.0687
0.9058	−2.0202
0.9429	−0.3641
0.6350	−0.0813
0.1500	−1.9797
0.4741	0.7882
0.9663	0.7366

4.3 통계 테스트

M개의 표본 $\{\xi_i\}_i^M$을 설정하여, 표본평균

$$\mu_M := \frac{1}{M}\sum_{i=1}^{M}\xi_i \tag{4.1}$$

과 표본분산

$$\sigma_M^2 := \frac{1}{M-1}\sum_{i=1}^{M}(\xi_i - \mu_M)^2 \tag{4.2}$$

을 계산하여 의사난수 생성기를 조사할 수 있다. (4.1)의 표본평균은 표본들의 산술평균에 불과하다. 표본분산 또한 분산을 정의하는 식 (3.10)의 기대값에 대응하는 비슷한 종류의 산술 평균이다. (표본분산을 $(1/M)\sum_{i=1}^{M}(\xi_i - \mu_M)^2$으로 정의를 하는 것이 보다 자연스럽다고 생각할 수

표 4.2: U(0, 1)과 N(0, 1)에서 추출한 M개의 표본을 이용한 표본 평균 (4.1)과 표본 분산 (4.2)

	U(0, 1)		N(0, 1)	
M	μ_M	σ_M^2	μ_M	σ_M^2
10^2	0.5229	0.0924	0.0758	1.0996
10^3	0.4884	0.0845	0.0192	0.9558
10^4	0.5009	0.0833	−0.0115	0.9859
10^5	0.5010	0.0840	0.0005	1.0030

있다. 그러나 M이 아니라 $M-1$을 사용하는 것이 더 좋다. 이 부분은 15장에서 논의한다.) $M = 10^2, 10^3, 10^4, 10^5$인 경우에 표 (4.2)에 결과를 제시한다. M이 증가함에 따라서 U(0, 1)의 표본평균과 표본분산의 값은 참값인 1/2와 $1/12 \approx 0.0833$ (연습문제 (3.5) 참조)과 N(0, 1)의 표본평균과 표본분산은 참값인 0과 1에 접근하고 있다.

난수 발생기를 검사하는 보다 이해하기 쉬운 방법은 x 축을 δx의 크기로 나누어서 구간들(*bins*)을 만들고 각각의 구간에 몇 개의 표본이 놓여 있는지를 세는 방법이다. 표본의 개수를 M이라 하고, 각각의 구간(bin) $[i\,\Delta x, (i+1)\,\Delta x]$에 놓여진 표본의 개수를 N_i라 하자. 구간 $[i\,\Delta x, (i+1)\,\Delta x]$에 놓일 확률 X를 전체 표본에서 상대 빈도를 이용하여 근사한다면, 다음의 식을 얻게 된다.

$$\mathbb{P}(i\,\Delta x \le X \le (i+1)\,\Delta x) \approx \frac{N_i}{M} \tag{4.3}$$

반대로, 식 (3.3)에서 밀도함수 $f(x)$를 가지는 확률변수 X는 아래를 만족한다.

$$\mathbb{P}(i\,\Delta x \le X \le (i+1)\,\Delta x) = \int_{i\Delta x}^{(i+1)\Delta x} f(x)\,dx \tag{4.4}$$

x_i를 구간 $[i\,\Delta x, (i+1)\,\Delta x]$의 중간 값이라 두면, 다음과 같은 리만합(Riemann sum) 근사를 할 수 있다.

$$\int_{i\,\Delta x}^{(i+1)\,\Delta x} f(x)\,dx \approx \Delta x\, f(x_i) \tag{4.5}$$

(곡선의 아래에 있는 면적을 알맞은 사각형의 면적으로 근사하는 것이다. – 그림을 그려서 확인해 보라.) 식 (4.3)–(4.5)에서, $N_i/(M\,\Delta x)$를 x_i에 대하여 그리면 밀도 함수의 값 $f(x_i)$의 근사값을 구할 수 있다. 이러한 방법과 좀 더 현학적으로 확장한 방법은 커널 밀도 평가(*kernel density estimation*)의 영역에 속한다고 하겠다.

계산 예제 $\Delta x = 0.05$의 간격을 이용하여 U(0, 1)의 생성자의 커널 밀도 평가를 하였다. $f(x)$는 $0 \le x \le 1$의 구간에서만 영이 아닌 값을 가지기 때문에, $i = 0, 1, 2, \ldots, 19$이다. 그림 (4.1)에 표본의 크기가 $M = 10^3, 10^4, 10^5, 10^6$인 경우에 x_i에 대하여 $N_i/(M\,\Delta x)$를 그려두었다. 이러한 점들은 다이아몬드의 심벌로 표기하였고, 시각적인 효과를 위하여 각 심벌 사이를 직선으로 연결하였다. M이 증가함에 따라서, 이러한 그래프가 U(0, 1)의 밀도 함수에 가까이 가는 것을 볼 수 있다. ◇

계산 예제 그림 (4.2)에 N(0, 1)의 생성자를 가지고 비슷한 실험을 하였다. 여기에서는 $-4 \le x \le 4$에서 구간의 크기 $\Delta x = 0.05$를 이용하였다. (−4보다 작은 표본은 첫 번째 구간에 추가하였고, 4보다 큰 표본은 마지막 구간에 추가하였다.) $M = 10^3, 10^4, 10^5, 10^6$을 이용하였다. 정확한

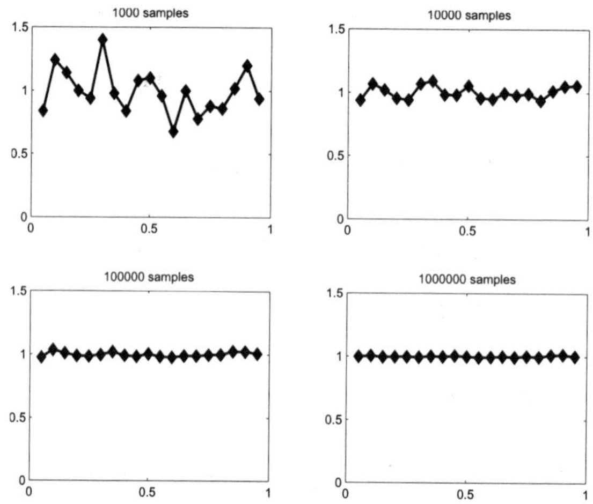

그림 4.1: U(0, 1)에 대하여 표본의 수를 증가하면서 계산한 커널 밀도 평가. 수직 축은 $N_i/(M\,\delta x)$, $\delta x = 0.05$.

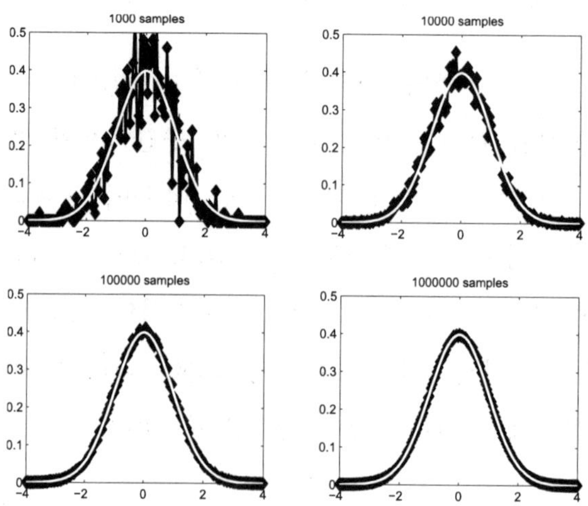

그림 4.2: N(0, 1)에 대하여 표본의 수를 증가하면서 계산한 커널 밀도 평가. 수직 축은 $N_i/(M\,\delta x)$, $\delta x = 0.05$.

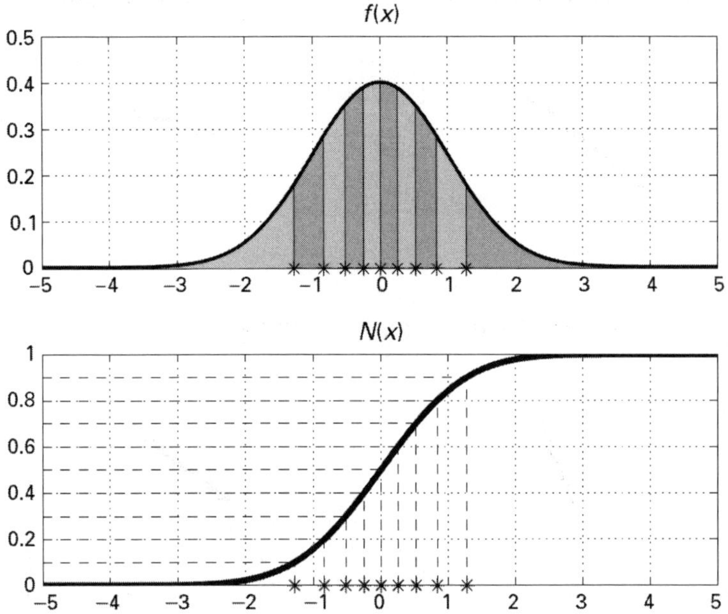

그림 4.3: x축에 있는 별표는 $M = 9$를 사용하여 N(0, 1)에 대하여 식 (4.6)의 퀀타일 $z(k/(M+1))$를 나타낸다. 윗그림: 퀀타일이 $f(x)$가 같은 면적을 가지도록 x축을 분해한다. 아래그림: $N(x)$가 일정한 등분을 가지도록 x축을 분해한다.

N(0, 1)의 밀도함수의 곡선을 비교를 위하여 흰색으로 추가하였다. M이 증가함에 따라서 밀도함수의 추정이 향상되는 것을 알 수 있다. ◇

자료의 통계적인 관점을 조사하는 다른 방법론을 살펴보겠다. 밀도함수 $f(x)$와 $0 < p < 1$가 주어지면 f의 p 퀀타일(*p-th quantile*) $z(p)$를 다음과 같이 정의한다.

$$\int_{-\infty}^{z(p)} f(x)\, dx = p \tag{4.6}$$

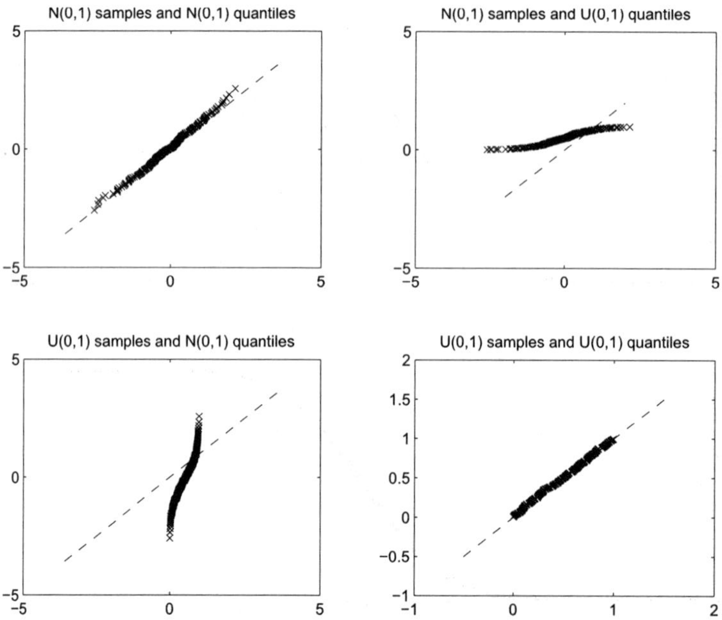

그림 4.4: M = 100을 이용한 Q-Q 그래프. 순서를 정한 $\hat{\xi}_1$, $\hat{\xi}_2$, ..., $\hat{\xi}_M$ 샘플을 x축, 퀀타일 $z(k/(M+1))$을 y축으로 설정. 그림은 N(0, 1), U(0, 1)의 난수와 N(0, 1), U(0, 1)의 퀀타일의 4가지 조합을 보여준다.

$\xi_1, \xi_2, \ldots, \xi_M$인 데이터들이 주어질 때, Q-Q 그래프(*quantile-quantile plot*)는 다음의 방법으로 생성한다.

(a) 주어진 데이터를 오름차순으로 재배열한다: $\hat{\xi}_1, \hat{\xi}_2, \ldots, \hat{\xi}_M$

(b) 퀀타일 z(k/(M+1))에 대하여 $\hat{\xi}_k$를 그린다.

$p = k/(M+1)$에 대하여 퀀타일을 선택하는 것은 확률을 균등하게 나누는 것이다. 그림 (4.3)은 $M = 9$이고 $f(x)$가 N(0, 1) 밀도함수인 경우를 보여준다. 상반부의 그림은 $z(k/(M+1))$이 밀도함수 밑의 면적이 일정하도록 x축을 구분하는 것을 강조하여 보여준다. – 즉, 확률변수가 각각의 영역 내

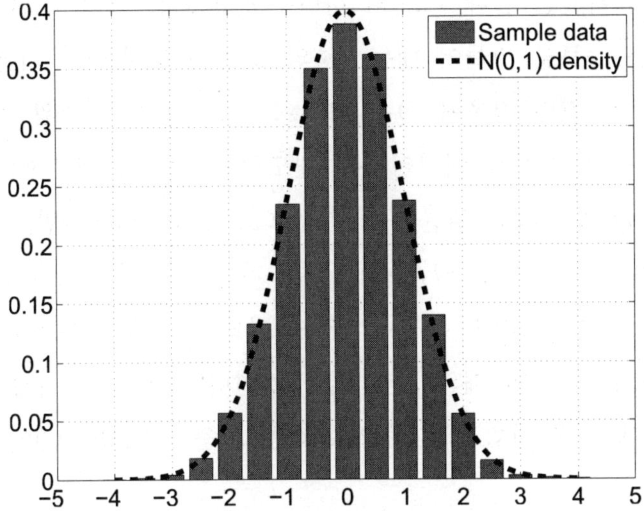

그림 4.5: 식 (4.7) 형태의 표본의 커널 밀도 평가와 N(0,1)의 밀도함수

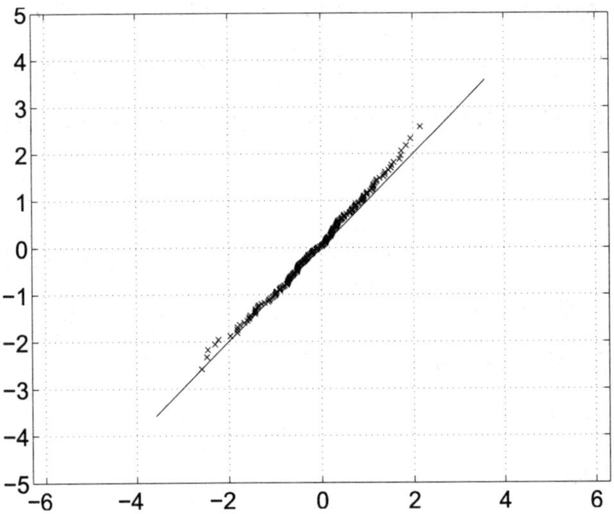

그림 4.6: 식 (4.7) 형태의 표본과 $N(0,1)$의 퀀타일에 대한 Q-Q 그래프.

의 값을 가질 확률은 같다. (4.3)의 하반부는 $N(x)$를 그려서 $z(k/(M+1))$가 y축에서 같은 등분을 만들어 내는 x축의 값임을 보여준다. 기본적인 아이디어는 M이 큰 값인 경우에, Q-Q 그래프는 근사적으로 단위 기울기의 직선이 나타난다면 주어진 데이터들은 밀도함수 $f(x)$에 대응하는 분포에서 추출한 값처럼 보인다고 결론지을 수 있다. 좀 더 설명하면, x축을 M개의 간격으로 나누고 x가 $z(k/(M+1))$에 가장 가깝다면 x가 k번째 구간에 속한다고 하자. 그러면 확률이 균등해지도록 구간을 나누었기 때문에, 각각의 구간에 대충 한 개의 ξ_i가 있을 것이다. 그러므로 가장 작은 $\hat{\xi}_1$은 $z(1/(M+1))$에 가장 가깝고, 다음으로 작은 $\hat{\xi}_2$는 $z(2/(M+1))$에 가장 가깝게 된다.

계산 예제 그림 (4.4)에 Q-Q 그래프를 조사하였다. 여기에서는 N(0, 1)과 U(0, 1)의 난수 발생기에서 $M = 100$개의 표본을 취하였다. 각각의 데이터를 N(0, 1)과 U(0, 1)의 퀀타일을 이용하여 그래프를 그렸다. 각각의 그래프에 참고용으로 단위 기울기의 직선을 첨가하였다. 예상했듯이 정확한 퀀타일에서는 그래프가 일치하고 부정확한 퀀타일에서는 그래프가 불일치한다. ◇

계산 예제 그림 (4.5)와 (4.6)에서는 중심극한 정리의 강력함을 보여주는 방법론을 소개한다. 여기에서는 $n = 10^3$인 U(0, 1)의 표본 $\{\xi_i\}_{i=1}^n$을 생성하였다. 이것을 이용하여 $\mu = 1/2$, $\sigma^2 = 1/12$인 아래의 공식으로 다른 표본 데이터를 만든다.

$$\frac{\sum_{i=1}^n \xi_i - n\mu}{\sigma\sqrt{n}} \tag{4.7}$$

이를 $M = 10^4$번 반복한다. 이렇게 해서 생성되는 M개의 데이터를 이용하여 커널 밀도 평가를 한다. 그림 (4.1)에 설명한 것과 같은 방법으로 x의 범위 $[-4,4]$에서 간격 $\Delta x = 0.5$의 구간을 이용하여 x_i에 대하여 $N_i/(M\Delta x)$를 그림 (4.5)에 그렸다. 여기서는 사각형의 x_i를 중심으로 놓여 있고 높이가 $N_i/(M\,\Delta x)$인 히스토그램(histogram), 즉 바 그래프(bar graph)를 이용하였다. $\mathrm{N}(0,1)$의 밀도함수를 긴 점선으로 추가하였다. 각각의 ξ_i는 정규분포와 아무런 관계가 없지만, 이들의 크기가 조정된 합 $\left(\sum_{i=1}^{n} \xi_i - n\mu\right)/\left(\sigma\sqrt{n}\right)$는 $\mathrm{N}(0,1)$와 매우 유사하다. ◇

4.4 주석 및 참고문헌

컴퓨터 시뮬레이션에 대한 설계와 구현에 관한 이론과 실제의 많은 부분을 Morgan(2000)과 Ripley(1987)에서 찾을 수 있다. 특히, 이 책들은 커널 밀도 평가에서 표본 크기에 대한 구간의 간격을 결정하는 경험 법칙(rule of thumb)을 언급한다.

`http://random.mat.sbg.ac.at/`에 있는 pLab의 웹사이트에 난수 생성에 관한 많은 정보가 있고 다양한 종류의 컴퓨터 언어로 되어 있는 무료 소프트웨어의 링크 또한 있다.

의사 난수 생성에 대하여 쉬운 읽을거리는 (Nahin, 2000)에서 찾을 수 있다. 이 책은 확률에 관한 문제를 많이 수록하고 있고, MATLAB 프로그램을 가진 문제도 있다.

`www.mathworks.com/company/newsletters/news_notes/clevescorner/`에서 내려 받을 수 있는 *Cleve's Corner*의 문서 중에서 2001년 봄의 'Normal behavior'과 1995년 가을의 'Random Thoughts'는 MATLAB의 의사난수 발생기에 대한 재미있는 소고들이다.

의사 난수의 대안으로 물리적인 장치를 통하여 진짜 난수를 구할 수 있다. 한 예로 방사선 물질에서 방사선 붕괴 시간을 기록하는 것이다. www.robertnz.net/hwrng.htm에서 찾을 수 있는 Robert Davies가 쓴 'Hardware random number generators'가 읽을 만하다.

연습문제

4.1 ★★ 많은 과학계산 패키지는 다음과 같이 정의된 오차 함수(error function) erf를 제공한다.

$$\mathrm{erf}(x) := \frac{2}{\sqrt{\pi}} \int_0^x \exp(-t^2)\, dt \tag{4.8}$$

식 (3.18)에서 정의된 N(0, 1)의 분포함수인 $N(x)$가 다음의 관계를 만족함을 보여라.

$$N(x) = \frac{1 + \mathrm{erf}(x/\sqrt{2})}{2} \tag{4.9}$$

4.2 ★★ 문제 (3.4)에서 설명한 모수 λ의 지수분포는 $-\log(\xi_i)/\lambda$로 생성할 수 있음을 보여라. (단, $\{\xi_i\}$는 U(0, 1)의 표본이다.)

4.3 ★★ 식 (4.6)을 이용하여 N(0, 1)의 분포함수 $N(x)$의 퀀타일 $z(p)$가 아래와 같음을 보여라.

$$z(p) = \sqrt{2}\ \mathrm{erfinv}(2p - 1)$$

여기에서, erfinv는 역오차 함수이다. 즉 $\mathrm{erfinv}(x) = y$가 의미하는 것은 $\mathrm{erf}(y) = x$이며, erf는 식 (4.8)에서 정의하였다.

4.4 ★★ 문제 (3.4)에서 소개한 모수 $\lambda = 1$일 때의 지수분포의 밀도함수를 $f(x)$라면 식 (4.6)의 퀀타일은 $z(p) = -\log(1 - p)$을 만족함을 보여라.

```
%CH04 Program for Chapter 4
%
% Histogram illustration of Central Limit Theorem

clf
colormap([0.5 0.5 0.5])
rand('state',100)

n = 5e+2;
M = 1e+4;
mu = 2;
sigma = sqrt(0.5*(exp(2)-7));

S = zeros(M,1);
for k = 1:M
    S(k) = (sum(exp(sqrt(rand(n,1)))) - n*mu)/(sigma*sqrt(n));
end

%%%%%%%%%%%%%%%% Histogram %%%%%%%%%%%%%%%%%%%%
dx = 0.5;
centers = [-4:dx:4];
N = hist(S,centers);
bar(centers,N/(M*dx))

hold on
x = linspace(-4,4,100);
y = exp(-0.5*x.^2)/sqrt(2*pi);
plot(x,y,'r-','Linewidth',4)
legend('N(0,1) density','Sample data')
grid on
```

그림 4.7: 4장의 프로그램: ch04.m.

4.5 프로그램과 연습

그림 (4.7)에 나타낸 프로그램 **ch04**에서 그림 (4.5)를 만들 수 있는 계산을 반복하였다. 여기에서, U(0, 1)의 제곱근의 지수를 식 (4.7)의 표본 ξ_i로 사용하였다.[2] 문제 (21.2)로 부터 $\mu = 2$, $\sigma = \sqrt{(e^2 - 7)/2}$임을 알 수 있다.

명령어 `colormap([0.5 0.5 0.5])`을 이용하면 히스토그램의 회색 색도(grey scale)를 결정할 수 있다; `[0 0 0]`은 검은색이고 `[1 1 1]`은 흰색이다. 그러고 나서, 4.2장의 각주에서 설명한 것과 같이 균등 분포를 가지는 의사 난수를 생성하기 위하여 `rand('state',100)`을 이용하여 시드(seed)를 고정시킨다. `n, M, mu, sigma`를 결정하고 배열 `S`를 영의 값으로 초기화한 후에 `for` 루프로 된 주 계산 부분을 실행한다. 명령어 `rand(n,1)`는 U(0, 1)의 의사 난수 발생기에서 `n`개의 값을 가지고 와서 1차원의 배열을 생성한다. 그런 후에, 배열의 각각 성분에 대하여 제곱근 `sqrt`을 취하고, 지수함수 `exp`를 적용한 후에 `sum`을 이용하여 합을 구한다. 다른 말로 표현하면

```
sum(exp(sqrt(rand(n,1))))
```

는 표본

$$\sum_{i=1}^{n} e^{\sqrt{\xi_i}}, \qquad \text{단, } \xi_i \sim \mathrm{U}(0,1)$$

에 대응하는 것이며, 결국 `S(k)`은

$$\frac{\sum_{i=1}^{n} e^{\sqrt{\xi_i}} - n\mu}{\sigma\sqrt{n}}$$

의 값을 저장한다. 명령어 `N=hist(S,centers);`는 i번째 원소가 i번째 구간에 속하는 `S`의 값의 개수를 저장하는 배열 `N`을 생성한다. 여기에서

[2] $\xi_i = \exp\left(\sqrt{x_i}\right)$, 단 $x_i \sim \mathrm{U}(0,1)$ (옮긴이 주)

centers 에서 가장 가까운 값이 centers(i)이면 그 점은 i번째 구간으로 할당된다. 이러한 정보를 이용하여 명령어 bar(centers, N/(M*dx))는 막대 그래프, 즉 히스토그램을 그린다. (히스토그램의 면적이 1이 되도록 값을 M*dx로 나누었다.)

명령어 hold on을 사용하였기 때문에, 정확한 밀도함수를 나타내는 두 번째 그래프가 첫 번째 그래프를 지우면서 대체하는 것이 아니라 추가로 첨부되어 그려진다.

프로그래밍 연습문제

P4.1 식 (4.7)의 ξ_i를 모수 $\lambda = 1$의 지수 분포에서 표본 추출하는 것으로 ch04.m 을 수정하라. [힌트: 문제 (3.4)와 (4.2)를 이용하라.]

P4.2 그림 (4.6)처럼 Q-Q 그래프를 생성하도록 ch04.m을 수정하라. (5장의 프로그램이 이와 같은 그래프를 어떻게 생성하는지를 보여준다.)

인 용

컴퓨터가 일상화되기 전인 1955년에
RAND사에서 "백만 개의 난수"라는 제목의 책을 출판했다.
실험을 설계하거나 시뮬레이션을 할 때
무작위 추출을 위하여 이 책이 사용되었다.
(불면증으로 잠 못 이룰 때 침대에서 읽어도 좋을 것 같다.)
그러나 모든 사람들이 첫 번째 페이지에서 시작하면
이 책을 이용하는 모든 시뮬레이션은
같은 난수열이라는 기괴함에 의존하게 된다.

이러한 점이 난수표에서 시작점을
어떻게 무작위로 뽑을 수 있을까 하는 논쟁을 유발하였다.

MICHAEL T. HEATH (Heath, 2002)

확률 시뮬레이션에서 필요한 첫 번째의 것은 무작위 수이다.
이것은 당연하게 여겨지지만, 매우 중요한 것이다.
안타까운 것은 대부분의 컴퓨터에서 제공하는 소위 말하는 난수 함수는
완전한 무작위와는 거리가 멀다.
그 결과로 인하여 많은 시뮬레이션이 무효화된다.

BRIAN D. RIPLEY (Ripley, 1997)

여기 재미있는 숫자가 있다:
0.950 129 285 147 18.
이것은 MATLAB의 난수발생기가
디폴트 세팅(default setting)에서 생성하는 숫자이다.
MATLAB을 새로 시작하고, `format long`을 설정하고
`rand`을 타이핑하면 얻게 되는 숫자들이다.[3]
세상의 모든 다른 컴퓨터에서
모든 MATLAB 사용자가 얻게 되는 숫자라면,
이것이 진정한 난수인가? 물론 아니다.
컴퓨터는 (원론적으로) 결정론적인 기계이고
무작위한 거동을 보여서는 안 된다.
컴퓨터가 감마선 카운터나 시계와 같은
외부의 장치를 사용하지 않는다면

[3]MATLAB R2008b에서 실행하여 0.814 7236 8639 3179의 숫자를 얻었다.(옮긴이 주)

이는 실제로는 의사난수를 사용하는 것이다.

CLEVE B. MOLER AND KATHRYN A. MOLER,
in *Numerical Computing with MATLAB*,
see `www.mathworks.com/moler/`

5 장

자산 가격의 거동

개 요

- 효율 시장 가설
- 실제 자산 가격의 예
- i.i.d.와 정규성에 대한 테스트
- 모형에 대한 가정

5.1 학습목표

옵션의 가치를 평가하기 위해서는 기초 자산이 어떻게 움직이는지에 대한 수학적인 모형을 만들어야 한다. 이 장에서는 실제 주가 자료의 예를 제시하고 몇몇의 통계 테스트를 수행한다. 이러한 테스트는 다음 장에서 제시할 수학적인 모형의 기초를 다지는 것이지 모형에 대한 완벽성을 입증하는 테스트로 행하는 것은 아니다. 이 장에서는 중요한 가설로부터 시작해서 분석에 필요한 가정들을 나열할 것이다.

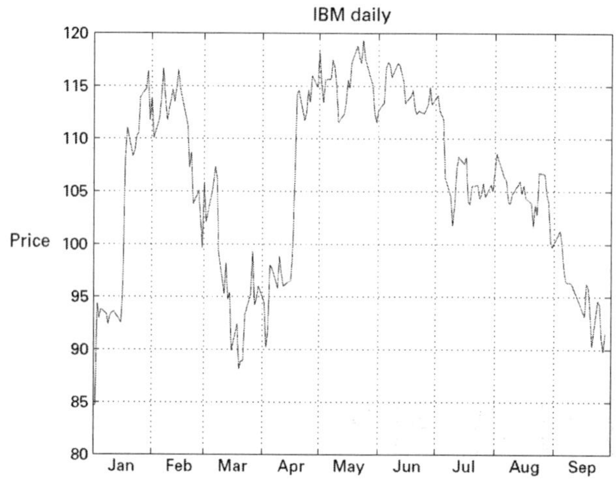

그림 5.1: 2001년 1월부터 9월까지 IBM 주식의 일일 종가

5.2 효율시장 가설

자산의 가격은 당연히 투자자의 확신을 측정하는 측도이며 소위 말하는 뉴스, 루머, 투기 등에 심하게 의존한다. 매우 심하게 단순화하면 외부 영향에 대하여 시장은 즉각적으로 반응한다고 가정하여도 된다. 그러므로

현재 자산 가격은 과거의 모든 정보를 반영한다.

이 간단한 결론이 (약형의) 효율 시장 가설(efficient market hypothesis)로 알려져 있다. 이 가설하에서 미래 시점의 자산 가격을 예측하고자 할 때, 자산 가격의 과거 역사를 완벽하게 아는 것이 현재 가격을 알고 있다는 것에 비하여 장점을 가지지 못한다. – 기술적 분석을 통하여(reading the chart) 얻을 수 있는 우위는 없다.

옵션 평가를 위한 자산 가격 모형을 개발하는 입장에서 효율시장가설

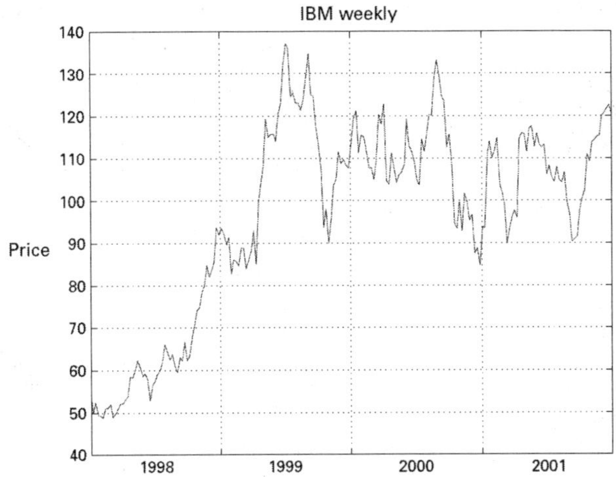

그림 5.2: 2001년 1월부터 9월까지 IBM 주식의 매주 종가

을 받아 들여, t 시점에서 $t + \Delta t$시점으로 자산 가격의 변화하는 방정식은 이전 시점의 가격은 제외하고 t 시점의 가격만을 이용한다.

5.3 주식가격 자료

그림 (5.1)에 2001년 1월부터 9월까지의 IBM 주식의 일일 가격을 나타냈다. 이것들은 각 영업 일의 종가(close-of-trading prices)이다. 즉, 각 영업 일에서 마지막으로 거래된 가격이다. 전통적인 방법으로, 각 자료를 점으로 표시하고 인접하는 점들은 선으로 연결하였다. 그림 (5.2)는 1998년 1월부터 2001년 12월까지의 IBM 주식의 매주 가격의 그래프를 나타냈다. 내재된 시간 척도가 다름에도 불구하고 두 개의 그림은 매우 비슷한 정도의 들쭉날쭉함(jaggedness)을 보여준다. 이러한 종류의 상승/하락의 불확실성은 그래프 형식으로 표현된 주가 데이터를 살펴보는 모든 사람에게 친

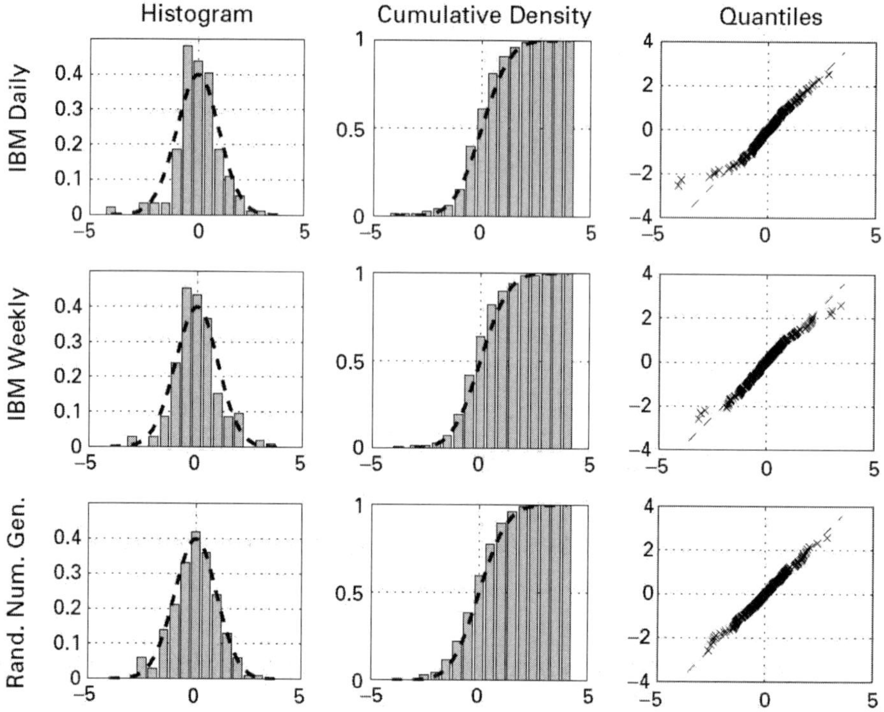

그림 5.3: IBM 주가의 통계 테스트. 위부분: 일일 종가, 중간부분: 매주 종가, 밑부분: 비교를 위하여 N(0, 1)의 표본

숙하다.

이러한 자료를 다루기 위해서는 의사난수 발생기의 결과와 비슷하게 여러 가지 통계 테스트를 하는 것이 바람직하다. 그림 (5.3)은 이러한 테스트의 결과를 보여준다. 상반부의 그림은 다음에서 정의되는 일일 수익률에 관한 것이다.

$$r_i^{\text{daily}} := \frac{S(t_{i+1}) - S(t_i)}{S(t_i)}$$

여기에서 $S(t_i)$와 $S(t_{i+1})$은 그림 (5.1)에서 사용된 연속된 영업 일의 주식 가격이다. 일일 수익률을 아래와 같이 정규화하였다.

$$\hat{r}_i^{\text{daily}} := \frac{r_i^{\text{daily}} - \mu}{\sigma}$$

여기에서 μ와 σ^2은 식 (4.1)과 (4.2)에서 각각 정의한 표본평균과 표본분산이다. 일일 수익률의 데이터들이 정규분포를 따르는 i.i.d.와 같다면, $\hat{r}_i^{\text{daily}}$는 N(0, 1)의 i.i.d. 표본이다. 그림 (5.3)의 왼쪽 상반의 그래프는 히스토그램의 형식으로 $\hat{r}_i^{\text{daily}}$의 커널 밀도 평가와 N(0, 1)의 밀도함수인 식 (3.15)를 같이 보여준다. 해당하는 분포함수를 측정하기 위하여 누적 합의 히스토그램을 이용하였다. 각각의 구간에 놓인 표본의 개수를 기록하여 이것을 중심점의 히스토그램으로 이용한다. 식 (3.18)에서 정의한 N(0, 1)의 분포함수의 긴 점선으로 중첩하였다. 마지막으로 상반부의 오른쪽은 4장에서 소개한, N(0, 1)의 퀀타일을 이용한 Q-Q 그래프를 보여준다. 그림 (5.3)의 가운데의 3개의 그래프는 그림 (5.2)에서 제시한 정규화된 주간 수익률을 이용한 같은 결과의 그래프이다. 비교를 위하여, N(0, 1)의 의사난수를 200개를 생성한 후에 같은 조사를 한 결과를 그림 (5.3)의 하반부에 제시하였다.

전체적으로, 그림 (5.3)은 일일 수익률과 주간 수익률이 정규분포의 i.i.d. 표본과 비슷한 거동을 보여준다. Q-Q 그래프에서 가장 흥미로운 것은 양쪽 끝부분이 서로 일치하지 않는다는 것이다. – 이러한 두꺼운 꼬리(fat tail)의 거동은 7.4장에서 다시 논의할 것이다.

마지막으로 일일 수익률과 주간 수익률이 꽤 작은 값이라면, $\log(1 + x) \approx x$의 근사값을 이용하면

$$\log\left(\frac{S(t_{i+1})}{S(t_i)}\right) = \log\left(1 + \frac{S(t_{i+1}) - S(t_i)}{S(t_i)}\right) \approx \frac{S(t_{i+1}) - S(t_i)}{S(t_i)} \tag{5.1}$$

이다. 그러므로 수익률을 로그 수익률 $\log(S(t_{i+1})/S(t_i))$로 바꾸어도 그림

(5.3)의 근본적인 것은 같다.

5.4 가정

다음 장에서 실제에서 관찰할 수 있는 많은 특징들을 포함하는 자산 가격 거동에 대한 수학 모형을 개발할 것이다. 그 전에, 이 책의 나머지 부분에서 적용될 가정들에 대하여 나열하고자 한다.

- 자산의 가격은 음수가 아닌 어떤 값을 가질 수 있다.
- 자산의 매수와 매도는 $0 \le t \le T$의 어느 순간에나 가능하다.
- 자산의 임의의 개수를 매수, 매도하는 것이 가능하다.
- 매도호가와 매수호가의 차이가 없다. – 매수가격과 매도가격이 같다.
- 거래 비용이 들지 않는다.
- 배당이나 주식 분할은 없다.
- 공매도가 허용된다. – 음수 만큼의 자산을 소유하는 것이 가능하다.
- 은행에 예금을 하거나 대출한 현금에 대하여 금액에 무관하게 적용할 수 있는 유일한 상수 값의 무위험 이자율이 존재한다.

5.5 주석 및 참고문헌

효율 시장 가설은 현실에 대하여 근사값에 불과하다. 이 가설을 지지하는 고전적인 교과서는 Malkiel(1990)이다. 방대한 양의 주가 데이터를 분석하고 효율시장가설에 대한 여러 가지 의혹을 제시한 최근의 책은 Lo and MacKinlay(1999)이다. 그러나 다음의 둘은 서로 차이가 있음을 기억하는 것이 중요하다.

(a) 현재의 주가가 과거의 주가와 어떤 의미로 연관되어 있다고 주장하는 것

(b) 주가 예측을 위하여 그러한 연관성을 구체적으로 이용하여 모형을 개발하는 것

Bass(1999)에서 이런 방향으로 몇 개 되지 않는 성공한 조직적인 시도에 대하여 언급하였다. 이 주제는 7.4장에서 보다 구체적으로 언급할 것이다.

그림 (5.1)–(5.3)에서 사용된 데이터는 `http://finance.yahoo.com/`에 있는 Yahoo! Finance에서 내려 받았고, `www.maths.warwick.ac.uk/wiberg/MathFinance/`에 있는 Petter Wiberg가 개발한 MATLAB 코드를 이용하여 데이터를 처리하였다.

(5.3)절에서 이루어진 테스트는 단지 예시의 목적으로 고안되었음을 강조한다. 주식 가격의 데이터를 이용하여 여러 가지 통계적인 해석을 하기 전에 해결해야 되는 많은 문제들이 있다. 그 중에 중요한 것은 다음과 같다.

- t_i시점과 t_{i+1}시점 사이에 아무런 거래가 없다면 누락된 데이터(missing data)가 있게 된다.
- 데이터의 각각의 가격은 매수가 또는 매도가일 것이다. – 매수호가와 매도호가의 차이 정도의 내재된 잡음이 있다.
- 주가 데이터는 배당과 주식 분할에 해당하는 조정이 필요하다.
- 주가 데이터에서 $t_{i+1} - t_i$의 시간 간격을 결정할 때, 주식 시장이 폐장한 후에 시간이 흘러갈게 할 것인가에 대한 결정이 필요하다. 즉 금요일 저녁에서 월요일 아침 사이를 $2\frac{1}{2}$일로 할 것인가 아니면 0일로 할 것인가?
- 유동성이 떨어지는 주식의 경우에는, 종가 결정 시점이 날마다 많은 차이가 있을 것이다. 즉, 종가가 결정되는 하루 중의 마지막 거래가 일정한 시점이 아닐 가능성이 크다.

Lo and MacKinlay(1999)는 주식시장의 데이터를 분석하는 것에 관하여 실질적인 정보를 제공해 주는 좋은 책이다.

많은 거래소가 각각의 홈페이지를 운영하며 많은 정보를 준다. – 미국 증권 거래소(the American Stock Exchange): `www.amex.com/`, 시카고 옵션 거래소(the Chicago Board Options Exchange): `www.cboe.com/Home/`, 런던 증권 거래소(the London Stock Exchange): `www.londonstockexchange.com/`, 뉴욕 증권 거래소(the New York Stock Exchange): `www.nyse.com/`[1]

연습문제

5.1 ⋆⋆ Lowenstein(2001, page 71)에 있는 Myron Scholes의 논문 조언자인 Eugene Fama의 다음 인용을 고려해보자.

> 주가 변화의 모집단이 완전히 정규분포이면, 임의의 주식에 대하여 일반적으로 평균에서부터 표준편차의 5배가 벗어나는 것은 7000년에 한 번씩 관찰이 되어야 한다. 실제로 그러한 사건은 3년에서 4년에 한 번씩 관찰된다.

$X \sim \mathsf{N}(\mu, \sigma^2)$이고, $\mathbb{P}(|X-\mu| > 5\sigma) = 5.733 \times 10^{-7}$임을 이용하여 Fama가 암묵적으로 가정하고 있는 일년 동안의 사건 관찰 횟수를 유도하라.

5.2 재미있고 알맞게 다음의 주가 리포터를 완성하라.

- 칼이 날카롭게 떨어졌다. (Knives fell sharply.)
- 콰카몰리가 떨어졌다. (Guacamole dipped.)
- 화장실 휴지가 바닥을 쳤다. (Toilet tissue bottomed out ...)

[1] 한국 증권 거래소(the Korea Stock Exchange): `www.krx.co.kr/` (옮긴이 주)

```
%CH05 Program for Chapter 5
%
% Illustrates quantile plot

clf
randn('state',100)

M = 200;

samples = randn(M,1);
ssort = sort(samples);

pvals = [1:M]/(M+1);
zvals = sqrt(2)*erfinv(2*pvals-1);

plot(ssort,zvals,'rx')
hold on
xlim = max(abs(zvals))+1;
plot([-xlim, xlim],[-xlim,xlim],'g-') % Reference of slope 1
title('N(0,1) quantile-quantile plot')
grid on
```

그림 5.4: 5장의 프로그램: ch05.m.

5.6 프로그램과 연습

프로그램 ch05는 그림 (4.4), (4.5), (5.3)에서 나타낸 Q-Q 그래프를 계산하는 방법을 보여준다. 이것을 그림 (5.4)에 나타냈다. 명령어 randn을 이용하여 N(0,1) 분포의 의사난수를 이용한다. samples = randn(M,1)은 배열 samples에 M개의 표본을 할당한다. 그런 다음에 ssort = sort(smaple)을 이용하여 ssort라는 배열을 만들고 오름차순으로 정리한 samples의 원소를 저장한다. 명령어 pvals = [1:M]/(M+1)은 균등한 간격을 가지는 점들 $1/(M+1)$, $2/(M+1)$, $3/(M+1),\ldots$, $M/(M+1)$ 생성하고, 문제 (4.3)에서 설명한 방법으로 필요한 퀀타일을 zvals = sqrt(2)*erfinv(2*pvals-1);로 계산한다. 이러한 퀀타일에 대하여 정리한 표본을 나타낸 후에 참조용으로 단위 기울기의 직선을 추가한다.

프로그래밍 연습문제

P5.1 누적합계 함수인 cumsum과 막대 그래프를 그리는 함수 bar를 이용하여 그림 (5.3)의 가운데에 있는 그래프와 같은 누적밀도의 그래프를 생성하도록 ch05.m을 수정하라.

P5.2 www.maths.warwick.ac.uk/wiberg/MathFinance/[2]에 있는 코드를 이용하여 실제 주가 데이터를 다루고 그래프를 그려 보아라.

인 용

주식시장을 이기는 것이 이론적으로 불가능하다고 말하는 사람과,
'이봐 나 좀 봐, 나는 억만장자야'라고 말하는 사람 사이에

[2] 접속되지 않음 (옮긴이 주)

심한 논쟁이 계속 되었다.
한쪽은 노벨 수상자들이며, 시카고 대학의 경영학과에 자리하고 있으면서
효율적인, 즉 이길 수 없는 시장을 묘사하는 수식을 개발한 것으로 유명
하다.
다른 한쪽은 아직 증명되지는 않은 방법으로
시장에서 해마다 초과 수익을 거두고 있는 투기꾼들이다.

THOMAS A. BASS (Bass, 1999)

누가 우리의 가장 큰 주식 인수가
주식 시장에서 커다란 폭락과 일치할지 상상을 했을까?
그리고 우리의 정크 본드의 큰 거래가
정크 본드 시장의 붕괴와 일치하는 것을 누가 상상했을까?
우리가 사건에 대한 제어권이 없다는 것이 놀랍다.
특히, 시종일관 시가를 물고 xxx라고 말하면서
책임을 지는 듯한 표정을 지우려고 부지런히 노력하는
모습을 보면 더욱 그렇다.

MICHAEL LEWIS (Lewis, 1989)

컴퓨터 키보드에서 무심코 틀린 자판을 누르는 '팻핑거 신드롬' 사건이
미국 투자은행에서 발생하여 수백만 파운드의 손해가 어제 발생했고
작업을 했던 젊은 city trader에게 비용을 전가할 예정이다.
... 그 거래는 3백만 파운드라기 보다 3억 파운드이고
주식 시장이 끝나갈 무렵에, 영국 경제의 바로미터인 Footsie[3]의
갑작스런 하락을 초래하면서 주식시장의 화면에 갑자기 스쳐 지나갔다.

[3]파이넨셜 타이지 주가지수, Financial Times Stock Exchange Index (옮긴이 주)

Slip of the finger that cost city dearly,
the *Guardian*, 16 May 2001

경제학의 고전적인 관점에서는 금융 대리인들은 정확한 선견지명을 가진 매우 합리적인 사람이다.
시장은 항상 평형상태이다.
이것은 경제학에서, 거래는 각 당사자의 미래에 대한 기대에 부응하는 가격에서 일어난다는 것을 의미한다.
시장은 효율적이다. 이것이 의미하는 것은 주어진 정보들을 기초로 하여 예측을 하려는 가격에는 어떤 패턴도 존재하지 않는다는 것이다.
가격에서 오직 가능한 변화는 무작위적이며
외부의 알 수 없는 정보에 의하여 발생한다.
수익은 우연히 발생한다.
최근 들어서 이러한 생각은 바뀌고 있다.

J . DOYNE FARMER (Farmer, 1999)

6 장

자산 가격 모형 I

개 요

- 이산 자산 모형
- 연속 자산 모형
- 대수 정규 분포
- 신뢰 구간

6.1 학습목표

이 장(章)의 목적은 자산 가격의 거동에 대한 고전적인 모형에 대하여 동기를 부여하고 유도하는 것이다. 이 책에서는 발견적 방법으로 접근할 것이다. 사용하고 있는 가정들을 정확하게 언급할 것이며, 주식 투자가 아닌 옵션 평가 이론을 위하여 모형을 개발하는 것임을 기억해 두어야 한다.

이 장(章)의 목표는 $t = 0$의 시점에 S_0가 주어질 때, $0 < t \leq T$의 시점에서의 자산 가격 $S(t)$를 서술하는 방정식을 찾는 것이다. 자산 가격의

움직임은 예측할 수 없기 때문에, $S(t)$는 각각의 t에 대하여 확률변수이다. 일반적으로 자산 가격은 소수점 첫째 또는 둘째 자리에서 반올림하는 것이 보통이지만, 이 책에서는 자산 가격은 영보다 큰 어떤 값이라도 가질 수 있다고 가정한다.

여기서의 접근법은 시간 간격 δt 동안에 자산 가격의 상대값 변화(relative change)에 대한 표현 식을 구한 다음에, $\delta t \to 0$의 극한을 취함으로써 연속적인 t에 대하여 유용한 표현을 구한다.

6.2 이산 자산 모형

자산 모형의 시작점으로서 문제 (2.2)에서 언급하였듯이 δt 동안에 무위험 투자의 가치 변화는 다음과 같이 서술할 수 있다.

$$D(t + \delta t) = D(t) + r\,\delta t\, D(t) \tag{6.1}$$

여기에서 r은 이자율이다. 자산 가격에 포함되어 있는 전형적이고 예측 불가능한 변화를 설명하기 위하여 이 방정식에 무작위 요소를 추가한다. 5장에서 살펴 보았듯이, 효율 시장 가설에서 현재 자산 가격은 투자자에게 알려진 모든 정보를 반영하고, 그러므로 새로운 정보에 의해서만 자산 가격이 바뀌게 된다. 우리 모형에 이러한 사항을 고려하기 위해서는, 금리 방정식에 무작위 변동(random fluctuation)을 추가하고, 각각의 구간에서 이러한 변동이 서로 독립이 되도록 구성하겠다. 보다 정확하게 서술하기 위하여, $t_i = i\,\delta t$라 두고 자산 가격이 이산화된 점인 t_i에서 결정이 된다고 하자. ($\delta t \to 0$이면,$0 \le t \le T$의 전체에서 자산 가격을 얻을 수 있다.) 이산 자산 모형은 다음과 같다.

$$S(t_{i+1}) = S(t_i) + \mu\,\delta t\, S(t_i) + \sigma\sqrt{\delta t}\, Y_i\, S(t_i) \tag{6.2}$$

여기에서

- μ는 상수이다. (전형적으로 $\mu > 0$이며, $\mu\,\delta t\,S(t_i)$가 자산 가격의 상승 추세를 표현한다. μ가 식 (6.1)에서 금리 r과 같은 역할을 한다.)
- $\sigma \geq 0$의 상수이며, 무작위 변동의 크기를 결정한다.
- $Y_0, Y_1, Y_2, \ldots$는 i.i.d.인 $\mathsf{N}(0,1)$이다.

몇 가지 강조할 것이 있다.

(i) $\mathsf{N}(0,1)$은 원점에 대하여 대칭이기 때문에, 무작위 변동 항인 $\sigma\sqrt{\delta t}\,Y_i$가 양수일 가능성과 음수일 가능성은 같다. 즉, 구간 $[a,b]$에 놓일 확률과 $[-b,-a]$에 놓일 확률이 같다.

(ii) (δt의 다른 승수가 아닌) $\sqrt{\delta t}$의 항이 존재하는 것이 연속 시간의 극한이 의미 있게 존재하기 위하여 중요한 것으로 밝혀졌다. 연습문제 (6.1)에서 이것에 대하여 조사할 것이다.

(iii) 확률 변수 Y_i에 대하여 정규분포를 선택한 것은 임의적인 것이 아니다. – 중심 극한 정리 때문에 $\{Y_i\}_{i\geq 0}$가 평균이 0, 분산이 1인 i.i.d.라고 가정하면 $S(t)$에 대한 연속 자산 모형을 유도할 수 있다. 문제 (6.2)에서 이를 확인할 것이다.

식 (6.2)에 나타난 μ를 추세율, σ를 변동성이라 한다. σ를 $-\sigma$로 바꾸어도 모형은 통계적으로 같다. (문제 (6.3)을 참조하라.) 전통적으로 σ는 영보다 큰 값을 이용한다. σ의 전형적인 값은 0.05에서 0.5이다. 즉, 5%에서 50%이다. 시간의 단위로 연(年)을 사용하면 σ^2의 단위는 연(年) 마다(per annum)이다.[1] 전형적인 추세 율의 값은 0.01에서 0.1 사이이다. 그러나 8장에서 언급하겠지만, 이 값은 옵션의 가격을 결정하는 것과는 무관한 것으로 밝혀졌다.

[1] 시간의 단위를 Y라고 하면, σ^2의 단위는 $1/Y$이다. (옮긴이 주)

식 (6.2)에서 수익률 $(S(t_{i+1}) - S(t_i))/S(t_i)$가 정규 분포의 i.i.d. 수열을 형성하는 것은 5.3장에서 실제 데이터를 이용하여 내린 결론과 일치한다.

6.3 연속 자산 모형

$t = L\delta t$인 구간 $[0, t]$를 고려하고 있다고 가정하자. $S(0) = S_0$이고 이산 모형 (6.2)에서 $S(\delta t)$, $S(2\delta t)$, …, $S(L\delta t = t)$의 표현 식은 이미 알고 있다. 이제 $\delta t \to 0$, $L \to \infty$함으로써 $S(t)$에 대한 표현 식을 구할 예정이다.

이산 모형인 식 (6.2)는 δt의 시간 간격 사이에 자산의 가격은 $1 + \mu\delta t + \sigma\sqrt{\delta t}\,Y_i$가 곱해진다는 것이므로

$$S(t) = S_0 \prod_{i=0}^{L-1} \left(1 + \mu\delta t + \sigma\sqrt{\delta t}\,Y_i\right).$$

양변을 S_0로 나누고, log를 취하면 다음의 식을 얻는다.

$$\log\left(\frac{S(t)}{S_0}\right) = \sum_{i=0}^{L-1} \log\left(1 + \mu\delta t + \sigma\sqrt{\delta t}\,Y_i\right) \tag{6.3}$$

여기에서는 $\delta t \to 0$인 경우에만 관심이 있기 때문에, 매우 작은 ϵ에 대하여 $\log(1 + \epsilon) \approx \epsilon - \epsilon^2/2 + \cdots$의 근사식을 이용할 것이다. 여기에는 이 책의 범위를 넘는 기술적이 문제가 있다. 식 (6.2)에 있는 Y_i는 실수(real number)가 아니라 확률변수이다. 그러나 $\mathbb{E}(Y_i^2)$이 유한한 값을 가지기 때문에 우리가 원하는 것이 증명은 가능하다. 로그의 전개식이 유용하다는 것을 믿고 식을 계속 전개하면 아래의 식을 구할 수 있다.

$$\log\left(\frac{S(t)}{S_0}\right) \approx \sum_{i=0}^{L-1} \left(\mu\delta t + \sigma\sqrt{\delta t}\,Y_i - \frac{\sigma^2}{2}\delta t\,Y_i^2\right) \tag{6.4}$$

여기에서 $(\delta t)^{3/2}$이상의 항들은 무시하였다. 문제 (6.4)에서 아래의 두 식을 증명한다.

$$\mathbb{E}\left(\mu\delta t + \sigma\sqrt{\delta t}\,Y_i - \frac{\sigma^2}{2}\delta t\,Y_i^2\right) = \mu\delta t - \frac{\sigma^2}{2}\delta t \tag{6.5}$$

$$\mathsf{var}\left(\mu\delta t + \sigma\sqrt{\delta t}\,Y_i - \frac{1}{2}\sigma^2\delta t\,Y_i^2\right) = \sigma^2\delta t + \text{higher powers of } \delta t \tag{6.6}$$

중심 극한 정리에서부터 식 (6.4)의 $\log(S(t)/S_0)$는 평균이 $L\left(\mu\,\delta t - \sigma^2\,\delta t/2\right) = \left(\mu - \sigma^2/2\right)t$, 분산이 $L\sigma^2\,\delta t = \sigma^2 t$인 정규분포와 비슷한 거동을 보일 것이다. 즉 근사적으로

$$\log\left(\frac{S(t)}{S_0}\right) \sim \mathsf{N}\left[\left(\mu - \sigma^2/2\right)t, \sigma^2 t\right] \tag{6.7}$$

이다. 이를 기초로 하면, 이산 모형의 극한으로서 t시점에서의 자산 가격의 연속 모형은 다음과 같게 된다.

$$S(t) = S_0\exp\left\{\left(\mu - \sigma^2/2\right)t + \sigma\sqrt{t}\,Z\right\}, \quad \text{where } Z \sim \mathsf{N}(0,1) \tag{6.8}$$

이것을 유도하는데 있어서, $t = 0$에서 시작을 해야 하는 특별한 이유가 없다. – 비슷한 방법으로 $t_2 > t_1$일 때 $t = t_1$시점에서부터 $t = t_2$시점까지의 자산가격의 변화가 다음과 같음을 유도할 수 있다.

$$\log\left(\frac{S(t_2)}{S(t_1)}\right) \sim \mathsf{N}\left((\mu - \sigma^2/2)(t_2 - t_1), \sigma^2(t_2 - t_1)\right)$$

중요한 것은 겹치지 않는 시간 간격에서 자산가격의 변화를 서술하는 확률변수가 독립이 된다. 이는 식 (6.2)의 Y_i가 i.i.d.를 만족하기 때문이다. 그러므로 $t_1 < t_2 < t_3$에 대하여 다음을 얻을 수 있다.

$$\log\left(\frac{S(t_3)}{S(t_2)}\right) \sim \mathsf{N}\left((\mu - \sigma^2/2)(t_3 - t_2), \sigma^2(t_3 - t_2)\right)$$

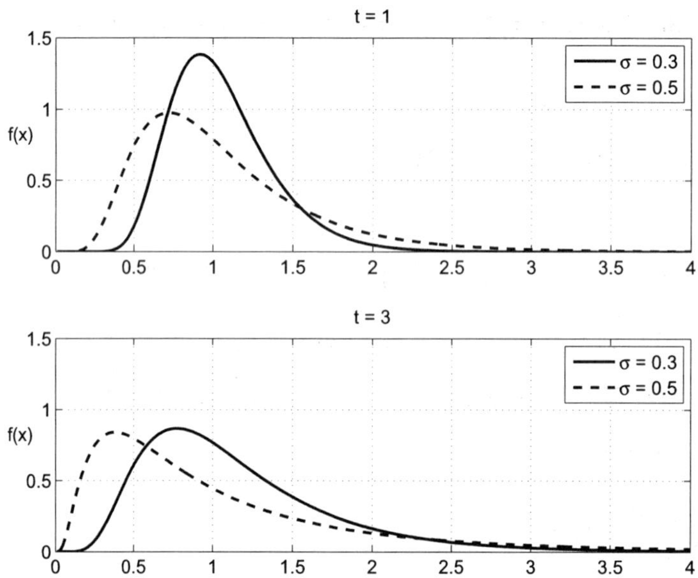

그림 6.1: $\mu = 0.05$, $S_0 = 1$, $\sigma = 0.3$(실선), 그리고 $\sigma = 0.5$(점선)의 대수정규 밀도함수 (6.10). 상반부: $t = 1$. 하반부: $t = 3$

게다가 $\log\left(\dfrac{S(t_2)}{S(t_1)}\right)$와는 독립이다. 최종적으로 임의의 시점 $0 = t_0 < t_1 < t_2 < t_3 < \cdots < t_M$에서 자산 가격의 거동이 다음과 같이 서술된다.

$$S(t_{i+1}) = S(t_i)\exp\left\{\left(\mu - \sigma^2/2\right)(t_{i+1} - t_i) + \sigma\sqrt{t_{i+1} - t_i}\,Z_i\right\},$$
$$\text{여기에서 } Z_i \sim \mathrm{N}(0,1)\text{인 i.i.d.이다.} \quad (6.9)$$

6.4 대수 정규 분포

식 (6.8)의 확률변수 $S(t)$는 소위 말하는 대수 정규 분포를 가진다. 즉 이 분포에 로그를 취한 값이 정규분포를 따른다. 식 (6.8)에서 $S_0 > 0$이므로 임의의 시점에서 $S(t)$가 양수임을 알 수 있다; 즉 임의의 $t > 0$에 대하여 $\mathbb{P}(S(t) > 0) = 1$이다. 그러므로 $S(t)$는 $(0, \infty)$범위의 값을 가진다. $S(t)$에 대응하는 밀도 함수는 다음과 같다.

$$f(x) = \frac{1}{x\sigma\sqrt{2\pi t}} \exp\left[-\frac{\left\{\log(x/S_0) - (\mu - \sigma^2/2)t\right\}^2}{2\sigma^2 t} \right], \quad x > 0 \tag{6.10}$$

그리고 $x \leq 0$에 대해서는 $f(x) = 0$이다. (문제 (6.5) 참조)

이 모형의 기대값과 2차 모멘트 그리고 분산은 다음과 같다. (문제 (6.6) 참조)

$$\mathbb{E}(S(t)) = S_0 e^{\mu t} \tag{6.11}$$

$$\mathbb{E}(S(t)^2) = S_0^2 e^{(2\mu+\sigma^2)t} \tag{6.12}$$

$$\mathrm{var}(S(t)) = S_0^2 e^{2\mu t}(e^{\sigma^2 t} - 1) \tag{6.13}$$

계산 예제 그림 (6.1)에 $S_0 = 1$, $\mu = 0.05$를 고정하고 $\sigma = 0.3$과 $\sigma = 0.5$에 대하여 대수 정규 분포의 밀도 함수 (6.10)을 나타냈다. 상반부의 그래프는 $t = 1$일 때, 하반부의 그래프는 $t = 3$일 때이다. 밀도 함수의 모양은 좌우 대칭이 아니다. 식 (6.13)에서 $S(t)$의 분산은 시간에 따라서 증가한다는 것을 알고 있는데 이는 그래프에서 분명하게 나타난다. – 시간이 지남에 따라서 밀도 함수가 퍼져 나간다. $S(t)$의 평균은 식 (6.11)로부터 시간이 지남에 따라서 증가하게 되는데, 그림에서는 분명하게 드러나지는 않는다. ◇

6.5 자산 모형의 특성

신뢰 구간을 계산함으로써 연속 확률 변수에 대한 직관을 얻을 수 있을 것이다.

$$\mathbb{P}(a \leq X \leq b) = 0.95$$

라고 가정하자. 그러면 X에 대한 예측치로서 구간 $[a, b]$가 95%의 신뢰구간이라고 말할 수 있다. X가 정규분포인 경우에는 분포함수인 식 (3.18)에 있는 $N(x)$의 역함수에 대한 간단한 공식이 없기 때문에 신뢰구간은 수치적으로 계산하여야 한다. $X \sim \mathsf{N}(0, 1)$에 대하여 (문제 (6.7) 참조)

$$\mathbb{P}\left(|X| \leq 1.96\right) = 0.95 \tag{6.14}$$

이므로, 구간 $[-1.96, 1.96]$은 X에 대하여 95%의 신뢰구간이다. 일반적으로 $Y \sim \mathsf{N}(\mu, \sigma^2)$이면 $(Y - \mu)/\sigma \sim \mathsf{N}(0, 1)$이므로

$$\mathbb{P}(\mu - 1.96\sigma \leq Y \leq \mu + 1.96\sigma) = 0.95 \tag{6.15}$$

이며, 그러므로 $[\mu - 1.96\sigma, \mu + 1.96\sigma]$는 95%의 신뢰구간이다. 이 결과는 종종 다음과 같이 표현되기도 한다.

> i.i.d.를 만족하는 정규분포의 표본에서 100중에서 95개는 평균을 중심으로 하고 표준편차의 두 배의 구간 안에 놓인다.

식 (6.7)로부터 다음의 구간은

$$\left[S_0 \exp\left\{-1.96\sigma\sqrt{t} + (\mu - \sigma^2/2)t\right\}, S_0 \exp\left\{1.96\sigma\sqrt{t} + (\mu - \sigma^2/2)t\right\}\right] \tag{6.16}$$

자산 가격 $S(t)$의 95% 신뢰구간이다. (문제 (6.9) 참조) t가 작은 경우이면, 아래의 두 개의 근사식이 만족한다.

$$\exp\left\{-1.96\sigma\sqrt{t} + (\mu - \sigma^2/2)t\right\} \approx \exp\left\{-1.96\sigma\sqrt{t}\right\} \approx 1 - 1.96\sigma\sqrt{t}$$

$$\exp\left\{1.96\sigma\sqrt{t}+(\mu-\sigma^2/2)t\right\}\approx\exp\left\{1.96\sigma\sqrt{t}\right\}\approx 1+1.96\sigma\sqrt{t}$$

그러므로 신뢰구간은 근사적으로 아래와 같다.

$$\left[S_0\left(1-1.96\sigma\sqrt{t}\right),S_0\left(1+1.96\sigma\sqrt{t}\right)\right]$$

구간의 넓이는 $2S_0\times 1.96\times\sigma\sqrt{t}$이다. 신뢰구간을 미래의 자산 가격의 불확실성의 측도라고 보면, 이 결과는 트레이더들의 아래와 같은 경험법칙을 잘 설명해 준다.

> 짧은 시간의 구간에서 불확실성은 시간의 제곱근에 비례해서 증가한다.

비록 옵션 평가는 고정된 시간 구간 $[0,T]$에서의 자산 가격에만 관심이 있지만, 모형 (6.8)은 장기 거동(long term behaviour)에 대한 예측을 보여 준다. μ와 σ는 양수이므로 식 (6.12)에서부터

$$\lim_{t\to\infty}\mathbb{E}[S(t)^2]=\infty,\quad \text{as } t\to\infty$$

수식이 의미하는 것은, 시간이 지남에 따라 자산 가격은 제곱의 평균(mean square)의 의미로 무한대로 접근한다. 반대로 식 (6.8)에서 $(\mu-\sigma^2/2)t$가 $\sigma\sqrt{t}Z$를 압도하기 때문에, 확률 1로 다음의 식이 만족한다.

$$\lim_{t\to\infty}S(t)=\begin{cases}\infty, & \mu-\sigma^2/2>0\\ 0, & \mu-\sigma^2/2<0\end{cases}\tag{6.17}$$

그러므로 이 모형에 의하면 변동성이 너무 큰 경우($\sigma^2>2\mu$)에는 확률 1로 자산 가격은 궁극적으로 영이 된다.

6.6 주석 및 참고문헌

이 책에서 유도한 자산 가격 모형은 수리 금융 분야에서 널리 사용되는 것이다. 이산형인 식 (6.2)는 SDE에 대한 수치 근사라고 생각하여도 된다. Kloeden and Platen(1992)가 이 분야의 고전이다. 초보자에게는 Higham(2001), Higham and Kloeden(2002)가 적당하다.

식 (6.8), (6.9)로 특성 짓는 연속 모형은 SDE (Stochastic Differential Equation)의 해이다. 읽은 만한 SDE의 교과서는 Gard(1988), Mao(1997), Øksendal (1988) 등이다. 이들 모두는 확률과정론에 대한 기초 지식을 요구한다. – Brzeźniak and Zastawniak(1999)이 초보자가 입문을 하기 좋은 책이다.

(6.17)의 결과는 강형의 대수법칙(Strong Law of Large Numbers)을 이용하여 증명이 가능하다. $\mu = \sigma^2/2$인 경우에는 반복적인 로그 법칙(Law of the Iterated Logarithm)을 이용하면 된다. 이러한 법칙은 Grimmett and Stirzaker(2001), Kloeden and Platen(1999)에서 다루고 있다.

대수 정규 분포의 자산 모형은 널리 사용되고 있지만, 매우 단순하며 논쟁의 여지가 많다. 7.4장에서 대안의 모형에 대하여 언급을 하고 있다.

연습문제

6.1 ★★ 아래와 같은 이산 모형의 변종을 고려해보자.

$$S(t_{i+1}) = S(t_i) + \mu\,\delta t\,S(t_i) + \sigma\,\delta t\,Y_i S(t_i)$$

$$S(t_{i+1}) = S(t_i) + \mu\,\delta t\,S(t_i) + \sigma\,(\delta t)^{1/4}\,Y_i S(t_i)$$

연속 모형 (6.8)을 유도하는 과정과 비슷한 방법을 이용하여 두 변종 모두가 만족스럽지 못함을 보여라.

6.2 ★★★ Y_i가 평균이 0이고, 분산이 1인 i.i.d. 분포(정규분포는 가정하지 않았다.)인 경우에 이산 모형 (6.2)를 고려해보자. $\mathbb{E}(Y_i^3)$과 $\mathbb{E}(Y_i^4)$은 유한하다고 가정한다. 식 (6.8)을 유도한 것과 비슷한 발견적 방식으로 이 경우에도 같은 연속 모형이 나타난다는 것을 보여라.

6.3 ★★ σ를 $-\sigma$로 변경하여도 모형 (6.2)가 통계적으로 같은 이유를 설명하라.

6.4 ★★ 식 (6.5)와 (6.6)을 유도하라. [Hint: 문제 (3.7)을 이용하라.]

6.5 ★★★ 식 (6.8)에 있는 $S(t)$가 식 (6.10)의 밀도함수를 가짐을 보여라. [Hint: 식 (3.3)에서부터 관계식 $\mathbb{P}(a \le S(t) \le b) = \int_a^b f(x)\,dx$를 이용하라.]

6.6 ★★★ 식 (3.8)을 이용하여, 식 (6.10)에서 부터 식 (6.11), (6.12), (6.13)을 유도하라.

6.7 ★★ α가 다음을 만족한다고 하자.

$$\mathbb{P}(|Z| \le \alpha) = 0.95 \quad \text{where } Z \sim \mathsf{N}(0,1)$$

$N(\cdot)$가 $\mathsf{N}(0,1)$의 분포 함수임을 이용하여 α가 다음을 만족함을 보여라.

$$N(-\alpha) = \frac{0.05}{2}$$

문제 (13.3)을 참조하여 $\alpha = \sqrt{2}\,\mathrm{erfinv}(0.95)$를 만족함을 보여라. MATLAB에서 실행하면 $\alpha = 1.9600$을 얻는다.

6.8 ★ $Z \sim \mathrm{N}(0,1)$에 대하여 $\mathbb{P}(|Z| \leq 2.58) = 0.99$임을 이용하여 99%의 신뢰구간이 요구되면 식 (6.14)가 어떻게 바뀌는지 보여라.

6.9 ★ 식 (6.7)로부터, 식 (6.16)이 자산 가격 $S(t)$의 95% 신뢰구간을 제시하고 있음을 보여라.

6.10 ★ 문제 (6.8)을 이용하여 자산 가격 $S(t)$의 99%의 신뢰구간을 유도하라. 트레이더들의 경험법칙은 여전히 적용 가능한가?

6.7 프로그램과 연습

그림 (6.2)에 제시된 프로그램 `ch06`에서는 두 개의 다른 σ값에 대하여 대수 정규 분포의 밀도함수를 그린다. 결과로 나온 그래프는 그림 (6.1)과 비슷하다. 다른 변수들은 고정하고(`t = 1, S = 1, mu = 0.05, sigma = 0.3`), 배열 `x`에 있는 균등한 간격의 점들에 대한 밀도함수의 값을 배열 `y1`에 저장한다. 이 그래프를 빨간색의 실선으로 그린다. `sigma = 0.5`에 대하여 계산을 반복하고 그래프를 파란색의 점선으로 그린다.

프로그래밍 연습문제

P6.1 고정된 $t = 1$에 대하여 σ가 바뀜에 따라서 대수 정규 밀도 함수가 어떻게 변화하는 지를 볼 수 있도록 `waterfall` 명령어를 이용하여 `ch06`을 수정하라.

P6.2 $\sigma = 1$로 고정하고 t를 바꾸는 방식으로 P6.1의 문제를 반복하라.

```
%CH06 Program for Chapter 6
%
% Plots lognormal density function.

clf

x = linspace(.01,4,500);
t = 1; S = 1; mu = 0.05;

sigma = 0.3;
tempa = ((log(x/S) - (mu-0.5*sigma^2)*t).^2)/(2*t*sigma^2);
tempb = x*sigma*sqrt(2*pi*t);
y1 = exp(-tempa)./tempb;
plot(x,y1,'r-')
ylim([0 1.5])
hold on

sigma = 0.5;
tempa = ((log(x/S) - (mu-0.5*sigma^2)*t).^2)/(2*t*sigma^2);
tempb = x*sigma*sqrt(2*pi*t);
y2 = exp(-tempa)./tempb;
plot(x,y2,'b:')

legend('\sigma = 0.3','\sigma = 0.5',1)
title('Lognormal density, t = 1, S=1, \mu = 0.05')
xlabel('x'), ylabel('f(x)')
```

그림 6.2: 6장의 프로그램: ch06.m.

인 용

저자는 강조하기를 과거 자료들을 이용한 형식 논리의 분석에서조차도
기하 브라운 운동은 잘 맞는다고 해도 실제 주가나 인덱스의 거동에
대하여 첫 번째 근사에 불과하다.
심지어, 주가를 지배하는 과정이 결정론적인 카오스의 예가 아닌,
확률론적이다라는 그들의 가정조차도
엄밀하게 측정된 자료에 의하여 조만간 틀린 것으로 판명 날 것이다.

JAMES CASE, reviewing (Mantegna and Stanley, 2000)

브라운 운동을 이용한 모델이 매우 널리 사용되고 있는데,
이는 통계적인 증거의 결과가 아니라,
우리가 옵션 가격을 정확하게 결정할 수 있는 유일한 모형이기 때문이다.

ROBERT F. ALMGREN (Almgren, 2002)

런던 대학의 경제학과 대학원생으로서,
나는 주식 시장이 효율적이라고 배웠다.
대략적으로 말하면, 그 회사에 대한 중요한 정보는
모두 주가에 녹아 들어 있다. 즉, 주가는 공정하게 평가되어 있다.
이런 슬픈 사실이 다양한 연구를 통해서 학생들에게 주입되었다.
주식 시장에 좋은 정보를 많이 가지고 있는
주식 중개인과 애널리스트가, 원숭이가 그의 머리에서 이름을 던지거나
월스트리트 저널의 표지에 다트를 던지는 방법에 비하여
주식을 고를 때 더 우월하지 못했다.
소위 효율시장 가설의 첫 번째로 의미하는 것은

주식 시장에서 돈을 버는 방법은 내부 정보를 이용하는 것뿐이다.
밀컨과 월스트리트의 다른 사람들은 이것이 틀렸다는 것을 알았다.
시장은 회사 수익의 자료에는 매우 민감하지만,
회사 자체의 연금을 위하여 소유하고 있는 땅에서 나오는
모든 것을 평가하는 데에는 비효율적이다.

MICHAEL LEWIS (Lewis, 1989)

거래는 욕심 많은 매수자가 가격이 자기로부터 멀어질 것이 두려워
일 페니 더 주고 매수하는 것과 또는 공포에 질린 매도자가
일 페니 덜 받고 매도하는 것으로 시작된다.

ALEXANDER ELDER (Elder, 2002)

7 장

자산 가격 모형 II

개 요

- 이산 자산 가격의 경로 계산
- 시간 척도에 대한 불변성
- 수익의 제곱-합

7.1 자산 경로의 계산

자산 경로 모형을 앞에서 유도하였기에, 자산 가격을 컴퓨터를 이용하여 생성하기 위해서 식 (6.9)를 사용하면 된다. $0 = t_0 < t_1 < t_2 < \cdots < t_K = T$인 점들 $\{t_i\}_{i=0}^{K}$에서 $S(t)$ 값의 변화를 알고 싶다고 하자. 다음의 식을 이용하여 $\{S_i\}_{i=0}^{K}$를 계산하면 된다.

$$S_{i+1} = S_i \exp\left[(\mu - \sigma^2/2)(t_{i+1} - t_i) + \sigma\sqrt{t_{i+1} - t_i}\,\xi_i\right] \tag{7.1}$$

여기에서 각각의 ξ_i는 N(0, 1) 분포의 의사난수이다. 결과적으로 생성되는 점들인 (t_i, S_i)는 이산 자산 경로를 형성한다.

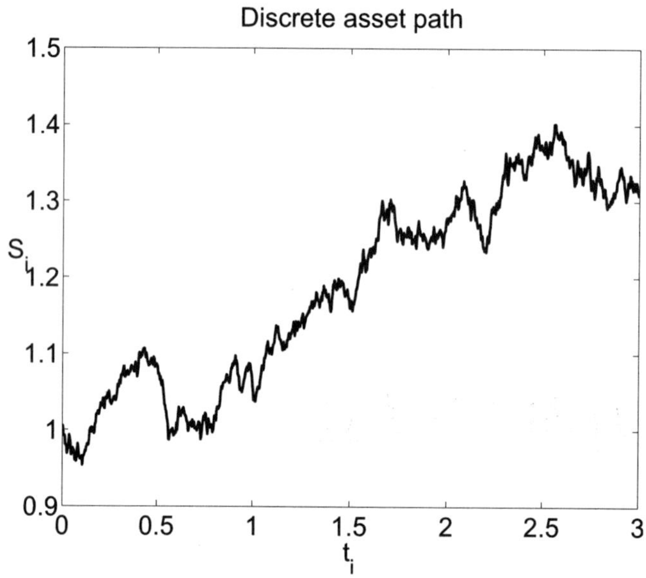

그림 7.1: (7.1) 형태의 이산화된 주가 경로. 이산화된 점들은 연속적이라는 인상을 주기 위하여 직선으로 연결하여 표시하였다.

계산 예제 그림 (7.1)에 $[0,3]$에 균등하게 분포된 10^3개의 점들을 이용하여 시뮬레이션한 결과를 보여준다. $S_0 = 1$, $\mu = 0.05$, $\sigma = 0.1$을 사용하였다. 이 그래프를 생성하기 위하여, 이산 데이터 (t_i, S_i)들을 직선으로 연결하는 관례를 따랐다. 전체적으로 결과 그래프는 그림 (5.1), (5.2)의 전형적인 자산 가격의 그래프와 정성적으로 일치한다. ◇

그림 (7.1)의 그래프를 얻기 위하여, 이산이지만 가깝게 떨어져 있는 데이터를 계산한 후 직선을 이용하여 연결하였다. 그림에서 각각의 점들은 연속이지만 들쭉날쭉한 곡선에 놓여 있는 것 같이 보인다. 이런 개념은 수식화가 가능하다. 한편으로는 식 (6.2)에서 생성되는 자산 경로가

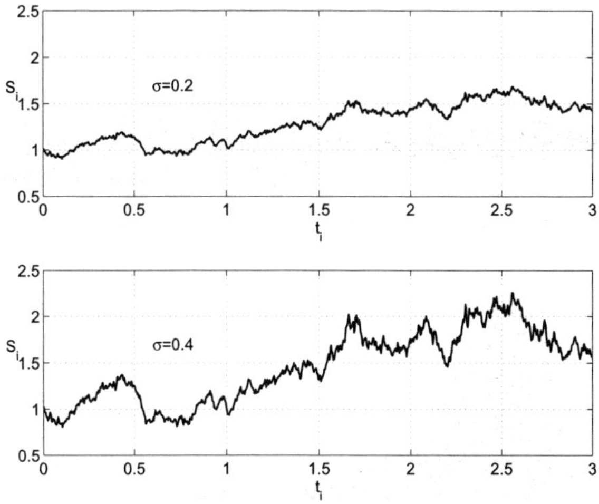

그림 7.2: (7.1) 형태의 두 개의 이산 자산 경로. 밑의 그림이 더 큰 변동성을 가진다.

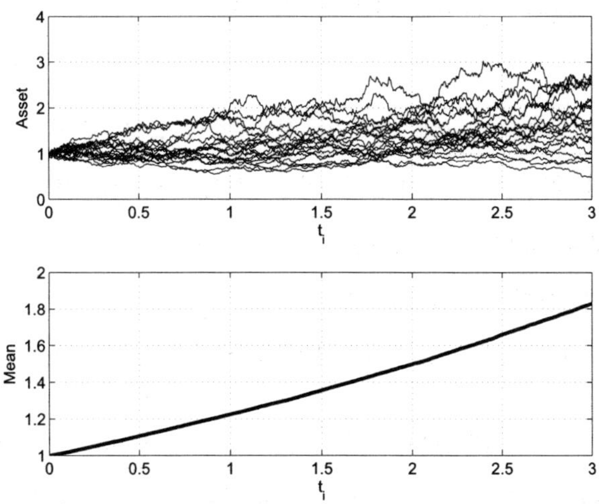

그림 7.3: 윗그림: 20개의 이산 자산 경로. 아래그림: 10^4개의 이산 자산 경로의 표본 평균

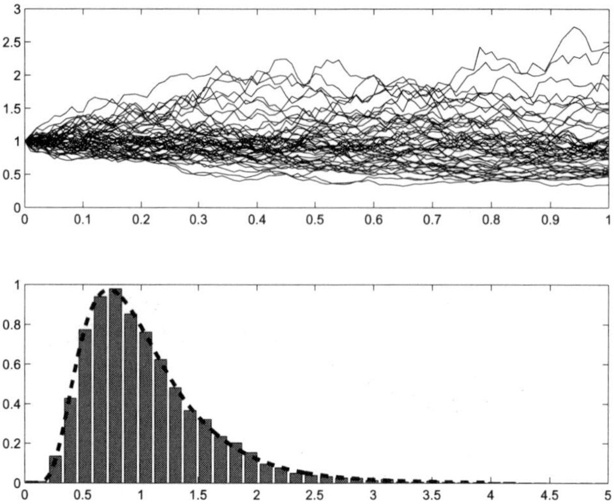

그림 7.4: 윗그림: $S_0 = 1$, $\mu = 0.05$, $\sigma = 0.5$, $T = 1$, $\delta t = 10^{-2}$에 대하여 $[0, T]$의 구간에서 50개의 이산 자산 경로. 아래그림: 표본 수 10^4에서 구한 $S(T)$의 히스토그램과 (6.10)의 밀도함수

$\delta t \to 0$일 때 1의 확률로 t에 대하여 연속 함수임을 증명할 수 있다. 다른 한편으로는 1의 확률로 이 경로의 어떤 점에서도 잘 정의된 접선을 가지지 않는다는 것을 증명할 수 있다.

원래 이산 모형인 식 (6.2)에서도 변동성인 σ를 증가시키면 들쭉날쭉함이 드러날 것이다. 다음의 계산 예제는 이런 효과를 테스트할 것이다.

계산 예제 그림 (7.2)에 변동성을 제외하고 나머지 변수들을 그림 (7.1)과 같이하여 계산한 자산 경로를 보여준다. 변동성은 상반부는 $\sigma = 0.2$, 하반부는 $\sigma = 0.4$를 이용하였다. 같은 의사난수 수열 $\{\xi_i\}$를 두 경우에서 이용하였다. 그림에서 보듯이, 경로의 들쭉날쭉함은 변동성 σ에 의하여 결정된다는 것을 알 수 있다. ◇

개별 주가 경로는 매끈한 함수가 아니지만, 식 (6.11)로부터 $S(t)$의 평균은 매끈한 함수이다. 다음의 계산 예제가 이를 확인한다.

계산 예제 여기에서는 $\mu = 0.2$, $\sigma = 0.3$ 그리고 $[0, 3]$을 10^3개 균등하게 구분한 이산 시간을 이용한다. $S_0 = 1$에서부터 각각 다른 난수를 사용하여 10^4개의 경로를 생성한다. 그림 (7.3)의 상반부는 이러한 경로 중에서 20개를 그린 것이다. 하반부의 그림은 이것의 평균 (각 시간에 대하여 10^4개 자산가격의 평균)을 그린 것이다. 표본 평균이 실제로 매끈하다는 것을 알 수 있고, 식 (6.11)에서 유도한 정확한 평균 $S_0 e^{\mu t}$와 그림으로서는 구분할 수 없다. ◇

다음은 자산 모형의 대수 정규 거동을 확인하는 테스트이다.

계산 예제 여기에서는 $S_0 = 1$, $\mu = 0.05$, $\sigma = 0.5$, $T = 1$라 두고 시간 영역 $[0, T]$에서 이산 경로를 계산하였다. $t_{i+1} - t_i = \delta t = 10^{-2}$의 균등한 시간 간격을 이용하였다. 그림 (7.4)는 상반부는 이러한 경로 50개를 그린 것이다. 하반부는 만기 시점에 자산 가격에 대한 커널 밀도 평가를 보여준다. 0.05의 넓이를 가지는 간격 45개를 이용한 히스토그램을 이용하여 (4.3)절에서 소개한 방법으로 계산한 것이다. 이에 대응하는 대수 정규 밀도 함수인 식 (6.10)을 점선으로 추가하였는데 완전히 일치하는 것을 볼 수 있다. ◇

7.2 시간척도 불변성

다음의 계산 예제는 자산 가격 모형의 중요한 성질을 보여준다. 다른 시간 척도에서도 들쭉날쭉함은 비슷하게 보인다. 바꾸어 말하면, 자산 가격

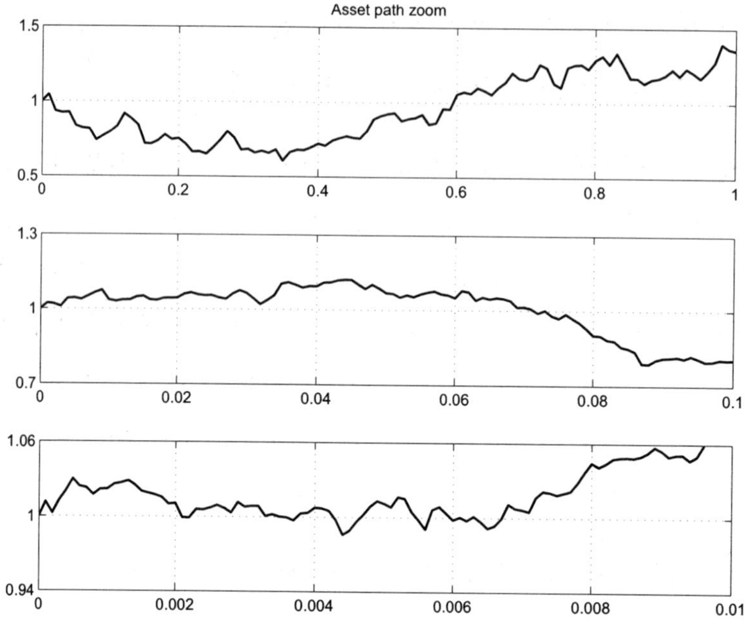

그림 7.5: 다른 척도를 이용하여 표본 추출한 같은 자산 경로. 윗그림: [0, 1] 구간에서 100개의 표본, 중간그림: [0, 0.1] 구간에서 100의 표본, 아래그림: [0, 0.01] 구간에서 100개의 표본

그래프를 확대하거나 축소하여도 정성적으로 비슷한 거동을 본다는 것이다. 그림 (5.1)과 (5.2)에서 일간 데이터에서 주간 데이터로 바꾸었을 때의 영향을 보았다.

계산 예제 그림 (7.5)를 생성하기 위하여, $S_0 = 1$, $\mu = 0.05$, $\sigma = 0.5$ 그리고 [0, 1]에서 10^{-4}의 균등한 간격의 시간들을 이용하여 자산 경로를 계산하였다. 이것을 이용하여 3개의 그래프를 그렸다. 각 그래프는 100개의 균등하게 떨어진 경로를 보여준다.

- 위쪽의 그래프는 $[0,1]$에서 균등한 간격을 가지는 100개의 점에서 경로를 보여준다.
- 중간의 그래프는 $[0,0.1]$에서 균등한 간격을 가지는 100개의 점에서 경로를 보여준다.
- 아래의 그래프는 $[0,0.01]$에서 균등한 간격을 가지는 100개의 점에서 경로를 보여준다.

이런 방식으로 경로 하나를 확대하는 것은 자산 가격 경로의 정성적인 성질에 변화를 보이지 않는다는 것을 알 수 있다. – 자산 경로는 모든 시간 척도에서 들쭉날쭉하다. ◇

그래프가 시간 척도에 대한 안정성(timescale stability)을 가지는 이유를 이해하기 위해서는 이산 모형 (6.2)로 돌아가서 다음을 고려해 보자.

- 작은 시간 간격 δt
- 매우 더 작은 시간 간격 $\widehat{\delta t} = \delta t/L$ (여기에서 L은 큰 정수이다. 그림 (7.5)에서는 $L = 10$의 적당한 값을 사용하였다.)

$t = 0$ 시점에서 $t = \widehat{\delta t}$시점까지의 변화를 식 (6.2)를 이용하면 $S(t)$의 변화는 아래와 같다.

$$S(\widehat{\delta t}) - S_0 = S_0\left(\mu\widehat{\delta t} + \sigma\sqrt{\widehat{\delta t}}\,Y_0\right) = S_0\mathsf{N}(\mu\widehat{\delta t}, \sigma^2\widehat{\delta t}) \tag{7.2}$$

$t = 0$ 시점에서 $t = \delta t$ 시점까지의 증가분은 위의 식을 더하면 된다.

$$S(\delta t) - S_0 = \sum_{i=0}^{L-1}\left(S((i+1)\widehat{\delta t}) - S(i\,\widehat{\delta t})\right) = \sum_{i=0}^{L-1} S(i\,\widehat{\delta t})\left(\mu\widehat{\delta t} + \sigma\sqrt{\widehat{\delta t}}\,Y_i\right)$$

이제 각각의 $S(i\,\widehat{\delta t})$를 S_0로 근사하고,[1] 중심극한 정리를 이용하면

$$S(\delta t) - S_0 \approx S_0\sum_{i=0}^{L-1}\left(\mu\widehat{\delta t} + \sigma\sqrt{\widehat{\delta t}}\,Y_i\right)$$

[1] 이런 종류의 근사에 대한 타당성에 대하여 8.2장에 언급되어 있다.

$$= S_0\mathsf{N}(\mu L\widehat{\delta t}, \sigma^2 L\widehat{\delta t}) = S_0\mathsf{N}(\mu\delta t, \sigma^2\delta t)$$

임을 알 수 있고, 이것은 보다 큰 시간 척도에 대하여 식 (7.2)를 재현한 것이다.

7.3 수익률의 제곱 합

(5.3)절에서 자산의 수익에 대한 개념을 도입하였다. 이것은 단지 가격변화의 상대치이다. 작은 값 $\delta t = t_{i+1} - t_i$에 대하여 원래의 이산 모형 (6.2)는 다음을 가정한다.

$$\frac{S(t_{i+1}) - S(t_i)}{S(t_i)} = \mu\,\delta t + \sigma\,\sqrt{\delta t}\,Y_i \tag{7.3}$$

그러므로 수익률은 $\mathsf{N}(\mu\,\delta t, \sigma^2\,\delta t)$를 만족하는 확률 변수이다. 이 모형으로부터 수익률의 통계치를 알 수 있다. – 주어진 숫자 a, b에 대하여 수익률이 a와 b사이의 구간에 놓여질 확률을 계산할 수 있다. 그러나 당연히 실제 수익률이 어떻게 될지에 대해서 확신을 가지고 예측할 수는 없다.

수익률의 불확실성과는 대조적으로 수익률의 제곱 합(sum-of-square return)은 예측 가능하다. 구간 $[0, t]$를 균등하게 $[0, t_1]$, $[t_1, t_2]$, …, $[t_{L-1}, t_L]$로 ($t_i = i\,\delta t, \delta t = t/L$) 나누었다고 하자. 그러면 식 (7.3)에서부터 다음을 쉽게 계산할 수 있다. (문제 (7.1) 참조)

$$\mathbb{E}\left[\left(\frac{S(t_{i+1}) - S(t_i)}{S(t_i)}\right)^2\right] = \sigma^2\delta t + \delta t\text{의 보다 고차항들} \tag{7.4}$$

$$\mathsf{var}\left[\left(\frac{S(t_{i+1}) - S(t_i)}{S(t_i)}\right)^2\right] = 2\sigma^4(\delta t)^2 + \delta t\text{의 보다 고차항들} \tag{7.5}$$

그러므로 중심 극한 정리를 이용하면 $\sum_{i=0}^{L-1}\left[\{S(t_{i+1} - S(t_i)\}/S(t_i)\right]^2$은 $\mathsf{N}(L\sigma^2\delta t, L2\sigma^4(\delta t)^2)$, 즉, $\mathsf{N}(\sigma^2 t, 2\sigma^4 t\,\delta t)$의 거동을 보인다. 이 확률변수는 δt에 비례

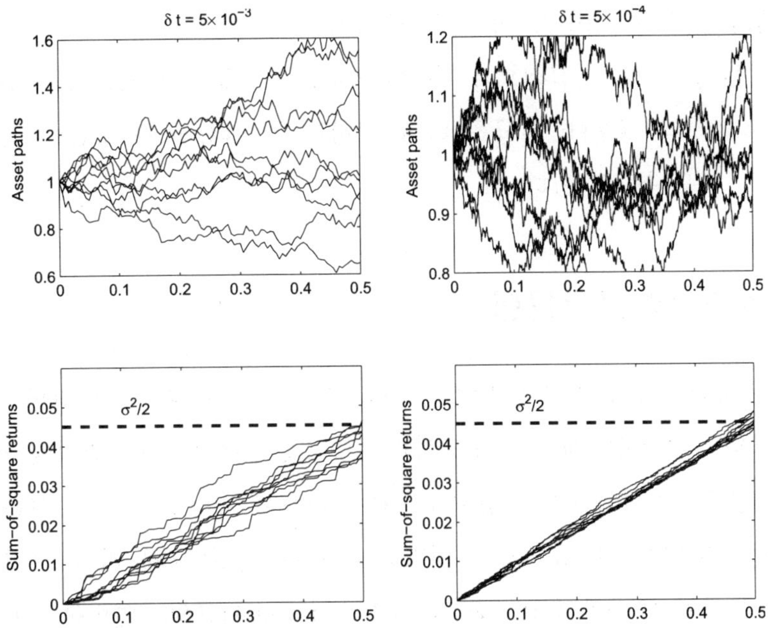

그림 7.6: 윗그림들: 자산 경로, 아래그림들: 식 (7.6)인 수익의 제곱 합

하는 분산을 가지므로 사실상 확률 변수가 아니라 상수이다. 이로부터, 각각의 수익률은 예측 불가능하지만, 작은 구간에서 많은 표본들을 이용하여 계산한 수익률의 제곱 합은 근사적으로 $\sigma^2 t$이다.

계산 예제 그림 (7.6)에서 수익률의 제곱 합에 대한 결과를 보여준다. $S_0 = 1$, $\mu = 0.05$, $\sigma = 0.3$을 사용하였다. 시간 구간 $[0, 0.5]$에서 10개의 자산 경로를 위쪽의 왼쪽에 나타냈다. $\delta t = 0.5/100 = 5 \times 10^{-3}$ 즉, $L = 100$을 이용하여 시간 간격을 균등하게 구분하여 자산의 가격을 계산하였다. 하반부 왼쪽의 그래프는 각각의 자산 경로에서 t_k 시점의 수익률 제곱 합을

$$\sum_{i=1}^{k} \left(\frac{S(t_{i+1} - S(t_i)}{S(t_i)} \right)^2 \tag{7.6}$$

t_k에 대하여 그린 것이다. 이 합은 근사적으로 $\sigma^2 t_k$인 것 같아 보인다. 그래프에 높이 $\sigma^2/2$가 점선으로 추가되었다. 오른쪽 그래프는 $L = 10^3$, 즉 $\delta t = 5 \times 10^{-4}$인 경우에 계산을 하여 제시한 것이다. δt가 작을 수록 더욱 일치하는 것을 볼 수 있다. ◇

7.4 주석 및 참고문헌

7.2장의 시간척도 불변성에 대하여 보다 엄밀하게 다룰 수 있지만, 이 책의 범위를 넘어가는 개념이 필요하다. (중요한 아이디어는 만약에 $W(t)$가 브라운 운동이라면, 임의의 상수 $c > 0$에 대하여 $W(c^2 t)/c$ 또한 브라운 운동이라는 것이다. 이 결과의 구체적인 내용과 이것이 왜 자산 모형에 적용이 되는지에 대하여서 Brzeźniak and Zastawniak(1999, 연습문제 6.28)과 Brzeźniak and Zastawniak(1999, 연습문제 7.20)과 이들의 해답을 참조하라.)

대수 정규 분포의 자산 가격 모형의 일반화 또는 대안을 만들려고 했던 시도는 무수히 많다. 이러한 것의 대부분은 실제 시장 데이터가 두꺼운 꼬리(fat tail)를 가진다는 것에 영향을 받았다. – 극한의 사건이 정규 분포를 기반으로 하는 모형이 예측하는 것보다 더 자주 발생한다.

이를 해결하는 한가지 방법은 변동성이 확률적이라고 가정하는 것이다. 예로써 Duffie(2001), Hull(2000), Hull and White(1987)을 참조하라. 다른 예로는 자산의 가격에 점프를 허용하는 것이다. 예로써 Duffie(2001), Hull(2000), Kwok(1988)을 참조하라. 점프 모형은 전력과 같은 효용재(utility industiries)의 자산을 모델링 하는 것에 많이 사용된다. Cyganowski(2002)의 논문에서는 이것을 구현할 때 실제 발생하는 문제들에 대하여 논의하였다.

다른 대안으로는 일반적인 모수를 포함하는 확률 변수를 선택하여 실제 시장 데이터를 이용하여 모수들을 결정하는 것이다. 예로써 Rogers and Zane(1999)를 참조하라.

완전히 다른 접근 방법으로는, 자산 가격을 결정하는 프로세스를 이해하려는 노력을 포기하고, (특히, 효율시장가설에 관심을 두지 않는다.) 대신에 실제 데이터에 가능한 많은 모형을 테스트하고 예측의 도구로서 가장 잘 작동하는 것을 사용하는 것이다. 카오스 이론과 비선형 시계열에 밝은 수리 물리 학자의 그룹이(Doyne Farmer, Norman Packard) 이러한 아이디어를 사용한다. 그들은 산타페(Santa Fe)에 The Prediction Company를 세웠다. 이 회사의 홈페이지는 `www.predict.com/html/introduction.html`이며, 여기에 아래와 같은 내용이 있다.

> 우리의 기술로 완전히 자동화된 트레이딩 시스템을 구축하였다. 이것은 실시간으로 엄청나게 많은 양의 데이터를 다루고, 반응하고 이 자료를 바탕으로 판단을 하여 거래를 행한다. 우리의 과학으로 시장과 이러한 시장에서 거래되는 금융 자산의 거동을 정확하고 일관성 있게 예측하는 모형을 개발하였다.

Bass(1999)는 이 회사의 설립과 초창기의 뒤 이야기를 알려주며 방대한 양의 금융 데이터를 수집하고 분석하는 것에 있어서 실질적인 문제에 대하여 언급한다.

연습문제

7.1 ★★★ 식 (7.4)와 (7.5)를 증명하라.

```
%CH07 Program for Chapter 7
%
% Plot discrete sample paths

randn('state',100)
clf

%%%%%%%% Problem parameters %%%%%%%%%%
S = 1; mu = 0.05; sigma = 0.5; L = 1e2; T = 1; dt = T/L; M = 50;
%%%%%%%%%%%%%%%%%%%%%%%%%%%%%%%%%%

tvals=[0:dt:T];
Svals=S*cumprod(exp((mu-0.5*sigma^2)*dt+sigma*sqrt(dt)*randn(M,L)),2);
Svals=[S*ones(M,1) Svals]; % add initial asset price
plot(tvals,Svals)
title('50 asset paths')
xlabel('t'), ylabel('S(t)')
```

그림 7.7: 7장의 프로그램: ch07.m.

7.2 ★★ 연속 복리의 금리 모형과 유사하고 $[0,t]$사이의 시점에서 자산의 연속 복리 수익률(continuously compounded rate of return) R은 $S(t) = S_0 e^{Rt}$에 의한 확률변수로 정의된다. 식 (6.8)을 이용하여 $R \sim \mathsf{N}(\mu - \sigma^2/2, \sigma^2 t)$임을 보여라.

7.5 프로그램과 연습

그림 (7.7)에 나와 있는 프로그램 **ch07**은 그림 (7.4)의 상반부와 비슷하게 50개의 자산 가격 경로를 생성한다. 변수들을 초기화한 후에, 누적 곱 함수인 명령어 **cumprod**를 이용하여, 자산 가격 경로의 배열을 생성한다. 일반적으로 $M \times N$의 배열 **X**가 주어지면, **comprod(X)**는 (i, j)의 원소가 **X(1,j) * X(2,j) * X(3,j) * ... * X(i,j)**인 $M \times N$의 배열을 생성한다.

두 번째 인자가 2로 주어지면 누적 곱이 두 번째 인덱스에 관하여 이루어진다. 즉, cumprod(X,2)는 (i, j)의 원소가 X(i,1) * X(i,2) * X(i,3) * ... * X(i,j)인 $M \times N$의 배열을 생성한다. 명령어 randn에 두 개의 인자를 지원한다. rand(M,L)는 의사 난수 생성기인 randn에서 만들어진 원소를 이용하여 $M \times L$의 배열을 생성한다.

그 다음에 나오는 명령어는 i번째 행이 식 (6.9)의 하나의 이산 자산 경로를 나타내는 $M \times L$의 배열을 생성한다. 그 다음 줄은 Svals = [S*ones(M,1) Svals]; % add initial asset price 첫 번째 열에 초기 자산 가격을 덧붙여서, i번째의 행인 Svals(i,1), Svals(i,2), ..., Svals(i,L+1)이 0,dt,2dt,3dt,...,T 시점들의 자산 경로의 나타낸다.

프로그래밍 연습문제

P7.1 그림 (7.5)의 형식으로, 자산 모형의 시간 척도 불변성을 보여 주는 프로그램을 작성하라.

P7.2 식 (7.3)에 대한 근사식 (7.4), (7.5)를 확인하기 위하여 명령어 mean과 std를 사용하라.

인 용

그러나 경고로서,
좋은 모델을 가지고 있는 트레이더라도 이러한 지식을 돈으로
바꿀 수 있는 능력은 없다는 것을 주의하라.
금융에서 좋은 모형을 만드는 것과
쉽게 돈을 벌지 못하는 것이 모순적이지 않다.

모형의 목표는 옵션의 가격에 영향을 주고 움직이게 하는
요소가 무엇인지 이해하는 것이다.
그러나 이런 요소를 예측하는 능력이 없다면
돈은 버는 것은 여전히 자명하지 않다.

DILIP B. MADAN (Madan, 2001)

효율 시장 가설에 반대되는 증거가
주식 시장의 비정상에서부터 나온다.
이러한 것은 주가의 수익이 무작위 분포라는
것을 위반하는 것이다.
이것은 크기 영향 (size effect)
(큰 회사의 주식이 작은 회사의 주식보다 수익이 좋다. 또는 이 반대.)
1월 효과
(주가가 1월의 첫 번째 며칠 동안 비정상적으로 상승하는 것)
한 달 중의 주간 효과
(주가가 그 달의 첫 번째 주에는 상승하고 마지막 주에는 하락하는 것)
하루 중의 시간 효과
(주가가 월요일에는 첫 번째 한 시간 동안 하락하고 다른 날에는 상승하는 것)
가격은 상승할 때보다 하락할 때에 더 빠르다.
시장은 라운드의 공포 (roundaphobia)에 시달린다.
(다우지수가 만 포인트를 돌파하는 것은 큰 뉴스이다.)
그리고 시장은 과장되게 반응한다.
(좋은 뉴스에 공격적으로 매수하고 나면,
다음 뉴스에 상관없이 신경 과민적인 매도가 있다.)

마지막으로 효율시장 가설은 주식 시장에서 버블의 생성과 붕괴,
내부자 거래, 독점 그리고 완벽한 모형의 밖에 있는
지저분한 것들을 설명하지 못한다.

THOMAS A. BASS (Bass, 1999)

가격은 합리적인 투자자와 트레이더의 거동을 반영한다.
그러나 집단 히스테리의 비명 또한 반영한다.

ALEXANDER ELDER (Elder, 2002)

8 장

블랙-숄즈 PDE와 공식

개 요

- 자산 가격의 제곱 합
- 복제 포트폴리오
- 헤지
- 블랙-숄즈 PDE
- 콜과 풋옵션의 블랙-숄즈 공식

8.1 학습목표

현 시점에서 기초자산에 대한 유럽형 콜옵션과 풋옵션이 의미하는 것을 정의하였고, 자산 가격의 거동에 대한 모형을 소개하였다. 이제 가장 중요한 질문을 할 수 있다. 옵션의 가격은 얼마인가? 보다 정확하게 표현하면

> $t = 0$ 시점에서 옵션의 공정가를 체계적인 방법으로 결정할 수 있는가?

여기에서 몇 가지의 가정에 대하여 합의를 한다면, 이 문제의 답은 긍정적이다. 이 책의 기본적인 목표는 $S(0) = S_0$인 $t = 0$ 시점에서 옵션을 평가하는 것이지만, 이 책에서는 $0 \le t \le T$인 시점에서 임의의 자산 가격 $S \ge 0$에 대하여 옵션의 가격 $V(S,t)$를 찾을 것이다. 게다가, $0 \le t \le T$ 중의 임의의 시점에서 옵션의 매도/매수가 가능하다고 가정한다. 이러한 상황에서, $V(S_0, 0)$가 $t = 0$ 시점의 옵션 가격이다. 이러한 $V(S,t)$가 존재하고 각각의 변수들에 대하여 미분이 존재한다는 의미로 두 개의 변수에 대하여 $V(S,t)$는 매끈한(smooth) 함수이다. 7.1장에서 언급했듯이 $S(t)$는 t에 대하여 매끈한 함수가 아니다. – 잘 정의된 1계 미분도 가지지 않는 들쭉날쭉한 함수이다. 그럼에도 불구하고, 옵션 가격 $V(S,t)$가 S와 t에 대하여 매끈한 것이 가능하다. 미리 앞으로 나가보면, 그림 (11.3)과 (11.4)가 이러한 근본적인 차이를 보여준다.

이 책에서는 함수 V에 대하여 그 유명한 블랙-숄즈 편미분방정식(PDE)을 유도할 것이다. 이러한 접근법은 매우 일반적이어서, $V(S,t)$가 유럽형 콜옵션을 의미하든지 또는 풋옵션의 가격을 의미하든지 구분 없이 PDE는 유용하다.

이 장의 기본 아이디어는 리스크를 없애기 위하여 헤지를 하는 것이다. 이 아이디어를 심화하여 이것이 단지 이론적인 도구가 아니라, 보다 구체적인 실행 방안이라는 것을 강조하기 위하여 다음 장에 현업에서 실제로 사용하는 헤지를 보여주기 위한 계산 실험을 제시한다.

헤지의 설명을 시작하기 전에, 해석에 필요한 주요한 구성요소를 우선 도입할 것이다.

8.2 자산 변동의 제곱 합

이 장의 나머지 부분에서는 다음과 같은 두 개의 시간 척도를 이용할 것이다.

- 시간 증가분 Δt로 결정되는 작은 시간 척도
- L이 큰 정수일 때, $\delta t = \Delta t/L$로 결정되는 매우 작은 시간 척도

여기에서는 일반적인 시간 $t \in [0, T]$과 일반적인 자산 가격 $S(t) \geq 0$에 대하여 고려할 것이고, 작은 시간 구간 $[t, t + \Delta t]$에 초점을 맞출 것이다. 이 시간 구간을 δt의 더 작은 구간으로 분해하여, $t_0 = t$, $t_i = t{+}i\delta t$, $t_L = t{+}\Delta t$인 $[t_0, t_1]$, $[t_1, t_2]$, ..., $[t_{L-1}, t_L]$의 구간으로 구성한다.

매우 작은 시간 구간에서 자산 가격 변동을 다음과 같이 표현하자.

$$\delta S_i := S(t_{i+1}) - S(t_i)$$

블랙-숄즈 PDE를 유도하기 이전에, 증가분의 제곱 합 $\sum_{i=0}^{L-1}(\delta S_i)^2$에 대한 기초적인 결과를 소개할 필요가 있다. 수익률의 제곱 합인 $\sum_{i=0}^{L-1}(\delta S_i/S(t_i))^2$에 대하여 7.3장에 비슷한 해석이 행해졌다.

이산 모형 (6.2)로 돌아가면, 다음이 성립한다.

$$\delta S_i = S(t_i)\left(\mu\delta t + \sigma\sqrt{\delta t}\, Y_i\right)$$

여기에서 Y_i는 i.i.d.의 $\mathsf{N}(0, 1)$이다. 그래서

$$\sum_{i=0}^{L-1}(\delta S_i)^2 = \sum_{i=0}^{L-1} S(t_i)^2\left(\mu^2(\delta t)^2 + 2\mu\sigma(\delta t)^{3/2} Y_i + \sigma^2\,\delta t\, Y_i^2\right) \tag{8.1}$$

이러한 합에 중심 극한 정리를 적용하기 위하여 각각의 $S(t_i)$를 $S(t)$로 근사한다. 뒤에서 더 논의를 하겠지만 이러한 근사로 다음의 식을 얻을 수

있다.

$$\sum_{i=0}^{L-1}(\delta S_i)^2 \approx S(t)^2 \sum_{i=0}^{L-1}\left(\mu^2(\delta t)^2 + 2\mu\sigma(\delta t)^{3/2}Y_i + \sigma^2\,\delta t\,Y_i^2\right) \tag{8.2}$$

시그마의 안쪽에 있는 확률변수의 평균과 분산을 구한 다음에, 중심 극한 정리를 적용하면 아래의 근사식을 얻는다. (문제 8.1 참조)

$$\sum_{i=0}^{L-1}(\delta S_i)^2 \sim S(t)^2\,\mathsf{N}\left(\sigma^2 L\delta t,\ 2\sigma^4 L(\delta t)^2\right) = S(t)^2\,\mathsf{N}\left(\sigma^2\Delta t,\ 2\sigma^4\Delta t\,\delta t\right) \tag{8.3}$$

δt는 매우 작기 때문에, 마지막 표현 식에서 분산은 매우 작은 값이 되며, 결국에 증가분의 제곱 합은 근사적으로 $S(t)^2$에 상수 곱과 같다는 결론에 도달한다.

$$\sum_{i=0}^{L-1}(\delta S_i)^2 \approx S(t)^2\sigma^2\Delta t \tag{8.4}$$

식 (8.1)의 각 $S(t_i)$를 $S(t)$로 근사 하는 단계는 다음과 같이 정당화될 수 있다. (6.9)의 모형에서

$$S(t_i) = S(t)\exp\left[(\mu - \sigma^2/2)i\,\delta t + \sigma\sqrt{i\,\delta t}\,Z\right] \quad 단,\ Z \sim \mathsf{N}(0,1)$$

이고, x가 작은 경우에 $e^x \approx 1 + x$임을 이용하면

$$S(t_i) \approx S(t)(1 + \sigma\sqrt{i\,\delta t}\,Z)$$

임을 얻을 수 있다. $i\,\delta t \le L\,\delta t = \Delta t$이므로 투박하게 근사하면 아래를 얻는다.

$$S(t_i) - S(t) = O\left(\sqrt{\Delta t}\right)$$

위의 수식이 의미하는 것은, $S(t_i)$를 $S(t)$로 근사하면 $\sqrt{\Delta t}$에 비례하는 오차가 발생한다. 그러므로 식 (8.1)의 $S(t_i)$를 $S(t)$로 대체하는 것은 식

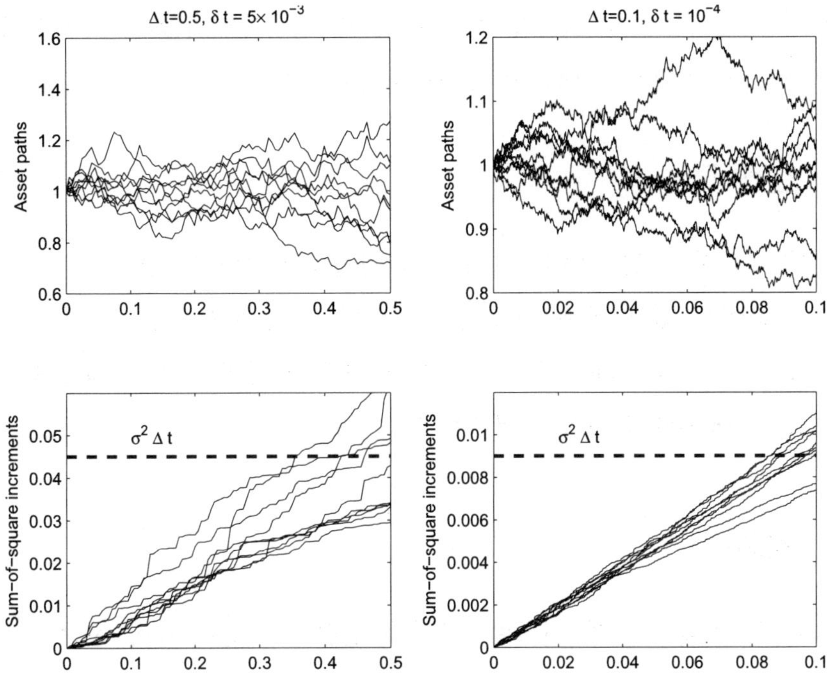

그림 8.1: 윗그림들: 자산 경로, 아래그림들: 식 (8.5)인 증가분의 제곱 합

(8.4)의 근사에서 가장 큰 항(leading term)에 영향을 주지 않는다. 이는 Z가 실수가 아니라 확률변수이기 때문에 엄밀한 증명은 아니지만 전체적인 결론은 유효하다는 것을 알 수 있다.

계산 예제 식 (8.4)를 엄밀하게 증명할 수 있는 상황은 아니지만, 계산 실험을 통하여 결과를 보여줄 수는 있다. 그림 (7.6)을 생성하는 프로그램에서 수익률의 제곱 합이 아니라 증가분의 제곱 합을 계산하면 된다. $S_0 = 1, \mu = 0.05, \sigma = 0.3$을 이용하였다. 그림 (8.1)의 상반부 왼편의 그래프는 구간 $[0, \Delta t]$ $(\Delta t = 0.5)$에서, $\delta t = \Delta t/100 = 5 \times 10^{-3}$의 간격으로 균등하게 놓인 점들을 이용하여 10개의 이산 자산 경로를 나타내었다. 하반부 왼편의 그래프는 각 경로에 대하여 증가분의 제곱 합

$$\sum_{i=1}^{k} (\delta S_i)^2 \tag{8.5}$$

을 t_k에 대하여 그린 것이다. k가 L에 접근함에 따라서 합은 근사적으로 $\sigma^2 \Delta t = 0.045$에 접근 하는 것을 볼 수 있다. 오른쪽에 있는 두 개의 그래프는 $\Delta t = 0.1$, $L = 1000$, 즉 $\delta t = 10^{-4}$에 대하여 왼쪽과 같은 정보를 그린 것이다. 식 (8.4)의 근사가 좋아지는 것을 볼 수 있다. ◇

8.3 헤지

옵션의 공정가를 구하기 위하여, 자산과 현금의 조합이 항상 옵션과 정확하게 같은 리스크를 가지는, 자산과 현금의 복제 포트폴리오를 구성할 것이다. 이 포트폴리오는 은행 예금 D와 자산의 개수 A로 구성되어 있다. D와 A는 자산 가격 S와 시간 t의 함수일 것이다. Π를 포트폴리오의 가격이라고 두면, 다음을 만족한다.

$$\Pi(S,t) = A(S,t)S + D(S,t) \tag{8.6}$$

S와 t가 바뀜에 따라서 $A(S,t)$와 $D(S,t)$가 어떻게 변화하는지를 결정하여야 한다. 보다 구체적인 부분을 소개하기 전에 앞 장에서 소개한 자산 가격에 대한 기본적인 가정들을 다시 한번 생각해 보는 것이 좋다.

- 거래 비용은 없다.
- 자산은 임의의 단위로 매도/매수가 가능하다.
- 공매도가 허용된다.

- 배당은 없다.
- 금리 r은 상수이다.
- 자산 (또는 옵션)의 거래는 연속적으로 발생한다.

가독성이 떨어지는 긴 수식을 피하기 위하여 몇 개의 짧은 표기를 도입하겠다. 하첨자 i는 $(S(t_i), t_i)$에서 함수를 계산하는 것을 의미한다. 그래서

V_i는 $V(S(t_i), t_i)$를, Π_i는 $\Pi(S(t_i), t_i)$를 의미한다.

하첨자가 없는 것은 $(S(t), t)$에서의 계산을 의미한다.

V는 $V(S(t), t)$를, Π는 $\Pi(S(t), t)$를 의미한다.

기호 δ는 δt의 시간 구간에서 차이를 의미한다. 즉

- δS_i는 $S(t_{i+1}) - S(t_i)$를 의미한다.
- δV_i는 $V(S(t_{i+1}), t_{i+1}) - V(S(t_i), t_i)$를 의미한다.
- $\delta\Pi_i$는 $\Pi(S(t_{i+1}), t_{i+1}) - \Pi(S(t_i), t_i)$를 의미한다.
- $\delta(V - \Pi)_i$는 $\delta V_i - \delta\Pi_i$를 의미한다.

포트폴리오 (8.6)의 전략은 시간 간격 δt동안에는 자산의 개수를 고정시키는 것이다. 그러면 시간 간격 δt 사이에서는 아래의 두 가지 경우에 한해서만 포트폴리오의 가격이 변화된다.

(1) 자산 가격이 변동한다. δS_i는 포트폴리오 가격에서 $A_i \delta S_i$의 변화를 유발한다.

(2) 예금에서 이자가 발생한다. 편의상 이산 모형을 사용하면, (문제 (2.2)의 식 (2.7)을 참조) 발생한 이자의 양은 $rD_i\delta t$이다.

전체적으로 다음의 식이 성립한다.

$$\delta\Pi_i = A_i\,\delta S_i + rD_i\,\delta t \tag{8.7}$$

V가 S와 t에 대하여 미분 가능한 함수라고 가정하였기에, 테일러 급수 전개를 이용하여 아래의 식을 구할 수 있다.

$$\delta V_i \approx \frac{\partial V_i}{\partial t}\delta t + \frac{\partial V_i}{\partial S}\delta S + \frac{1}{2}\frac{\partial^2 V_i}{\partial S^2}(\delta S_i)^2 \tag{8.8}$$

식 (8.8)에서 $(\delta S)^2$의 항까지 전개를 하였는데, 앞의 두 장(章)에서의 경험으로부터 이 항이 δt정도의 크기로 기여를 할 것이라는 것을 알고 있기 때문이다. 옵션 가격의 변화와 포트폴리오에서의 변화를 비교하기 위하여 식 (8.8)에서 (8.7)을 빼면 다음을 얻는다.

$$\delta(V-\Pi)_i \approx \left(\frac{\partial V_i}{\partial t} - rD_i\right)\delta t + \left(\frac{\partial V_i}{\partial S} - A_i\right)\delta S_i + \frac{1}{2}\frac{\partial^2 V_i}{\partial S^2}(\delta S_i)^2 \tag{8.9}$$

포트폴리오가 옵션의 복제를 바라기 때문에, 이 차이는 예측 가능하여야 한다. 즉,

$$A_i = \frac{\partial V_i}{\partial S} \tag{8.10}$$

이라 두면, 식 (8.9)의 예측 불가능한 항인 δS_i를 제거할 수 있다. 그 결과는 다음과 같다.

$$\delta(V-\Pi)_i \approx \left(\frac{\partial V_i}{\partial t} - rD_i\right)\delta t + \frac{1}{2}\frac{\partial^2 V_i}{\partial S^2}(\delta S_i)^2 \tag{8.11}$$

무작위성을 제거하는 마지막 단계는 $0 \le i \le L-1$에서 이 차이들을 합한 후에, $(\delta S_i)^2$의 합이 무작위적이 아니라는 식 (8.4)를 이용하는 것이다.

여기에서 식 (8.10)이 실제에서 의미하는 것을 알아 보자. 요구되는 함수 V를 찾을 수 있다면, 포트폴리오를 업데이트하기 위한 전략을 결정하

기 위해서 V를 S에 대하여 미분하면 된다. 구간 $[t_i, t_{i+1}]$의 마지막 단계에서는 자산을 $A_{i+1} = \partial V_{i+1}/\partial S$을 보유하도록 포트폴리오를 조정하여야 한다. 이는 자산을 어느 정도 매도 ($\partial V_{i+1}/\partial S < \partial V_i/\partial S$인 경우) 또는 매수 ($\partial V_{i+1}/\partial S > \partial V_i/\partial S$인 경우) 하여야 한다. 또한, 이 포트폴리오는, $t = 0$ 시점 이후에 현금의 유입이나 유출이 없는 자기 금융(*self-financing*)이어야 한다. 이것은 자산을 재구성하면서 생성되는 또는 필요한 현금을 D_i에서 D_{i+1}의 변화를 이용하여 반영하는 현금 계정을 사용하여 구현할 수 있다. 리스크를 줄이거나 없애기 위하여 포트폴리오를 연속적으로 조정하는 것을 헤지라고 한다.

8.4 블랙-숄즈 PDE

시간 t부터 $t + \Delta t$까지의 $V - \Pi$의 변화를 $\Delta(V - \Pi)$라고 표기하면

$$\begin{aligned}\Delta(V - \Pi) =& V(S(t + \Delta t), t + \Delta t) - \Pi(S(t + \Delta t), t + \Delta t)\\ &- (V(S(t), t) - \Pi(S(t), t)).\end{aligned}$$

식 (8.11)을 이용하면

$$\Delta(V - \Pi) \approx \sum_{i=0}^{L-1}\left(\frac{\partial V_i}{\partial t} - rD_i\right)\delta t + \frac{1}{2}\sum_{i=0}^{L-1}\frac{\partial^2 V_i}{\partial S^2}(\delta S_i)^2 \tag{8.12}$$

V와 D가 미분 가능한 함수라는 가정을 이용하면, 식 (8.1)에서 사용한 근사와 비슷하게 $\partial V_i/\partial t$, D_i, $\partial^2 V_i/\partial S^2$에 있는 인자 $S(t_i)$, t_i를 $S(t)$, t로 근사할 수 있다. 그래서 $L\delta t = \Delta$라는 관계식을 이용하면

$$\Delta(V - \Pi) \approx \left(\frac{\partial V}{\partial t} - rD\right)\Delta t + \frac{1}{2}\frac{\partial^2 V}{\partial S^2}\sum_{i=0}^{L-1}(\delta S_i)^2$$

이제, 식 (8.4)를 이용하고 $\delta t \to 0$일 때 모든 근사식이 정확하다고 가정을 하면 다음 식을 얻게 된다.

$$\Delta(V - \Pi) = \left(\frac{\partial V}{\partial t} - rD + \frac{\sigma^2}{2} S^2 \frac{\partial^2 V}{\partial S^2}\right) \Delta t \tag{8.13}$$

마지막 단계의 논리는 포트폴리오 $V - \Pi$의 변화가 무작위적이 아니기 때문에 이것은 무위험 금리로 증가하는 것과 일치해야 한다는 것이다

$$\Delta(V - \Pi) = r\,\Delta t\,(V - \Pi) \tag{8.14}$$

이것은 무차익 거래의 원리에서 유도할 수 있다. 만약에 $\Delta(V - \Pi) > r\Delta t\,(V - \Pi)$이면 아래의 방법을 행함으로써 무위험 금리가 제공하는 것보다 놓은 수익을 창출할 수 있다.

(a) t시점에서 포트폴리오 $V - \Pi$를 매수한다. – 시장에서 V의 가격으로 옵션을 매수하고 포트폴리오 Π를 매도한다. (즉 자산을 A개 공매도하고 현금을 D만큼 대출해 준다.) 그리고
(b) $t + \Delta t$ 시점에서 포트폴리오 $V - \Pi$를 매도한다.

만약에 $\Delta(V - \Pi) < r\Delta r(V - \Pi)$이면 다음의 방법으로 무위험 금리가 제공하는 것보다 높은 수익을 만들 수 있다.

(a) t시점에서 포트폴리오 $V - \Pi$를 매도한다. – 시장에서 V의 가격으로 옵션을 매도하고 포트폴리오 Π를 매수한다. (즉 자산을 A개 매수하고 현금을 D만큼 차입한다.) 그리고
(b) $t + \Delta t$ 시점에서 포트폴리오 $V - \Pi$를 매수한다.

이제 식 (8.6), (8.13), (8.14)를 조합하면 다음 식을 얻게 된다.

$$\frac{\partial V}{\partial t} - rD + \frac{\sigma^2}{2} S^2 \frac{\partial^2 V}{\partial S^2} = r(V - AS - D)$$

식 (8.10)에서 $A = \partial V/\partial S$를 이용하여 식을 정리하면 최종적으로 아래의 식을 얻게 된다.

$$\frac{\partial V}{\partial t} + \frac{\sigma^2}{2} S^2 \frac{\partial^2 V}{\partial S^2} + rS\frac{\partial V}{\partial S} - rV = 0 \tag{8.15}$$

이 식이 그 유명한 블랙-숄즈의 편미분방정식 (PDE)이다. 이것은 V, S, t와 V의 편미분간의 관계식이다.

두 가지가 즉시 언급할 만한 가치가 있다.

(1) 자산 모형에 있는 추세율 μ는 PDE에 나타나지 않는다.
(2) 아직 어떤 옵션을 평가하는지에 대해서는 언급하지 않았다. PDE는 미분 가능한 함수 $V(S,t)$로 표현되는 자산 S에 대한 임의의 옵션에 대하여 성립한다.

(2)을 고려하면, $V(S,t)$를 유일하게 결정하기 위해서는 특정 옵션에 대한 정보를 포함하는 다른 조건을 지정하여야 한다. 다른 미분방정식과 마찬가지로, 이러한 조건들은 문제가 주어진 영역 $0 \le S$, $0 \le t \le T$의 경계 면에서 주어진다.

$C(S,t)$는 유럽형 콜옵션의 가격을 표기하기로 하자. 이런 경우에는 만기시점 $t = T$에 수익이 $\max(S(T) - E, 0)$임을 확실히 알고 있다. 이것이 T시점의 옵션 가격이 되어야만 하고, 그렇지 않다면 차익거래가 존재하게 된다. 그래서

$$C(S,T) = \max(S(T) - E, 0) \tag{8.16}$$

이제, 자산가격이 0이라면 식 (6.9)에서부터 $S(t)$는 항상 0이라는 것을 알 수 있고, 그러므로 만기시의 옵션의 수익은 0이 된다. 이 경우에 옵션의 가격은 0이 되어야 한다. 그러므로

$$C(0,t) = 0, \qquad 0 \le t \le T. \tag{8.17}$$

반대로, 자산 가격의 매우 큰 값이라면, 이 큰 값을 유지할 가능성이 높고 행사가를 압도하기 때문에, S가 매우 큰 경우에는($S \gg E$)

$$C(S,t) \approx S \tag{8.18}$$

가 성립한다.

조건 (8.16)은 만기 시점 $t = T$에 적용되기 때문에 만기조건(final condition)이라 부른다. 일반적으로는 $t = 0$에서 조건을 적용하는 초기 조건(initial condition)이 더 일반적이며 24장에서 블랙-숄즈 PDE도 변형을 통하여 그런 문제로 바꿀 수 있음을 보일 것이다. 다른 조건식 (8.17), (8.18)은 경계조건(boundary condition)으로 알려져 있다.

8.5 블랙-숄즈의 공식

블랙-숄즈 PDE (8.15)에 조건식 (8.16), (8.17), (8.18)들을 추가하면 콜옵션의 가격에 대한 유일한 해가 결정된다. (실제는 보다 적은 경계조건으로도 가능하다. 8.6장을 참조.) 이 해는 아래와 같다.

$$C(S,t) = SN(d_1) - Ee^{-r(T-t)}N(d_2). \tag{8.19}$$

여기에서 $N(\cdot)$는 식 (3.18)에서 정의된 $\mathsf{N}(0,1)$의 분포함수이며 d_1, d_2는 아래와 같다.

$$d_1 = \frac{\log(S/E) + (r + \sigma^2/2)(T-t)}{\sigma\sqrt{T-t}} \tag{8.20}$$

$$d_2 = \frac{\log(S/E) + (r - \sigma^2/2)(T-t)}{\sigma\sqrt{T-t}} \tag{8.21}$$

문제 (8.2)를 참조하면 다음의 식이 성립하는 것을 알 수 있다.

$$d_2 = d_1 - \sigma\sqrt{T-t} \tag{8.22}$$

식 (8.19)가 유럽형 콜옵션에 대하여 블랙-숄즈의 공식이다. (8.16), (8.17), (8.18)의 조건하에서 PDE (8.15)를 풀어서 이 공식을 유도하는 것이 가능하다. 그러나 이 책에서는 식 (8.19)의 $C(S,t)$가 주어진 성질을 만족한다는 것을 보이는 쉬운 방법을 선택하겠다. 문제 (8.3) 은 식 (8.16), (8.17), (8.18)을 다루는 것이며, PDE (8.15)는 (10.4)절에서 다룬다.

유럽형 콜옵션의 가격 공식을 구했기 때문에, 풋-콜 패리티를 사용하면 풋옵션의 가격 $P(S,t)$에 대한 공식을 구할 수 있다. (2.5)절에서 $t = 0$ 시점의 콜가격과 풋가격을 연결하는 식 (2.2)를 유도하였다. $P(S,t)$를 자산가격이 S, 시간이 t일 때의 풋옵션의 가격이라고 하면, 같은 논법으로 일반적인 풋-콜 패리티의 관계식을 구할 수 있다. (문제 (8.4)를 참조)

$$C(S,t) + Ee^{-r(T-t)} = P(S,t) + S \tag{8.23}$$

식 (8.19)와 (8.23)을 조합하면 유럽형 풋옵션에 대한 블랙-숄즈의 공식을 유도할 수 있다.

$$P(S,t) = Ee^{-r(T-t)}(1 - N(d_2)) + S(N(d_1) - 1)$$

문제 (3.9)를 이용하면 보다 간단하게 정리된다.

$$P(S,t) = Ee^{-r(T-t)}N(-d_2) - SN(-d_1) \tag{8.24}$$

다른 방법으로는 만기 조건과 경계조건을 유도하여 블랙-숄즈 PDE를 직접 푸는 것이다. 만기 시점 $t = T$에서 풋옵션의 수익이 $\max(E - S(T), 0)$이므로

$$P(S,T) = \max(E - S(T), 0) \tag{8.25}$$

임을 알 수 있다. 자산 가격이 한번이라도 0이 되면, S(T)=0이고 T 시점에서 풋옵션의 수익은 E가 된다. $P(0,t)$는 이를 할인한 값이다.

$$P(0,t) = Ee^{-r(T-t)} \qquad 0 \le t \le T \tag{8.26}$$

매우 큰 S에 대해서는 풋옵션의 수익은 거의 0이다.

$$P(S,t) \approx 0 \quad S\text{가 매우 큰 경우.} \tag{8.27}$$

문제 (8.5)에서 식 (8.24)에 있는 $P(S,t)$가 조건 (8.25)–(8.27)을 만족하는 것을 확인하고 10장의 문제 (10.7)에서 이것이 블랙-숄즈 PDE (8.15)의 풀이임을 밝힌다.

계산 예제 블랙-숄즈의 공식을 계산하는 예를 하나 보일 것이다. $t = 0, S_0 = 5, E = 4, T = 1, \sigma = 0.3, r = 0.05$를 이용하여 소수 넷째 자리까지의 값을 구하면

$$\begin{aligned} d_1 &= 1.0605, & d_2 &= 0.7605, \\ N(d_1) &= 0.8555, & N(d_2) &= 0.7765, \\ N(-d_1) &= 0.1445, & N(-d_2) &= 0.2235. \end{aligned}$$

여기에서는 $N(x)$를 계산하기 위하여 MATLAB의 함수 `erf`를 사용하였다. (문제 (4.1) 참조) 유럽형 콜옵션과 풋옵션의 결과값은 아래와 같다.

$$C(5,0) = 1.3231, \qquad P(5,0) = 0.1280$$

식 (2.2)의 풋-콜 패리티가 성립하는 것을 쉽게 알 수 있다.[1] ◇

[1] $1.3231 + 4 \times e^{-0.05\times 1} = 0.1280 + 5$ (옮긴이 주)

8.6 주석 및 참고문헌

블랙-숄즈 이론의 고전은 주요한 방정식을 유도한 Fischer Black과 Myron S. Scholes가 쓴 논문(Black and Scholes, 1973)과 엄밀한 수학적인 해석을 덧붙인 Robert C. Merton이 쓴 논문(Merton, 1973)이다. Merton과 Scholes는 이 업적으로 1997년에 경제학 분야에서 노벨상을 받았다. 1995년에 사망한 Fischer Black이 살아 있었다면 공동 수상을 하였을 거라고 많은 사람들이 믿고 있다. 상에 대하여 자세한 내용은 `www.nobel.se/economics/laureates/1997/`에서 찾을 수 있다. 당시 신문에서는 다음과 같이 보도하였다.

> 파생상품을 평가하는 새로운 방법은 지난 25년 동안에 경제학에 있어서의 기여 중에서 가장 뛰어났다.

블랙-숄즈 PDE를 유도하기 위하여 이 책에서 사용한 발견적 방법의 이산 헤지는 Almgren(2002)에서 영감을 얻었다. 블랙-숄즈의 공식을 엄밀하게 유도하는 최근의 교과서로는 Björk(1998), Duffie(2001), Karatzas and Schreve(1998) Nielsen(1999), Øksendal(1998)등이 있다.

블랙-숄즈 PDE (8.15)에 대한 해의 유일성을 유지하면서 경계조건 (8.17) 과 (8.18)을 약화시킬 수 있다. $S \to \infty$일 때 해의 증가에 대한 조건만으로도 충분하다. Wilmott(1995)를 참조하라. 23장과 24장에서 유한 차분법에 대하여 논의할 때 경계조건에 대하여 다시 논의를 할 것이다.

마지막으로, 만기 T 시점의 콜옵션의 가격은 식 (8.16)에서 보듯이 하키 스틱 모양으로 매끈하지 않은 함수일지라도 함수 $C(S,t)$는 모든 시간 $0 \le t < T$에서 매끈한 함수이다. 이와 같이 순간적으로 함수가 매끈해지는 현상(instant smoothing)은 식 (8.15)와 같은 확산 미분 방정식(Diffusion

PDE)에서는 전형적인 것이다.

연습문제

8.1 ★★ 식 (8.2)가 근사식 (8.3)을 유도함을 보여라. [Hint: 문제 (3.7)을 이용하라.]

8.2 ★ 식 (8.21)은 식 (8.22)로 대체될 수 있음을 보여라.

8.3 ★★★ 식 (8.19)에 있는 $C(S,t)$가 식 (8.16), (8.17), (8.18)을 만족함을 보여라. [Hint: (8.16)을 위해서는 $t \to T^-$; (8.17)을 위해서는 $S \to S^+$; (8.18)을 위해서는 $S \to \infty$의 극한을 이용하라.]

8.4 ★★ (2.5)절의 논법을 이용하여 일반적인 풋-콜 패리티의 관계인 식 (8.23)을 유도하라.

8.5 ★★★ 식 (8.24)에 있는 $P(S,t)$가 식 (8.25)–(8.27)을 만족함을 보여라.

8.6 ★★ 콜옵션과 풋옵션이 선형이라는 것 – 옵션 두 개의 가격은 한 옵션가격의 두 배이다. – 은 직관적으로 분명하다. 블랙-숄즈 공식 (8.19)와 (8.24)에서 이것이 유도됨을 보여라.

8.7 ★★★ 식 (8.19)에서 $\lim_{E\to 0} C(S,t) = S$과 식 (8.24)에서 $\lim_{E\to 0} P(S,t) = 0$임을 보이고, 그 결과에 대하여 재무적인 해석을 하라.

8.8 ★★★ 문제 (1.3)에서 소개한 버터플라이 스프레드의 평가를 위하여 PDE와 만기/경계 조건을 작성하라.

8.9 ★★★ 다음의 식

$$V(S,t) = \frac{e^{(\sigma^2-2r)(T-t)}}{S} \tag{8.28}$$

이 블랙-숄즈 PDE (8.15)식의 해임을 확인하라. 이 결과가 실제에서 암시하고 있는 것은 무엇인가?

8.10 ★★★ S와 e^{rt}가 블랙-숄즈 PDE인 식 (8.15)를 만족함을 보이고 이에 따른 재무적인 해석을 하라.

8.11 ★★★ 선도계약의 공정가를 찾는 문제 (2.6)에서 제안된 문제를 고려하라. 문제 (8.7)을 이용하여 $F = S(0)e^{rT}$임을 보여라.

8.7 프로그램과 연습

앞의 7개의 경우와 다르게 그림 (8.2)에 나타낸 이번 장의 코드는 MATLAB 함수이다. 이것은 입력 인자(input argument)를 필요로 하고 결과 인자(output argument)를 만든다. 입력 인자로 사용된 `S`, `E`, `r`, `sigma`, `tau`는 각각 t 시점에서의 자산 가격, 행사가, 금리, 변동성, 잔존만기 $T-t$를 나타낸다. `tau`는 음이 아닌 수로 가정했다.

결과 인자인 `C,CDelta,P,PDelta`는 각각 유럽형 콜옵션의 가격, 콜옵션의 델타, 풋옵션의 가격, 풋옵션의 델타를 나타낸다.

`if tau > 0`과 `else`의 사이에 있는 코드들은 잔존만기인 `tau`가 양수일 때 실행이 된다. 이 경우에 식 (8.19)와 (8.24)을 이용하여 옵션 가격을 계산하고 9장에 제시된 식 (9.1)과 (9.2)를 이용하여 델타를 계산한다. (문제 (4.1)에서 언급했듯이 `erf`를 이용하여 $N(x)$를 계산한다.)

`else`와 `end` 사이의 코드들은 `tau`가 영인 경우에 실행이 된다. 이 경우는 만기 시점이며 식 (8.20)과 (8.22)에서 영으로 나누는 오류를 피하기 위하여, 식 (8.16), (8.25)와 9장에 언급된 식 (9.7)과 (9.8)을 이용하다. 여

```
function [C, Cdelta, P, Pdelta] = ch08(S,E,r,sigma,tau)
% Program for Chapter 8
% This is a MATLAB function
%
% Input arguments: S = asset price at time t
% E = Exercise price
% r = interest rate
% sigma = volatility
% tau = time to expiry (T-t)
%
% Output arguments: C = call value, Cdelta = delta value of call
% P = Put value, Pdelta = delta value of put
%
% function [C, Cdelta, P, Pdelta] = ch08(S,E,r,sigma,tau)

if tau > 0
    d1 = (log(S/E) + (r + 0.5*sigma^2)*(tau))/(sigma*sqrt(tau));
    d2 = d1 - sigma*sqrt(tau);
    N1 = 0.5*(1+erf(d1/sqrt(2)));
    N2 = 0.5*(1+erf(d2/sqrt(2)));
    C = S*N1-E*exp(-r*(tau))*N2;
    Cdelta = N1;
    P = C + E*exp(-r*tau) - S;
    Pdelta = Cdelta - 1;
else
    C = max(S-E,0);
    Cdelta = 0.5*(sign(S-E) + 1);
    P = max(E-S,0);
    Pdelta = Cdelta - 1;
end
```

그림 8.2: 8장의 프로그램: **ch08.m**.

기에서 다음과 같이 정의된 부호함수(signum function) `sign` 를 이용하였다.

$$\text{sign}(x) = \begin{cases} 1, & x > 0 \\ 0, & x = 0 \\ -1, & x < 0 \end{cases}$$

그림 (8.2)에 나타난 함수의 사용 예는 다음과 같다.

```
>> S = 2; E = 2.5; r = 0.03; sigma = 0.25; tau = 1;
>> [C, Cdelta, P, Pdelta] = ch08(S,E,r,sigma,tau)
```

아래와 같은 결과가 나온다.

```
C = 0.0691
Cdelta = 0.2586
P = 0.4953
Pdelta = -0.7414
```

프로그래밍 연습문제

P8.1 `ch08.m`을 이용하여 문제 (8.3)에서 확인한 $\lim_{t\to T^-} C(S,t) = \max(S(T)-E, 0)$과 $\lim_{S\to\infty} C(S,t) = S$ 임을 보여주는 그래프를 만들어라.

P8.2 그림 (8.1)과 같이 식 (8.4)의 예를 보여주는 프로그램을 작성하라.

인 용

스테펀 벨로티: '마리론, 돈과 두뇌 중에서 무엇을 많이 가지고 있나?'
마리론 솔즈: '두뇌, 그러나 점점 비슷해져 가네.'

Source (Lowenstein, 2001)

1970년대 일찍이, 머턴은 피셔 블랙과 마이론 숄즈가 일부
풀었던 문제를 다루었다.
그것은 주식 옵션의 정확한 가격에 대한 공식을 구하는 것이다.
옵션과 기초자산과의 밀접한 관계를 인식하고
머턴은 고상한 수식으로 퍼즐을 풀었다.
그러고 나서, 그는 동료들이 먼저 출판을 할 때까지 우아하게 기다렸다.
그래서 이 공식은 블랙-숄즈 모형이라고 알려지게 되었다.
옵션이 거래되는 시장이 존재하지 않는다는 것을
지적하는 사람은 거의 없었다.
그러나 우연히, 공식이 나오기 한달 전에
시카고 거래소에서 거래를 위한 옵션을 상장하였다.
그러고 나서 곧, 월스트리트 저널에 텍사스 인스트러먼트의 광고가 올라왔다.
'이제 우리의 계산기를 이용하면 블랙-숄즈의 값을 구할 수 있다.'
이것이 파생시장 변혁의 진정한 시작이었다.
그전에 어떠한 교수도 월스트리트에 이와 같은 영향을 끼친 적은 없다.

ROGER LOWENSTEIN (Lowenstein, 2001)

1975년에 나는 블랙-숄즈 공식을
TI-52 휴대용 계산기에 입력하는 것에 몰두했다.
이것은 13초 정도 안에 옵션의 가격을 계산할 수 있었다.
이것은 매우 단순하고 투박했다.
그러나 나는 장님의 나라에서 한쪽 눈을 가진 사람이었다.

JOE RITCHIE, *option trader, source* (Bass, 1999)

80년대 중반에 졸업한 사람들에게는
1969년에서 79년까지의 10년이
동적 자산 평가 이론의 황금기처럼 여겨진다.
블랙-숄즈의 모형은 이 황금기에서
매우 중요한 유일한 돌파구인 것 같이 보인다.
1979년 이후의 이론적인 발달은 몇 개를 제외하고는
단지 정리의 수준의 것이다.

DARRELL DUFFIE (Duffie, 2001)

9 장

헤지에 대하여

개 요

- 헤지의 실례(實例)
- 만기 근처에서 델타의 거동
- LTCM

9.1 학습목표

블랙-숄즈 PDE를 유도하는데 사용된 델타 헤지의 개념은 이 책에서 가장 중요한 것이다. 이 장(章)에서는, 여기에 관여된 단계들을 다시 한번 복습하는 시간을 가지고 수치적으로 실례(實例)를 볼 수 있는 알고리즘을 설명한다.

9.2 이산 헤지

구체적인 공식 (8.19)와 (8.24)를 구했기 때문에 식 (8.10)에 있는 보유해야 하는 자산의 개수 A_i를 얻기 위해서는 옵션 가격 공식을 S에 대하여 미분을 하면 된다. 이 편미분 $\partial V/\partial S$를 옵션의 델타라고 하며, 델타의 자산 수량을 유지하는 헤지 전략을 델타 헤지라고 한다.[1] 직접 미분을 하면 다음을 구할 수 있다.

$$\frac{\partial C}{\partial S} = N(d_1) \qquad \text{(콜옵션의 델타)} \tag{9.1}$$

$$\frac{\partial P}{\partial S} = N(d_1) - 1 \qquad \text{(풋옵션의 델타)} \tag{9.2}$$

여러 가지 다른 편미분을 계산하는 10장에서 이 식들에 대하여 다시 논의할 것이다.

델타 헤지로 다시 돌아가면, 식 (8.7)에서 포트폴리오의 $t_i + \delta t$에서의 값 Π_{i+1}는 다음을 만족한다.

$$\Pi_{i+1} = A_i S_{i+1} + (1 + r\delta t)D_i \tag{9.3}$$

보유하고 있는 자산의 개수를 A_{i+1}로 다시 조정하고, 이를 보상(compensate)하기 위하여 현금 계정이 D_{i+1}로 변경된다. 이 시스템에 현금이 유입과 유출이 없기 때문에 새로운 포트폴리오의 값 $A_{i+1}S_{i+1} + D_{i+1}$은 식 (9.3)의 Π_{i+1}과 일치하여야 한다. 그래서

$$D_{i+1} = (1 + r\delta t)D_i + (A_i - A_{i+1})S_{i+1} \tag{9.4}$$

이어야 한다. 전체적인 헤지 전략은 다음과 같이 요약할 수 있다.

[1] 옵션을 주식만을 이용하여 헤지하는 것을 델타 헤지라고 하며, 다른 옵션을 이용하여 헤지하는 감마 헤지와 베가 헤지 또한 가능하다. (옮긴이 주)

$A_0 = \partial V_0/\partial S$, $D_0 = 1$(임의의 값), $\Pi_0 = A_0 S_0 + D_0$이라고 설정

각각의 $t = (i+1)\delta t$ 시점에서

새로운 자산 가격 S_{i+1}을 관찰한다.

식 (9.3)의 포트폴리오의 새로운 값 Π_{i+1}을 계산한다.

$A_{i+1} = \partial V_{i+1}/\partial S$를 계산한다.

식 (9.4)의 새 현금 수량 D_{i+1}을 계산한다.

포트폴리오의 새로운 가격은 $A_{i+1}S_{i+1} + D_{i+1}$이다.

알고리즘의 끝

보다 정확하게 말하면, 이 전략은 자산 조정이 $i\delta t$ 시점에서 행해지는 이산 헤지(discrete hedging)이다. 실제에서는 $\delta t \to 0$이 불가능하기 때문에, 리스크를 제거하는데 조금의 오차가 존재할 것이다.

실제의 예를 보이기 위하여, 자산 경로는 생성한 후에 이에 따른 이산 헤지를 구현하는 것이 가능하다. 결과적으로 나오는 알고리즘을 구체적으로 서술하기 위하여, $\{\xi_i\}$를 자산 경로를 생성하기 위한 N(0, 1)을 따르는 의사 난수라고 하고, $\delta t = T/N$이라 둔다.

Set $A_0 = \partial V_0/\partial S$, $D_0 = 1$(임의의 값), $\Pi_0 = A_0 S_0 + D_0$

For $i = 0$ to $N-1$

Compute $S_{i+1} = S_i \exp((\mu - \sigma^2/2)\delta t + \sigma\sqrt{\delta t}\,\xi_i)$

Set $\Pi_{i+1} = A_i S_{i+1} + (1 + r\delta t)D_i$

Compute $A_{i+1} = \partial V_{i+1}/\partial S$

Set $D_{i+1} = (1 + r\delta t)D_i + (A_i - A_{i+1})S_{i+1}$

end

다음의 수치 실험들을 설명하기 위해서, 몇 개의 새로운 금융 용어를 도입하는 것이 편리하다. t 시점에서 주가에 따라서 유럽형 콜옵션의 상태를

다음과 같이 분류한다.

$S(t) > E$ 이면 내가격(ITM; in-the-money)

$S(t) = E$ 이면 등가격(ATM; at-the-money)

$S(t) < E$ 이면 외가격(OTM; out-of-the-money)

이 용어는 다른 옵션에 대하여 자연스럽게 확장된다. 일반적으로, 내가격이라는 것은 자산 가격이 현재대로 계속 유지된다면 옵션이 수익이 나는 것을 의미한다. 외가격이라는 것은 옵션이 수익이 나기 위해서는 기초 자산이 무시할 수 없는 양만큼 움직여야 한다는 것을 의미한다. 등가격은 내가격과 외가격의 경계로 정의한다.

계산 예제 여기에서 $S_0 = 1$, $E = 1.5$, $\mu = 0.055$, $r = 0.05$, $T = 5$, $\delta t = 10^{-2}$, $N = 500$을 사용하여 유럽형 콜옵션에 대하여 위에서 언급한 이산 헤지 시뮬레이션을 구현하였다. 그림 (9.1)의 위쪽의 그래프는 $t_i = i\delta t$일 때 (t_i, S_i)의 특정한 자산 가격을 보여준다. 행사가 E는 점선으로 표시하였다. 이 특정한 자산 경로에 대해서 콜옵션은 $t = 1$일 때까지 외가격(주가가 E미만)에 머물다가, 그 후에 외가격과 내가격을 반복하다가 만기에 매우 작은 수익을 내었다. 위에서 두 번째 그래프는 자산 경로에 따른 델타 $(t_i, \partial C_i/\partial S)$를 보여준다. 이것은 포트폴리오에서 보유해야 하는 자산의 수량을 시간에 따라 변화를 보여준다. 세번째 그래프는 현금의 양 (t_i, D_i)을 보여주고 마지막 그래프의 실선은 포트폴리오의 가격 (t_i, Π_i)를 의미한다. 델타 헤지 뒤에 감추어진 목적은 $C - \Pi$가 무위험 이자율로 증가하는 것을 보장하는 것이다. 즉, 다음이 성립하여야 한다.

$$\Pi(S(t), t) = C(S(t), t) - (C(S_0, 0) - \Pi(S_0, 0))e^{rt} \tag{9.5}$$

이를 확인하기 위하여 식 (9.5)의 우변을 각 시점 t_i에서 계산하였다.

$C(S_i, t_i)$를 계산할 때는 식 (8.19)의 블랙-숄즈 공식을 이용하였다. 마지막 그래프에서 열번째 마다 데이터를 원을 이용하여 나타냈다.[2] 이러한 원들은 Π_i의 곡선 위에 놓여 있는 것같이 보이고, 이는 식 (9.5)이 근사적으로 성립함을 의미한다. 만기 시점에서 식 (9.5)에서의 차이, 즉

$$\left|C(S(T), T) - \Pi(S(T), T) - (C(S_0, 0) - \Pi(S_0, 0))e^{rT}\right| \tag{9.6}$$

의 값은 0.0364이다. δt를 10^{-4}로 줄이면 (그래서 다른 자산 경로를 계산하면) 이 차이 값이 0.0029로 줄어든다. ◇

계산 예제 그림 (9.2)에서 E를 2.5로 하고 그림 (9.1)에서의 계산을 다시 하였다. 이 경우에 옵션은 외가격으로 종료한다. 여기에서 다시 식 (9.5)가 매우 정확하게 만족한다는 것을 아래의 네번째 그래프로부터 알 수 있다. ◇

9.3 만기시 델타

그림 (9.1)과 (9.2)를 자세히 살펴보면, 다음과 같은 사실을 알 수 있다.

- 옵션이 내가격으로 종료된 첫 번째 계산 실험에서는 만기시의 델타가 1의 값으로 접근한다.
- 옵션이 외가격으로 종료된 두 번째 계산 실험에서는 만기시의 델타가 0의 값으로 접근한다.

이것은 우연이 아니다. 식 (9.1)에서 간단한 계산으로 다음을 보일 수 있

[2]모든 값을 다 나타내면 그림을 알아보기 힘들게 된다.

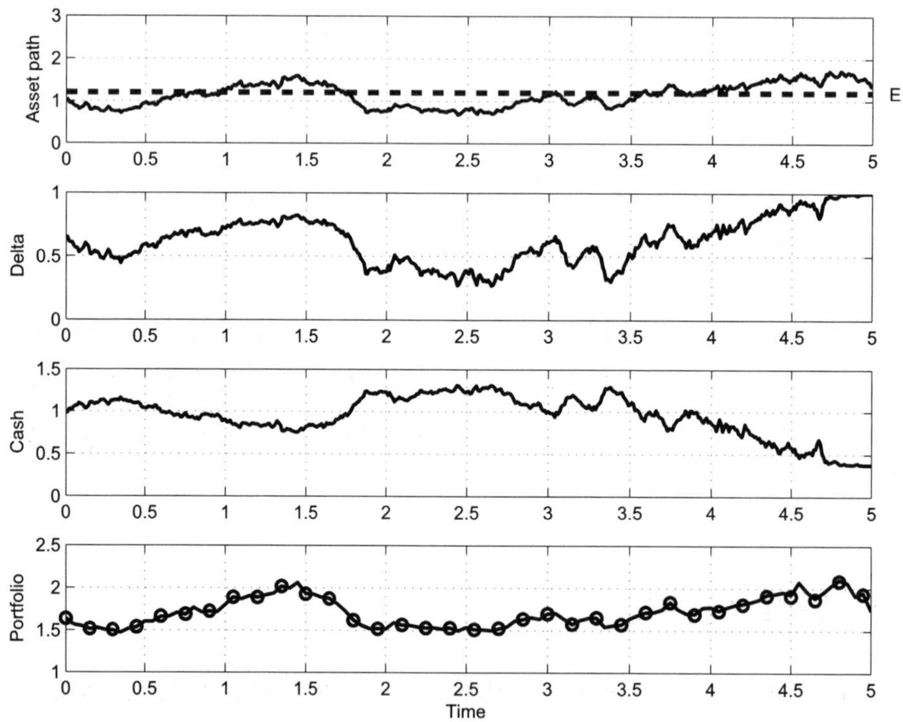

그림 9.1: 이산 헤지의 모사. 옵션은 내가격으로 종료. 가장 위: 이산 자산 경로, 중간 위: 델타의 값 (포트폴리오 안의 자산 수), 중간 밑: 포트폴리오 안의 현금, 가장 밑: 포트폴리오의 실제 가치(실선)와 이론가 (식 (9.5)) (원으로 표시)

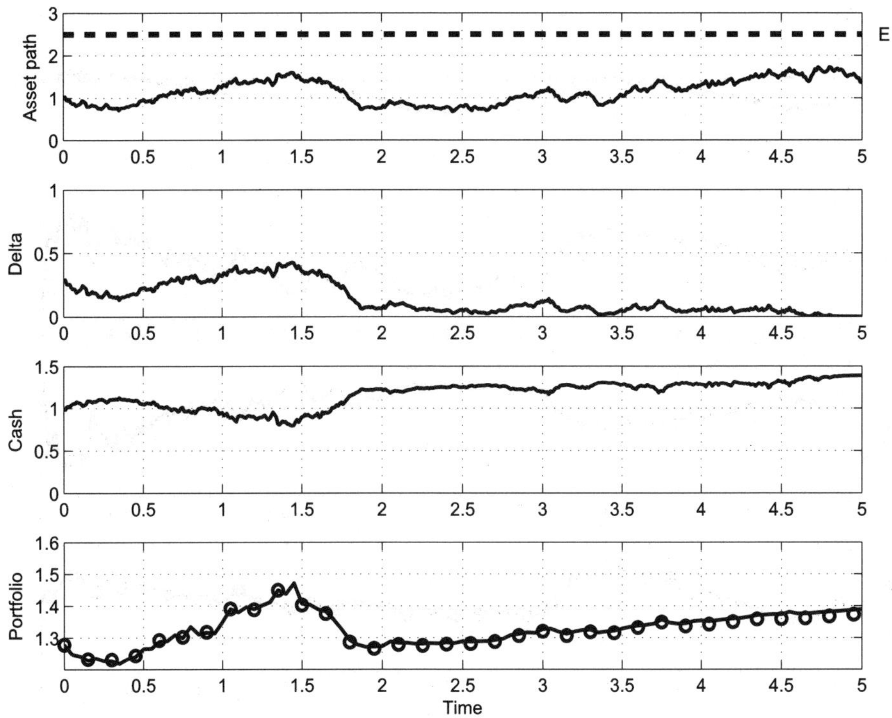

그림 9.2: 이산 헤지의 모사. 옵션은 외가격으로 종료. 가장 위: 이산 자산 경로, 중간 위: 델타의 값 (포트폴리오 안의 자산 수), 중간 밑: 포트폴리오 안의 현금, 가장 밑: 포트폴리오의 실제 가치(실선)와 이론가 (식 (9.5)) (원으로 표시)

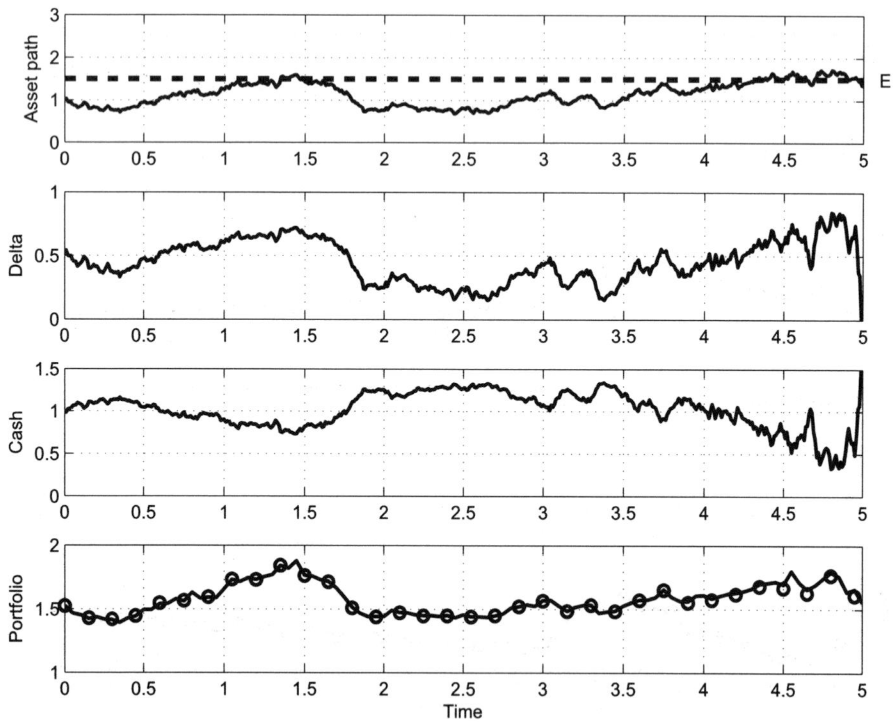

그림 9.3: 이산 헤지의 모사. 옵션은 등가격으로 종료. 가장 위: 이산 자산 경로, 중간 위: 델타의 값 (포트폴리오 안의 자산 수), 중간 밑: 포트폴리오 안의 현금, 가장 밑: 포트폴리오의 실제 가치(실선)와 이론가 (식 (9.5)) (원으로 표시)

다. (문제 (9.3) 참조)

$$\lim_{t\to T^-}\frac{\partial C(S,t)}{\partial S}=\begin{cases}1, & S(T)>E\text{일 때}\\ 1/2, & S(T)=E\text{일 때}\\ 0, & S(T)<E\text{일 때}\end{cases} \tag{9.7}$$

그러므로 내가격으로 종료되는 옵션은 델타가 언제나 1로 끝이 나고, 외가격으로 종료되는 옵션은 델타가 언제나 0으로 끝이 난다. 만기 가까이에서 $S(t)\approx E$이면, 델타가 ($S(t)$가 E보다 크면) 1에서 ($S(t)$가 E보다 작으면) 0 사이에서 심하게 요동친다. 다음의 계산 예제가 이러한 영향을 보여준다.

계산 예제 여기서는 행사가를 $E = 1.9$로 하여 그림 (9.1)과 (9.2)를 생성했던 계산을 반복한다. 이 경우에는 옵션이 만기 시점에 내가격/외가격을 왔다 갔다 한다. 그림 (9.3)에서 만기가 다가 옴에 따라서 델타의 값이 갑자기 변동하는 것을 알 수 있다. ◇

그림 (9.1)–(9.3)에서 관찰하고, 식 (9.7)에서 정리한, 만기시점 주위에서의 델타의 거동은 간단한 재무적인 해석을 갖는다. $t\approx T$이면 자산 가격이 변화할 수 있는 남은 시간이 거의 없다. – 현재 내가격/외가격 상태이면, 이러한 상태를 유지할 가능성이 매우 크다. 특별히, 콜옵션이 내가격이라면 자산의 위 방향과 아래방향의 움직임 모두 직접적으로 옵션의 수익에 같은 크기의 영향을 준다. 바꾸어 말하면, 콜옵션과 기초자산이 매우 연관이 되어 있다. – 그들은 같은 리스크를 공유하고 있다. 포트폴리오는 옵션의 리스크를 복제해야 하므로, 자산을 근사적으로 1주 소유하여야 된다. 즉 $\Delta_i\approx 1$이다. 반대로, 콜옵션이 만기 주위에서 외가격 상태라면, 자산 가격에 어떤 일이 발생하여도 옵션의 수익은 영이 될 것이다. – 리스크가 없

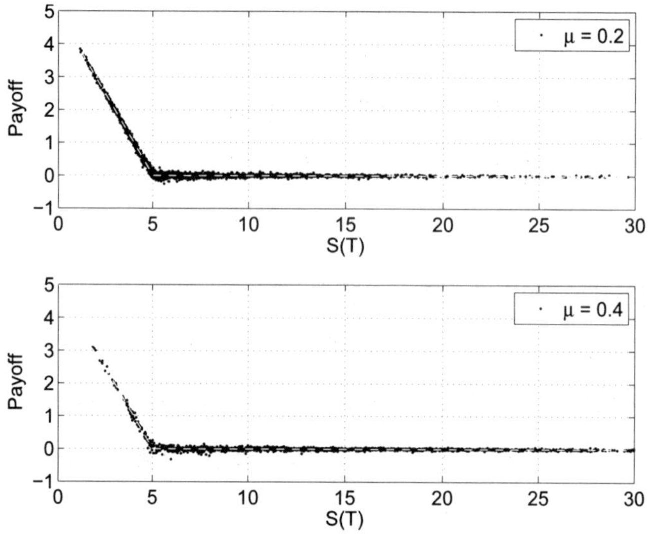

그림 9.4: 유럽형 풋옵션에 대하여 대규모의 이산 헤지의 예. 점은 500개의 자산 경로에 대하여 정규화된 만기수익인 식 (9.9)를 표시한다. 정확한 하키 스틱 수익 그래프를 점선으로 추가하였다. 윗그림: $\mu = 0.2$, 아래그림: $\mu = 0.4$

다. 그러므로 포트폴리오는 자산을 소유해서는 안 된다.

유럽형 풋옵션에 대하여 식 (9.7)과 비슷한 결과를 도출할 수 있고 (문제 (9.4) 참조),

$$\lim_{t \to T^-} \frac{\partial P(S,t)}{\partial S} = \begin{cases} 0, & S(T) > E\text{일 때} \\ -\frac{1}{2}, & S(T) = E \text{ 일 때} \\ -1, & S(T) < E\text{일 때} \end{cases} \tag{9.8}$$

이에 대하여서도 위와 비슷한 재무적인 해석을 할 수 있다. (문제 (9.5) 참조)

9.4 대규모 테스트

많은 자산 경로에서 이산 헤지가 성공적임을 보여주는 것과 자산 가격 모형에 있는 추세 변수 μ가 옵션의 가격과는 무관함을 계산 실험을 통하여 보일 것이다.

계산 예제 여기에서는 $S_0 = 5$, $E = 5$, $r = 0.05$, $\sigma = 0.3$, $T = 3$의 풋옵션을 이용하였다. 시간 간격 $\delta t = 10^{-2}$인 500의 자산 가격 경로를 계산하였다. 그림 (9.4)의 상반부의 그래프는 $\mu = 0.2$에 대하여 x축을 $S(T)$, y축을

$$\Pi(S(T), T) + (P(S_0, 0) - \Pi(S_0, 0))e^{rT} \tag{9.9}$$

를 그린 것이다. 각각의 경로에 한 개의 값을 가지므로 총 500개의 값이 존재한다. 식 (9.9)에 있는 $P(S_0, 0)$를 블랙-숄즈의 공식 (8.24)에서 계산하였다. 이산 헤지가 성공적이라면, 식 (9.5)와 비슷한 식이 풋옵션의 가격 $P(S(t), t)$에 성립한다. 특히, 만기 시점까지 성립하면, 식 (9.9)는 만기 수익 $\max(E - S(T), 0)$과 일치해야 한다. 이러한 하키 스틱 모양의 수익 구조를 점선으로 추가하였다. 각 점들이 점선 위에 놓인 것을 볼 수 있으며 이산 헤지가 예상했던 것과 같은 거동을 보인다. 하반부의 그래프는 μ를 0.4로 바꾼 후의 같은 계산을 보여준다. 이것은 옵션의 가격은 μ에 의존하지 않는다는 것을 보여준다. ◇

9.5 LTCM

학계의 수리 금융의 전문가들이 실제 운용을 하는 경우가 많이 있다. 가장 성과가 좋았던 놀라운 예는 LTCM(Long-Term Capital Management)이다. 이것은 파트너와 몇몇 한정된 부자 고객의 투자만으로 운용되는 헤

지 펀드이다. 일일 운용 전략에 깊이 관여한 두 명의 파트너는 옵션 평가 이론에서 로켓 과학의 아버지인 로버트 머턴과 마이론 숄즈이다. 1994년에 설립된 이 펀드는 많은 자본금을 모은 후, 4년 동안에 환상적인 수익을 거두었다. LTCM은 차익거래라고도 불리는 상대적으로 적은 수익을 내지만 매우 낮은 리스크의 기회를 찾기 위하여 세계 시장을 뒤지고 돌아 다녔다. 이 펀드는 작은 수익을 확대하기 위하여 레버리지(빌린 돈으로 투자하는 것)를 사용하였다. 한 평론가는 그들의 운용방식을 불도저 앞에서 동전을 줍는 것에 비유하였다.(Lowenstein, 2001, page 102) 펀드가 한창 성공하고 있을 때, 머턴과 숄즈가 노벨상을 수상하였다. 그러나 1998년 중반에 여러 사건이 겹치면서 LTCM은 곤란에 처하게 되었다. 그들이 직면한 가장 중요한 문제는 비유동성(illiquidity)이었다. LTCM은 거대한 양의 복잡한 포트폴리오를 청산하려고 애를 썼지만, 조금밖에 되지 않는 잠재적인 매수자들은 가격이 점점 더 떨어질 거라는 (당연한) 기대를 하면서 버티고 있었다. (유동성의 가정 – 항상 매수자와 매도자가 시장에 존재한다. – 은 블랙-숄즈 이론에서 암묵적으로 가정한다.) 그 불도저가 움직였다. LTCM의 쇠락과 이 엄청난 양의 부채 때문에 미국연방준비제도(the US Federal Reserve System)의 가장 중요한 참여자인 뉴욕연방준비은행(the Fed; the Federal Reserve Bank of New York)이 개입하였다. 놀랍게도, Fed는 LTCM의 파산이 시장의 안정에 큰 위협이 된다는 것을 걱정하고 있었다. 금융시스템 전체가 녹아 없어지는 상황을 방지하기 위하여, Fed는 주요 은행과 투자자들의 컨소시움을 구성하여 LTCM을 신속하게 구제하였다.[3]

전체적으로, LTCM에 투자된 1달러는 2.85달러까지 증가되었다가 쥐

[3]Lowenstein(2001, page 198)에서 J.P.Morgan의 Sany Warner의 말을 인용했다: “여보게들, 소풍을 갈건 데 티켓이 $2.5억이나 하네”

꼬리 만한 23센트로 추락하였고, 파트너들도 개인적인 손실을 입었다. LTCM의 대 실패에 대하여 풍부하고 생동감 있는 설명이, 많은 목격자들의 증언과 함께, Lownestein(2001)에 나와 있다.

9.6 주석 및 참고문헌

헤지의 아이디어를 완전히 이해했다면, 당연히 세상에 왜 옵션이 존재하는지에 대한 의문이 들 것이다. 즉,

> 현금과 기초자산을 이용하여 옵션의 수익을 복제하는 것이 가능한데, 왜 옵션 시장이 따로 존재하는가?

한 가지 답은 블랙-숄즈가 의존하는 가정들이 실제에서 성립하지 않아서, 헤지를 하는 것이 편리하지도 않고 실현 가능한 것도 아니라는 것이다. 한쪽에 그들의 노출된 리스크를 줄이기 위한 방편으로 옵션을 생각하는 투자자 집단과 시장에 투기를 하는 좋은 수단으로 옵션을 보는 또 하나의 집단이 있다. 다른 쪽에는, 복잡한 포트폴리오를 운용하고 거래비용을 상대적으로 줄여서, 블랙-숄즈의 가격에 덧붙인 적은 프리미엄에 만족하는 다른 유의 보완적인 집단이 있다.

연습문제

9.1 ⋆ 식 (9.1)과 (9.2)를 이용하여 $\partial C/\partial S > 0$과 $\partial P/\partial S < 0$임을 보여라.

9.2 ⋆⋆ 아래의 극한의 정의를 참조하여

$$\frac{\partial C}{\partial S} = \lim_{\delta S \to 0}\left(\frac{C(S + \delta S, t) - C(S, t)}{\delta S}\right)$$

$\partial C/\partial S \geq 0$인 이유를 직관적으로 설명하라. $\partial P/\partial S \leq 0$에 대하여 같은 일을 하라.

9.3 ★★ 식 (9.1)을 이용하여 식 (9.7)에 나타난 극한에서의 $\partial C(S,t)/\partial S$가 맞다는 것을 보여라.

9.4 ★★ 식 (9.2)을 이용하여 식 (9.8)에 나타난 극한에서의 $\partial P(S,t)/\partial S$가 맞다는 것을 보여라.

9.5 ★★ 만기 시점의 내가격 풋옵션에 대하여 $\partial P(S,t)/\partial S \to -1$, 외가격 풋옵션에 대하여 $\partial P(S,t)/\partial S \to 0$임을 재무적으로 설명하라.

9.7 프로그램과 연습

프로그램 `ch09`는 이산 헤지 시뮬레이션을 행하고 그림 (9.1)–(9.3)의 넷번째 그래프와 같은 그림을 생성한다. 이것을 그림 (9.5)에 제시하였다. 여기에서 `S`, `asset`, `Value`, `cash`는 i번째 원소가 `t(i)` 시점의 자산 가격, 자산 보유 수, 블랙-숄즈의 옵션 가격, 현금 수량을 저장하고 있는 $N \times 1$의 배열이다. 변수들을 초기화한 후에, 9.2장에서 언급하였듯이, 포트폴리오를 업데이트하는 `for` 문장이 있다. 8장에서 소개한 블랙-숄즈의 함수 `ch08`을 이용하여 옵션의 가격과 델타를 계산하였다.

`for`문장을 빠져 나와서, 식 (9.5)의 좌변과 우변에 해당하는 점들을 5개마다 겹쳐서 그렸다.

프로그래밍 연습문제

P9.1 만기 시점에서 식 (9.6)의 오차의 평균값이 δt의 변화에 따라서 어떻

```
%CH09 Program for Chapter 9
%
% Illustrates delta hedging by computing an approximate
% replicating portfolio for a European call
%
% Portfolio is asset units of asset and an amount cash of cash
% Plot actual and theoretical portfolio values
randn('state',100)
clf
%%%%%%%% Problem parameters %%%%%%%%%%%
Szero = 1; sigma = 0.35; r = 0.03; mu = 0.02; T = 5; E = 2;
Dt = 1e-2; N = T/Dt; t = [0:Dt:T];
%%%%%%%%%%%%%%%%%%%%%%%%%%%%%%%%
S = zeros(N,1); asset = zeros(N,1); cash = zeros(N,1);
portfolio = zeros(N,1); Value = zeros(N,1);
[C,Cdelta,P,Pdelta] = ch08(Szero,E,r,sigma,T-t(1));
S(1) = Szero;
asset(1) = Cdelta;
Value(1) = C;
cash(1) = 1;
portfolio(1) = asset(1)*S(1) + cash(1);
for i = 1:N
    S(i+1) = S(i)*exp((mu-0.5*sigma^2)*Dt+sigma*sqrt(Dt)*randn);
    portfolio(i+1) = asset(i)*S(i+1) + cash(i)*(1+r*Dt);
    [C,Cdelta,P,Pdelta] = ch08(S(i+1),E,r,sigma,T-t(i+1));
    asset(i+1) = Cdelta;
    cash(i+1) = cash(i)*(1+r*Dt) - S(i+1)*(asset(i+1) - asset(i));
    Value(i+1) = C;
end
Vplot = Value - (Value(1) - portfolio(1))*exp(r*t)';
plot(t(1:5:end),Vplot(1:5:end),'bo')
hold on
plot(t(1:5:end),portfolio(1:5:end),'r-','LineWidth',2)
xlabel('Time'), ylabel('Portfolio')
legend('Theoretical Value','Actual Value')
grid on
```

그림 9.5: 9장의 프로그램: ch09.m.

게 변화는지를 조사할 수 있도록 `ch09.m`을 수정하라.

P9.2 그림 (9.4)와 같은 형태로, 콜옵션에 대하여 대규모 테스트를 하라.

인 용

교수들은 이해득실에 따라서 거래량을 줄이는데 밝았다.
그들은 일상의 것도 그것을 구성하고 있는 리스크로 분해할 수 있었다.
그러나 그들은 일상의 대화에는 형편 없었다.

ROGER LOWENSTEIN (Lowenstein, 2001)

12년 동안 200,000번의 (다른 옵션에 대한) 옵션 거래와
70,000개의 리스크 분석 리포트를 읽은 후에야
나는 내가 필요로 하는 것은 자리에 앉아서
그 동안 내가 실수한 수천 개의 거래를 되돌아 보는 것임을 느꼈다.

NASSIM TALEB (Taleb, 1977)

아마도, 파생 시장은 60년대의 환각에 여전히 빠져 있고,
많은 재능 있는 수학자는 여전히
일년에 20,000불을 받고 대학 수학을 가르치고 있을 것이다.
블랙, 숄즈, 머턴이 없었다면 ...

DON M. CHANCE, 'Rethinking Implied Volatility'
Financial Engineering News, January/February 2003.

10 장

그릭

개 요

- 그릭의 공식
- 재무적인 해석
- 블랙-숄즈 공식 확인

10.1 학습목표

블랙-숄즈의 공식 (8.19)와 (8.24)는 S, t 그리고 매개 변수인 E, r, σ에 의존한다. 이 장에서는 이러한 양들에 대하여 옵션가격의 편미분에 대한 표현 식을 유도한다. 다음과 같은 여러 이유 때문에 이 결과는 유용하다.

- 각 변수들에 대한 옵션의 민감도를 트레이더들은 원한다.
- 편미분을 계산함으로써 공식이 블랙-숄즈 PDE를 만족한다는 것을 확인할 수 있다.
- 편미분의 부호를 이용하여 블랙-숄즈 공식의 이해를 높인다.

- $\partial V/\partial S$는 델타 헤지에 필요하다.
- $\partial V/\partial \sigma$는 내재 변동성을 계산하는 14장에서 중요하다.

여기에서는 콜옵션에 대하여 한정한다. 문제 (10.7)에서 같은 일을 풋옵션에 대하여 하여야 한다.

10.2 그릭

옵션에 대한 특정 편미분들이 널리 사용되며 그리스어의 이름과 문자를 가지고 있다.[1]

$$\Delta := \frac{\partial C}{\partial S} \quad (\text{델타}) \qquad \Gamma := \frac{\partial^2 C}{\partial S^2} \quad (\text{감마})$$
$$\rho := \frac{\partial C}{\partial r} \quad (\text{로}) \qquad \Theta := \frac{\partial C}{\partial t} \quad (\text{세타})$$
$$\text{vega} := \frac{\partial C}{\partial \sigma} \quad (\text{베가})$$

식 (8.20)과 (8.21)을 이용하여 식 (8.19)를 미분하면, 각각의 그릭에 대한 구체적인 표현 식을 구할 수 있다. 직접 계산을 하기 전에 두 가지 사실을 언급하려고 한다. 우선, 식 (3.18)에서부터

$$N'(x) = \frac{1}{\sqrt{2\pi}} \exp(-x^2/2)$$

두 번째 사실은

$$S\,N'(d_1) - e^{-r(T-t)} E\,N'(d_2) = 0 \tag{10.1}$$

인데, 이는 문제 (10.2)에서 증명을 한다.

[1] 베가는 실제 그리스어가 아니며 심벌을 인정할 수 없다.

식 (8.19)를 S에 대하여 미분하면 아래의 식을 얻게 된다.

$$\begin{aligned}\Delta &= N(d_1) + SN'(d_1)\frac{\partial d_1}{\partial S} - Ee^{-r(T-t)}N'(d_2)\frac{\partial d_2}{\partial S} \\ &= N(d_1) + \frac{N'(d_1)}{\sigma\sqrt{T-t}} - Ee^{-r(T-t)}\frac{N'(d_2)}{S\sigma\sqrt{T-t}}\end{aligned}$$

식 (10.1)을 적용하면, 위의 식의 둘째 항과 셋째 항이 없어진다.

$$\Delta = N(d_1). \tag{10.2}$$

이는 9장에서 사용했던 결과이다. 그러고 나면

$$\Gamma = \frac{\partial \Delta}{\partial S} = N'(d_1)\frac{\partial d_1}{\partial S} = \frac{N'(d_1)}{S\sigma\sqrt{T-t}}. \tag{10.3}$$

다음으로, C를 r에 대하여 미분하면, 다음과 같다.

$$\begin{aligned}\rho &:= \frac{\partial S}{\partial r} \\ &= SN'(d_1)\frac{\partial d_1}{\partial r} + (T-r)Ee^{-r(T-t)}N(d_2) - Ee^{-r(T-t)}N'(d_2)\frac{\partial d_2}{\partial r} \\ &= SN'(d_1)\frac{T-t}{\sigma\sqrt{T-t}} + (T-t)Ee^{-r(T-t)}N(d_2) - Ee^{-r(T-t)}N'(d_2)\frac{T-t}{\sigma\sqrt{T-t}}\end{aligned}$$

앞에서와 같이 식 (10.1)을 이용하여 항들을 소거하면 최종적으로 아래를 얻는다.

$$\rho = (T-t)Ee^{-r(T-t)}N(d_2) \tag{10.4}$$

비슷한 방법으로 다음의 식들을 얻는다. (문제 (10.3)과 (10.4) 참조)

$$\Theta = -\frac{S\sigma}{2\sqrt{T-t}}N'(d_1) - rEe^{-r(T-t)}N(d_2) \tag{10.5}$$

$$\text{vega} = S\sqrt{T-t}\,N'(d_1) \tag{10.6}$$

10.3 그릭의 의미

재무적인 관점으로 그릭의 공식을 해석하고 그것이 직관과 일치하는지를 확인하는 것이 중요하다.

우선, 델타의 극한에서의 거동을 (9.3)절에 분류하여 해석하였음을 기억하자. 만기 전까지 $\Delta > 0$임을 문제 (9.1)에서 알 수 있다. 자산 가격의 증가가 옵션의 만기 수익의 가능성을 증가시키기 때문에 이것은 직관적인 사고와 일치한다.

식 (10.4)에서 만기 전에 $\rho > 0$임을 알 수 있다. 이것을 설명하기 위해서는 금리를 증가시키는 것이 행사가 E를 내리는 것과 같음에 주의해야 한다. (금리가 올라감에 따라서, 미래의 정해진 시점에 미리 정해진 값 E의 가치는 떨어진다.) 이것은 수익이 날 가능성을 높게 하고, 이는 옵션의 가격을 증가시킨다.

식 (10.5)는 $\Theta < 0$임을 보여준다. 이 성질은 잔존 만기에 대하여, 현 시점에서의 옵션 가격이 단조성(monotionicity)을 가진다는 (2.6)절의 일반적이며 모델에 의존하지 않는 논법으로 직접 유도할 수 있다. (문제 (10.5) 참조)

식 (10.6)에 있는 베가는 만기 전에 항상 양수이다. 이는 변동성이 증가하면 자산의 가격이 넓게 퍼진다는 것을 고려하면 이해할 수 있다. 그러나 깊은 외가격의 자산 가격은 옵션의 가격에 영향을 주지 않고, (수익은 여전히 0이다.) 반면에 깊은 내가격의 자산 가격은 더 많은 수익을 준다. 이러한 비대칭성 때문에, σ가 증가하면 전체적으로 양의 영향을 준다. 14장에서 베가에 대하여 다시 논의할 것이다.[2]

[2]세타, 감마, 베가는 서로 무관한 양이 아니라 일정한 관계식을 만족한다. 이에 대해서는 추정호 역, 《옵션운용입문》, 경문사를 참조하는 것이 좋다. (옮긴이 주)

10.4 블랙-숄즈 PDE의 해

편미분을 계산하였기에, $C(S,t)$가 블랙-숄즈 PDE (8.15)를 만족하는 것을 확인할 수 있다. $\Delta, \Gamma, \rho, \Theta$에 대한 우리의 표현을 이용하면 다음의 식이 만족하는 것을 알 수 있다.

$$\begin{aligned}
\frac{\partial C}{\partial t} + \frac{\sigma^2}{2}S^2\frac{\partial^2 C}{\partial S^2} + rS\frac{\partial C}{\partial S} - rC
&= \frac{-S\sigma}{2\sqrt{T-t}}N'(d_1) - rEe^{-r(T-t)}N(d_2) \\
&+ \frac{\sigma^2}{2}S^2\frac{N'(d_1)}{S\sigma\sqrt{T-t}} + rSN(d_1) \\
&- r\left(SN(d_1) - Ee^{-r(T-t)}N(d_2)\right) \\
=0.
\end{aligned}$$

10.5 주석 및 참고문헌

많은 교과서에서 직접 미분을 이용하지 않으면서 그릭의 공식들은 제시하였다. (Kwok, 1998; Nielsen, 1999) 그릭 공식의 해석에 대한 더 많은 정보는 Hull(2000), Kwok(1998), Nielsen(1999)을 참조하라.

연습문제

10.1 ⋆ $F : \mathbb{R} \to \mathbb{R}$이 미분 가능하면, $F'(x)$가 x의 변화에 대한 F의 민감도의 척도가 되는 이유를 미분의 정의를 이용하여 설명하라.

10.2 ⋆⋆ 다음의 관계식을 증명하고

$$\log\left(\frac{SN'(d_1)}{e^{-r(T-t)}EN'(d_2)}\right) = 0 \tag{10.7}$$

```
function [C,Cdelta,Cvega,P,Pdelta,Pvega]=ch10(S,E,r,sigma,tau)
% Program for Chapter 10
% This is a MATLAB function
%
% Input arguments: S = asset price at time t
% E = exercise price
% r = interest rate
% sigma = volatility
% tau = time to expiry (T-t)
%
% Output arguments: C = call value, Cdelta = delta value of call
% Cvega = vega value of call
% P = Put value, Pdelta = delta value of put
% Pvega = vega value of put
%
% function [C,Cdelta,Cvega,P,Pdelta,Pvega]=ch10(S,E,r,sigma,tau)

if tau > 0
    d1 = (log(S/E) + (r + 0.5*sigma^2)*(tau))/(sigma*sqrt(tau));
    d2 = d1 - sigma*sqrt(tau);
    N1 = 0.5*(1+erf(d1/sqrt(2)));
    N2 = 0.5*(1+erf(d2/sqrt(2)));
    C = S*N1-E*exp(-r*(tau))*N2;
    Cdelta = N1;
    Cvega = S*sqrt(tau)*exp(-0.5*d1^2)/sqrt(2*pi);
    P = C + E*exp(-r*tau) - S;
    Pdelta = Cdelta - 1;
    Pvega = Cvega;
else
    C = max(S-E,0);
    Cdelta = 0.5*(sign(S-E) + 1);
    Cvega = 0;
    P = max(E-S,0);
    Pdelta = Cdelta - 1;
    Pvega = 0;
end
```

그림 10.1: 10장의 프로그램: ch10.m.

결과적으로 식 (10.1)을 유도하라.

10.3 ★★★ 식 (10.5), (10.6)을 유도하라.

10.4 ★★ (문제 (9.1)에서 증명한) 풋옵션에 대하여 $\Delta < 0$인 재무적인 이유를 제시하라.

10.5 ★★ 조건식 $\partial C/\partial t \le 0$를 (2.6)절에서 언급한 현 시점의 옵션 가격은 잔존만기에 대하여 감소하지 않는 함수라는 결론을 이용하여 직접 유도하라.

10.6 ★★★ 식 (10.1)을 이용하여 (그리스어 이름이 없는) 편미분 $\partial C/\partial E$가 아래를 만족함을 보여라

$$\frac{\partial C}{\partial E} = -e^{-r(T-t)}N(d_2)$$

10.7 ★★★ 풋-콜 패리티 (8.23)을 이용하여 이 장에서 구한 C에 대한 편미분 표현 식에 대하여 이에 해당하는 P의 편미분에 대한 표현 식을 구하라. 콜옵션 가격에 대한 편미분의 부호에 대한 논의에 대하여, 이에 대응하는 풋옵션의 편미분의 부호에 대하여 논하라. 특히, $\partial P/\partial t$는 음수일 수도 양수일 수도 있다. 그리고 이러한 표현 식을 이용하여 $P(S,t)$가 블랙-숄즈 PDE (8.15)를 만족하는 것을 확인하라.

10.6 프로그램과 연습

그림 (10.1)에 나타난 프로그램 **ch10**은 함수 **ch08**를 확장하여 콜옵션과 풋옵션의 베가 값을 리턴하는 함수이다. 이 값들은 14장의 프로그램

ch14에서 사용된다. 콜의 베가의 공식은 식 (10.6)으로 주어지고 풋의 베가는 문제 (10.7)에서 유도하였다.

이 함수의 활용 예이다.

```
>> S = 2; E = 2.5; r = 0.03; sigma = 0.25; tau = 1;
>> [C,Cdelta,Cvega,P,Pdelta,Pvega]=ch10(S,E,r,sigma,tau);
```

결과는 다음과 같다.

```
C = 0.0691
Cdelta = 0.2586
Cvega = 0.6470
P = 0.4953
Pdelta = -0.7414
Pvega = 0.6470
```

프로그래밍 연습문제

P10.1 더 많은 그릭을 계산하도록 함수 ch10.m을 수정하라.

P10.2 MATLAB의 심벌 연산기 툴박스를 이용하여 이 장의 결과들을 검산하라.

인 용

증명: 식 (6.46)의 블랙-숄즈 공식을 이용하여 미분하여라.
(용감한) 독자는 이 계산을 직접 해보기 바란다.
계산은 매우 지저분하다.

THOMAS BJÖRK (on calculating the Greeks) (Björk, 1998)

나는 내가 베타이어서 기쁘고,
알파들은 매우 열심히 일을 한다.
그리고 우리는 감마와 델타보다 낫다.

ALDOUS HUXLEY from *Brave New World*, 1932 (1894–1963)

당신은 이러한 그릭을 심하게 합리화할 수 있다.
거기에 있어야 되는 하나의 그리스 단어는 자만심(hubris)이다.

DAVID PFLUG, source (Lowenstein, 2001)

블랙도 숄즈도,
처음에는,
이렇게 복잡한 방정식을 어떻게 푸는지 몰랐다.

MARK. P. KRITZMAN (Kritzman, 2000)
with reference to the Black-Scholes PDE

11 장

블랙-숄즈 공식에 대하여

개 요

- 자산의 추세율과 무관함
- 시간이 지남에 따른 거동
- 블랙-숄즈 곡면
- 공식의 재척도화

11.1 학습목표

블랙-숄즈 옵션 평가 공식을 좀 더 고찰하는 기회를 가질 것이다. 특히 그림 (11.3)에 하나의 그림으로 배울 수 있는 모든 것을 표현하려고 시도할 것이다.

11.2 μ는 어디로?

블랙-숄즈 공식은 초기의 자산 가격 S_0, 행사가 E, 자산의 변동성 σ, 무위험 금리 r, 만기일 T의 값을 이용하여 $t = 0$ 시점에서의 유럽형 콜옵션과 풋옵션의 공정가를 결정한다. 자산의 변동성 σ를 제외하면 각각의 값들은 쉽게 결정된다. 14장과 20장에서 시장에서 얻을 수 있는 정보에서 자산의 변동성 σ를 결정하는 방법을 소개할 것이다. 놀랍게도 – 그리고 블랙-숄즈 이론에서 가장 뛰어난 점인데 – 옵션의 가격은 식 (6.11)에서 자산 가격의 증가율을 결정하는 추세율 μ에 의존하지 않는다. 이 결과로서, 특정 자산에 대하여 어떤 μ가 적당한지에 대하여 합의를 하지 못하고 매우 다른 시각을 가지고 있는 두 명의 투자자라도, 만약에 변동성에 대하여 동의하고 블랙-숄즈 공식의 가정을 인정한다면 그들은 옵션에 대하여 같은 가격을 얻게 된다. 이러한 현상은 처음에는 매우 의심스럽지만, 블랙-숄즈가 옵션의 공정가를 결정했다는 사실에서 나타나는 결과이다. – 이 가격은 무위험의 델타 헤지를 통하여 복원할 수 있는 가격이며 무위험 거래를 통하여 수요와 공급의 힘으로 시장에 통용되는 가격이다.

두 명의 투기자(投機者, speculator)가 있다고 가정하자.

- 투기자 A는 자산 가격이 추세율 μ_A와 변동성 σ를 가지는 식 (6.9)를 따른다고 믿는다.
- 투자자 B는 자산 가격이 추세율 μ_B와 변동성 σ를 가지는 식 (6.9)를 따른다고 믿는다.

투기자들 A와 B는 유럽형 콜옵션의 헤지하지 않는 매수 상태(naked long position)를 원한다고 가정하자. 만약에 $\mu_A \gg \mu_B$이면, 아마도 투기자 A가 투기자 B보다 블랙-숄즈의 옵션 가격이 보다 매력적이라고 생각할 것이

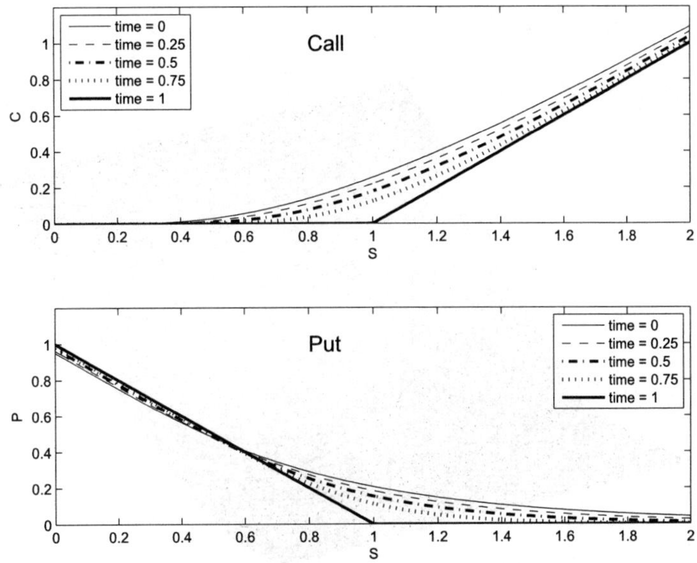

그림 11.1: 5개의 다른 시각에서 자산 가격에 따른 옵션의 가격 윗그림: 유럽형 콜옵션, 아래그림: 유럽형 풋옵션

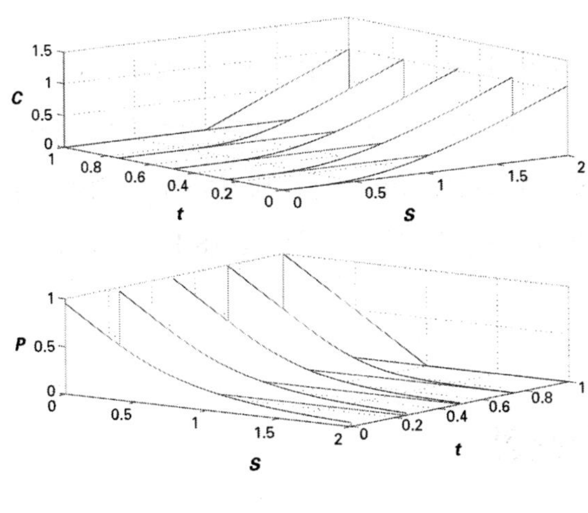

그림 11.2: 그림 (11.1)의 삼차원 그래프

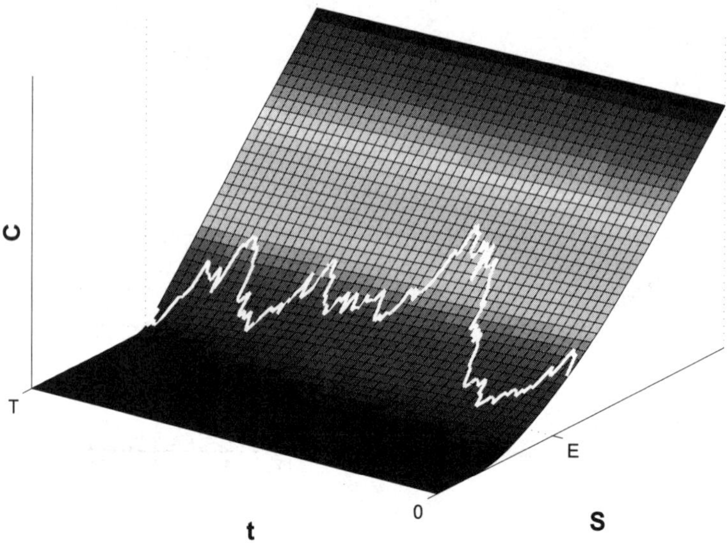

그림 11.3: 유럽형 콜옵션: 블랙-숄즈의 곡면과 추가된 자산 가격 경로

다. 이것은 앞의 이론과 모순이 아니다. 어느 정도 리스크를 감수할 의향이 있는 투기자는 블랙-숄즈의 공식과 다른 방식으로 옵션을 평가할 것이다. 그러나 옵션을 매도하고 리스크를 제거하기 위하여 헤지를 원한다면, (그리고 블랙-숄즈의 가정을 믿는다면) 식 (8.19)와 (8.24)가 이와 관련된 가격이다.

11.3 시간 연관성

그림 (11.1)은 고정된 시간 t에 자산 가격 S의 함수로 콜옵션과 풋옵션에 대한 블랙-숄즈의 가격을 보여준다. $E = 1, r = 0.05, \sigma = 0.6, T = 1$을 사용하였다. 그림 (11.2)는 같은 정보를 삼차원으로 표현하였다.

양쪽의 경우 모두 t가 만기 시점 T에 접근함에 따라서 옵션의 가격은 하키 스틱 모양의 수익함수(hockey-stick payoff function)에 접근을 한다. 문제 (8.3)에서 보였듯이,[1] 이것은 항상 성립하는 것이다. 콜옵션의 경우에는, 각 S에 대하여 t가 만기로 접근함에 따라서 옵션의 가격이 하키 스틱 수익 함수로 위에서부터 단조 감소하면서 접근하는 것이 보인다. 이것은 일반적인 현상이다. 왜냐하면 (10.3)절에서 언급했듯이, 시간 미분 즉 세타가 언제나 음수이기 때문이다. 반대로, 풋옵션에 대해서는 시간에 따른 만기 수익으로의 수렴이 윗 방향 또는 아래 방향으로 균등하지 않다. 이것은 풋옵션의 시간 미분이 음수 또는 양수일 수도 있다는 것을 보이는 문제 (10.7)과 일치한다.(문제 (11.2) 참조)

11.4 3차원 그래프

그림 (11.3)은 유럽형 콜옵션의 블랙-숄즈 가격 $C(S,t)$를 (S,t)-평면 위의 곡면으로 그린 것이다. 이는 $C(S,t)$가 S와 t에 대하여 매끈한 함수(smooth function)임을 강조한다. 곡면 $C(S,t)$ 위에 이산 자산 경로에 의해 결정되는 $C(S_i,t_i)$값을 흰 실선으로 추가하였다. 이 그림은 아래와 같은 사실들을 보여주고 있다.

- 블랙-숄즈의 옵션가격 곡면은 매끈하다.
- 자산 경로는 들쭉날쭉하다.
- 시간이 지남에 따라, 자산 가격 경로는 매끈한 옵션 가격 곡면에서 들쭉날쭉한 옵션 가격 경로를 결정한다.

그림 (11.4)는 풋옵션에 대하여 같은 것을 반복한 것이다.

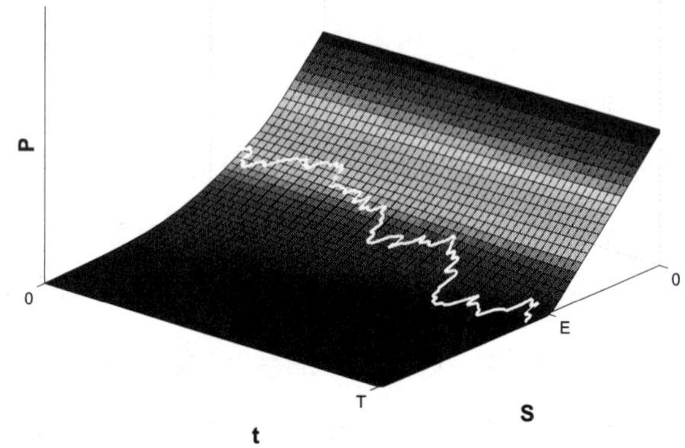

그림 11.4: 유럽형 풋옵션: 블랙-숄즈의 곡면과 추가된 자산 가격 경로

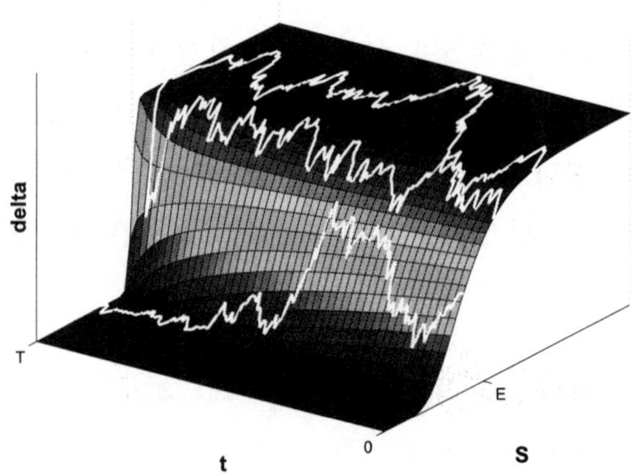

그림 11.5: 델타에 대한 블랙-숄즈의 곡면과 추가된 3개의 자산 가격 경로

그림 (11.5)는 콜옵션에 대한 델타 곡면 $\partial C/\partial S$과 세 개의 옵션 가격 경로를 그린 것이다. 각 옵션은 내가격, 외가격, 등가격으로 종료하는 것이다. (9.3)절에서 논의하였듯이, 옵션이 등가격 가까이에서 종료할 때 델타 곡면에서 심한 경사도가 심한 변화를 유발한다. (그래서 복제 포트폴리오의 자산의 수에 변동이 심하다.) 식 (9.1), (9.2)으로부터, 풋옵션에 대응하는 델타의 그래프가 그림 (11.5)와 비슷할 것임을 알 수 있다.

11.5 변수 변환

겉보기로는 유럽형 콜옵션 또는 풋옵션에 대한 블랙-숄즈의 가격이 주식 가격 S, 현재 시간 t뿐만 아니라 행사가 E, 만기 시점 T, 변동성 σ, 금리 r에 의존하는 것 같이 보인다. 그러나 적절하게 배율 조정(scaling)을 하면 옵션 가격이 의존하는 독립 변수를 2개로 줄일 수 있다.

여기에서는 3개의 무차원(dimensionless) 변수들을 도입할 것이다. 첫째 변수는 머니니스 비율(*moneyness ratio*)이다.

$$m := \log \frac{S\,e^{r(T-t)}}{E}$$

m을 해석하기 위하여 식 (6.11)을 일반화하면 t시점에 자산 가격 S가 주어진 경우에 만기 시점의 자산 가격의 기대값은 $S\,e^{\mu(T-t)}$가 된다. 이제 자산의 성장 비율이 금리와 일치한다는 $\mu = r$을 가정한다. 이 가정은 12장에서 보다 자세히 조사할 것이다. 여기에서는 단지 다음과 같은 결론을 언급한다.

> $m > 0$이면, 만기 시점의 자산 가격의 기대값이 행사가보다 크다. 만기시의 위험-중립의 기대라는 의미에서, 콜옵션은 내가

[1]원서에는 문제 (8.1)로 되어 있다. (옮긴이 주)

격 상태이고 풋옵션은 외가격 상태이다.

$m =$이면, 위와 같은 의미로, 콜옵션과 풋옵션은 등가격이다.

$m < 0$이면, 위와 같은 의미로, 콜옵션은 외가격 상태이고 풋옵션은 내가격 상태이다.

두 번째 변수는 배율 조정된 변동성(scaled volatility)이다.

$$\widehat{\tau} := \sigma\sqrt{T-t}$$

여기에서, 변동성은 잔존만기의 제곱근과 조합이 된다. 자산 모형 (6.9)에서 $\sigma^2(t_{i+1}-t_i)$의 형태로 변동성이 나타나기 때문에 이런 조합은 자연스럽다. 세 번째는 자산의 가격을 이용하여 옵션의 가격을 조정하는 것이다. 즉

$$c := C/S \qquad \text{콜옵션의 경우}$$

$$p := P/S \qquad \text{풋옵션의 경우}$$

새로운 변수들을 이용하면 식 (8.20), (8.21)의 d_1과 d_2를 다음과 같이 간단해 진다.

$$d_1 = \frac{m}{\widehat{\tau}} + \frac{\widehat{\tau}}{2}, \qquad d_2 = \frac{m}{\widehat{\tau}} - \frac{\widehat{\tau}}{2} \tag{11.1}$$

식 (8.19), (8.24)에서부터 재조정된 콜옵션 가격과 풋옵션 가격은 다음과 같아진다. (문제 (11.3) 참조)

$$c(m,\widehat{\tau}) = N(d_1) - e^{-m}N(d_2), \qquad p(m,\widehat{\tau}) = e^{-m}N(-d_2) - N(-d_1) \tag{11.2}$$

11.6 주석 및 참고문헌

그림 (11.3), (11.4), (11.5)의 컬러판은 머리말에서 언급한 이 책의 홈페이지에서 내려 받을 수 있다.

연습문제

11.1 ★★ 유럽형 콜옵션의 블랙-숄즈의 가격 $C(S,t)$가 $t < T$인 시점에서 하키 스틱 수익 함수 $\max(S(t) - E, 0)$보다 큰 것에 대한 아래의 설명을 고려해 보자.

> $\mathbb{E}(S(t)) = S_0 e^{\mu t}$이므로, 자산 가격은 일반적으로 상승 추세이다. 그러므로 평균적으로 t 시점에서 만기까지의 자산 가격은 상승할 것이고, 그래서 t 시점의 가격은 $\max(S(t) - E, 0)$보다 크다.

이 주장이 유용한가?

11.2 ★★ 문제 (10.7)이 다음의 명제에 대한 반례를 제시하는 것을 보여라

> t가 0에서 T로 감에 따라, 블랙-숄즈 풋옵션의 가격은 언제나 아래 방향에서 하키-스틱 수익 함수로 접근한다.

11.3 ★★ 식 (11.1)과 (11.2)를 증명하라.

11.4 ★★★ 자산 모형 (6.9)에서 변동성 σ가 영이면 자산 가격은 확률 변수가 아닌 값 $S_0 e^{\mu T}$이다. 유럽형 콜옵션의 만기 수익은 $\max(S_0 e^{\mu T} - E, 0)$가 보장된다. 그러므로 $t = 0$ 시점의 옵션의 가격은 $e^{-rT} \max(S_0 e^{\mu T} - E, 0)$이어야 한다. 그러나 이 가격은 블랙-숄즈의 공식과 달리 μ에 대하여 분명히 의존을 한다. (사실 식 (14.2)를 미리 살펴보면, 블랙-숄즈의 가격은 $e^{-rT} \max(S_0 e^{rT} - E, 0)$이다.) 이러한 모순은 어떻게 해결할 수 있는가?

```
%CH11 Program for Chapter 11
%
% Draws Black-Scholes surface for European call

clf

%%%%%%% Problem parameters %%%%%%%%
E = 1; r = 0.05; sigma = 0.2; T = 1; L =50;
%%%%%%%%%%%%%%%%%%%%%%%%%%%%

Svals = linspace(0,3,L);
tvals = linspace(0,T,L);
C = zeros(L,L);
for i = 1:L
    S = Svals(i);
    for j = 1:L
        t = tvals(j);
        [Call,Calldelta,Put,Putdelta] = ch08(S,E,r,sigma,T-t);
        C(i,j) = Call;
    end
end

[Smat,tmat] = meshgrid(Svals,tvals);
mesh(Smat,tmat,C')
ylabel('S'), xlabel('t'), zlabel('C(S,t)')
```

그림 11.6: 11장의 프로그램: **ch11.m**.

11.5 ★★ 'Call($-\sigma$) = $-$Put(σ)' 임을 보여라. 즉, 식 (8.19)에 있는 σ를 $-\sigma$로 바꾼 식은 식 (8.24)의 $-P(S,t)$와 같다는 것이다. 이 관계를 가끔 풋-콜의 초대칭(put-call supersymmetry)이라고 한다.

11.7 프로그램과 연습

프로그램 **ch11**은 그림 (11.3)과 같은 형태로 유럽형 콜옵션에 대하여

(S, t)-평면 위에 블랙-숄즈 곡면을 그리는 것이다. E, r, sigma, T를 초기화하고 0부터 3까지를 50개의 균등한 간격으로 구분한 자산 가격을 Svals에, 0부터 T까지를 50개의 균등한 간격으로 구분한 시간을 tvals에 저장한다. 블랙-숄즈의 공식을 계산하는 ch08을 이용하여 중첩된 for 문으로 Svals, tvals을 이용하여 유럽형 옵션의 가격을 계산한다. 이렇게 구한 콜옵션의 가격을 이차원 배열 Call에 저장한다. 그러고 나서, meshgrid를 이용하여 2차원 배열인 Smat, tmat을 생성하고, mesh 함수를 사용하여 3차원 그래프를 그린다.

프로그래밍 연습문제

P11.1 그림 (11.4)와 같이, 풋옵션에도 적용할 수 있도록 ch11.m을 수정하라.

P11.2 그림 (11.5)와 같이 콜옵션의 델타에도 적용할 수 있도록 ch11.m을 수정하라. 그리고 mesh 대신에 surf, surfc, waterfall을 사용해 보라.

인 용

블랙-숄즈 공식이 여전히 주위에 존재한다.
10개의 현실성 없는 가정을 하였음에도 불구하고...
가정들을 보다 현실성 있게 바꾼다고 해서,
많은 경우에 더 뛰어난 공식을 만들 수 있는 것은 아니다.

FISCHER BLACK (Black, 1989)

우리는 이것이 기계적으로 되는 것이 아니라는 것을 안다.

그러나 이것이 우리가 가지고 있는 가장 좋은 모형이다.
당신은 직관으로 일하는 선임자를 본다.
당신은 이 모형을 가지고 있고, 숫자를 얻는다.
궁극적으로 그들의 직관보다 이 숫자들이 더 강력하다고 생각한다.

ROBERT STAVIS,
former member of the Arbitrage group at Salomon Brothers,
source (Lowenstein, 2001)

일류 이론은 예측하고,
이류 이론은 제한하고,
삼류 이론은 사건이 발생한 후에 설명을 한다.

ALEXANDER KITAIGORODSKI, 1975,
source `www.byrneweb.com/sunburn/quotes.html`

12 장

위험 중립

개 요

- 기대 수익으로 옵션 가격
- 위험 중립

12.1 학습목표

블랙-숄즈의 공식이 나오기 전에도, 옵션을 평가하는 좋은 방법이 만기 수익의 기대값을 구하는 것이라는 주장이 있었다. 이 장에서는 기대 수익의 아이디어가 블랙-숄즈의 방법론과 어떻게 일치하는 지를 보일 것이다. 이 것으로부터 계산 알고리즘을 논의하는 15장, 16장 그리고 뒷장에서 중요하게 사용되는 위험 중립이라는 개념을 도입한다.

12.2 기대 수익

콜옵션과 풋옵션을 모두 표현하는 일종의 표기로서, $\Lambda(x)$를 옵션의 만기 수익 함수를 나타낸다고 하자. 즉, 콜옵션에 대해서는 $\Lambda(x) = \max(x - E, 0)$이고 풋옵션에 대해서는 $\Lambda(x) = \max(E - x, 0)$이다. 옵션의 수익이 단지 만기 시의 자산 가격에 대한 함수로 표현되는 다른 종류의 유럽형 옵션에 대하여 이러한 방식을 적용할 수 있다.

(6.8)의 모형하에서는 만기시의 자산 가격 $S(T)$는 $Z \sim \mathsf{N}(0, 1)$ 일 때 $S(T) = S_0 \exp[(\mu - \sigma^2/2)T + \sigma\sqrt{T}Z]$의 형태의 확률 변수이다. 그러므로 수익 $\Lambda[S(T)]$ 또한 확률 변수가 된다. 수익의 평균을 취한 후에 금리로 할인을 한 값을 옵션의 가격으로 정의하면 어떻게 될까? 이것은 다음의 값과 같다.

$$e^{-rT}\mathbb{E}[\Lambda(S(T))] \tag{12.1}$$

식 (3.8)과 확률 밀도 함수 (6.10)을 이용하면 위의 식은 아래와 같이 쓸 수 있다.

$$e^{-rT}\int_0^\infty \frac{\Lambda(x)}{x\sigma\sqrt{2\pi}\sqrt{T}} \exp\left(-\frac{\left(\log x - \log S_0 - (\mu - \sigma^2/2)T\right)^2}{2\sigma^2 T}\right) dx \tag{12.2}$$

보다 일반적으로, t 시점에서 자산 가격이 S일 때 옵션 가격을 만기 수익의 기대값을 적절하게 할인한 것으로 생각할 수 있다. $W(S, t)$를 이러한 값을 나타낸다고 하면, 다음과 같게 된다.

$$W(S, t) = e^{-r(T-t)}\mathbb{E}[\Lambda(S(T)), \text{given asset price } S \text{ at time } t], \tag{12.3}$$

보다 구체적으로 표현하면 아래와 같게 된다.

$$W(S, t) = e^{-r(T-t)}\int_0^\infty \frac{\Lambda(x)}{x\sigma\sqrt{2\pi}\sqrt{T}} \times$$

$$\exp\left(-\frac{\left(\log x - \log S - (\mu - \sigma^2/2)T\right)^2}{2\sigma^2 T}\right) dx \tag{12.4}$$

식 (12.2)와 (12.4)는 옵션을 헤지하지 않은 채로 매도, 매수를 하는 경향이 있는 개인 투자자에게 연관이 있는 것이 분명하다. 그러나 옵션의 공정가를 찾는 블랙-숄즈의 접근법과 비교를 하여 몇 가지를 언급한다.

(i) 공식 (12.2)와 (12.4)는 리스크를 없애기 위한 헤지와 아무 연관 없이 유도되었다.
(ii) 공식 (12.2)와 (12.4)는 무차익 거래의 원리와 아무 연관 없이 유도되었다.
(iii) 블랙-숄즈의 PDE (8.15)와 달리, 공식 (12.2)와 (12.4)는 변수 μ에 의존한다.

이제, 블랙-숄즈의 공식에서부터 하나의 공정가만이 존재하여 이것이 시장에서 거래되어야 한다는 것이다. 만약에 시장에서 옵션의 가격이 블랙-숄즈의 가격에서 벗어난다면, 대규모의 차익거래자들이 옵션을 거래하고, 만기까지 델타 헤지를 함으로써 무위험의 수익을 확보할 것이다. 수요와 공급의 힘이 옵션이 블랙-숄즈의 가격을 유지하게 한다. (iii)에서 보듯이 기대 수익 접근법은 공정가를 구하기 위해서는 사용할 수 없다.

겉보기로는, 기대 수익 접근법은 옵션 평가 이론에 아무런 연관이 없는 것 같지만, 이 아이디어를 살릴 멋진 반전이 기다리고 있다.

12.3 위험 중립

그림 (12.1)은 제로 시점의 할인된 기대 수익인 (12.2)가 실제로 μ의 함수인 것을 보여준다. $S_0 = 10, E = 9, r = 0.05, \sigma = 0.2, T = 3$, 유럽형 콜옵

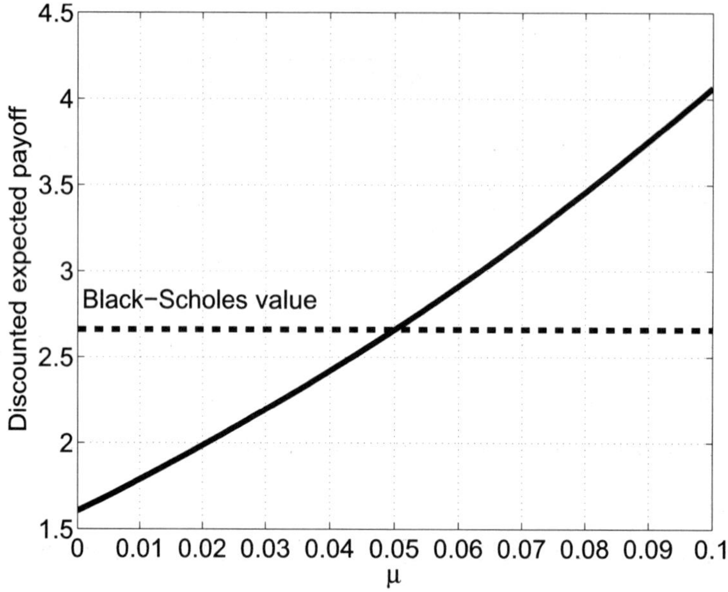

그림 12.1: 유럽형 콜옵션에 대하여 할인된 기대 수익인 식 (12.2). 점선으로 블랙-숄즈의 가격을 첨부하였다.

션에 대하여 μ를 0에서 0.1로 변화하면서 식 (12.2)의 값을 실선으로 나타냈다. 예상했듯이, 성장율 μ가 증가하면 기대 수익 또한 증가한다. 그림 (12.1)에 블랙-숄즈의 옵션 가격인 2.66을 점선으로 추가하였다.

자세히 관찰하면, 그림 (12.1)에서 실선과 블랙-숄즈의 값인 점선이 $\mu = r = 0.05$에서 만난다. 이것은 성장률과 금리가 일치할 때이다. 이것은 우연이 아닌 것으로 드러났다. 문제 (12.1)에서 다음의 일반적인 결과를 증명해야 한다.

$\mu = r$일 때, $W(S,t)$는 블랙-숄즈 PDE (8.15)를 만족한다.

이제, 만기 조건과 경계 조건을 확인하면 된다. 식 (12.3)에 $t = T$를 대입하면, $S(T)$가 주어진 결정론적인 함수이므로, $\mathbb{E}[\Lambda(S(T))] = \Lambda(S(T))$이며, 즉,

$$W(S,T) = \Lambda(S(T))$$

그러므로 콜옵션에 대해서는 (8.16), 풋옵션에 대해서는 (8.25)를 만족한다. 비슷한 방식으로, 어떤 시점에서 $S = 0$이면 (6.9)로부터 $S(T) = 0$이며 식 (12.3)에서

$$W(0,t) = e^{-r(T-t)}\Lambda(0)$$

즉, 콜옵션에 대해서는 식 (8.17), 풋옵션에 대해서는 식 (8.26)를 만족한다. 마지막으로, 식 (8.18)과 (8.27)에 적용된 논법이 정확하게 식 (12.3)에도 적용된다. 정리하면, $\mu = r$인 경우에 $W(S,t)$가 같은 PDE, 같은 만기/경계 조건을 만족하기 때문에 해의 유일성으로부터

> 식 (12.4)는 $\mu = r$일 때 블랙-숄즈의 옵션 가격을 재현한다.

이 결과를 다음과 같이 표현할 수 있다.

> 자산 모형 (6.9)에서 어떤 값의 μ와 σ가 맞는 값이라고 생각할지라도, 추세율 μ의 값이 금리 r과 같다고 하고 기대 수익을 할인하면 블랙-숄즈의 옵션 가격을 얻을 수 있다.

$\mu = r$이라 함으로써, 위험 중립이라는 가정을 하는 것이다.

15장과 16장에서, 위험 중립에서의 기대값이라는 개념이 닫힌해(closed solution)가 존재하지 않는 옵션의 가격을 근사할 수 있는 계산법을 개발하는 것에 도움을 준다.

12.4 주석 및 참고문헌

$\mu = r$의 조건에 위험 중립이라는 이름을 붙이는 것은 표준적인 명명(命名)임에도 불구하고 납득할 만한 것은 아니다. 이것은 위험 중립의 투자자라는 개념에서 나온 것이다. 이러한 사람은 아래의 두 가지를 완전히 같은 것으로 취급한다.

- 무위험의 수익률 r에 투자
- 기대 수익률 r을 가지는 위험 자산에 투자

모든 자산이 대수 정규 모형 (6.9)에서 같은 성장률 μ를 가진다면 – 이것을 위험 중립 세상(*risk-neutral world*)이라 부른다. – 식 (6.11)로부터 위험 중립 투자자는 은행에 예금을 하는 것과 어떤 자산에 투자를 하는 것에 대하여 어떤 것을 더 선호하지 않는다.

위험 중립 세상에서는 식 (6.11)로부터 $\mathbb{E}(S(t)) = S_0 e^{rt}$이면, 자산의 할인 가격의 기대값은 $\mathbb{E}(e^{-rt}S(t)) = S_0$이다. 즉, 자산의 할인 가격의 기대값은 시간에 따라 변하지 않는다. 이것은 제로 시점의 값이다. 이와 같이 미래의 기대값이 현재 값으로 주어지는 확률 과정을 마팅게일(*martingale*)이라고 한다. 마팅게일 이론을 이용하면 문제 (12.1)의 간단한 관찰을 엄밀하고 강력한 옵션 평가 이론으로 바꿀 수 있다. Duffie(2001), Karatzas and Shreve(1998), Nielsen(1999)은 이러한 내용을 심도 있게 다루며, 좀 더 쉬게 접할 수 있는 교재는 Baxter and Rennie(1996)이다. Kritzman(2000)의 6장에서도 위험 중립에 대하여 읽기 편한 예제를 이용하여 설명하였다.

16장에서는 옵션 평가의 계산 기법으로 이항 모형(binomial method)을 소개한다. PDE를 사용하지 않고 이항 모형을 이용하여도 블랙-숄즈의 공식을 유도할 수 있다. 여기에서는 위험 중립의 개념이 자연스럽게 나타난다. 문제 (12.5)는 이러한 아이디어의 축소된 형태이다. Baxter and Rennie(1996)과 `www.math.nyu.edu/faculty/kohn/`의 Robert Kohn 교수의 온라인 교육을 참고하면 좋다.

연습문제

12.1 ★★★ 넓은 종이와 잉크가 많은 펜을 이용하여, 식 (12.4)의 $W(S,t)$가 $\mu = r$인 경우에 블랙-숄즈 PDE (8.15)를 만족함을 보여라. (증명 없이 적분과 미분의 순서를 변경하여도 상관 없다.)

12.2 ★★★ 만기의 수익이 $\Lambda(S(T)) = S(T)$로 주어진 유럽형 옵션을 고려해 보자. 이 옵션의 $t = 0$ 시점의 가격은 S_0을 설명하라. 식 (6.11)을 이용하여 수익의 할인된 기대값 (12.1)이 이 가격과 일치하기 위해서는 위험 중립 조건 $\mu = r$이 필요함을 보여라.

12.3 ★★ $t = 0$ 시점의 자산 가격 S_0가 주어질 때, 블랙-숄즈의 공식 (8.19)에서 $N(d_2)$가 위험 중립 세상에서 콜옵션이 행사될 확률을 의미하는 것을 보여라.

12.4 ★★★ 식 (12.4)에 있는 $W(S,t)$의 값이 다음의 방법으로 계산될 수 있음을 보여라.

(i) 금리를 $r = \mu$라 두고 (S,t)에서 블랙-숄즈의 옵션 가격을 계산한다.

(ii) 이 값에 $e^{(\mu-r)(T-t)}$를 곱한다.

(이 방법을 이용하여 그림 (12.1)을 생성하였다.)

12.5 ★★★ 유럽형 옵션을 계산할 수 있는 다음의 간단한 시나리오를 고려하라.

- $t = 0$ 시점에서의 자산 가격은 S_0이다.
- 만기 시에 자산 가격은 두 개의 가능한 값을 가진다.

$$S(T) = S_{\text{up}} > S_0 \quad \text{확률 } p,$$
$$S(T) = S_{\text{down}} < S_0 \quad \text{확률 } 1 - p$$

Λ를 수익 함수라 두고, $\Lambda_{\text{up}} := \Lambda(S_{\text{up}})$, $\Lambda_{\text{down}} := \Lambda(S_{\text{down}})$를 만기 시에 가능한 두 개의 수익이라고 하자. $t = 0$ 시점에 A개의 자산과 C의 현금으로 구성된 포트폴리오를 택하자. 이 포트폴리오가 옵션을 복제하기 위하여, (즉, $S(T) = S_{\text{up}}$이면 Λ_{up}의 수익을 가지고, $S(T) = S_{\text{down}}$이면 Λ_{down}의 수익을 가진다.) A와 C에 대한 선형방정식을 유도할 수 있고 이의 해를 구하면 다음과 같다.

$$A = \frac{\Lambda_{\text{up}} - \Lambda_{\text{down}}}{S_{\text{up}} - S_{\text{down}}} \tag{12.5}$$

$$C = e^{-rT}\left[\Lambda_{\text{down}} - \left(\frac{\Lambda_{\text{up}} - \Lambda_{\text{down}}}{S_{\text{up}} - S_{\text{down}}}\right) S_{\text{down}}\right] \tag{12.6}$$

이제, 무차익 거래의 원리를 적용하면 $t = 0$ 시점에서의 옵션의 공정가는 아래와 같다.

$$S_0\left(\frac{\Lambda_{\text{up}} - \Lambda_{\text{down}}}{S_{\text{up}} - S_{\text{down}}}\right) + e^{-rT}\left(\frac{S_{\text{up}}\Lambda_{\text{down}} - S_{\text{down}}\Lambda_{\text{up}}}{S_{\text{up}} - S_{\text{down}}}\right) \tag{12.7}$$

다음과 같은 q를 도입하자.

$$q := \frac{S_0 e^{rT} - S_{\text{down}}}{S_{\text{up}} - S_{\text{down}}}$$

무차익 거래의 원리를 이용하여 $0 < q < 1$임을 보여라. 식 (12.7)의 값이 아래와 같은 자산 거동에 대한 옵션 수익의 할인된 기대값으로

해석이 가능함을 보여라.

$$S(T) = S_{\text{up}} > S_0 \quad \text{확률 } q$$
$$S(T) = S_{\text{down}} < S_0 \quad \text{확률 } 1-q$$

위의 간단한 시나리오에서 블랙-숄즈로 확장할 만한 특질을 찾은 것이 있는가?

12.6 ★★★ 10.3장에서 부등식 $\rho > 0$에 대하여 재무적인 해석을 하였다. 위험 중립의 관점에서 다른 해석을 해보아라.

12.5 프로그램과 연습

그림 (12.2)에 제시한 프로그램 `ch12`는 그림 (12.1)과 같이 위험 중립의 예를 보여 준다. `S`, `E`, `r`, `sigma`, `T`를 고정하고 200개의 값을 가지는 배열 `mu`를 생성한다. `for`문을 이용하여 배열 `epayoff`를 계산한다. 이 배열의 성분은 `r`을 `mu`라고 두고 계산한 제로 시점의 할인된 블랙-숄즈의 옵션 가격이다. (문제 (12.4) 참조) 이것은 8장의 MATLAB 함수 `ch08`을 이용한다. 이것을 끝낸 후에 다시 한번 `ch08`을 이용하여 블랙-숄즈의 참 값 `C`를 구한다. 곡선 `(muvals, epayoff)`를 그린 후에 높이 `C`에 점선을 추가한다.

프로그래밍 연습문제

P12.1 문제 (12.3)에 논의한 결과를 수치적으로 확인하여라. 만기시점의 자산 가격을 많이 생성한 후에, 전체에서 내가격 상태의 비율을 세는 방법으로 이를 보여라.

```
%CH12 Program for Chapter 12
%
% Compute expected payoff for European call
% Illustrates risk neutrality

clf

%%%%% Problem parameters %%%%%
S = 5; E = 7; r = 0.08; sigma = 0.3; T = 1;
M = 200; muvals = linspace(0,0.16,M);
%%%%%%%%%%%%%%%%%%%%%%%%

epayoff = zeros(M,1);
for k = 1:M
    mu = muvals(k);
    % work out time-zero Black-Scholes value with r = mu
    [C, Cdelta, P, Pdelta] = ch08(S,E,mu,sigma,T);
    epayoff(k) = exp((mu-r)*T)*C;
end

% true Black?Scholes value
[C, Cdelta, P, Pdelta] = ch08(S,E,r,sigma,T);
plot(muvals,epayoff,'r-');
hold on, grid on
plot([muvals(1),muvals(end)],[C,C],'b-');
xlabel('\mu'), legend('Expected payoff','Black-Scholes')
```

그림 12.2: 12장의 프로그램: ch12.m.

P12.2 MATLAB 함수 `quad`와 `quadl`를 이용하여 식 (12.4)의 적분을 계산하라.

인 용

위험 중립은 직관적으로 이해하기 쉬운 개념은 아니며,
혼돈의 근원이기도 하다.
블랙-숄즈 방정식을 유도할 때 가장 중요한 단계인,
차익 거래가 없어야 하고 무위험 포트폴리오가
무위험 금리만큼의 수익을 낸다는 것은 직관적으로 분명하다.

PAUL WILMOTT, SAM HOWISON AND JEFF DEWYNNE
(Wilmott *et al.*, 1995)

Cox와 Ross가 발전시킨 위험 중립 평가는,
두 개의 장점이 있다. 하나는 어떤 옵션 평가에도 적용이 가능하다는 것이고,
다른 하나는 이것이 매우 직관적이라는 것이다.

MARK P. KRITZMAN (Kritzman, 2000)

쉽게 말하면,
차익 거래의 가격이 존재한다면,
무서워서 다른 가격의 호가를 내지 못한다.

MARTIN BAXTER AND ANDREW RENNIE
(Baxter and Rennie, 1996)

13 장

비선형 방정식의 풀이

개 요

- 일반적인 문제
- 이분법
- 뉴턴의 방법

13.1 학습목표

다음 장(章)에서 내재 변동성을 계산할 때, 비선형 방정식의 해를 구하는 알고리즘이 필요하다. 이 장(章)에서는 이와 관련된 알고리즘을 2개 소개한다.

13.2 범용 문제

이 장에서 고려할 문제는 다음과 같다.

> 주어진 함수 $F : \mathbb{R} \to \mathbb{R}$에 대하여 $F(x^*) = 0$을 만족하는 x^*를 찾아라.

일반적인 경우에는 x^*의 해석적인 해를 구할 수 없고 컴퓨터를 이용한 근사해로 만족하여야 한다. F의 성질에 따라서 만족하는 x^*가 없는 경우, 유일하게 한 개의 x^*가 있는 경우, 여러 개의 x^*의 값이 존재하는 경우가 있음을 기억하여야 한다.

13.3 이분법

이분법(bisection method)은 연속함수는 영을 지나가면서 부호를 바꾼다는 성질을 기초로 하는 것이다. 즉,

> 연속 함수 F에 대하여, $x_a < x_b$에 대하여 $F(x_a)F(x_b) < 0$이면, $F(x^*) = 0$을 만족하고 $x_a < x^* < x_b$인 x^*가 존재한다.

$F(x_a)F(x_b) < 0$을 만족하는 x_a와 x_b를 구하면, 이 들의 중간 값 $x_{\text{mid}} := (x_a + x_b)/2$에서 함수 값을 찾을 수 있다. $F(x_{\text{mid}})$의 부호는 $F(x_a)$ 또는 $F(x_b)$의 부호와 일치해야 한다. 이것은 구간 $[x_a, x_{\text{mid}}]$ 또는 $[x_{\text{mid}}, x_b]$는 x^*를 포함하여야 한다는 것을 의미한다. 이 과정을 계속하면, x^*가 놓여 있는 임의의 작은 구간을 만들어 낼 수 있다. – 즉, x^*를 매우 정확하게 계산할 수 있다.

이분법을 아래와 같이 간략하게 서술할 수 있다.

1. $F(x_a)F(x_b) \le 0$을 만족하는 $x_a < x_b$인 x_a와 x_b를 구하라
2. $x_{\text{mid}} = (x_a + x_b)/2$라 두고 $F(x_{\text{mid}})$를 계산하라.
3. $F(x_a)F(x_{\text{mid}}) < 0$이면, $x_b = x_{\text{mid}}$라 두고, 그렇지 않다면, $x_a = x_{\text{mid}}$라 두라.

4. $x_b - x_a < \epsilon$이면 정지하고 $(x_a + x_b)/2$를 x^*의 근사값으로 사용하라. 그렇지 않으면, 2번으로 돌아가라.

정지 조건 $x_b - x_a < \epsilon$에서의 $\epsilon > 0$의 값을 미리 지정하여야 한다. 종료 시에 $(x_a + x_b)/2$와 해인 x^*와의 거리가 $\epsilon/2$보다 클 수 없다. 그러므로 ϵ이 알고리즘의 정확도를 결정한다.

1번 단계에 알맞은 x_a, x_b를 결정하는 확실하면서 안정적인 방법은 없다. F에 대한 구체적인 지식이 없다면, 시행착오에 의존해야 한다.

이분법은 각각의 반복에서 구간 $[x_a, x_b]$의 크기가 절반으로 줄어들기 때문에, L을 원래의 구간의 길이 $x_b - x_a$라고 두면, k번째의 반복시의 오차는 $L/2^{k+1}$보다 작게 된다. 이것은 선형 수렴 경계(linear convergence bound)로 알려져 있는데, 이는 오차의 경계가 각 반복 시에 선형 인수(이 경우에는 1/2)에 의하여 감소하기 때문이다. 다음 절에서 더 빠른 방법에 대하여 고려한다.

13.4 뉴턴법

뉴턴법(또는 뉴턴-랩슨법)은 여러 가지 방법으로 유도가 가능하다. 이 책에서는 테일러 급수를 이용할 것이다. 해인 x^*에 수렴하는 수열 $x_0, x_1, x_2, \ldots$을 계산하고자 한다. 작은 양인 δ에 대하여 $F(x_n + \delta)$를 전개하면

$$F(x_n + \delta) = F(x_n) + \delta F'(x_n) + O(\delta^2) \tag{13.1}$$

$O(\delta^2)$의 항을 무시하고, $F(x_n) + \delta F'(x_n) = 0$이라 두면 $\delta = -F(x_n)/F'(x_n)$을 얻는다. 만약에 x_n이 해인 x^*에 가깝다면,

$$x_{n+1} = x_n - \frac{F(x_n)}{F'(x_n)} \tag{13.2}$$

는 더 가까워진다. 초기값 x_0가 주어지면, 식 (13.2)를 이용한 반복법이 뉴턴법이다.

식 (13.1)에서 $O(\delta^2)$의 항을 무시했기 때문에, n이 $n+1$로 증가하면 오차는 $x_n - x^*$의 제곱으로 나타날 것을 알 수 있다. 즉, 만약에 $x_n - x^* = O(\delta)$이면, $x_{n+1} - x^* = O(\delta^2)$이 된다. 이것을 보다 분명하게 보기 위해서는 $F(x^*) = 0$을 이용하고 식 (13.2)에서 $F'(x_n) \neq 0$인 가정을 이용하면, 아래의 식을 테일러 급수로부터 유도할 수 있다.

$$\begin{aligned} x_{n+1} - x^* &= x_n - x^* - \left(\frac{F(x_n) - F(x^*)}{F'(x_n)}\right) \\ &= x_n - x^* - \frac{(x_n - x^*)F'(x_n) + O\left((x_n - x^*)^2\right)}{F'(x_n)} \\ &= O\left((x_n - x^*)^2\right) \end{aligned} \tag{13.3}$$

이러한 해석으로 아래의 결과를 공식화할 수 있다.

정 리 F의 이계 미분이 연속이라 하고, $x^* \in \mathbb{R}$는 $F(x^*) = 0$, $F'(x^*) \neq 0$을 만족한다고 하자. 그러면 어떤 $\delta > 0$가 존재하여 $|x_0 - x^*| < \delta$를 만족하면 식 (13.2)의 수열은 $n > 0$에 대하여 잘 정의되고,

$$\lim_{n\to\infty} |x_n - x^*| = 0.$$

그리고 아래 식을 만족하는 상수 C가 존재한다.

$$|x_{n+1} - x^*| \leq C|x_n - x^*|^2 \tag{13.4}$$

□

식 (13.4)의 부등식이 뉴턴 방법은 이차(quadratic)의 수렴속도를 가지는 것을 보여준다. 그러나 이 결과는 x_0가 x^*에 충분히 가까운 곳에서 시작

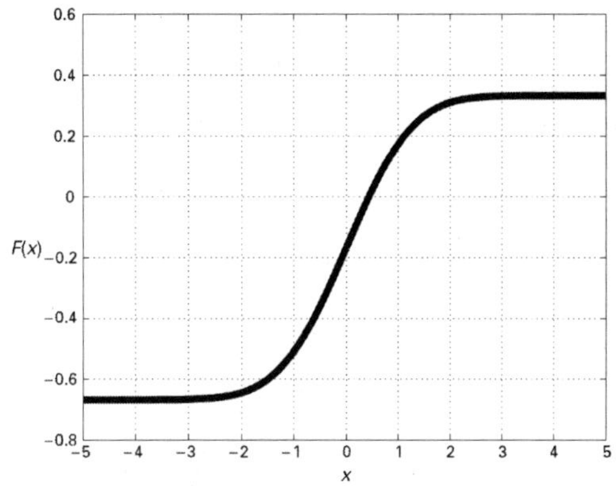

그림 13.1: 함수 $F(x) := N(x) - 2/3$

하여야 한다. 실제 문제에서 알맞은 x_0를 찾을 수 있다면 뉴턴 방법은 잘 작용을 하고, 그렇지 않은 경우에는 수렴을 하지 않는다.

계산 예제 $X \sim \mathrm{N}(0,1)$일 때, $\mathbb{P}(X \leq x^*) = 2/3$인 x^*를 찾는다고 하자. 같은 의미로, $F(x) := N(x) - 2/3$에서 $F(x) = 0$의 해를 구하는 것이다. $N(x)$의 정의에서부터, $F(x)$는 $F(0) = 1/2 - 2/3 < 0$이며, $\lim_{x\to\infty} F(x) = 1 - 2/3 > 0$인 단조증가 함수이다. 그러므로 $F(x) = 0$은 유일해 $0 < x^* < \infty$를 가지는 것을 알 수 있다. 그림 (13.1)에서 $F(x)$의 그래프로부터 확인할 수 있다. $x_a = 0$이고, $F(x_b) > 0$인 충분히 큰 x_b를 이용한 이분법을 적용할 수 있다. $x_b = 10$, 정지 조건의 허용 오차 $\epsilon = 10^{-5}$를 이용하여, 그림 (13.2)의 왼쪽 그림에서 $|x_{\text{mid}} - x^*|$를 별표로 표시하였다. y축이 로그 스케일임에 주의하자. 이분법으로 20번의 반복이 하였음을 알 수 있다. $10 \times 2^{-(k+1)}$에 해당하는 점선을 그림에 추가하였다. 앞의 해석에서 오차는 이 점선보다 작음을 알 수 있다. 그림 (13.2)의 오른쪽 그림은 뉴턴법의 오차를 보여준

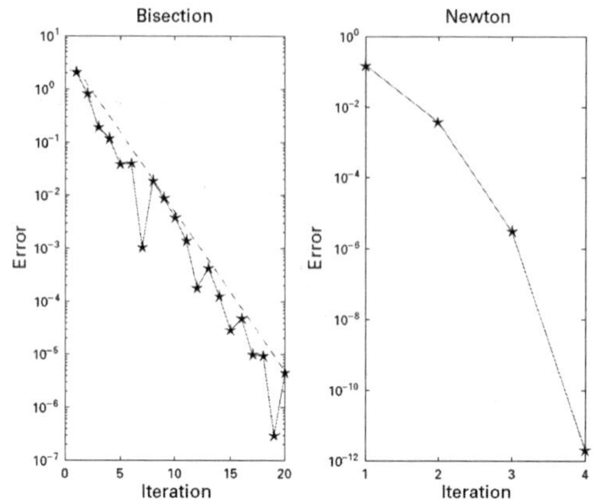

그림 13.2: 이분법에서의 오차 (왼쪽)와 뉴턴법에서의 오차 (오른쪽). 왼쪽 그래프에 참고로 기울기가 −1인 점선을 추가하였다.

다. 여기에서는 $x_0 = 1$이라 두고, $|x_{n+1} - x_n| < 10^{-5}$일 때 정지하였다. 오차를 10^{-12}주위로 줄이는데 단지 4번의 반복이 필요하고, 다음 반복으로 넘어가면서 오차가 제곱으로 줄어드는 것을 볼 수 있다. 그러나 이 계산을 $x_0 = 2$를 이용하여 반복하면 무한대로 발산하는 수열(컴퓨터로 저장하기에 너무 큰 숫자들)이 생성된다. ◇

13.5 실질적인 주제들

여기에서 논의하지 않은 여러 가지 이슈들이 있다. 예를 들면, 이분법과 같은 안정적인 방법을 이용하여 x^*에 가까이 갈 때까지 반복한 후에 뉴턴법으로 전환하여 빠른 수렴 속도를 얻는 혼합법(hybrid method)을 사용할 수 있다. 또한, 잉여 값 $|F(x_n)|$이 x_n이 얼마나 해에 가까이 있는가를 알려주므로 이것을 정지 조건에 추가할 수 있다. 더 나아가서, 이 책에서는 방

정식 한 개를 고려하고 있지만, 여러 개의 미지수를 가지는 연립방정식에 대하여 여기에서 언급한 뉴턴법을 확장할 수 있다.

13.6 주석 및 참고문헌

대부분의 수치해석학 입문서는 비선형 방정식의 해법을 다룬다. MATLAB 코드를 포함하고 있는 훌륭한 책은 Kelley(1995)이다. 고급 교재의 고전은 Ortega and Rhjeinboldt(1970)이다.

테일러 급수, 크기 표기법(order notation) 그리고 다음 장에 나오는 평균값 정리에 대하여 공부하고 싶다면 입문서가 많이 있다. Estep(2002)를 추천한다.

연습문제

13.1 ★ 연속 함수 F에 대하여 이분법의 **1**번 단계에 있다고 하자. $L = x_b - x_a$라 두면, L과 ϵ으로 **2–4**단계를 얼마나 많이 반복해야 표현하라. 결과가 그림 (13.2)의 왼쪽 그림과 일치함을 확인하라.

13.2 ★★ x^*를 근사 하는 수열 $x_0, x_1, x_2, \ldots$을 계산하는 다음의 방법을 고려해 보자. x_n이 주어진 경우, $p_n(x) = 0$의 해로 x_{n+1}을 결정한다. 여기에서 $p_n(x)$는 (a) $p_n(x)$는 일차함수, (b) $p_n(x_n) = F(x_n)$, (c) $p_n'(x_n) = F'(x_n)$을 만족하는 $F(x)$의 근사식이다. 이러한 근사를 시각화하는 그래프를 그려서, x_{n+1}이 식 (13.2)로 주어진다는 것을 보여라. (그래서 이것이 뉴턴법을 유도하는 또 하나의 방법이다.)

13.3 ★★ 그림 (13.2)에 나타난 오차를 계산하기 위해서는 x^*의 참값이 필요하다. 이 값은 `xstar = sqrt(2)*erfinv(1/3)`이며, 여기

에서 erfinv는 문제 (4.3)에서 서술한 역오차 함수를 계산하기 위한 MATLAB 내부 함수이다. xstar가 원하는 해임을 보여라.

13.4 ★★ 그림 (13.1)에서, 자와 연필을 사용하여 문제 (13.2)의 선형화 접근법을 따라 하여 $x_0 = 1$일 때는 뉴턴법이 수렴하고, 그러나 $x_0 = 2$인 경우에는 뉴턴법이 수렴하지 않음을 확인하라.

13.7 프로그램과 연습

그림 (13.3)에 나타낸 프로그램 ch13에서는 방정식 $N(x) + e^x = 2$에 대하여 뉴턴법을 적용한다. 다음의 명령어는

```
exact=fzero(inline('0.5*(1+erf(x/sqrt(2)))+exp(x)-2'),1);
```

방정식의 해를 위하여 MATLAB의 내부함수인 fzero를 이용하여 참값을 구하여 참고용으로 이용한다. 다음의 MATLAB 문장은

```
while (xdiff >= tol & k < kmax)
  :
end
```

xdiff >= tol과 k < kmax가 참인 동안에 구간을 반복한다. 이는, xdiff가 tol이하로 떨어지거나, kmax가 최대값에 도달 하였을 때 반복 구간을 빠져 나온다. 구간의 안쪽은 이 문제에 대한 뉴턴법을 구현해 둔 곳이다. 각 반복의 오차는 배열 newterr에 저장한다.

반복 구간을 빠져 나와서 오차들을 출력한다. format short e는 오차의 출력에 적당한 숫자의 형식을 지정한다. 프로그램의 끝부분에서 format을 사용하여 디폴트로 화면을 설정한다.

```
%CH13 Program for Chapter 13
%
% Apply Netwons method to N(x) + exp(x) = 2.

exact = fzero(inline('0.5*(1+erf(x/sqrt(2))) + exp(x)- 2'),1);

x0 = 1;
x = x0;
xdiff = 1;
k = 1;
kmax = 100;
tol = 1e-8;

while (xdiff >= tol & k < kmax)
    Fval = 0.5*(1+erf(x/sqrt(2))) + exp(x) - 2;
    Fprime = exp(-0.5*x^2)/sqrt(2*pi) + exp(x);
    increment = Fval/Fprime;
    x = x - increment;
    xnewton(k) = x;
    newterr(k) = abs(xnewton(k)-exact);
    k = k+1;
    xdiff = abs(increment);
end

format short e % non-default for number display
disp('Newton error')
disp(newterr')
format % reset to default for number display
```

그림 13.3: 13장의 프로그램: ch13.m.

프로그램 ch13의 결과는 아래와 같다.

```
Newton error
1.5465e-01
8.3622e-03
2.4964e-05
2.2279e-10
1.1102e-16
```

이것은 13.4장에서 논의한 이차 수렴 (quadratic convergence)과 일치한다. – 오차는 한번의 반복으로 제곱으로, 기계가 영과 구분할 수 없을 때까지 줄어든다.

프로그래밍 연습문제

P13.1 ch13에서 푼 문제에 대하여 이분법을 적용하고 이의 수렴성을 조사하라.

P13.2 프로그래밍 연습문제 P12.2의 답을 이용하여 그림 (12.1)에서 두 개의 그래프가 $\mu = r$에서 교차함을 이분법을 이용하여 확인하라.

인 용

기회는 우리 인생에 특이하고 엉뚱한 문제를 낳는다.
그리고 그것의 답은 그 자체의 보상이다.

SHERLOCK HOLMES,
in *The Adventure of the Blue Carbuncle*
by Sir Arthur Conan Doyle

실수는 우연한 잘못이고,
근사의 오차와는 반대이다.
근사는 단지 절충일 뿐이다.

ROBERT M. CORLESS (Corless, 2002)

14 장

내재 변동성

개 요

- 내재 변동성의 필요성
- σ의 함수로서 옵션가격의 성질
- 변동성 미소와 찡그림

14.1 학습목표

이 장에서는 이분법과 뉴턴법을 이용하여 내재 변동성을 구한다.

14.2 내재 변동성

블랙-숄즈의 콜옵션과 풋옵션의 가격은 S, E, r, $T-t$, σ에 의존한다. 이 다섯 개의 변수들 중에서 자산의 변동성 σ는 직접 관찰이 불가능하다. 알맞은 σ를 어떻게 찾을 수 있는가? 하나의 방법은 관찰 가능한 시장에서 변동성을 추출하는 것이다. – 옵션의 호가가 있고, S, t, E, r, T를 알고 있다면 이 호가를 재현하는 σ를 결정할 수 있다. 이러한 방식으로 계산한 σ를 내재 변동성(implied volatility)이라고 한다. 이름이 의미하듯이 σ의 값은 시장의 옵션 가격에 의해서 결정된다.

완전히 다른 방법으로 σ를 결정하는 방식을 20장에서 설명한다.

이 장에서는 유럽형 콜옵션의 호가에서 σ를 결정하는 경우에 한정한다. 비슷한 방식을 풋옵션에 적용하거나, 또는 대안으로 풋옵션의 호가를 식 (8.23)의 풋-콜 패리티를 사용하여 콜옵션의 호가로 바꾸는 방법을 사용할 수 있다.

14.3 변동성의 함수로서 옵션 가격

변수 E, r, T, S, t는 알려져 있다고 가정한다. (실제에서는 $t = 0$, $S = S_0$가 가장 관심이 있는 것이다.) 그러면 옵션의 가격을 σ만의 함수로 볼 수 있고, 이 장의 나머지 부분에서는 이를 강조하는 의미에서 $C(\sigma)$라고 표기할 것이다. 시장의 호가 $C^\star$가 주어진 경우, $C(\sigma) = C^\star$를 만족하는 내재 변동성 $\sigma^\star$를 구하여야 한다.

내재 변동성을 계산하는 것은 비선형 방정식의 해법이 필요하며, 13장에서 설명한 이분법 또는 뉴턴법을 사용할 수 있다. 여기에서 나타나는 비선형 방정식의 특별한 형태를 이용하는 해법이 가능하다는 것을 보일 것이다.

변동성은 음수가 아니기 때문에 $\sigma \in [0, \infty)$가 관심이 있는 값의 영역이다. 변동성의 값이 매우 클 때와 매우 적을 때 $C(\sigma)$의 값을 살펴보자. 우선 $\sigma \to \infty$일 때, 식 (8.20)에서 $d_1 \to \infty$이며 $N(d_1) \to 1$이다. 비슷하게 식 (8.21)에서 $\sigma \to \infty$에서 $d_2 \to -\infty$이며 $N(d_2) \to 0$이다. 식 (8.19)에서 아래

의 식을 알 수 있다.

$$\lim_{\sigma \to \infty} C(\sigma) = S \tag{14.1}$$

다음으로 아래의 세 가지로 경우를 구분하여 $\sigma \to 0^+$의 극한을 계산할 것이다.

1. $S - Ee^{-r(T-t)} > 0$. 이 경우에서는 $\log(S/E) + r(T-t) > 0$이므로 $\sigma \to 0^+$이면 $d_1 \to \infty$, $N(d_1) \to 1$, $d_2 \to \infty$, $N(d_2) \to 1$을 만족한다. 그러므로 $C \to S - Ee^{-r(T-t)}$ 이다.
2. $S - Ee^{-r(T-t)} < 0$. 이 경우에서는 $\log(S/E) + r(T-t) < 0$이므로 $\sigma \to 0^+$이면 $d_1 \to -\infty$, $N(d_1) \to 0$, $d_2 \to -\infty$, $N(d_2) \to 0$을 만족한다. 그러므로 $C \to 0$이다.
3. $S - Ee^{-r(T-t)} = 0$. 이 경우에서는 $\log(S/E) + r(T-t) = 0$이므로 $\sigma \to 0^+$이면 $d_1 \to 0$, $N(d_1) \to 1/2$, $d_2 \to 0$, $N(d_2) \to 1/2$를 만족한다. 그러므로 $C \to (S - Ee^{-r(T-t)})/2 = 0$이다.

위의 세 가지의 경우는 아래의 공식으로 간단하게 정리할 수 있다.

$$\lim_{\sigma \to 0^+} C(\sigma) = \max(S - Ee^{-r(T-t)}, 0) \tag{14.2}$$

10장에서, σ에 대한 옵션 가격 C의 미분, 즉 베가가 식 (10.6)으로 주어진다. 특별히, $\partial C/\partial\sigma > 0$임을 알고 있다. $C(\sigma)$가 연속이고, 영보다 큰 미분값을 가지기 때문에 $C(\sigma)$는 $[0, \infty)$의 값을 가지는 σ에 대하여 단조 증가 함수이다. 식 (14.1)과 (14.2)에서 $C(\sigma)$는 $\max(S - Ee^{-r(T-t)}, 0)$와 S의 사이에 있어야만 한다. $C(\sigma) = C^\star$가 해를 갖는다는 것과 아래의 조건은 동치이다.

$$\max(S - Ee^{-r(T-t)}, 0) \le C^\star < S \tag{14.3}$$

해가 존재한다면, 유일할 것이다.[1] 이후부터는 이 조건식이 만족한다고 가정한다. 위의 가정의 타당성으로서, 만약 식 (14.3)이 성립하지 않는다면, 차익 거래의 기회가 존재한다는 것을 (2.6)절에서 보였다.

나중을 위하여, σ에 대한 2차 미분을 계산할 것이다. 식 (10.6)을 미분하면

$$\frac{\partial^2 C}{\partial \sigma^2} = -\frac{S\sqrt{T-t}}{\sqrt{2\pi}} \exp\left(-d_1^2/2\right) d_1 \frac{\partial d_1}{\partial \sigma}$$

식 (8.20)을 이용하면

$$\begin{aligned}\frac{\partial d_1}{\partial \sigma} &= -\frac{\log(S/E) + r(T-t)}{\sigma^2\sqrt{T-t}} + \frac{1}{2}\sqrt{T-t} \\ &= -\left[\frac{\log(S/E) + (r-\sigma^2/2)(T-t)}{\sigma^2\sqrt{T-t}}\right] \\ &= -\frac{d_2}{\sigma}\end{aligned}$$

그러므로

$$\frac{\partial^2 C}{\partial \sigma^2} = \frac{S\sqrt{T-t}}{\sqrt{2\pi}} \exp\left(-d_1^2/2\right) \frac{d_1 d_2}{\sigma} = \frac{d_1 d_2}{\sigma}\frac{\partial C}{\partial \sigma} \tag{14.4}$$

식 (14.4)로부터 $\partial C/\partial\sigma$가 $\sigma = \widehat{\sigma}$에서 최대값을 가진다. (문제 (14.1) 참조)

$$\widehat{\sigma} := \sqrt{2\left|\frac{\log(S/E) + r(T-t)}{T-t}\right|} \tag{14.5}$$

게다가 $\partial^2 C/\partial\sigma^2$은 다음과 같이 변형이 된다. (문제 (14.2) 참조)

$$\frac{\partial^2 C}{\partial \sigma^2} = \frac{T-t}{4\sigma^3}\left(\widehat{\sigma}^4 - \sigma^4\right)\frac{\partial C}{\partial \sigma} \tag{14.6}$$

식 (14.6)은 $C(\sigma)$가 $\sigma < \widehat{\sigma}$일 때는 아래로 볼록(convex)하고, $\sigma > \widehat{\sigma}$일 때는 위로 볼록(concave)하다. 이 성질을 이용하면 알맞은 초기값에 대하여 뉴턴법이 광역적(globally)으로 수렴한다는 것을 보일 수 있다.

[1] 왜냐하면 $C(\sigma)$가 단조 증가 함수이기 때문에 (옮긴이 주)

14.4 이분법과 뉴턴법

$F(\sigma) := C(\sigma) - C^\star$라 하면, $\sigma^\star$에 대한 비선형 방정식은 $F(\sigma) = 0$이다. 이분법을 적용하기 위해서는 $F(\sigma)$의 부호가 변하는 구간 $[\sigma_a, \sigma_b]$가 필요하다. 식 (14.1), (14.2)과 $C(\sigma)$의 단조성으로부터, 고정된 K (예로 $K = 0.05$)에 대하여 $[0, K]$, $[K, 2K]$, $[2K, 3K]$, ...를 적용해보는 방법을 이용한다.

뉴턴법은 식 (10.6)에서 주어진 $F'(\sigma) = \partial C/\partial\sigma$ 이용한

$$\sigma_{n+1} = \sigma_n - \frac{F(\sigma_n)}{F'(\sigma_n)} \tag{14.7}$$

을 사용한다. F에 대한 정보가 충분하기 때문에 식 (13.3)에서 행한 해석을 따라서 할 수 있다. $F(\sigma^\star) = 0$과 평균값 정리를 사용하면,

$$\begin{aligned}\sigma_{n+1} - \sigma^\star &= \sigma_n - \sigma^\star - \frac{F(\sigma_n) - F(\sigma^\star)}{F'(\sigma_n)} \\ &= \sigma_n - \sigma^\star - \frac{(\sigma_n - \sigma^\star)F'(\xi_n)}{F'(\sigma_n)}\end{aligned}$$

여기에서 ξ_n는 σ_n과 $\sigma^\star$사이의 값이다. 그러므로 아래의 식이 성립한다.

$$\frac{\sigma_{n+1} - \sigma^\star}{\sigma_n - \sigma^\star} = 1 - \frac{F'(\xi_n)}{F'(\sigma_n)} \tag{14.8}$$

$F'(\sigma)$가 양수이고 식 (14.5)에서 $\widehat{\sigma}$에서 최대값을 가진다는 것을 알고 있다. 그러므로 초기값 $\sigma_0 = \widehat{\sigma}$을 이용하면, 식 (14.8)에서 $0 < F'(\xi_0) < F'(\widehat{\sigma})$을 알 수 있고, 아래가 만족하게 된다.

$$0 < \frac{\sigma_1 - \sigma^\star}{\sigma_0 - \sigma^\star} < 1 \tag{14.9}$$

이 식은 σ_1의 오차가 σ_0의 오차에 비하여 부호는 같지만 작다는 것을 의미한다. $\widehat{\sigma} < \sigma^\star$를 가정하자. 식 (14.9)에서부터, $\sigma_0 < \sigma_1 < \sigma^\star$임을 알 수 있다. 식 (14.6)에서부터, $\sigma > \widehat{\sigma}$인 σ에 대하여 $F''(\sigma) < 0$이면, 식

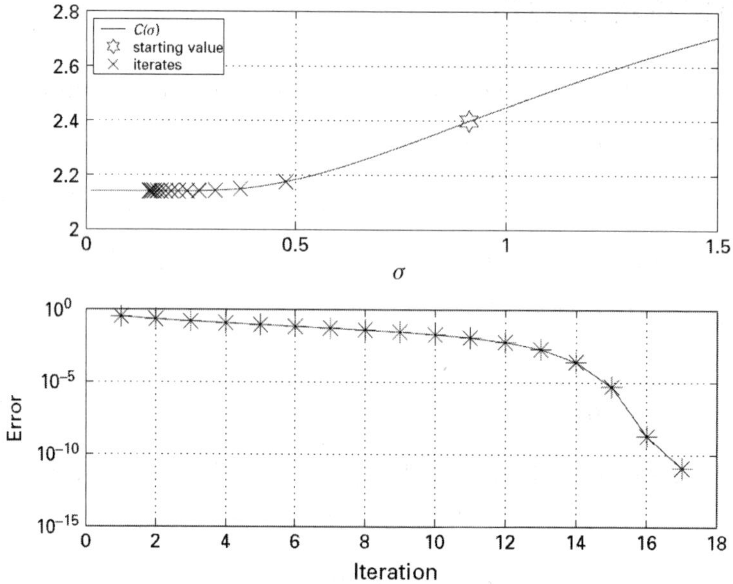

그림 14.1: 내재변동성을 구하는 뉴턴법. 윗그림: 반복, 아래그림: 오차

(14.8)에 있는 ξ_1은 σ_1과 $\sigma^\star$사이에 놓여 있음을 알 수 있다. 그러므로 $0 < F'(\xi_1) < F'(\sigma_1)$이고, 식 (14.8)로부터

$$0 < \frac{\sigma_2 - \sigma^\star}{\sigma_1 - \sigma^\star} < 1$$

이런 논법을 계속 적용하면 다음의 식을 구할 수 있다.

$$0 < \frac{\sigma_{n+1} - \sigma^\star}{\sigma_n - \sigma^\star} < 1, \qquad n \geq 0 \text{ 일 때} \tag{14.10}$$

그러므로 n이 증가함에 따라서 오차는 단조 감소한다.

비슷한 방법으로, $\widehat{\sigma} > \sigma^\star$인 경우에도 식 (14.10)이 만족함을 보일 수 있다. (문제 (14.3) 참조) 전체적으로, 초기값 $\sigma_0 = \widehat{\sigma}$의 선택은 n이 증가함에 따라서 오차가 항상 단조 감소함을 알 수 있다. 결국 오차는 영으로 접근하여야 하고, 13장에서 살펴 보았던 이론에서 이 수렴은 2차적(quadratic)이다. 그러므로 이 특수한 비선형 방정식을 풀 때에 뉴턴법의 초기값으로 $\sigma_0 = \widehat{\sigma}$을 사용하는 것은 확실한 수렴을 보장하는 것이다. 이 것이 내재 변동성을 계산하기 위하여 선택하는 우리의 방법이다.

계산 예제 그림 (14.1)에서는 $S_0 = 3$, $E = 1$, $r = 0.05$, $T = 3$, $t = 0$인 경우에 뉴턴법의 성과를 보여준다. C의 값으로 $\sigma^\star = 0.15$를 이용한 블랙-숄즈의 값을 계산하여서 이를 이용하여 뉴턴법이 얼마나 빨리 $\sigma^\star$를 찾아내는지를 살펴 보았다. 식 (14.5)의 $\sigma_0 = \widehat{\sigma}$을 초기값으로 이용하면 단조 수렴이 보장된다. 그림 (14.1)의 상반부의 그래프에서 곡면 $C(\sigma)$와 중첩되어서 그려진 $(\sigma_n, C(\sigma_n))$를 나타냈다. 하반부의 그래프는 오차 $|\sigma_n - \sigma^\star|$의 크기를 보여준다. 초기의 수렴 속도는 좀 느리지만, 궁극적으로 2차 수렴을 보여준다. 이러한 초기의 느린 수렴은 $F'(\sigma^\star)$가 0에 가깝기 때문에 유발된 것이다. ($F'(\sigma^\star) \neq 0$는 수렴 정리의 가정이다. 만약에 $F'(\sigma^\star)$가 정확하게 영이라면, 뉴턴법은 2차보다 느린 수렴을 보일 것이다. – (Ortega and Rheinboldt, 1970)을 참조하라.) ◇

14.5 실제 데이터에서 내재 변동성

파이낸셜 타임스(Financial Times) 2001년 8월 22일 수요일자에 발표된, 런던 국제 선물 옵션 거래소(London International Financial Futures and Options Exchange, LIFFE)에서 거래되는 콜옵션에 대하여 내재 변동성을 살펴 보자. 이 자료는 런던 주식 거래소(London Stock Exchange)에서 거래되는 100개의 주식의 평균값인 FTSE 100 지수의 옵션이다. 이 콜옵션은 2001년 12월에 종료된다.

행사가	옵션 가격
5125	475
5225	405
5325	340
5425	$280\frac{1}{2}$
5525	226
5625	$179\frac{1}{2}$
5725	139
5825	105

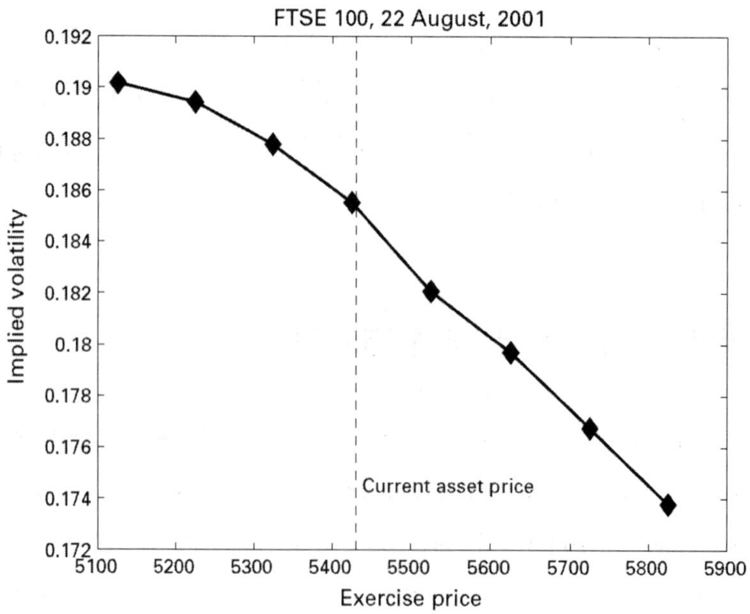

그림 14.2: FTSE 100 지수에 대한 콜옵션의 행사가 대비 내재변동성

2001년 8월 22일의 초기 자산 가격은 5420.3이었다. 금리로 $r = 0.05$, 옵션의 잔존 만기로 $T = 4/12$를 이용하였다. 그림 (14.2)는 8개의 다른 행사가에 대한 내재 변동성을 구한 것을 보여준다. 물론, 블랙-숄즈의 공식이 유용하다면 변동성은 각 행사가마다 같은 값이어야 한다. 이 예제에서 내재 변동성은 10% 정도 변하는 것을 볼 수 있다. 외가격의 콜옵션보다 내가격의 콜옵션의 내재 변동성이 높은 것을 알 수 있다. 이것은 1987년 주식 시장의 폭락 이후로 옵션 시장에 나타나는 전형적인 현상이다. 행사가에 대한 내재 변동성을 나타낸 폭락 이전의 그래프는 아래로 볼록한 미소(smile) 모양을 가끔 보였는데, 최근 들어서는 점점 찡그린(frown) 모양을 보이는 경향이 있다.

14.6 주석 및 참고문헌

뉴턴법의 수렴성 해석은 Manaster and Koehler(1982)의 논문을 기반으로 하였다. 이것은 Kwok(1998)에도 언급이 되어 있다.

널리 보고된 바와 같이 다른 변수들이 변할 때에 내재 변동성이 상수가 아니고 변화하는 현상은 분명히 블랙-숄즈의 공식이 시장에서 거래되고 있는 옵션의 가격을 정확하게 표현하는 데 실패했음을 의미한다. 이 이론이 여러 개의 간단화된 가정에 기초로 하고 있다는 것을 생각하면 그다지 놀라운 일은 아니다. 이러한 점에도 불구하고, 블랙-숄즈의 이론과 그들의 통찰력은 학계와 시장에서 여전히 높게 인정된다. 실제 거래에서는 옵션의 가격으로 볼(*vol*)을 이용하여 호가를 내는 것이 일반적이다. 즉, $C^\star$를 호가로 제시하는 것이 아니라 블랙-숄즈의 공식을 이용하여 $C(\sigma^\star) = C^\star$인 변동성 $\sigma^\star$의 값을 제시한다.

블랙-숄즈 이론의 변동성이 상수가 아닌 현상을 해결하려는 많은 시도가 있었다. 성과를 낸 이론도 좀 있었지만, 어떤 것도 원래 블랙-숄즈의 간단한 공식과 명쾌한 해석을 재현하지 못했다. Hull(2000)의 17장에 이런 시도들을 정리하여 소개하였다.

연습문제

14.1 ★★★ $\partial C/\partial\sigma$가 구간 $[0,\infty)$ 중에서 식 (14.5)에서 정의된 $\sigma=\widehat{\sigma}$일 때 유일한 최대값을 가짐을 보여라.

14.2 ★★ 식 (14.6)을 유도하라.

14.3 ★★★ $\sigma_0=\widehat{\sigma}$이라 하자. $\sigma<\widehat{\sigma}$에 대하여 $F''(\sigma)>0$을 이용하여 $\widehat{\sigma}>\sigma^\star$에 대하여 (14.10)이 성립함을 보여라.

14.7 프로그램과 연습

그림 (14.3)에 제시한 프로그램 ch14에서 뉴턴법으로 유럽형 콜옵션의 내재 변동성을 구하는 알고리즘을 구현하였다. r, S, E, T, tau의 값을 정한 후에, 8장의 ch08을 이용하여 sigma_true=0.3에 해당하는 콜옵션의 가격 C_true을 계산하였다. 이제 할 일은 C_true의 옵션가격을 이용하여 변동성을 재현하려고 한다. ch13에서 언급한 while 문장을 이용하고, 원하는 vega값을 계산하기 위하여 ch10 프로그램을 이용한다. 마지막 해의 오차는 6×10^{-17} 미만이 된다.

프로그래밍 연습문제

P14.1 풋옵션을 처리할 수 있도록 ch14를 수정하라.

```
%CH14 Program for Chapter 14
%
% Computes implied volatility for a European call

%%%%%%%%%% parameters %%%%%%%%%
r = 0.03; S = 2; E = 2; T = 3; tau = T; sigma_true = 0.3;
[C_true,Cdelta,P,Pdelta] = ch08(S,E,r,sigma_true,tau);
%%%%%%%%%%%%%%%%%%%%%%%%%%%%%%%%%%%%%%%%%%%%%%%%%%%%%%%%%%%%%%%%%

%starting value
sigmahat = sqrt(2*abs( (log(S/E) + r*T)/T ) );

%%%%%% Newtons method %%%%%
tol = 1e-8;
sigma = sigmahat;
sigmadiff = 1;
k = 1;
kmax = 100;
while (sigmadiff >= tol & k < kmax)
    [C,Cdelta,Cvega,P,Pdelta,Pvega]=ch10(S,E,r,sigma,tau);
    increment = (C-C_true)/Cvega;
    sigma = sigma - increment;
    k = k+1;
    sigmadiff = abs(increment);
end
sigma
```

그림 14.3: 14장의 프로그램: ch14.m.

P14.2 온라인에서나 신문에서 실제 옵션 가격을 구하여 그림 (14.2)와 같은 그림을 구현하라. 가능하다면, 만기가 변함에 따른 내재 변동성의 거동을 관찰하라.

인 용

변동성은 파생 상품 이론에서
가장 중요하지만 정확하게 규정하기 어려운 변수이다.

PAUL WILMOTT (Wilmott, 1998)

변동성 스마일은
엉터리 공식에서 정답을 얻기 위하여
입력하는 엉터리 숫자이다.

RICCARDO REBONATO (Rebonato, 1999)

대부분의 트레이더들은 다른 평가모형을 사용하는 것보다
블랙-숄즈 모형의 입력 변수인 변동성에 대하여
보다 좋은 예측을 하는 것에
집중함으로써 성과를 높일 수 있다는 것이
저자의 강력한 의견이다.

A. L. H. SMITH (Smith, 1986)

블랙-숄즈의 공식이 발표되기 전에는,
옵션이 가끔 심하게 잘못 평가되었다.
Thorpe는 곧 이런 기회를 포착하는 컴퓨터 프로그램을 개발하였다.
1970년대에 이러한 프로그램이 매우 성공적이어서,

Thorpe와 Kassouf는 더 좋은 환경을 위하여 학교를 그만 두었다.

JAMES CASE, reviewing the book (Bass, 1999) in *Society for Industrial and Applied Mathematics (SIAM) News*, Jan/Feb, 2001.

15 장

몬테카를로 I

개 요

- 몬테카를로
- 신뢰 구간
- 옵션 평가를 위한 몬테카를로
- 그릭 계산을 위한 몬테카를로

15.1 학습목표

12장에서 옵션의 가치 평가를 기대값의 계산으로 생각하면 된다는 것을 보았다. 기대값을 계산하기 위하여 의사 난수(pseudo-random) 생성기를 사용하는 개념을 4장에서 처음 소개하였다. 여기서는 이러한 두 가지의 개념을 하나로 통합하고 옵션 평가에 몬테카를로 방법을 사용하는 것을 소개한다. 19장에서 보게 되듯이, 몬테카를로 방법은 닫힌해(closed solution)가 없는 옵션 계산에서는 매우 강력하다.

15.2 몬테카를로

우선 일반적인 확률 변수 X의 경우를 생각해보자. 여기서 X의 기대값은 $\mathbb{E}(X) = a$이고 분산은 $\mathrm{var}(X) = b^2$이다. 그리고 다음을 가정하자.

- a의 근사값(가능한 경우 b의 근사값도)을 구하는 것에 관심이 있다.
- 의사난수 생성기를 이용하여 독립적인 표본 X를 추출할 수 있다.

표 (4.2)에서 많은 개수의 표본의 평균을 구하면 이것이 기대값에 대해 좋은 근사값이라는 것을 알았다. 그래서 $X_1, X_2, ..., X_M$이 X와 같은 분포를 갖는 독립인 확률 변수라고 하면 다음의 식

$$a_M := \frac{1}{M}\sum_{i=1}^{M} X_i \tag{15.1}$$

이 a의 좋은 근사값이 될 수 있다. $\mathbb{E}(X)$에 대한 근사값이 X와 같은 기대값을 가지고 있으면 그 근사값은 편향성이 없다(un-biased)라고 말한다. 식 (15.1)의 a_M이 편향되지 않았음을 쉽게 알 수 있다. 이에 대해서는 연습문제 (15.1)을 참조하라. 분산의 측정에서는 $\mathrm{var}(X) := \mathbb{E}[(X - \mathbb{E}(X))^2]$이므로 $(\sum_{i=1}^{M}(X_i - a_M)^2)/M$이 분산의 근사값이다. 하지만 이 근사값이 편향되지 않게 하기 위해서는 그 값을 약간 조정할 필요가 있다. 연습문제 (15.2)에서 다음의 식이 정확한 비 편향 식임을 알 수 있다.

$$b_M^2 := \frac{1}{M-1}\sum_{i=1}^{M}(X_i - a_M)^2 \tag{15.2}$$

중심 극한 정리(Central Limit Theorem)에 의해 $\sum_{i=1}^{M} X_i$는 $\mathrm{N}(Ma, Mb^2)$를 따르는 확률 변수처럼 행동하므로

$$a_M - a\text{는 근사적으로 } \mathrm{N}\left(0, \frac{b^2}{M}\right)\text{의 분포를 만족한다.} \tag{15.3}$$

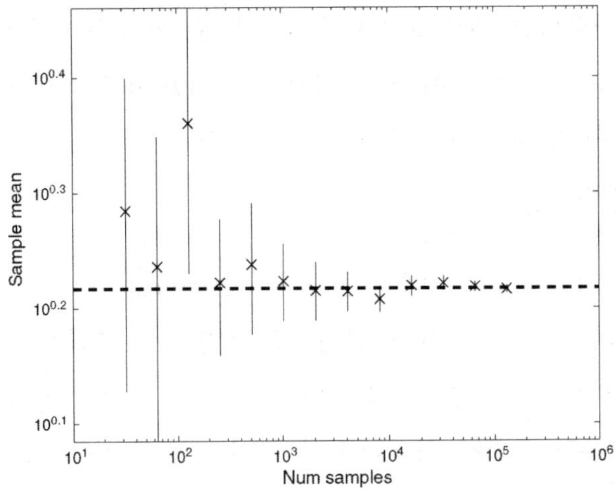

그림 15.1: $\mathbb{E}(e^Z)$에 대한 몬테카를로 근사. 여기에서 $Z \sim \mathsf{N}(0,1)$이다. 심벌은 몬테카를로 근사이고, 수직선은 95%의 신뢰구간이다. 수평 점선은 $\mathbb{E}(e^Z) = \sqrt{e}$이다.

또한 $(a_M - a)\big/\big(b/\sqrt{M}\big)$이 $\mathsf{N}(0,1)$의 확률 변수라고 말할 수 있다. 이는 M개의 표본을 추출하여 a_M을 계산하면 오차가 $O(1/\sqrt{M})$ 수준에서 a에 대한 근사가 가능함을 의미한다.

이러한 주장을 (6.5)절에서 소개한 신뢰 구간의 개념을 이용하면 보다 정량적으로 표현할 수 있다. 만약 식 (15.3)이 정확하게 성립한다면 식 (6.15)로부터 다음이 성립한다.

$$\mathbb{P}\left(a - \frac{1.96b}{\sqrt{M}} \le a_M \le a + \frac{1.96b}{\sqrt{M}}\right) = 0.95$$

위의 식을 아래와 같이 다시 쓸 수 있다.

$$\mathbb{P}\left(a_M - \frac{1.96b}{\sqrt{M}} \le a \le a_M + \frac{1.96b}{\sqrt{M}}\right) = 0.95 \tag{15.4}$$

식 (15.4)에서 나타나는 비율 $b/\sqrt{M}$은 표준오류(*standard error*)라고 한다. 알려지지 않은 b를 근사값 b_M으로 바꾸면 기대값 a가 대략 0.95의 확률로 다음의 구간에 놓이게 되는 것을 알 수 있다.

$$\left[a_M - \frac{1.96b_M}{\sqrt{M}}, a_M + \frac{1.96b_M}{\sqrt{M}}\right] \tag{15.5}$$

다시 말하면 식 (15.5)는 a의 95% 신뢰구간의 근사값이다.

이러한 분석은 a를 근사하기 위한 기본적인 몬테카를로 방법을 소개한다. 우선 M개의 독립적인 표본을 추출하여 식 (15.1)의 a_M을 구성한다. 또한 오류를 검사하기 위해 식 (15.2)의 분산의 근사값인 b_M^2을 계산한다. b_M을 산출하면 식 (15.5)의 신뢰 구간을 계산할 수 있다. (또는 99%와 같은 다른 비율의 신뢰 구간을 구할 수 도 있다. 연습문제 (6.8)을 참조하라.)

여기서 주목해야 할 두 가지 특징이 있다.

(i) 신뢰 구간의 크기는 표본의 수의 제곱근의 역수에 비례하여 줄어든다. 즉, 오차가 0.1배로 감소하기 위해서는 표본 수가 100배로 증가하여야 한다. 이는 몬테카를로 근사값이 매우 높은 수준의 정확도를 갖지 못하는 이유이다.

(ii) 신뢰구간은 확률 변수의 표준 편차, 즉 분산의 제곱근에 직접적으로 비례한다. 실제로 $\mathbb{E}(X)$를 근사하는 문제를 X와 평균은 같으나 분산이 작은 Y라는 확률 변수를 도입하여 $\mathbb{E}(Y)$를 근사 하는 문제로 바꾸는 것이 매우 바람직하다. 이러한 분산 감소라고 알려진 방법은 실제 몬테카를로 알고리즘의 많은 부분을 차지한다. 널리 사용되는 두가지 접근법을 21장과 22장에서 볼 수 있다.

계산 예제 그림 (15.1)에서 $Z \sim \mathrm{N}(0,1)$인 $\mathbb{E}(e^Z)$의 몬테카를로 시뮬

레이션의 결과를 보여준다. 이 경우에는 해석적으로 $\mathbb{E}(e^Z) = \sqrt{e}$임을 알 수 있다. 이는 연습문제 (15.3)을 참조하라. 13가지 다른 표본 크기 $M = 2^5, 2^6, 2^7, \ldots, 2^{17}$을 사용하여 각각의 표본 크기에 대해 계산된 평균 a_M은 십자 모양으로 표시하고 95% 신뢰 구간은 수직선으로 표시했다. 이 선은 종종 오차 바(*error bar*)라고도 불린다. 그리고 두 축 모두 로그 척도로 조정됐음을 알아둔다. 평균의 정확한 값인 $\sqrt{e}$는 점선으로 표시했다. 여기서 표본의 개수인 M이 증가하면서 대체적으로 평균값이 점점 정확해지고 신뢰 구간이 줄어드는 것을 알 수 있다. $M = 2^7$인 세 번째의 경우에는 평균의 참값이 신뢰 구간에 들어있지 않다. 앞의 이론에서 이러한 상황은 대략 전체의 5% 정도로 발생할 수 있다. 하지만 다음을 만족하기 위해서는 충분히 큰 M이 필요하다.

- 중심 극한 정리를 이용한 근사값은 정확하고
- 계산된 분산 b_M이 분산의 참 값인 b를 잘 근사한다.

이 내용에 대해 별도로 조사하면, $M = 2^7$의 경우 분산 값의 오차 $|b_M^2 - b^2|$이 무시하지 못할 수준의 값인 7.1로 나온다. $M = 2^{16}, M = 2^{17}$인 경우 오차는 각각 5.31×10^{-3}과 3.64×10^{-3}이다. 이 두 오차의 비율은 대략 1.5로서 $M \to \infty$일 때 점근 값인 $\sqrt{2}$와 비슷하다.[1] 이 계산은 일반적인 것이다. 몬테카를로 시뮬레이션을 이용하면 많은 작업을 하지 않고도 몇 자릿수의 정확도를 얻어냈다. 하지만, $1/\sqrt{M}$의 저주는 더 높은 정확도를 얻기 위해 너무나 큰 대가를 치르게 한다. 즉, 오차를 10^{-4}로 줄이기 위해서 10^8단위의 표본이 필요하고, 10^{-6}으로 줄이기 위해서는 10^{12}단위의 표본이 필요하다. 이에 관해서 연습문제 (15.4)를 참조하라. ◇

---

[1] $M_2 = 2M_1$일 때, 각각의 표준 오차는 $b/\sqrt{M_2} = b/\sqrt{2M_1}$과 $b/\sqrt{M_1}$이다. 두 오차의 비율은 $\sqrt{2}$가 된다. (옮긴이 주)

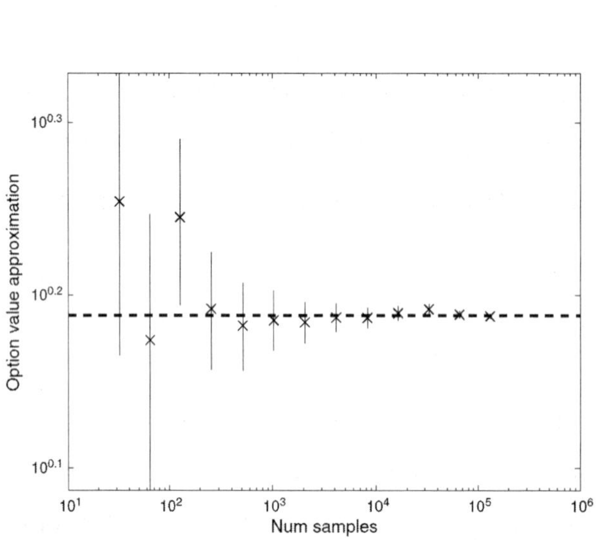

그림 15.2: 유럽형 콜옵션에 대한 몬테카를로 근사. 심벌은 근사값이고, 수직선은 95%의 신뢰구간이다. 수평 점선은 블랙-숄즈 공식의 값이다.

15.3 옵션 평가를 위한 몬테카를로

이제 옵션 평가에 몬테카를로를 사용할 단계가 되었다. 여기서는 만기 수익이 만기 시점의 기초 자산 가격의 함수 Λ인 유럽식 옵션을 고려한다. 자산 가격에 관한 모형은 $t = T$일 때 식 (6.8)로 주어진다. 12장에서 논의한 위험 중립 접근법을 사용하면 초기 시점의 옵션 가치는 $\mu = r$로 맞추고 $e^{-rT}\mathbb{E}[\Lambda(S(T))]$를 계산하면 구할 수 있다.

이를 모두 합치면 다음 확률 변수의 기대값을 구하여야 한다.

$$e^{-rT}\Lambda\left(S_0 \exp\left[\left(r - \sigma^2/2\right)T + \sigma\sqrt{T}Z\right]\right), \qquad 단,\ Z \sim \mathsf{N}(0,1) \tag{15.6}$$

결과적으로 이 값을 구하는 몬테카를로 알고리즘은 다음과 같이 요약할 수 있다.

```
for i = 1 to M
    compute an N(0,1) sample ξ_i
    set S_i = S_0 exp[(r − σ²/2)T + σ√T ξ_i]
    set V_i = e^{−rT} Λ(S_i)
end
set a_M = (1/M) Σ_{i=1}^M V_i
set b_M² = (1/(M−1)) Σ_{i=1}^M (V_i − a_M)²
```

위의 알고리즘은 옵션 가격의 근사값 a_M과 근사 95% 신뢰구간인 식 (15.5)를 생성한다.

계산 예제 유럽식 콜옵션을 계산하기 위해 몬테카를로 방법을 사용하여 $\Lambda(S(T)) = \max(S(T) - E, 0)$을 계산한다. 식 (8.19)의 블랙-숄즈 공식을 이용하여 정확한 옵션 가격을 계산하고 몬테카를로 방법이 얼마나 잘 동작하는지 비교할 것이다. $S_0 = 10$, $E = 9$, $\sigma = 0.1$, $r = 0.06$, $T = 1$이라고 하자. 여기서 블랙-숄즈 공식으로 계산된 값은 1.5429이다. 그림 (15.2)는 그림 (15.1)과 마찬가지 방식으로 몬테카를로 시뮬레이션 결과를 보여준다. 여기서 표본의 크기는 $M = 2^5, 2^6, \ldots, 2^{17}$으로 하였다. 각각의 표본 크기에 대해 계산된 평균 a_M을 십자 모양으로 그리고 계산된 95% 신뢰구간을 수직선으로 표시하였다. 그림 (15.1)에서 이용한 것과 같은 의사난수 생성 수열을 이용하였고, 여기서도 $M = 2^7$의 경우 신뢰 구간이 실제 평균값을 포함하지 못했다. 표본의 크기가 가장 큰 2^{17}개의 경우 a_M의 오류는 대략 1.2×10^{-3}이다. 여기서는 블랙-숄즈 공식으로 간편하게 답을 구할 수 있기에 굳이 몬테카를로 방법을 사용할 필요는 없다. 하지만 19장의 경우와 같이 블랙-숄즈와 같은 간단한 해답식이 없는 복잡한 옵션의 경우에서는 몬테카를로 방법이 큰 의미를 갖는다. ◇

15.4 그릭 계산을 위한 몬테카를로

옵션 가격과 더불어 다양한 변수에 대한 편미분값인 그릭(greek) 또한 관심의 대상이다. 특히 델타 $\Delta = \partial V/\partial S$는 옵션을 복제하기 위해 트레이더가 수행해야 하는 헤지(hedge)에 있어서 가장 중요한 역할을 담당한다. 몬테카를로 접근법으로는 편미분값의 근사값을 구할 수 있다. 물론 이는 신중하게 다루어야 하고, 계산의 비용이 클 수도 있다. 여기서는 $\Lambda(S(T))$의 손익을 갖는 유럽식 옵션의 초기 시점 델타에 한정한다. 하지만 기본 개념은 일반적인 상황으로 확장이 가능하다.

간단한 테일러 시리즈 전개를 이용하면 자산 가격이 S이고 시간이 t일 때의 델타는 다음을 만족한다.

$$\frac{\partial V(S,t)}{\partial S} = \frac{V(S+h,t) - V(S,t)}{h} + O(h), \quad \text{단, } h \to 0 \tag{15.7}$$

그래서 작은 값 h를 정하면 유한 차분을 이용하여 미분값을 근사할 수 있다.

$$\frac{\partial V(S,t)}{\partial S} \approx \frac{V(S+h,t) - V(S,t)}{h}$$

약간 다른 두 자산 가격을 S 인수(argument)에 적용하여 얻은 옵션 가격들을 이용하여 한 점에서의 델타에 대한 근사값을 위의 식이 보여 준다. 위험 중립과 할인, 기대 손익의 식을 사용하여 다음 식의 두 기대값을 몬테카를로를 이용하여 근사값을 계산하고, 이를 통하여 초기 시점의 델타를 구할 수 있다.[2]

$$e^{-rT}\frac{\mathbb{E}[\Lambda(S(T))|S(0) = S_0 + h] - \mathbb{E}[\Lambda(S(T))|S(0) = S_0]}{h} \tag{15.8}$$

[2] 원서에서는 식 (15.8)과 (15.9)에서 기초 자산 가격의 증가분인 h가 첫 번째 항이 아닌 두 번째 항에 있다. 이런 경우에는 델타의 부호가 바뀌게 된다. (옮긴이 주)

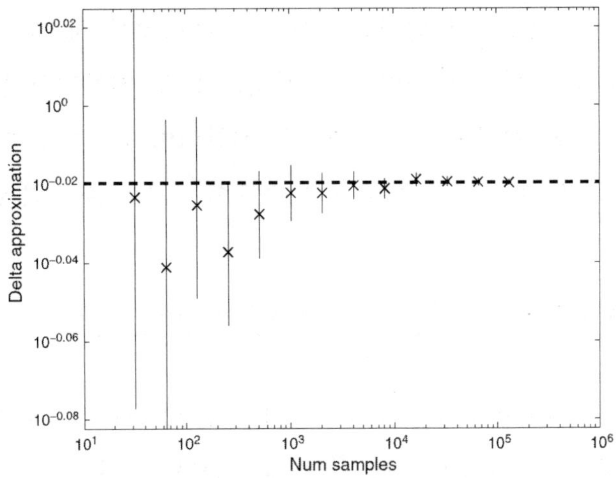

그림 15.3: 유럽형 옵션의 델타에 대하여 제로 시점의 몬테카를로 근사. 심벌은 근사값이고, 수직선은 95%의 신뢰구간이다. 수평 점선은 블랙-숄즈 공식의 값이다.

여기서 두 몬테카를로 추정값의 오류는 각각 $O\left(1/\sqrt{M}\right)$이므로 두 값의 차를 h로 나누어주면, 식 (15.8)의 전체적인 오류는 $O\left(1/(h\sqrt{M})\right)$이라고 생각할 수 있다. 이는 상황을 악화시킨다. 즉, 좋은 미분 근사값을 얻기 위해서는 h의 값이 작을수록 좋다. 그러나 기본적인 몬테카를로 옵션 평가 방법에서 필요한 것보다 훨씬 더 많은 수의 표본을 추출해야 한다. 또 다른 어려운 점은 델타의 부호를 만족스럽게 얻기 위해서는 두 기대값에 대한 몬테카를로 신뢰 구간이 겹치지 않아야 한다. $V(S,t)$와 $V(S+h,t)$의 정확한 평균값은 $O(h)$ 정도의 차이만을 보여야 하고, 이는 신뢰 구간의 폭이 $O(h)$만큼은 작아야 한다는 의미이다.

하지만, 식 (15.8)의 두 확률 변수가 높은 연관성이 있다는데 착안하면 어느 정도의 정확도를 높일 수 있다. 즉, $S(0) = S_0$에서 시작하여 만들어진 자산 가격 경로에서 얻어진 손익은 $S_0 + h$에서 시작하여 만들어진 경로의 손익과 매우 비슷할 것이다. 직관적으로 두 시뮬레이션에 같은 자산 가격 경로를 사용한다고 가정하면, 각 시뮬레이션에 해당하는 표본 평균의 오차는 비슷하다. 즉, 다음의 동치 문제에 몬테카를로 방법을 적용할 수 있다.

$$e^{-rT}\frac{\mathbb{E}[(\Lambda(S(T))|S(0) = S_0 + h) - (\Lambda(S(T))|S(0) = S_0)]}{h} \tag{15.9}$$

이 식은 하나의 확률 변수만을 다룬다. 21장과 22장에서 상관계수의 개념을 더 명확하게 다룰 것이며, 연습문제 (22.3)에서 이 논의에 대한 증명을 보여줄 것이다.

위의 주장을 이용하면 Δ를 근사하기 위한 다음의 몬테카를로 알고리즘을 만들 수 있다.

for $i = 1$ to M
  compute an $\mathsf{N}(0,1)$ sample ξ_i
  set $S_i = S_0 e^{(r-\frac{1}{2}\sigma^2)T+\sigma\sqrt{T}\xi_i}$
  set $S_i^h = (S_0 + h)e^{(r-\frac{1}{2}\sigma^2)T+\sigma\sqrt{T}\xi_i}$
  set $\Delta_i = e^{-rT}(\Lambda(S_i) - \Lambda(S_i^h))/h$
end
set $a_M = \frac{1}{M}\sum_{i=1}^{M}\Delta_i$
set $b_M^2 = \frac{1}{M-1}\sum_{i=1}^{M}(\Delta_i - a_M)^2$

위 알고리즘은 델타의 근사값 a_M을 계산하고 식 (15.5)의 95% 신뢰구간을 만든다.

계산 예제 그림 (15.2)에서 제시된 유럽식 콜옵션의 문제로 돌아가자. 여기서 표본의 수는 M이다. 블랙-숄즈 공식으로 계산된 초기 델타 값은 0.9558이다. 그림 (15.3)은 앞의 알고리즘을 사용하여 계산된 델타의 근사값을 그림 (15.1)과 그림 (15.2)의 형식으로 표현한 것이다. 우리는

$h = 10^{-4}$로 고정했다. $M = 2^{17}$에서 표본의 오류는 1.2×10^{-4}이다. 이 값은 옵션 계산 만을 행할 때의 오차보다 작은 값이다. 우리는 두 옵션들에 대해 서로 다른 의사난수 생성기를 사용하여 계산 실험을 진행하기도 했다. 결과는 매우 좋지 않았는데, 여기서 사용된 각각의 M 값에 대해 어떤 자릿수의 정확도도 관측할 수 없었고, 표준 편차가 약 50000배 컸다. ◇

15.5 주석 및 참고문헌

몬테카를로 시뮬레이션에 대한 논의는 많은 문서에서 다룬다. 현재에서도 매우 중요한 명작은 Hammersley and Handscombe(1964)이다. 최근의 간결하면서도 좋은 문서는 Madras(2002)이다. 몬테카를로와 의사난수 생성, 그리고 다른 시뮬레이션 논의들은 Ripley(1987)에서 자세히 다룬다.

Journal of Financial Economics에서 All-Star Paper Award 2002를 차지한 Boyle의 1977년 논문(Boyle, 1977)은 옵션 평가에 몬테카를로를 소개했다. Boyle(1997)은 몬테카를로의 그 후의 발전과정을 요약했고, 특히 그릭 계산법을 자세히 다루었다. Clewlow and Strickland(1998), Jäckel(2002), Kwork(1998)은 금융에서 몬테카를로가 어떻게 사용되는지에 대해 깊이 다룬 책들이다.

연습문제

15.1 ★ 식 (15.1)의 a_M이 $\mathbb{E}(X)$의 편향성이 없는 추정값, 즉 $\mathbb{E}(a_M) = a$ 임을 보여라.

15.2 ★★★ 아래의 식

$$\widehat{b_M^2} := \frac{1}{M}\sum_{i=1}^{M}(X_i - a_M)^2$$

이 다음의 식을 만족함을 보여라.

$$\mathbb{E}(\widehat{b_M^2}) = \left(\frac{M-1}{M}\right)b^2 \tag{15.10}$$

이는 $\widehat{b_M^2}$이 var(X)의 비편향 추정값이 아님을 보여준다. 식 (15.10)으로부터 식 (15.2)의 b_M^2이 var(X)의 비편향 추정값이다.

15.3 ★★만약 $Z \sim \mathrm{N}(0,1)$이면 $\mathbb{E}\left[e^Z\right] = \sqrt{e}$임을 보여라. [힌트: 식 (3.8)을 다시 본다.]

15.4 ★★그림 (15.1)을 만들어낸 계산 실험에서, '오차를 10^{-4}로 줄이기 위해서 10^8단위의 표본이 필요하고, 오차를 10^{-6}으로 줄이기 위해서는 10^{12}단위의 표본이 필요하다'고 하였다. 어디서 이런 수치들이 도출되었는가? 그림 (15.2)의 계산에서 오류를 10^{-6}으로 줄이기 위해서는 대략 얼마나 많은 표본이 필요한가?

15.6 프로그램과 연습

그림 (15.4)에 제시된 `ch15`에서 유럽형 풋옵션을 평가하는 몬테카를로 방법을 보여준다. 코드는 15.3절에서 소개한 알고리즘을 이용하였다. 그리고 식 (15.1)의 표본 평균과 식 (15.2)의 제곱근인 표준 편차를 구하는데 각각 MATLAB의 내장 함수인 `mean` 과 `std`를 사용하였다.

해당 코드는 신뢰 구간 `conf = [1.0070, 1.0402]`를 만들어낸다. `ch08`의 블랙-숄즈 공식이 다음의 결과를 만들어 내는지 확인하라.

```
%CH15 Program for Chapter 15
%
% Monte Carlo for a European put

randn('state',100)

%%%%%%%%%% Problem and method parameters %%%%%%%%
S = 4; E = 5; sigma = 0.3; r = 0.04; T = 1;
Dt = 1e-3; N = T/Dt; M = 1e4;
%%%%%%%%%%%%%%%%%%%%%%%%%%%%%%%%%%%%%%%%%%

V = zeros(M,1);
for i = 1:M
    Sfinal = S*exp((r-0.5*sigma^2)*T+sigma*sqrt(T)*randn);
    V(i) = exp(-r*T)*max(E-Sfinal,0);
end
aM = mean(V); bM = std(V);
conf = [aM - 1.96*bM/sqrt(M), aM + 1.96*bM/sqrt(M)]
```

그림 15.4: 15장의 프로그램: ch15.m.

```
>> [C, Cdelta, P, Pdelta] = ch08(4,5,0.04,0.3,1)
   C = 0.2167
   Cdelta = 0.3226
   P = 1.0207
   Pdelta = -0.6774
```

프로그래밍 연습문제

P15.1 ch15 프로그램을 그림 (15.2)와 같은 결과를 만들어 낼 수 있도록 수정하라.

P15.2 ch15 프로그램을 델타의 추정값을 만들어 내도록 수정하라.

인 용

포도주의 성숙도와 질을 알기 위해
포도주 한 통을 모두 마실 필요는 없다.

OSCAR WILDE, 1854-1900

우리가 여기서 논의할 고전 이론에서는
미지수 p가 숫자이지 확률 변수가 아니다.
그러므로 p는 I 안에 있거나 바깥에 있게 되며,
p가 I에 속할 확률이라는 것은 의미가 없다.
(반대로 베이지안 학파는 p를 확률 변수로 생각한다. – 15.7절을 본다.)
95% 신뢰 구간은 I가 생성되어온 절차를 의미한다.
이 절차(procedure)는 p를 포함한 구간을 95 퍼센트의 시간 동안 생성한다.

RICHARD ISAAC (Isaac, 1995)

중심 극한 정리(Central Limit Theorem)는 강력한 도구이고,
우리는 그것이 왜 그래야만 하는지 직관적인 설명을 가지고 싶어 한다.
하지만 불운하게도 실패했다.

MARK DENNEY AND STEVEN GAINES
(Denney and Gaines, 2000)

16 장

이항 모형

개요

- 이항 모형의 설명
- 매개 변수의 유도
- 계산 결과

16.1 학습목표

이 장에서 또 하나의 다른 계산 방법을 소개한다. 이항 모형은 설명과 구현이 쉬우며, 18장과 19장에서 보게 되듯이, 평가를 위한 해석해(analytic solution)가 없는 비유럽형 옵션을 평가하는데 쉽게 적용할 수 있는 장점이 있다. 특히 이항 모형은 미국식 옵션 평가를 위한 가장 간단한 방법을 제공한다. 이항 모형을 공부함에 있어 두 가지 개념을 다시 살펴볼 것이다. 그것은 이산 자산 가격 모형과 위험 중립이다.

16.2 이항 모형

이항 모형은 자산 가격의 움직임을 위해 단순한 이산 모형을 사용한다. $\delta t = T/M$를 순차적인 시간 점들 사이의 간격이라고 하자. 여기서 T는 만기일이다. 그래서 자산 가격을 각각의 시간 $t_i = i\,\delta t$에서만 고려한다. 여기서 $0 \le i \le M$이다. 이항 모형에서 가장 중요한 가정은 순차적인 시간 단계 사이에서 자산 가격이 u의 배수로 상승하거나 d의 배수로 하락한 것이다. 가격의 상승은 확률 p로 발생하고 가격의 하락은 $1-p$의 확률로 발생한다. 이 시나리오는 6장에서 소개한 이산 모형의 단순화된 형태라고 볼 수 있다. 실제로 연습문제 (16.1)은 Y_i를 다시 정의하여 이 단순한 형태의 모형을 식 (6.2)의 형태로 바꾸는 문제이다.

초기의 자산 가격은 정해진 S_0이고, 시간 $t_1 = \delta t$에서 가능한 자산 가격들은 uS_0와 dS_0이다. 비슷하게 시간 $t_2 = 2\,\delta t$에서 가능한 자산 가격들은 u^2S_0, udS_0, d^2S_0이다. (여기서 udS_0는 자산 가격이 상승한 후에 하락하거나 또는 하락한 후에 상승한 경우 모두를 나타낸다.) 일반적으로 시간 $t = t_i := i\,\delta t$에서 실현 가능한 자산 가격의 개수는 $i+1$이며, 각각은 다음과 같이 표시한다.

$$S_n^i = d^{i-n}u^nS_0, \quad 0 \le n \le i \tag{16.1}$$

그래서 만기 시점 $t = t_M = T$에서 $M+1$개의 자산 가격이 나온다. $0 \le n \le i$이고 $0 \le i \le M$일 때 값 S_n^i은 그림 (16.1)과 같이 재결합 되는 이항 트리(recombining binary tree)를 생성한다.

유럽식 콜옵션은 만기에 $\Lambda(S(T))$ 형태의 손익을 갖는다. 그러므로 만약 자산 가격이 $t = t_M = T$일 때 S_n^M 이라면 그 시점의 옵션 가치는 $\Lambda\left(S_n^M\right)$이다. 일반적으로 시간 $t = t_i$의 자산 가격이 S_n^i일 때 옵션 가치를

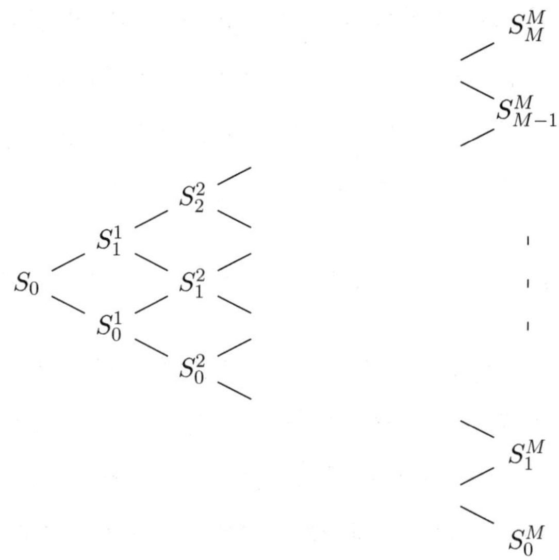

그림 16.1: 자산 가격에 대한 이항 트리의 재결합

V_n^i이라고 하자. 그러면 다음의 식이 성립한다.

$$V_n^M = \Lambda(S_n^M), \quad 0 \le n \le M \tag{16.2}$$

평가의 목적은 $t = 0$ 시점의 옵션의 가격 V_0^0을 구하는 것이다. 앞에서 결정한 트리 상에서 시간의 역순으로 진행하며 각 노드의 옵션 가치를 결정할 수 있을 것이다. $\{V_n^{i+1}\}_{n=0}^{i+1}$은 알려져 있다고 가정하자. 즉, 시간 $t = t_{i+1}$에 해당하는 옵션의 가치와 모든 가능한 주가들이 알려져 있다는 것이다. 그리고 시간 $t = t_i$에 자산 가격 S_n^i에 해당하는 옵션 가격 V_n^i을 생각해보자. 자산 가격의 움직임의 상승과 하락에 대한 가정이 있으므로, 트리의 오른쪽에서 왼쪽으로 진행하면 자산 가격 S_n^i은 p의 확률로 S_{n+1}^{i+1}로부터 유도되거나 $1 - p$의 확률로 S_n^{i+1}으로부터 유도된다. 이제 이산 확률 변수의 기대값에 대한 식 (3.1)의 정의를 다시 가져온다. 이항 모형의 큰 개념은 두 가지 가능한 가치들 V_{n+1}^{i+1}과 V_n^{i+1}을 각각 연관된 확률로 곱하여 기대값을 구하는 것이다. 이 방법으로 자산 가격 S_n^i에 해당하는 옵션 가격 V_n^i은 $pV_{n+1}^{i+1} + (1-p)V_n^{i+1}$의 이자율 r만큼 조정된 값으로 구할 수 있다. 이는 결국 다음의 관계를 보여준다.

$$V_n^i = e^{-r\delta t}\left[pV_{n+1}^{i+1} + (1-p)V_n^{i+1}\right], \quad 0 \le n \le 1, \quad 0 \le i \le M-1 \qquad (16.3)$$

그러므로 매개 변수인 u, d, p, M이 정해지면 식 (16.1)에서 식 (16.3)까지의 식들은 하나의 완벽한 이항 모형을 이룬다. 식 (16.1)의 재귀 형태는 이항 트리의 각 노드에 자산 가격이 어떻게 결정되는지를 보여준다. 시점 $t = t_M = T$의 자산 가격들이 결정되었다면, 식 (16.2)로부터 만기의 노드에서 해당 옵션 가치를 구할 수 있다. 마지막으로 트리를 역행하면서 식 (16.3)을 반복적으로 적용하여, 결과적으로 $t = t_0 = 0$ 시점의 값인 V_0^0를 구한다.

16.3 인수 추정하기

이항 모형의 이산 자산 가격 모형은 식 (6.2)와 일치하므로, 연습문제 (6.2)의 내용에 기대어 해당하는 Y_i가 평균이 0이고 단위 분산을 갖도록 조정하여 매개 변수의 값을 결정할 수 있다. 이는 두 가지 제약 조건으로 귀결된다. 하지만 모형의 동작에 대한 통찰을 더 얻기 위해 여기서는 다른 접근법으로부터 이러한 제약 조건들을 도출할 것이다. 연습문제 (16.5)는 앞의 접근법이 같은 결과를 도출한다는 것을 증명하는 문제이다.

이항 모형에 사용된 오름/내림 자산 가격 모형을 표현하기 위한 방법으로써 확률 변수 R_i를 정의한다. 여기서 R_i는 시간 $(i-1)\delta t$에서 $i\delta t$로 진행하면서 자산 가격이 오를 경우 1이 되고, 내려갈 경우 0이 된다. 그러므로 p의 확률로 $R_i = 1$이고 $1 - p$의 확률로 $R_i = 0$이다. 이는 곧 R_i가 p를 인자로 갖는 베르누이 확률 변수라는 의미이고, 식 (3.2)와 식 (3.14)로부터 $\mathbb{E}(R_i) = p$이고 $\mathsf{var}(R_i) = p(1 - p)$임을 알 수 있다. n 번의 시간 단계가 지난 후에 자산은 $\sum_{i=1}^{n} R_i$번의 상승과 $n - \sum_{i=1}^{n} R_i$번의 하락을 겪는다. 그러므로 시간 $t = n\,\delta t$의 자산 가격 $S(n\,\delta t)$는 다음과 같다.

$$S(n\delta t) = S_0 u^{\sum_{i=1}^{n} R_i} d^{(n - \sum_{i=1}^{n} R_i)}$$

위의 식을 다음과 같이 다시 쓸 수 있다.

$$\frac{S(n\delta t)}{S_0} = d^n \left(\frac{u}{d}\right)^{\sum_{i=1}^{n} R_i}$$

그리고 양 변에 로그를 취하면 아래의 결과가 나온다.

$$\log\left(\frac{S(n\delta t)}{S_0}\right) = n \log d + \left(\sum_{i=1}^{n} R_i\right) \log(u/d) \tag{16.4}$$

이제 중심 극한 정리에 의해, 큰 수 n에 대해 합 $\sum_{i=1}^{n} R_i$는 정규 확률 변수와 같이 움직인다. 그러므로 n이 클 때 $\log(S(n\delta t)/S_0)$는 정규 분포로 접근할 것이다. 그러므로 블랙-숄즈 공식에서 사용된 연속 자산 가격 모형 식 (6.8)과 일치하기 위하여 $\log[S(n\delta t)/S_0]$의 평균은 $(\mu - \sigma^2/2)n\,\delta t$이어야 하고, 분산은 $\sigma^2 n\delta t$여야 한다. 게다가 이산 모형은 기대값을 이용하는 방법이므로, 위험 중립 가정 $\mu = r$을 적용해야 한다. 이는 다음의 조건으로 귀결된다. 이에 관해서 연습문제 (16.2)를 참조하라.

$$p \log u + (1 - p) \log d = (r - \frac{1}{2}\sigma^2)\delta t, \tag{16.5}$$

$$\log\left(\frac{u}{d}\right) = \sigma \sqrt{\frac{\delta t}{p(1 - p)}}. \tag{16.6}$$

표 16.1: 이항 모형으로 구해진 유럽식 풋 가치의 근사값

	옵션 가치
$M = 100$	1.4716
$M = 200$	1.4762
$M = 400$	1.4726
블랙-숄즈	1.4728

앞에서 지정한 대로 $\delta t = T/M$이라고 하면, p, u, d의 세 가지 미지수에 대하여 두 개의 관계식을 갖는다. 일반적으로 셋 중 하나의 변수를 고정하면 다른 두 변수에 대하여 방정식을 풀 수 있다. 이런 방법으로 특정 해를 찾아내기 위해 $p = 1/2$로 고정하고 방정식을 푸면 다음의 해를 얻어낼 수 있다.

$$u = \exp\left\{\sigma\sqrt{\delta t} + (r - \sigma^2/2)\,\delta t\right\}, \quad d = \exp\left\{-\sigma\sqrt{\delta t} + (r - \sigma^2/2)\,\delta t\right\} \tag{16.7}$$

이에 관하여 연습문제 (16.3)을 참조하라.

16.4 실전 이항 모형

앞 절의 논의에서 δt가 작을 때, 즉 M이 클 때, 이항 모형의 자산 가격 모형이 블랙-숄즈의 공식에서 사용된 모형과 일치한다는 것을 알 수 있다. 그러므로 이항 모형에서 구한 옵션 가격과 블랙-숄즈 공식으로 구한 가격이 서로 비슷하고, M이 커질수록 두 값이 더 비슷해질 것이다.

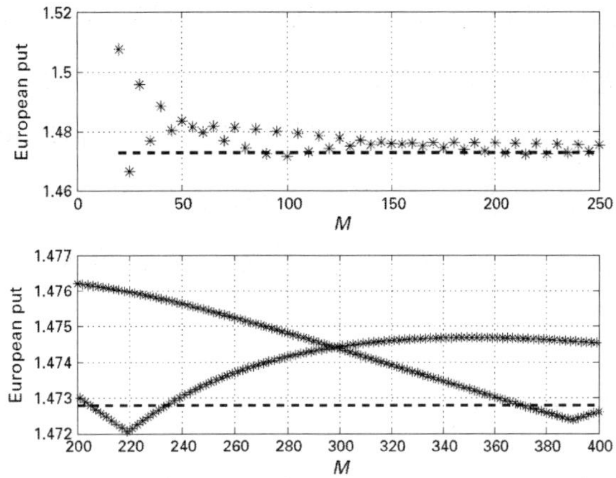

그림 16.2: M이 증가함에 따른 유럽형 풋에 대한 이항 모형의 수렴성. 윗그림: 간격 5로 M이 20에서부터 250까지. 점선은 정답. 아래그림: 간격 1로 M이 200에서부터 400까지.

계산 예제 $S_0 = 9$, $E = 10$, $T = 3$, $r = 0.06$, $\sigma = 0.3$일 때 유럽형 풋옵션의 가격을 이항 모형을 이용하여 평가할 것이다. 표 (16.1)은 $M = 100, M = 200, M = 400$일 때의 결과를 보여준다. 여기서 블랙-숄즈 공식의 값은 1.4728이다. 첫 번째 관찰 결과는 세 가지 M 값에 대해 모두 이항 모형의 근사값이 공식의 값과 최소한 두 자리는 같다는 것이다.

예측했던 바와 같이, 세 값 중 가장 정확한 근사값은 M이 가장 클 때이다. 하지만 $M = 200$일 때의 결과가 $M = 100$일 때의 결과보다 오차가 심한 것은 당황스러운 결과이다. 이 값이 단순한 우연인지를 보기 위해, 위의 그림 (16.2)에서 $M = 20, 25, 30, \ldots, 250$일 때 옵션 가치를 표시했다. 여기서 점선은 블랙-숄즈 공식으로 구해진 값이다. M이 커질 때 이항 모형의 근사값이 수렴하는 것을 볼 수 있으나, 그 오차는 단조 감소하는 것은 아니다. 즉 약간 큰 M을 선택하면 오차를 더 크게 할 수도 있고, M이 증가하면서 순서대로 놓은 근사값에서 톱니 패턴이 관찰된다. 아래 그림은 그 기복을 더 강조한 그림이다. 여기서는 200과 400 사이의 모든 M에 대해 계산된 결과를 표시했다. 결과 값은 두 곡선 사이에서 진동하는 것으로 나타났으며 두 곡선 모두 참값에 단조 형태로 수렴하지 않는다. ◇

그림 (16.2)에서 두 가지 특징을 알 수 있다.

(i) $M \to \infty$일수록 이항 모형의 근사값은 블랙-숄즈의 참값으로 수렴한다.
(ii) 수렴은 단조 형태가 아니다.

이러한 수렴의 특징들은 일반적인 것이다. 보다 정량적으로 수렴의 속도를 계산할 수 있다. $e_M = \left|V_0^0 - P(S_0, 0)\right|$을 $\delta t = T/M$일 때 이항 모형으로 계산한 근사값의 오차라 하면, 다음의 식을 만족하는 상수 K가 있는 것을 증명할 수 있다.

$$e_M \le \frac{K}{M} \tag{16.8}$$

그림 (16.3)의 위그림은 앞서 나온 M이 100과 400 사이일 때의 예제의 오류를 보여준다. 각각의 점들을 선으로 연결하였다. 그리고 $1/M$을 직선으로 그래프에 추가하였다. 그림으로부터 식 (16.8)이 $K = 1$일 때 성립함을 알 수 있다. 식 (16.8)에 로그를 취하면 $\log e_M \le \log K - \log M$을 얻을 수 있고, 이는 오차의 로그 값인 $\log e_M$을 x 축이 $\log M$인 그래프로 표현하면 반드시 -1의 기울기를 갖는 직선의 밑에 놓여야 한다는 것을 보여준다. 그림 (16.3)의 아래쪽 그림은 이 주장을 확인하기 위해 축들을 로그 척도로 재조정한 것이다.

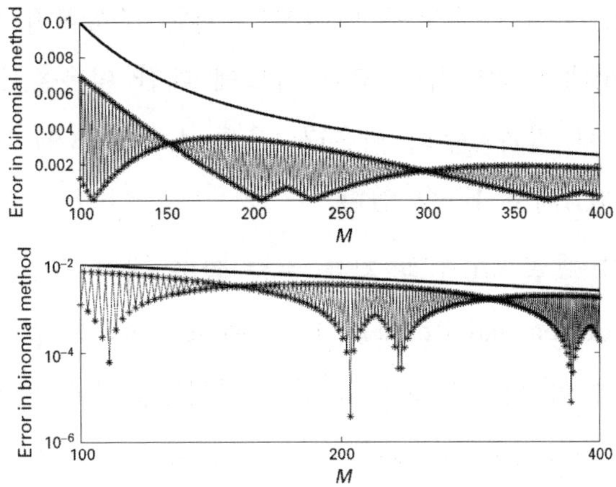

그림 16.3: 윗그림: M이 100부터 400까지 증가할 때, 유럽형 풋옵션에 대한 이항모형의 오차. 점선은 $1/M$이다. 아래그림: 같은 자료를 로그-로그 그래프로 표시한 것.

16.5 주석 및 참고문헌

Cox(1979)은 최초의 이항 모형 논문이다. 그 이후에 많은 저자들이 그 개념을 분석하고 확장 해왔다.

여러 가지 다양한 관점에서 매개 변수 u, d, p를 유도할 수 있다. 하나의 예로써 $p = 1/2$이고 아래의 u, d의 값

$$u = e^{r\delta t}\left(1 + \sqrt{e^{\sigma^2\delta t} - 1}\right), \quad d = e^{r\delta t}\left(1 - \sqrt{e^{\sigma^2\delta t} - 1}\right) \tag{16.9}$$

을 자주 사용하며, Kwok(1998), Wilmott(1995)에서 볼 수 있다. 연습문제 (16.4)에서 δt가 작을 때 이 결과가 식 (16.7)에 접근하는 것을 알 수 있다.

$M \to \infty$일 때, 다양한 종류의 이항 모형의 오류가 0이 되는 경향이 있다는 것을 보이기 위한 상당히 많은 수의 강의와 연구가 존재한다.

하지만 놀랍게도 수렴의 속도에 대해서는 거의 주목하지 않았다. Leisen and Reimer(1996)에서 일반적인 수렴 속도에 대한 이론을 볼 수 있고, 식 (16.8)의 경계는 이 결과로부터 나온다. 오차 상수인 K에 대한 더 자세한 해석은 Walsh(2003)에서 볼 수 있다.

그림 (16.2)와 그림 (16.3)과 같은 홀수-짝수 식의 물결 모양은 광범위하게 관찰된다. Leisen and Reimer(1996), Rogers and Stapleton(1998)과 같은 참고 문서에서 이 현상에 대한 설명과 해결법을 찾아볼 수 있다.

(24.4)절에서 언급하겠지만 이항 모형을 이용하는 것은 블랙-숄즈 편미분 방정식의 풀이를 위하여 근사적으로 유한 차분법을 사용하는 것과 동일하다고 볼 수 있다. 이는 $M \to \infty$일 때 이항 모형의 해가 블랙-숄즈의 해로 수렴한다는 것을 보일 수 있는 하나의 방법이다. 이에 대한 내용은 Kwok(1998)을 참고하면 된다. 이 책에서는 수치해석의 관점에서 홀수-짝수 식의 물결 현상을 설명한다.

Clewlow and Strickland(1998)은 이항 모형의 실제 구현에서의 문제들을 설명하고 의사 코드를 제공한다.

MATLAB에서 이항 모형의 속도 증진을 위한 사례 연구는 Higham(2002)에서 찾아볼 수 있고 소스 코드도 내려 받을 수 있다.

이항 모형을 이용하여 그릭(Greek)을 계산할 수 있다. S나 t에 대한 편 미분에 대한 근사값은 트리에서 얻어진 정보를 이용하여 구할 수 있다. 연습문제 (16.8)에서 이 개념을 설명한다. 다른 미분값은 섭동 정보를 이용하여 (15.4)절에 개괄적으로 설명한 것처럼 이항 모형을 다시 계산함으로써 구할 수 있다. Hull(2000)에서 더 자세히 살펴볼 수 있으며, Walsh(2003)은 델타가 옵션 가격과 같은 수준의 정확도로 근사할 수 있음을 보여준다.

연습문제

16.1 ★ 이항 모형에서 사용한 이산 자산 가격 모형을 생각해 보자. 만약 Y_i가 다음과 같다면, 이 가격 모형이 식 (6.2)의 형식으로 쓰일 수 있음을 보여라.

$$Y_i = \begin{cases} (u - 1 - \mu\delta t)/(\sigma\sqrt{\delta t}), & \text{확률 } p \\ (d - 1 - \mu\delta t)/(\sigma\sqrt{\delta t}), & \text{확률 } 1 - p \end{cases} \tag{16.10}$$

16.2 ★★ 식 (16.4)에서 시작하여 다음의 두 식이 성립함을 보여라.

$$\begin{aligned} \mathbb{E}\left[\log\left(\frac{S(n\delta t)}{S_0}\right)\right] &= n\log d + np\log(u/d) \\ \mathrm{var}\left[\log\left(\frac{S(n\delta t)}{S_0}\right)\right] &= [\log(u/d)]^2\, np(1-p) \end{aligned}$$

이를 이용하여 식 (16.5) – 식 (16.6)을 유도하라.

16.3 ★★ 식 (16.5)-식 (16.6)에서 $p = 1/2$로 할 경우 식 (16.7)이 나옴을 보여라.

16.4 ★★★ 식 (16.7)의 인수 u와 d에 대해 다음의 식이 성립함을 보여라.

$$u = 1+\sigma\sqrt{\delta t}+r\delta t+O\left(\delta t^{3/2}\right), \quad d = 1-\sigma\sqrt{\delta t}+r\delta t+O\left(\delta t^{3/2}\right), \quad \text{단, } \delta t \to 0$$

그리고 식 (16.9)의 해당 인수 u와 d가 $O\left(\delta t^{3/2}\right)$ 단위까지 같은 확장을 갖는다는 것을 보여라. [힌트: $x \to 0$일 때 $\sqrt{1+x} = 1 + x/2 + O\left(x^2\right)$이고 $e^x = 1 + x + x^2/2 + O\left(x^3\right)$임을 이용하라.]

16.5 ★★ 연습문제 (6.2)에서 식 (16.10)의 Y_i가 평균이 0이고 분산이 1이라면 $\delta \to 0$인 극한에서 연속 자산 가격 모델을 얻어낼 수 있음을

보였다. $\mu = r$이고 $p = 1/2$이라 하여 식 (16.10)에서 $\mathbb{E}(Y_i) = 0$이고 $\text{var}(Y_i) = 1$임을 구하는 것이 다음으로 귀결됨을 보여라.

$$u = 1 + \sigma\sqrt{\delta t} + r\,\delta t, \qquad d = 1 - \sigma\sqrt{\delta t} + r\,\delta t$$

그리고 이 값들이 연습문제 (16.4)의 값들과 $O\left(\delta t^{3/2}\right)$단위까지 같음을 확인하라.

16.6 ★★★ 재귀식 (16.3)을 보면 $M = 1$에 대해

$$V_0^0 = e^{-r\delta t}\left\{pV_1^1 + (1-p)V_0^1\right\}$$

이고 $M = 2$일 경우

$$\begin{aligned} V_0^0 &= e^{-r\delta t}\left\{pV_1^1 + (1-p)V_0^1\right\} \\ &= e^{-r\delta t}\left\{pe^{-r\delta t}(pV_2^2 + (1-p)V_1^2) + (1-p)e^{-r\delta t}(pV_1^2 + (1-p)V_0^2)\right\} \\ &= e^{-2r\delta t}\left\{p^2V_2^2 + 2p(1-p)V_1^2 + (1-p)^2V_0^2\right\} \end{aligned}$$

비슷하게 $M = 3$일 경우 다음과 같은 식이 나옴을 알 수 있다.

$$V_0^0 = e^{-3r\delta t}\left\{p^3V_3^3 + 3p^2(1-p)V_2^3 + 3p(1-p)^2V_1^3 + (1-p)^3V_0^3\right\}$$

계수 $\{1,1\},\{1,2,1\},\{1,3,3,1\}$은 파스칼의 삼각형으로 친숙하다. 이 연결을 고려하여 수학적 귀납법을 이용하여 다음을 증명하라.

$$V_0^0 = e^{-rT}\sum_0^M \binom{M}{k} p^k(1-p)^{M-k}V_k^M \tag{16.11}$$

여기서 $\binom{M}{k}$는 이항 계수를 의미한다.

$$\binom{M}{k} := \frac{M!}{k!(M-k)!}$$

16.7 ★★ 다음의 행렬을 생각해보자.

$$W^i := \begin{bmatrix} V_0^i \\ V_1^i \\ \vdots \\ \vdots \\ V_i^i \end{bmatrix}$$

그리고 $W^i = B^i W^{i+1}$이 되는 $i \times (i+1)$열 행렬 B^i를 작성한다.

16.8 ★★ $(V_1^1 - V_0^1)/(S_1^1 - S_0^1)$가 평가 시점의 델타값의 근사값이 될 수 있는 이유를 설명하라.

16.6 프로그램과 연습

프로그램 ch16은 유럽식 콜옵션에 대한 이항 모형을 구현하고 있다. 이 코드를 그림 (16.4)에 나타냈다.

첫째로, u와 d에 식 (16.7)을 이용하여 인수들을 초기화한다. 다음의 양은

```
S*d.^([M:-1:0]').*u.^([0:M]')
```

M+1행 1열의 배열로서, 그림 (16.1)에서 나타난 만기 자산 가격 S_0^M, S_1^M, …, S_M^M 의 값들이다. 그러므로 다음의 항은 식 (16.2)처럼 만기 시점의 옵션 가치를 가지고 있다.

```
W = max(S*d.^([M:-1:0]').*u.^([0:M]')-E,0);
```

그리고 식 (16.3)의 반복을 MATLAB에서 부분 배열을 구하기 위한 콜론 표시법을 이용하여 수행하도록 한다. 다음의 문법은

```
exp(-r*dt)*(p*W(2:i+1) + (1-p)*W(1:i));
```

다음과 같은 식을 나타낸다.

$$e^{-r\delta t}\left(p\begin{bmatrix} W_2 \\ W_3 \\ \vdots \\ W_{i+1} \end{bmatrix} + (1-p)\begin{bmatrix} W_1 \\ W_2 \\ \vdots \\ W_i \end{bmatrix}\right)$$

코드 라인 for i = M:-1:1은 M번 수행하는 루프를 만들어낸다. 처음에 i = M에서 시작하여 i = M - 1과 같은 식으로 값이 변한다. 이 설정으로 W의 차원은 루프를 한 번 수행할 때마다 하나씩 줄어든다. 마지막에 W는 스칼라값이며 그 값은 V_0^0이다.

코드 ch16.m을 수행하면 값 1.1175를 얻는다. 이를 확인하기 위해 ch08 을 실행해 볼 수 있다.

```
>> [C, Cdelta, P, Pdelta] = ch08(3,2,0.05,0.3,1)
   C = 1.1175
   Cdelta = 0.9524
   P = 0.0200
   Pdelta = -0.0476
```

프로그래밍 연습문제

P16.1 ch16 프로그램을 식 (16.9)에서 선택된 u와 d를 사용하도록 변경한다.

P16.2 식 (16.11)을 이용하여 이항 모형을 구현한다.

```
%CH16 Program for Chapter 16
%
% Implements binomial method for European call

%%%%%%% Problem and method parameters %%%%%%%%%%
S = 3; E = 2; T = 1; r = 0.05; sigma = 0.3;
M = 400; dt = T/M; p =0.5;
u = exp(sigma*sqrt(dt) + (r-0.5*sigma^2)*dt);
d = exp(-sigma*sqrt(dt) + (r-0.5*sigma^2)*dt);
%%%%%%%%%%%%%%%%%%%%%%%%%%%%%%%%%%%%%%%%%%%%%%%%%%

% Time T option values
W = max(S*d.^([M:-1:0]').*u.^([0:M]')-E,0);
%Work back to option value at time zero
for i = M:-1:1
    W = exp(-r*dt)*(p*W(2:i+1) + (1-p)*W(1:i));

end
disp('Option value is'), disp(W)
```

그림 16.4: 16장의 프로그램: ch16.m.

인 용

"내가 여기에서 어느 길로 가야 하는지 알려줄래요?"

"그 것은 네가 어디로 가길 원하느냐에 달려있지."라고 고양이가 말했다 .

"어디인지는 별로 중요치 않아요 ..." 앨리스가 말했다.

"그건 네가 어느 길을 가건 상관 없다는 거야." 고양이가 말했다.

LEWIS CARROLL, *Alice in Wonderland*

선생님, 당신의 다른 의미에서 아름다운 시 *The Vision of Sin*에서
다음과 같은 구절이 있습니다.

"모든 순간 누군가는 죽어가고, 누군가는 태어난다."
확실히, 이것은 사실이 아니며,
이 시의 다음 판에는 다음과 같은 절을 쓰시길 제안합니다.
"모든 순간 누군가는 죽어가고, $1\frac{1}{6}$만큼 태어난다."
이 값이 약간 오류는 있습니다만 시를 위해서는 충분합니다.

CHARLES BABBAGE (in a letter to Lord Tennyson),
source (Fröberg, 1985)

유럽식 옵션들에 대한 극한 증명들의 논문이 많이 있다.
하지만 놀랍게도 이항 모형으로 계산된 옵션 가격의 수렴속도에 대해서는,
현재까지 거의 수학적으로 설명이 되지 않았다.
그래서 여기 우리가 정리를 제시한다 ...

DIETMAR LEISEN AND MATTHIAS REIMER
(Leisen and Reimer, 1996)

17 장

현금 이원 옵션

개 요

- 현금 이원 콜과 풋옵션
- 블랙-숄즈 공식
- 그릭
- 델타의 움직임
- 위험 중립 평가

17.1 학습목표

이제 평범한 유럽식 기본형 옵션에서 처음으로 벗어나 현금 이원(cash-or-nothing) 콜옵션과 풋옵션을 살펴볼 것이다. 이 형태의 옵션들에서는 세 가지의 장점이 있다.

- 이런한 옵션은 광범위하게 거래되어 실제적인 중요도가 높다.
- 평가를 위한 블랙-숄즈 공식을 해석적으로 구할 수 있다.

- 위험 중립의 개념을 살펴보는 또 다른 기회를 제공한다.

17.2 현금 이원 옵션

현금 이원 콜옵션(cash-or-nothing call option)은 만기 수익이 유럽식 기본형 콜옵션과 달리 아래와 같이 주어진다.

$$\begin{cases} A, & \text{단, } S(T) > E \text{ 일 경우,} \\ 0, & \text{단, } S(T) < E \text{ 일 경우,} \end{cases}$$

여기서 $A > 0$는 고정된 값이다. 이 옵션을 소유하는 것은 결국 만기에 자산 가격이 행사가 E를 넘어갈 것인가에 – 유럽형 콜옵션이 내가격으로 끝날 것인가에 대하여 – 내기를 거는 것이다. 승리하면 A를 얻고 패배하면 아무것도 없다. 이 옵션은 유럽식 옵션과는 달리 자산 가격이 행사가를 큰 폭으로 넘었다고 해서 더 가치가 증가하는 것은 아니다. 최고 가치는 A로 제한된다.

이제 $S(T) = E$인 경우에 대하여 논의할 것이다. 이는 수학적으로는 0의 확률로 일어나는 매우 드문 경우로서 해당 수익은 중요하지 않다. 하지만 우리가 앞으로 유도할 공식과의 일관성을 위해 우리는 등가격 상황, $S(T) = E$인 경우 $A/2$를 지불한다고 가정할 것이다.

똑같이, 현금 이원 풋옵션(cash-or-nothing put option)은 만기 수익은 유럽식 기본형 풋옵션과 달리 아래와 같다.

$$\begin{cases} 0, & \text{단, } S(T) > E \text{ 일 경우,} \\ A, & \text{단, } S(T) < E \text{ 일 경우,} \end{cases}$$

이 옵션을 소유하고 있는 것은 유럽식 풋옵션이 내가격으로 끝나는 것에 직접적으로 내기를 거는 것과 같다. 콜옵션과 같이 $S(T) = E$인 등 가격의

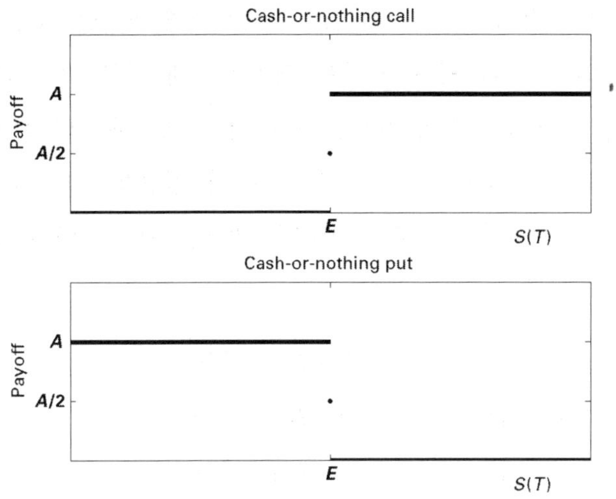

그림 17.1: 현금 이원 콜옵션과 풋옵션의 수익 다이어그램.

경우 $A/2$를 지불한다고 가정하자. 현금 이원 콜과 풋옵션의 수익은 그림 (17.1)에 나타나있다.

현금 이원 옵션은 종종 이원(binary) 또는 디지털(digital) 옵션이라 불리는데, 이 용어들은 불연속 수익이 존재할 때 일반적으로 사용되기도 한다.

17.3 현금 이원 옵션을 위한 블랙-숄즈

$C^{\text{cash}}(S,t)$와 $P^{\text{cash}}(S,t)$를 각각 주가가 S이고 시간이 t일 때, 현금 이원 콜옵션과 풋옵션의 가격이라고 하자.

8장의 헤지 논의는 매우 일반적이어서 옵션 가치가 S와 t의 매끈한 함수(smooth function)이면 성립한다. 그러므로 $C^{\text{cash}}(S,t)$와 $P^{\text{cash}}(S,t)$가 식

(8.15)의 블랙-숄즈 PDE를 만족한다. 이러한 상황에서는 알맞은 만기 조건과 경계 조건의 설정이 평가 공식을 결정하는데 매우 중요하다.

$C^{\text{cash}}(S,t)$와 $P^{\text{cash}}(S,t)$를 연결하는 간단한 풋-콜 패리티 관계가 있으므로 여기에서는 $C^{\text{cash}}(S,t)$를 위한 식을 찾는데 집중할 것이다. 이에 관해 연습문제 (17.1)을 참조하라. 현금 이원 옵션은 다음의 만기 조건을 갖는다.

$$\lim_{t\to T^-} C^{\text{cash}}(S,t) = \begin{cases} A & \text{단, } S > E\text{인 경우} \\ A/2 & \text{단, } S = E\text{인 경우} \\ 0 & \text{단, } S < E\text{인 경우} \end{cases} \tag{17.1}$$

$S = 0$일 때 자산은 이후 시점에서 계속 0으로 유지되고 그러므로 옵션의 수익은 0이 된다. 이는 다음의 경계 조건으로 표현된다.

$$C^{\text{cash}}(0,t) = 0, \qquad \text{단. } 0 \le t \le T \tag{17.2}$$

S가 매우 클 때, 옵션은 거의 확실하게 A를 수익으로 얻는다. 그러므로 이자율만큼 할인한 값이 경계 조건이다.

$$C^{\text{cash}}(S,t) \approx Ae^{-r(T-t)} \qquad \text{단, } S\text{가 클 때} \tag{17.3}$$

유럽식 기본형 옵션의 경우와 같이 만기 조건 및 경계 조건을 결정하므로 유일한 해를 얻을 수 있다. 그 해는 아래와 같은 간단한 식이다.

$$C^{\text{cash}}(S,t) = Ae^{-r(T-t)}N(d_2) \tag{17.4}$$

여기서 d_2는 유럽식 기본형 옵션 공식에 나타나는 식 (8.21)이다. 식 (17.4)가 알맞은 답인가 확인하기 위하여 공식이 블랙-숄즈 PDE와 식 (17.1) – (17.3)의 추가 조건을 만족하는지를 조사하여야 한다. 구체적인 계산은 연습문제 (17.2) 를 참조하라.

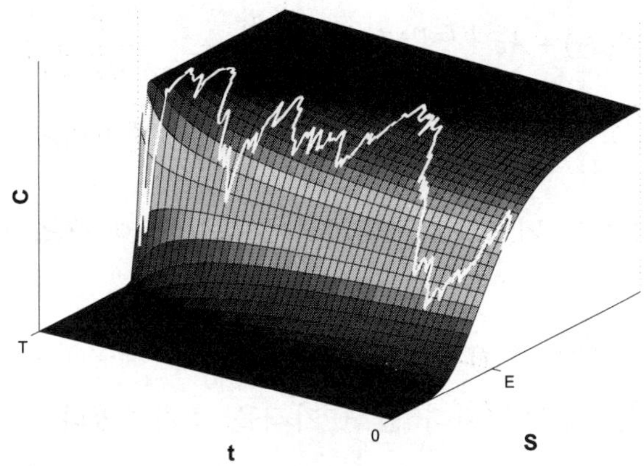

그림 17.2: 자산 가격 경로와 같이 나타낸 현금 이원 콜옵션에 대한 블랙-숄즈 곡면

블랙-숄즈 PDE에 나타나는 항들이 다음의 모습을 하고 있는 것은 미분을 직접 계산하여 보일 수 있다.

$$\frac{\partial C^{\text{cash}}}{\partial S} = \frac{Ae^{-r(T-t)}N'(d_2)}{\sigma S\sqrt{T-t}} \quad (\text{델타}), \tag{17.5}$$

$$\frac{\partial^2 C^{\text{cash}}}{\partial S^2} = \frac{Ae^{-r(T-t)}d_1 N'(d_2)}{\sigma^2 S^2 (T-t)} \quad (\text{감마}), \tag{17.6}$$

$$\begin{aligned}\frac{\partial C^{\text{cash}}}{\partial t} &= Are^{-r(T-t)}N'(d_2) \\ &\quad + Ae^{-r(T-t)}N'(d_2)\left(\frac{d_1}{2(T-t)} - \frac{r}{\sigma\sqrt{T-t}}\right) \quad (\text{세타}).\end{aligned} \tag{17.7}$$

이는 연습문제 (17.3)을 참조하라. 블랙-숄즈 PDE 식인

$$\frac{\partial C^{\text{cash}}}{\partial t} + \frac{1}{2}\sigma^2 S^2 \frac{\partial^2 C^{\text{cash}}}{\partial S^2} + rS\frac{\partial C^{\text{cash}}}{\partial S} - rC^{\text{cash}}$$

에 식 (17.5) – (17.7)을 대입하면

$$
\begin{aligned}
&Are^{-r(T-t)}N'(d_2) + Ae^{-r(T-t)}N'(d_2)\left(\frac{d_1}{2(T-t)} - \frac{r}{\sigma\sqrt{T-t}}\right) \\
&-\frac{1}{2}\frac{Ae^{-r(T-t)}d_1N'(d_2)}{(T-t)} + \frac{Ae^{-r(T-t)}N'(d_2)}{\sigma\sqrt{T-t}} - Are^{-r(T-t)}N(d_2)
\end{aligned}
$$

을 얻고 이 식이 0이 되므로 옵션 가격 공식이 블랙-숄즈 PDE를 만족한다.

그림 (17.2)는 $C^{\text{cash}}(S,t)$의 블랙-숄즈 곡면을 제공하고 그림 (11.3)과 같이 하나의 자산 경로에 따라 옵션 가격을 추가하였다. 이 경로에서 자산 가격은 만기 근처에서 등가격에 가깝게 되고, $S(t)$가 행사가 E를 지나면서 옵션의 가격이 급격하게 변하는 것을 볼 수 있다.

17.4 델타의 움직임

옵션의 델타는 헤지 전략에 가장 중요한 역할을 담당하는 매우 특별한 값이다. 식 (17.5)로부터 콜옵션의 델타는 항상 양수이다. 이는 유럽식 기본형 콜옵션에서도 동일하며, 두 옵션 모두 자산 가격이 오르면 양의 수익을 낼 확률이 높아진다는 것과 일치한다.

만기 시점의 델타의 움직임을 다음과 같이 요약할 수 있다.

$$
\lim_{t\to T^-}\frac{\partial C^{\text{cash}}}{\partial S} = \begin{cases} 0, & S > E\text{인 경우} \\ \infty, & S = E\text{인 경우} \\ 0, & S < E\text{인 경우} \end{cases} \tag{17.8}
$$

이는 연습문제 (17.5)를 참조하라. 여기서 델타는 복제 포트폴리오에서 가지고 있어야 하는 기초자산의 정확한 수량이라는 것을 상기하자. 내가격, $S > E$의 경우 잔존 만기가 줄어듦에 따라 옵션의 수익이 점점 확실하게

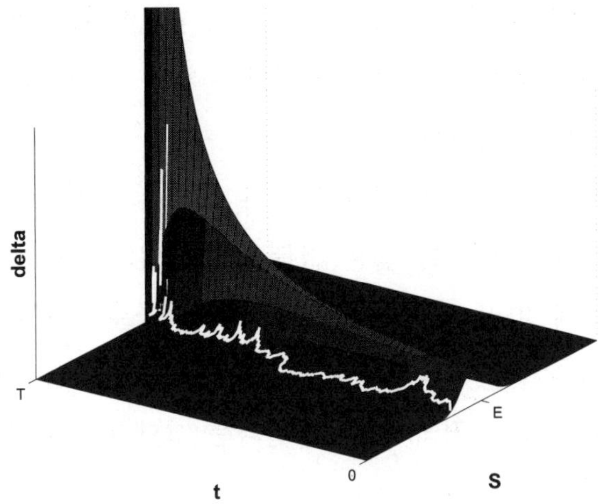

그림 17.3: 자산 가격 경로와 같이 나타낸 현금 이원 콜옵션에 대한 블랙-숄즈의 델타 곡면

상수 A가 된다. 이에 따라 제거해야 할 위험이 없으므로 헤지를 위하여 기초자산을 가지고 있지 않아야 한다. 비슷하게, 만기에 가까워 지면서 외가격 $S < E$이 되는 경우라면 옵션의 만기 수익은 점점 확실하게 상수 0이 되어가고 이 역시 무위험이다. 등가격의 무한 델타는 만기 수익이 불연속인 경우 헤지가 불가능하기 때문에 생기는 결과이다. 정확하게 등가격에서 만기되는 것이 확률이 0인 사건임에도 불구하고, 만약 만기가 다가오는데 $S(t) \approx E$라면 델타가 매우 클 것이다. 큰 델타는 현실적으로 매우 심각하다. 예를 들어, 델타 헤지된 포트폴리오를 유지하기 위해 매우 많은 현금이 필요하며, 극단적으로는 필요한 만큼의 기초자산을 살 수도 없을 수 있다. 시장에는 오직 유한한 양의 주식이 있기 때문이다. 이는 이론과 현실의 격차이다.[1]

[1]만기에 델타가 무한대의 값을 가지는 것을 핀 리스크(pin risk)라고 한다. (옮긴이 주)

식 (17.8)에 요약된 델타의 움직임이 그림 (17.2)와도 일치한다는 것을 볼 수 있다. 만기에 가까워질수록 두 개의 평평한 면이 수직인 면에 의해 연결된 것처럼 보이기 시작한다.

그림 (17.3)은 식 (17.5)에 정의된 델타 곡면을 보여준다. 만기에 가깝고 $S = E$인 주변에 나타나는 높은 값들은 잘라냈다. 그리고 자산 경로를 추가하였다. 경우에 따라서 매우 큰 델타가 나올 수 있다는 것을 강조하기 위해, 자산 가격의 만기에 행사가 E 주위로 만료되는 자산 경로를 선택했다. 이 만기 근처의 거의 무한인 델타는 그래프로 그리기에 너무 큰 값이다.

17.5 현금 이원을 위한 위험 중립

12장에서 무차익의 원리나 헤지 개념을 직접적으로 사용하지 않고도 유럽식 옵션의 블랙-숄즈 값을 유도하는 방법이 있음을 보았다. 대신 위험 중립 가정 $\mu = r$을 적용하고 이자율로 할인된 기대 수익을 계산한다.

이 개념을 현금 이원 콜옵션에도 적용할 수 있음을 확인할 것이다.

식 (12.4)에서 나타나는 수익 함수 $\Lambda(\cdot)$는 다음의 형태를 가지고 있다.

$$\Lambda(x) = \begin{cases} A, & x > E\text{인 경우} \\ A/2, & x = E\text{인 경우} \\ 0, & x < E\text{인 경우} \end{cases}$$

적분의 값은 달라지지 않으므로 $x = E$의 한 점에서 피적분함수의 값을 바꿔 $\Lambda(E) = A$로 하면 다음의 식을 얻을 수 있다.

$$e^{-r(T-t)}\mathbb{E}(S\text{로 부터의 수익}, t) =$$

$$Ae^{-r(T-t)}\int_E^{\infty}\frac{1}{\sigma x\sqrt{2\pi(T-t)}}\times \exp\left[\frac{-\left\{\log(x/S)-(\mu-\sigma^2/2)(T-t)\right\}^2}{2\sigma^2(T-t)}\right]dx \quad (17.9)$$

연습문제 (17.6)은 $\mu = r$일 경우 이 식이 식 (17.4)에서 볼 수 있는 블랙-숄즈 값 $Ae^{-r(T-t)}N(d_2)$과 일치하는 것을 확인하는 문제이다.

17.6 주석 및 참고문헌

이원(binary)과 디지털(digital)이라는 용어는 문학에서의 뜻과 완벽히 같게 사용되지 않는다. 이 책에서는 Hull(2000), Nielsen(1999)에서와 같은 의미로 현금 이원 (연습문제 (17.7)과 (17.8)의 자산 이원 옵션)의 용어를 고정시켰다.[2]

연습문제

17.1 ★★★ 같은 행사가와 같은 만기의 현금 이원 콜옵션과 풋옵션을 모두 가지고 있는 포트폴리오를 가정하여 다음의 현금 이원 풋-콜 패리티를 유도하라.

$$C^{\text{cash}}(S,t) + P^{\text{cash}}(S,t) = Ae^{-r(T-t)} \quad (17.10)$$

17.2 ★★ 식 (17.4)의 $C^{\text{cash}}(S,t)$가 식 (17.1), (17.2), (17.3)을 만족함을 보여라.

[2] 이 책에서는 Hull, "Fundamentals of Futures And Options Markets"의 번역판인 김철중, 윤평식 역, 《파생 상품의 평가와 헤징 전략》, 탐진에서 사용한 용어를 따랐다. (옮긴이 주)

17.3 ★★★ 식 (17.5), (17.6), (17.7)을 만들어내기 위해 식 (17.4)를 미분하라.

17.4 ★★★ 식 (17.4)와 식 (17.10)을 이용하여 현금 이원 풋옵션의 가치가 다음과 같음을 보여라.

$$P^{\text{cash}}(S,t) = Ae^{-r(T-t)}(1 - N(d_2)).$$

그리고 이 공식이 $S = 0$일 때와 극한 $t \to T^-$과 $S \to \infty$인 상황에서 요구되는 움직임을 가지고 있음을 확인하라. 또한 이 식이 식 (8.15)의 블랙-숄즈 PDE의 답임을 보여라.

17.5 ★★ 식 (17.8)을 유도하라. ($\varepsilon \to 0$일 때 $\varepsilon e^{1/\varepsilon} \to \infty$임을 증명 없이 이용해도 된다.)

17.6 ★★★ 다음의 변수 치환을 사용하여 $\mu = r$일 때, 식 (17.9)의 적분의 값이 $Ae^{-r(T-t)}N(d_2)$이 됨을 보여라. 여기서 d_2는 식 (8.21)에 정의되어 있다.

$$y = -\left[\frac{\log(S/x) + (r - \frac{1}{2}\sigma^2)(T-t)}{\sigma\sqrt{T-t}}\right]$$

17.7 ★★★ 자산 이원 콜옵션은 다음의 수익 함수 $\Lambda(S(T))$를 가지고 있다.

$$\Lambda(x) = \begin{cases} x, & x > E\text{일 때} \\ x/2, & x = E\text{일 때} \\ 0, & x < E\text{일 때} \end{cases}$$

만기 수익 그래프를 그려라. $e^{-r(T-t)}\mathbb{E}[S,\ t$일 때의 만기 수익$]$에서 $\mu = r$ 로 정하는 위험 중립 접근 방법으로, 이 옵션의 가치가

$SN(d_1)$임을 보여라. 여기서 d_1은 식 (8.20)에 정의되어 있다. 동일한 종류의 자산 이원 풋옵션은 어떻게 정의할 수 있으며, 그 옵션의 가치는 무엇인가?

17.8 ★★ 유럽식 콜옵션을 소유하는 것이 같은 만기인 연습문제 (17.7)의 자산 이원 옵션을 소유하고 같은 만기이며 $A = E$인 현금 이원 콜옵션을 발행하는 것과 같음을 보여라. 이 방식을 이용하여 연습문제 (17.7)의 자산 이원 콜옵션을 평가하는 또 다른 방법을 제시하라.

17.7 프로그램과 연습

그림 (17.4)에서 제시된 프로그램 ch17에서 현금 이원 콜옵션의 블랙-숄즈 곡면을 그림 (17.2)의 형태로 그렸다. 이 코드는 ch11 코드와 비슷한데, 분리된 함수를 호출하는 것이 아니라 식 (17.4)를 직접 구현했다는 점은 다르다. 0으로 나누는 오류를 피하기 위해 `j = L`인 만기 시점은 내부 루프 이후에 처리하였다.

프로그래밍 연습문제

P17.1 이항 모형 프로그램 ch16을 자산 이원 옵션을 처리하도록 바꾸어라.

P17.2 이산 헤지 프로그램 ch09를 현금 이원 옵션이 델타 헤지가 이루어질 때 일어날 수 있는 어려움을 설명하도록 바꾸어라.

인 용

시장이 상승한다. 시장이 하락한다.

```
%CH17 Program for Chapter 17
%
% Draws Black-Scholes surface for cash-or-nothing call

clf

%%%%%%%%%% Parameters %%%%%%%%%%%%
E = 1; A = 2; r = 0.05; sigma = 0.2; T = 1; L = 50;
%%%%%%%%%%%%%%%%%%%%%%%%%%%%%%%%%%%

Svals = linspace(0,2,L);
tvals = linspace(0,T,L);
C = zeros(L,L);

for i = 1:L
    S = Svals(i);
    for j = 1:L-1
        t = tvals(j);
        tau = T-tvals(j);
        d2=(log(S/E)+(r-0.5*sigma^2)*(tau))/(sigma*sqrt(tau));
        N2 = 0.5*(1+erf(d2/sqrt(2)));
        C(i,j) = A*exp(-r*tau)*N2;
    end
    % value at expiry
    C(i,L) = 0.5*A*(1+sign(S-E));
end

[Smat,tmat] = meshgrid(Svals,tvals);
mesh(Smat,tmat,C)
xlabel('t'), ylabel('S'), zlabel('C(S,t)')
```

그림 17.4: 17장의 프로그램: ch17.m.

이 관찰 자체에 대해서는 어떤 통찰력이나 현명함이 없다.
여타 시장의 포지션과 같이 파상상품은 이 시장 위험에 영향을 받는다.
그러나 일반적인 투자가 시장 변화에 반응하여
기하학적인 경로를 따라 미끄러지는 반면,
파생상품들은 엉뚱한 결과를 만들어내거나 결과를 가속, 과장하는
독특한 특징이 있다.

PHILIP MCBRIDE JOHNSON (Johnson, 1999)

게임을 하는 방법들은 많지만, 실제로는 두 종류의 참여자만 있다.
바로 투기꾼(speculator)과 헤저(hedger)이다.
그들은 흔들리는 시장에서 시세차익을 얻기도 하고,
폭풍을 피해 피신처를 찾기도 한다.
금융 시장에서 97퍼센트의 흔들림은 투기꾼들이 만든다.
이는 Merc[3]가 발표한 공식적인 시장의 모습인데,
투기꾼들이 시장을 깊고 유동적으로 만든다고 옹호한다.
투기꾼들은 시장을 휘젓고 헤저들은 그들을 자금을 이용해 밀어낸다.
그리고 그들 사이에서 투자자는 세계 금융 시장이라고 알려진 무자비한 공격 속에 내몰린다.

THOMAS A. BASS (Bass, 1999)

[3] 시카고 상품 거래소(Chicago Mercantile Exchange)의 별칭 (옮긴이 주)

18 장

미국식 옵션

개 요

- 미국식 콜, 풋옵션
- 유럽식과 미국식 콜옵션의 동질성
- 미국식 풋옵션을 위한 블랙-숄즈 방정식
- 미국식 옵션을 위한 이항모형
- 최적 행사의 경계
- 미국식 옵션을 위한 몬테카를로

18.1 학습목표

이 장에서는 미국식 옵션을 살펴 본다. 미국식 옵션은 일반적으로 유럽식 옵션보다 흔하다.[1] 유럽식 옵션과 미국식 옵션의 차이점은 미국식 옵션의 경우 조기행사(early-exercise)의 기능이 있다는 것이다. 미국식 풋옵션

[1]한국에서는 유럽식 옵션이 대부분이다. (옮긴이 주)

의 경우 이러한 조기행사 때문에 블랙-숄즈 분석이 매우 복잡해지고, 계산 방법 또한 매우 어려워진다.

18.2 미국식 콜옵션과 풋옵션

미국식 옵션은 옵션 보유자가 발행일과 만기일 사이 아무 때나 옵션을 행사할 수 있다는 것을 제외하고는 유럽식 옵션과 동일하다.

정 의 미국식 콜옵션은 발행일과 만기일 사이 아무 때나, 옵션 보유자가 옵션 발행자에게서 기초자산을 지정된 가격으로 살 수 있는 권리이다. ◇

정 의 미국식 풋옵션은 발행일과 만기일 사이 아무 때나, 옵션 보유자가 옵션 발행자에게 기초자산을 지정된 가격으로 팔 수 있는 권리이다. ◇

그러므로 미국식 옵션을 보유한 사람은 언제 옵션을 행사해야 할지 고민에 빠지게 된다. 만약 t 시점에 보유한 옵션이 외가격이라면 옵션을 행사하지 않는 것이 확실히 유리하다. 하지만, 내가격 상태일지라도 향후 수익이 더 커질 수도 있으니 이후 시점까지 기다리는 것이 유리한 경우도 있다.

미국식 옵션은 유럽식 옵션에 비해 광범위하게 거래되고, 많은 거래소에서 조기행사 기능을 기본적으로 제공한다. 그러므로 이러한 유연함이 주는 추가적인 가치가 있는지, 있다면 얼마인지를 아는 것이 중요하다.

다음 논의는 미국식 콜옵션의 경우 조기상환이 절대 최선의 선택이 아님을 보여주는데, 이는 (2.6)절에서 기술한 논의와 비슷하다.

$S(t)$를 기초자산의 t시점 가격, E를 행사 가격이라 하고, 미국식 콜옵션 보유자가 이 옵션을 $t < T$ 시점에 행사하고자 한다고 가정하자. 이는 $S(t) > E$인 상황에서만 가치가 있고, $S(t) - E$ 만큼의 이득이 t시점에 생기게 된다.[2] 그 대신 옵션 보유자가 행사를 하지 않고 기초자산을 t시점의 가격으로 공매도(short selling)하고, 다음 중 가장 유리한 방법을 이용하여 $t = T$인 시점에 기초자산을 다시 매입하는 과정을 수행할 수도 있다.

- 옵션을 $t = T$ 시점에 행사
- T시점의 시장가격으로 기초자산을 매수

이 전략을 이용하면 옵션 보유자는 t시점에 E보다 큰 $S(t)$만큼의 이득을 얻고, T시점에 기초자산을 매입하기 위해 E 또는 그보다 적은 금액을 지불하게 된다. 이는 명백히 t 시점에 옵션을 행사해서 얻는 $S(t) - E$ 만큼의 이득과 같거나 크게 된다.

위에서 본 것과 같이 미국식 콜옵션을 만기 이전에 행사하는 것은 최적화된 행동이 아니므로, 미국식 콜옵션은 유럽식 콜옵션과 같은 가격을 가져야 한다. 연습문제 (18.1)은 다른 방식으로 이 결론에 도달하는 것을 목표로 하고 있다. 곧 살펴보겠지만, 풋옵션의 경우에는 콜옵션과 결과가 다르다.

18.3 미국식 옵션을 위한 블랙-숄즈 방정식

이 절의 목표는, 8장에서 블랙-숄즈 편미분 방정식을 유도하기 위해 사용했던 논의들을 미국식 풋옵션의 가격 계산을 위해 어떻게 변형할 수 있는지를 보는 것이다. 앞으로 $P^{\mathrm{Am}}(S,t)$를 기초자산 가격이 S일 때 미국식 풋

[2] 이 논의에서 미국식 콜옵션은 내가격 상태라고 가정한다. (옮긴이 주)

옵션의 t시점 가격이라 하고, $\Lambda(S(t))$를 풋옵션의 수익 함수

$$\Lambda(S(t)) = \max(E - S(t), 0)$$

라 하자.

첫 번째 관찰 결과는 아래와 같다.

$$0 \le t \le T, 0 \le S \text{ 인 모든 } t, S \text{에 대해, } P^{\text{Am}}(S,t) \ge \Lambda(S(t)) \tag{18.1}$$

위의 결과는 간단한 차익 거래 논의에서 도출된다. 만약 위의 경우와 반대로 $P^{\text{Am}}(S,t) \le \Lambda(S(t))$라면, 옵션을 사고, 곧바로 그 옵션을 행사하여 이익을 얻을 수 있다. 그림 (11.1)로부터 이 부등식이 유럽식 풋옵션에서는 성립하지 않는다는 것을 알고 있다. 그러므로 풋옵션에 있어 조기 상환은 옵션 가격에 영향을 준다.

그럼 이제 8장의 포트폴리오 복제에 대해 논의한다. 8장의 $\Delta(V-\Pi)$, 이 장에서는 $\Delta(P^{\text{Am}}-\Pi)$를 무위험으로 만드는 식 (8.13)까지의 논의를 반복한다. 이후 다음 단계로 등식 (8.14)를 도출하도록 한다.

1. $\Delta(P^{\text{Am}}-\Pi) > r(P^{\text{Am}}-\Pi)$이면 $P^{\text{Am}}-\Pi$가 은행에 예치된 현금보다 나은 수익을 보인다. 이러한 상황을 이용하면, 투자자는 포트폴리오 $P^{\text{Am}}-\Pi$를 사는 방식, 즉 옵션을 사고 포트폴리오 Π거래(자산을 공매도 하고, 현금을 차입)를 파는 방식으로 차익거래를 할 수있다.
2. $\Delta(P^{\text{Am}}-\Pi) < r(P^{\text{Am}}-\Pi)$이면 은행에 예치된 현금보다 수익이 낮아지므로, 1번의 경우와 반대로 포트폴리오 $P^{\text{Am}}-\Pi$를 파는 방식, 즉 옵션을 팔고 포트폴리오 Π (자산을 공매도 하고, 현금을 차입)를 사는 방식으로 차익거래를 할 수 있다.

조기행사 기능이 없다면, 무차익거래 원칙으로 위의 두 경우가 모두 불가능하다. 하지만 조기행사가 가능하다면 상황은 달라진다. 1번의 경우에서

차익거래자는 옵션을 사면서 조기 행사이라는 추가적인 권리를 획득하게 된다. 이 추가적인 권리는 차익거래자에게 도움을 주고, 차익거래를 계속 가능하게 한다. 반대로 2번의 경우에서는 옵션을 매도한 차익 거래자가는 조기행사의 권리 또한 매도한 것이 된다. 그러므로 옵션을 팔았던 차익거래자는 아무 때나 조기행사를 당할 수 있고, 이런 상황 하에서 차익거래자는 은행의 현금보다 좋은 수익을 무위험으로 얻을 것이라고 확신할 수 없다.

결과적으로, 미국식 풋옵션의 경우, 무차익거래 원칙 때문에 첫 번째 상황은 불가능하지만, 두 번째 상황은 그렇지 않다. 그래서 식 (8.15)가 다음과 같이 바뀌어야 한다.

$$\frac{\partial P^{\mathrm{Am}}}{\partial t} + \frac{\sigma^2}{2} S^2 \frac{\partial^2 P^{\mathrm{Am}}}{\partial S^2} + rS \frac{\partial P^{\mathrm{Am}}}{\partial S} - rP^{\mathrm{Am}} \leq 0 \tag{18.2}$$

식 (18.2)는 편미분 부등식이다. 이제 어떤 (S, t) 지점에서 (a) 행사할 건지 또는 (b) 계속 보유할 건지 중에서 하나가 최적의 선택이 되고, 그 때

S, t 각각에 대해 식 (18.1)과 식 (18.2) 중 하나가 등식이 된다. (18.3)

위의 식 (18.1)과 식 (18.2), 식 (18.3)은 미국식 옵션 평가의 중요한 특징이다. 이 특징들이 모여 소위 선형 상보 문제(linear complementarity problem)를 구성한다.

만기 시까지 옵션을 계속 보유하였다면 미국식 옵션의 수익은 유럽식 옵션과 같아지고, 다음의 최종 값을 갖는다.

$$\text{모든 } S \geq 0\text{에 대해, } P^{\mathrm{Am}}(S, T) = \Lambda(S(T)) \tag{18.4}$$

$S = 0$이 되면, 기초자산의 가격은 항상 0이 되므로, 수익은 E(행사가격)로 확정된다. 이 경우 조기 행사하는 것이 최적의 선택이다. 이 내용을 다음

표 18.1: 이항 모형으로 구해진 미국식 풋 가치의 근사값

	옵션 가치
$M = 100$	1.7974
$M = 200$	1.7983
$M = 400$	1.7962
$M = 1000$	1.7962

과 같이 경계조건 형태로 해석할 수 있다.

$$0 \le t \le T\text{의 } t\text{에 대하여, } S \to 0\text{이면, } P^{\mathrm{Am}}(S,t) \to E\text{이다.} \tag{18.5}$$

비슷하게, S가 매우 크다면 이 옵션은 이익을 만들어 내는 것이 극단적으로 어려워진다. 이 내용을 위와 같이 경계 조건 형태로 만들 수 있다.

$$0 \le t \le T\text{의 } t\text{에 대하여, } S \to \infty\text{이면, } P^{\mathrm{Am}}(S,t) \to 0 \tag{18.6}$$

식 (18.1) – 식 (18.6)을 이용하여 정의된 문제는 조기행사 기능이 없을 때 사용되는 블랙-숄즈 미분 방정식보다 매우 어렵다. 일반적으로 $P^{\mathrm{Am}}(S,t)$는 닫힌해(closed solution)가 없기 때문에 근사값을 구하기 위해 수치적 방법을 사용해야 한다.

18.4 미국식 옵션을 위한 이항 모형

이항 모형을 간단하게 수정하면 미국식 풋옵션의 가격을 계산하는 것에 적용할 수 있다. 16장에서 이항 모형의 자산 가격은 식 (16.1)에 의해

결정되는 것을 알고 있다. 만약 풋옵션을 만기까지 보유하고 있으면, 식 (16.2)를 적용한다. 이제 트리를 이용하여 뒤에서부터 계산을 해오다가, $t = t_i$ 시점에 자산 가격이 S_n^i일 때 옵션을 만기까지 보유하고 있다면, 옵션 가격 V_n^i는 식 (16.3)에 의해 결정된다. 그러나 이 순간에 옵션을 행사하면, 옵션의 내재 가치인 $\Lambda(S_n^i)$ 만큼의 금액을 받는다. 그러므로 두 선택 중에서 좋은 것을 고르는 것을 다음과 같이 표현할 수 있다.

$$V_n^i = \max\left[\Lambda(S_n^i), e^{-r\delta t}\left\{pV_{n+1}^{i+1} + (1-p)V_n^{i+1}\right\}\right], 0 \le n \le i, 0 \le i \le M-1 \quad (18.7)$$

식 (16.1)과 식 (16.2), 식 (18.7)은 현재 시점의 미국식 옵션 가격 V_0^0을 계산하기 위한 이항 모형을 완벽하게 결정한다.

계산 예제 (16.4)절에서 사용된 인수를 가지는 미국식 풋옵션을 이항 모형을 이용하여 계산해보자. 즉, $S_0 = 9$, $E = 10$, $T = 3$, $r = 0.06$, $\sigma = 0.3$인 조건을 갖는다. 표 (18.1)은 $M = 100$, 200, 400, 1000일 때 결과를 보여준다. 만약 $M = 1000$일 때의 결과가 정확하다고 가정하면, 표 (16.1)의 유럽식 옵션의 예제처럼 모형의 결과가 수렴한다. 하지만 오차가 단조 감소하지 않는다. 이 또한 유럽형과 일치한다. 그림 (18.1)과 그림 (18.2)는 그림 (16.2)와 그림 (16.3)에 나타난 이항 모형 계산 결과의 미국식 옵션 판을 보여준다. 두가지 옵션의 수렴 과정이 매우 비슷함을 볼 수 있다. 실제로, 식 (16.8)형태의 오류 범위가 여전히 유효함을 보일 수도 있다. ◇

18.5 최적 행사의 경계

만약 S가 매우 크다면 미국식 풋옵션은 아무런 수익을 내지 못하기 때문에, 옵션을 행사하는 것이 아무런 가치가 없고, 옵션을 계속 보유하

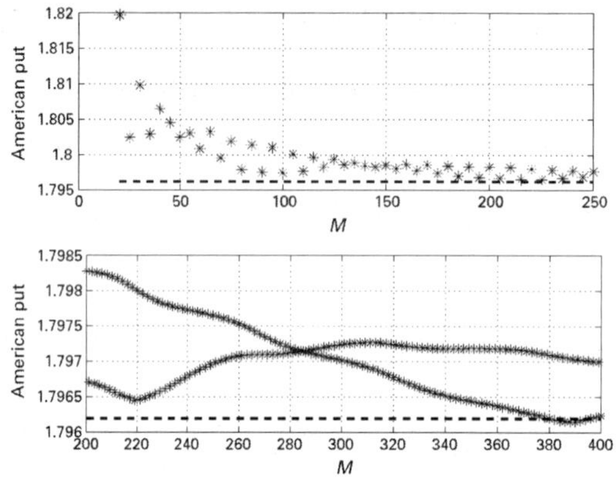

그림 18.1: 시간 변수 M을 증가함에 따른 미국형 풋옵션을 계산하는 이항 트리의 수렴. 상반부: 5의 간격으로 M을 20에서 250까지 변화. 점선은 엄밀해(M = 1000일 때의 해)이다. 하반부: 1의 간격으로 M을 200에서 400까지 변화.

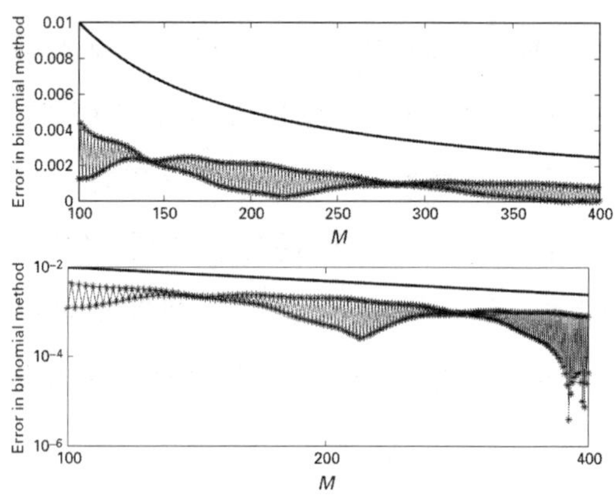

그림 18.2: 위: 시간 변수 M을 100에서부터 400까지 증가할 때 미국형 풋옵션에 대한 이항 트리의 오차. 실선은 $1/M$이다. 아래: 같은 데이터를 로그-로그 척도에서 나타내었음.

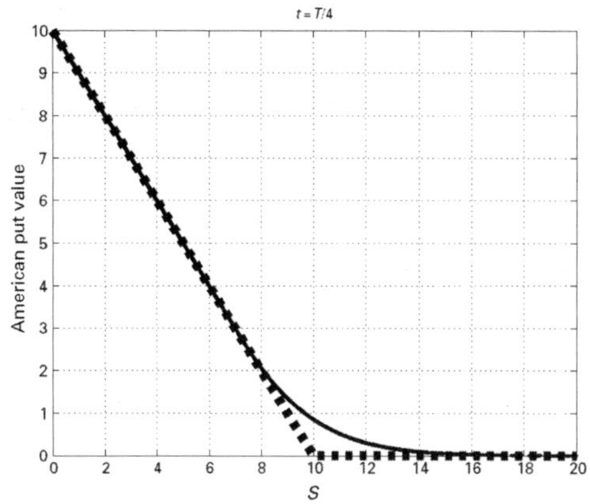

그림 18.3: 이항 트리 방법을 이용하여 계산한 미국형 풋옵션에 대한 $P^{\mathrm{Am}}(S,t)$의 값. 하키-스틱 수익함수 $\Lambda(S)$를 점선으로 추가하였다.

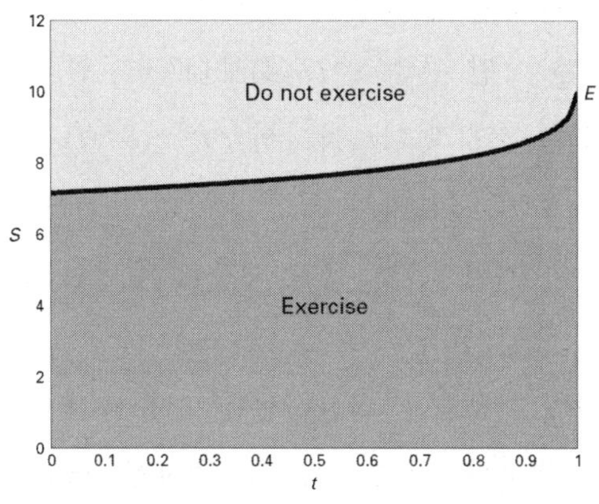

그림 18.4: 미국형 풋옵션에 대한 행사 경계. 이항 트리 방법을 이용하여 계산하였다.

는 것이 최적의 선택이다. 반대로, $S \to 0$의 극한값의 경우, 수익이 얻을 수 있는 최대값에 가까워지므로 옵션을 행사하는 것이 최적의 선택이다. 두 극한의 경우를 이어보면, 다음을 만족하는 명확한 최적 행사의 경계인 $S^\star(t)$를 구할 수 있을 것이다.

- $S(t) < S^\star(t)$일 경우, 행사하는 것이 최적의 선택이며, $P^{\mathrm{Am}}(S,t) = \Lambda(S(t))$ 이고,
- $S(t) > S^\star(t)$일 경우, 보유하는 것이 최적의 선택이며, $P^{\mathrm{Am}}(S,t) > \Lambda(S(t))$ 이다.

그림 (18.3)은 t를 고정했을 때, $P^{\mathrm{Am}}(S,t)$를 S의 함수로 나타낸 것이다. 그 외의 인수는 $E = 10$, $r = 0.06$, $\sigma = 0.3$, $T = 1$이고, 고정된 시점은 $t = T/4$로 한다. $P^{\mathrm{Am}}(S,T/4)$를 계산하기 위해 넓은 범위의 초기 기초 자산 가격 S_0와 함께 이항 모형을 사용했다. 그림 (18.3)에서 S가 작을 때, 옵션 가격이 하키 스틱처럼 생긴 $\Lambda(S(t))$에 놓여있다. 여기서 $\Lambda(S(t))$는 점선으로 표시됐다. S가 어떤 수준 $S^\star(T/4)$보다 커지면, 가격 $P^{\mathrm{Am}}(S,T/4)$는 하키 스틱보다 위에 놓이게 된다. 여기서 $\partial P^{\mathrm{Am}}(S^\star(t),t)/\partial S = -1$ 임을 보일 수 있는데, 이는 $S^\star(t)$지점에서 곡선 $P^{\mathrm{Am}}(S(t),t)$는 하키 스틱을 부드럽게 벗어난다. 연습문제 (18.2)는 위의 내용의 절반을 증명하여, 미분값의 하한이 -1임을 보이는 것이다.

그림 (18.4)는 그림 (18.3)을 계산하는데 사용된 인수와 같은 E, r, σ, T를 사용하여 최적 행사의 경계 $S^\star(t)$를 계산한 결과이다. 경계는 실선으로 표시하였고, 실선 아래의 영역은 옵션을 행사하는 것이 최적인 영역이고, 실선 위의 영역은 옵션을 만기까지 보유하는 것이 최적인 영역이다. $t = T/4$일 때, $S^\star(t) = 7.3$이 나오는데, 이는 그림 (18.3)에서 $P^{\mathrm{Am}}(S,T/4)$이 하키 스틱을 떠나는 수평 축의 값과 같은 값이다. 우리

는 일정 범위의 기초 자산의 초기 가격 S_0에 이항 모형을 적용하여 최적 행사의 경계를 추적했다. 우리는 각 t_i시점에서 $S^\star(t_i)$는 식 (18.7)의 $e^{-r\delta t}\left(pV_{n+1}^{i+1} + (1-p)V_n^{i+1}\right)$ 항이 $\Lambda(S_n^i)$보다 큰 S_n^i 중에서 가장 작은 값이라고 정의했다. 다시 말하자면, $S^\star(t_i)$는 이항 모형이 풋옵션을 행사하지 않기로 결정한 S_n^i 값 중 가장 작은 값으로 결정된다.

그림 (18.4)는 다음과 같은 이유를 들어 일반적인 결과라 할 수 있다.

(i) $S^\star(T) = E$ 이다.

(ii) $S^\star(t)$는 정의가 명확하고, t 만을 이용한 함수이다.

(iii) $S^\star(t)$ 는 t에 대하여 감소하지 않는 함수이다.

연습문제 (18.3)은 위 내용 중, (i)과 (iii)을 다룬다.

18.6 미국식 풋옵션을 위한 몬테카를로

지금까지 유럽식 옵션을 평가하는 이항 모형을 자연스럽게 미국식 옵션을 위한 모형으로 확장하였다. 하지만 몬테카를로 모형은 다음의 이유들 때문에 미국식 옵션 평가를 위한 확장이 힘들다.

(a) 이항 모형은 기본적으로 경로들을 자동으로 평균을 내는 반면, 몬테카를로 모형은 하나의 경로만을 다룬다.

(b) 이항 모형은 시간의 역순으로 계산을 수행하는 반면, 몬테카를로 모형은 시간 순으로 동작한다.

유럽식 옵션을 계산하기 위한 몬테카를로 모형은 옵션의 가격이 기대값으로 표현된다는 개념을 이용하는 것이다. 미국식 옵션의 경우 비슷한 표현식이 있기는 하지만, 계산상 유용하지는 않다. $\mu = r$인 위험 중립 조건하에서, 미국식 풋옵션의 초기 가격은 다음과 같이 표현될 수 있다.

$$P^{\text{Am}}(S_0, 0) = \sup_{0 \le \tau \le T} \mathbb{E}\left[e^{-r\tau}\Lambda(S(\tau))\right] \tag{18.8}$$

위 식의 τ는 정지 시점(*stopping time*)이다. 이 정지 시점을 정확히 정의하기 위해서는 이 책에서 소개되지 않은 전문 용어를 사용해야 한다. 하지만 식 (18.8)은 다음과 같이 약식으로 표현될 수 있다.

- 정지 시점 τ의 값은 옵션이 언제 행사되는가를 결정한다. 그러므로 식 (18.8)의 $e^{-r\tau}\Lambda(S(\tau))$는 할인된 수익을 의미한다.
- 정지 시점 τ는 $S(t)$의 경로에 의존하는 확률 변수이다.
- 자산의 경로 $S(t)$의 함수로 τ를 지정하는 어떠한 규칙도 사용할 수 있다. 단, $\tau = t^\star$를 결정하는 것은 0과 $t^\star$ 사이의 $S(t)$의 정보만을 이용해야 한다.
- 가장 큰 예상 수익을 내도록 하는 τ 결정 규칙을 사용하여 옵션 가치 $P^{\text{Am}}(S_0, 0)$을 결정한다. 단, 예상 수익은 이자를 감안하여 적절히 할인한다.

위의 내용을 말로 풀어보면 다음과 같다.

> 모든 행사 전략, 즉 언제 옵션을 행사할지를 결정하는 모든 규칙에 대해 상상해 보자. 그리고 우리가 수행한 전략의 성공 여부는 그 전략으로 얻어지는 할인된 예상 수익에 의해 결정된다고 가정하자. 만약 결정 시점까지의 기초자산 가격에 관한 정보만 가지고 행사 여부를 결정하는 전략 중 제일 좋은 전략을 수행하면, 우리는 블랙-숄즈로 산출된 미국식 풋옵션의 가치만큼을 회수하게 된다.

계산 측면에서 보면, 식 (18.8)을 계산하는데 가장 큰 장애물은 모든 가능한 행사 전략들 중 최적의 전략을 찾는다는 요구사항이다. 어떠한 방식으로도 모든 가능한 행사 전략을 열거할 수도 없거니와, 그것들 중 최적 전략을 골라내는 것은 불가능하다. 그렇다면, 개념 설명을 위해 아주 단순한 행사 전략으로 범위를 한정해 보자. 만약 할인된 수익 $e^{-rt}\Lambda(S(t))$가 어떤 고정된 수준 $\alpha > 0$를 넘으면 행사하기로 한다고 가정하자. 만약 옵션을 행사하지 않고 만기인 T시점까지 도달하면, $\Lambda(S(T)) > 0$일 때 행사하는 것이 좋다. 종합하면, 우리의 행사 전략을 다음과 같이 표현할 수 있다.

- 만약 $e^{-rt}[E - S(t)] > \alpha$라면, t시점에 행사한다.
- T 시점에 도달한다면, $E - S(T) > 0$일 때 행사한다.

이 전략은 t시점에서 행사 여부를 결정하기 위해 $S(t)$만 사용하므로, 허용되는 전략이다. 그림 (18.5)는 이 전략의 성공 여부를 보여준다. 여기서 $S_0 = 9$, $E = 10$, $T = 1$, $r = 0.06$, $\sigma = 0.3$ 일 때 미국식 옵션을 평가하였다. 이항 모형으로 계산된 미국식 옵션의 블랙-숄즈 가격은 1.43이고, 동일한 조건하에서 유럽식 옵션의 가격은 1.32이다. 이 값들은 그림 상에서 점선으로 표시되었다. 그림의 별표는 α를 바꿔가며 몬테카를로를 이용하여 옵션 가치를 근사한 것이다. 더 자세히 말하면, $\delta t = 10^{-3}$의 시간 간격으로 10^6 개의 개별 무위험 자산 경로를 만들었는데, 앞서 소개된 전략을 $i\delta t$ 시점마다 수행했다. 표본 평균의 신뢰구간은 그래프에 나타난 별표의 크기보다 작다. 그림에서 볼 수 있듯이, α가 2.5 근처의 값이 되면 할인된 기대 수익이 블랙-숄즈 가치와 가까워진다. 연습문제 (18.4)는 $0 \le \alpha \le 1$일 때와, α가 클 때의 결과를 설명하는 문제이다. 이 예제에서는 운 좋게도 α 값 중 최적의 값을 찾는 것이 곧 최적의 행사 전략을 찾는 것이 되었

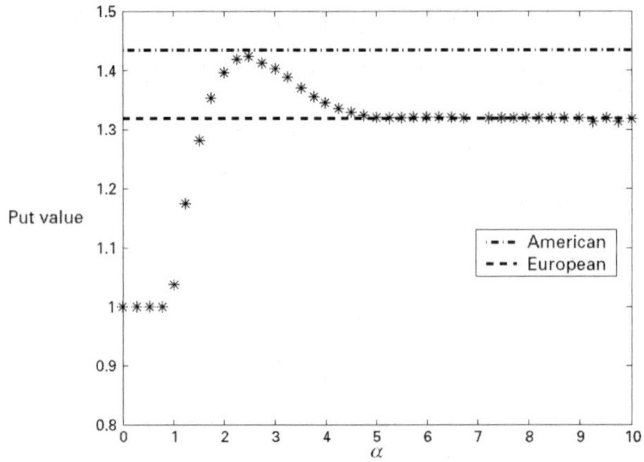

그림 18.5: 별표는 α로 대표되는 간단한 행사 전략하에서 미국형 풋옵션의 할인된 평균 수익의 몬테카를로 근사이다. 윗부분과 아랫부분의 점선은 미국형 옵션과 유럽형 옵션의 참값을 나타낸다.

다. 물론 S_0, E, T, r, σ 중 하나라도 바뀌면 최적의 α 값도 바뀌게 되고, 또한 이런 전략으로 $P^{\mathrm{Am}}(S_0, 0)$의 좋은 근사값을 구할 수 있을지도 의문이다.

일반적으로 어떤 특정한 전략을 선택하고 할인된 기대 수익을 계산하면 블랙-숄즈로 계산된 가치의 하한값 중 하나가 산출된다.

반대로 최고의 행사 시점을 결정하기 위해 미래의 정보를 이용하는 전략을 만들 수 있다.

- $0 \le t \le T$일 때, $S(t)$의 모든 경로를 고려해보고 $e^{-rt}\Lambda(S(t))$가 가장 클 때 행사한다.

각각의 자산 경로에 대해서 이 방법은 제일 좋은 행사 전략만큼의 효과는 있고, 할인된 예상 수익은 블랙-숄즈로 계산된 가치의 상한값 중 하나가

된다. 그림 (18.5)의 예제에서 상한값은 2.62인데, 이는 근사값으로 사용하기에는 오차가 너무 크다.

18.7 주석 및 참고문헌

식 (18.2)에서 식 (18.6)까지의 선형 상보 문제를 유도하는 과정은 Almgren(2002)이 사용한 방식을 따랐다. 미국식 풋옵션의 평가 문제를 최적 행사 경계 $S^\star(t)$에 경계 조건을 적용하는 PDE로 풀 수도 있다. 이 자유 경계 문제(*free boundary problem*) 접근 방식은 Kwok(1998), Wilmott(1995)에 서술되어 있다. Kwok(1998)은 조기 행사를 위한 행사 영역과 비 행사 영역이 연결이 끊긴 집합들로 구성되어 있는 더 복잡한 예제를 보여준다. 그림 (18.3)에 설명된 $\partial P^{\text{Am}}(S^\star(t),t)/\partial S = -1$ 조건은 Kwok(1998)과 Wilmott(1995)에 자세히 설명되어 있다.

미국식 옵션 계산에 있어서 이항 모형의 수렴성은 Leisen(1998)에서 다루어 지는데, 여기서 식 (16.8)에 표현된 형식의 오차 범위를 유도한다.

(18.2)절에서 이루어진 유럽식 콜옵션과 미국식 콜옵션의 동질성에 대한 논의는 기초 자산이 배당을 지급하는 경우에는 성립하지 않는다. 이 이론이 어떻게 변형되는가를 보기 위해서는 Hull(2000), Kwok(1998), Wilmott(1995)를 참고하라.

응용 수학자들은 최근, t가 만기 시점 T에 가까워질 때 최적 행사의 경계에 대해 관심을 갖기 시작했다. $t \to T^-$이면 경계 값 $S^\star(t)$는 E에 가까워지고, 그 접선의 기울기는 무한에 가까워지는데, 이는 그림 (18.4)에서 확인할 수 있다. 이 특이점의 정확한 특성은 Goodman and Ostrov(2002), Kuske and Keller(1998)에서 조사하였다.

Björk(1998)는 식 (18.8)에 숨겨진 수학 이론을 파악하는데 좋은 자료이다.

최근까지 많은 연구자들은 몬테카를로 모형이 미국식 옵션을 평가하는데 적합하지 않다고 생각 했다. 하지만 다수의 저자들이 적절한 확장을 통하여 몬테카를로 모형을 이용한 미국식 옵션의 계산 알고리즘을 만들 수 있다고 주장하고 있다. 이는 Anderson and Broadie(2001), Boyle(1997), Fu(2001), Longstaff and Schwartz(2001), Rogers(20002)를 참고하라.

연습문제

18.1 ⋆ ⋆ ⋆ (18.3)절의 분석을 미국식 콜옵션에 대하여 반복하라. 블랙-숄즈 유럽식 콜옵션 가격 식 (8.19)가 식 (18.2) – (18.6)과 유사한 형식의 관계식을 만족함을 보여라. 미국식 콜옵션이 조기 행사 조건을 제외한 동일한 나머지 조건의 유럽식 콜옵션과 가치가 동일함을 추론하라.

18.2 ⋆⋆ (18.5)절에서 $\partial P^{\mathrm{Am}}(S^\star(t),t)/\partial S = -1$임을 언급하였다. 미국형 풋옵션의 델타인 $\partial P^{\mathrm{Am}}(S^\star(t),t)/\partial S$ 가 -1보다 작을 수 없는지 간단히 설명하라.

18.3 ⋆ ⋆ ⋆ 미국식 풋옵션의 최적 행사 경계 함수 $S^\star(t)$가 명확히 정의된 일가함수(single valued function)라 하자. $S^\star(T) = E$이고, $S^\star(t)$가 t의 감소하지 않는 함수임을 보여라.

18.4 ⋆⋆ $0 \leq \alpha \leq 1$일 때와 α가 클 때, 그림 (18.5)에 나타낸 몬테카를로 값들의 거동을 설명하라.

18.5 ⋆⋆ 아래 설명하는 전략 중 식 (18.8)에 사용 가능한 전략은 어떤 것인가?

전략 1:

– 만약 $S(t) < E/2$이면 행사한다.

– T 시점에 도달하면, $E - S(T) > 0$일 경우 행사한다.

전략 2:

– 만약 $S(t) < \min(E, 1.1 \min_{0 \le r \le T} S(r))$이면 행사한다.

– T 시점에 도달하면, $E - S(T) > 0$일 경우 행사한다.

전략 3:

– 만약 $S(t) < \min(E, 0.5 \min_{0 \le r \le t/2} S(r))$이면 행사한다.

– T 시점에 도달하면, $E - S(T) > 0$일 경우 행사한다.

18.8 프로그램과 연습

ch16을 수정하여 미국식 옵션을 이항 모형으로 평가할 수 있는 프로그램 ch18을 그림 (18.6)에 제시하였다. 인수들을 초기화한 후, 일차 배열 dpowers 를 생성하여 그 요소들을 $d^M, d^{M-1}, ..., d^0$으로 정했고, 일차 배열 upowers는 $u^0, u^1, ..., u^M$으로 채웠다. S*dpowers.*upowers를 계산하면 그림 (16.1)의 자산 가격 트리에서 만기 자산 가격인 $S_0^M, S_1^M, ..., S_M^M$을 산출한다. 그리고 다음의 코드는 i번째 시간 단계의 자산 가격인 $S_0^i, S_1^i, ...S_i^i$를 생성한다.

```
S*dpowers(M-i+2:M+1).*upowers(1:i);
```

이 방법으로 식 (18.7)의 반복 식은 다음과 같이 표현될 수 있다.

```
W=max(max(E-Si,0),exp(-r*dt)*(p*W(2:i+1)+(1-p)*W(1:i)));
```

```
%CH18 Program for Chapter 18
%
% Implements binomial method for an American put.

%%%%%% Problem and method parameters %%%%%%%%
S = 3; E = 4; T = 1; r = 0.05; sigma = 0.3;
M = 400; dt = T/M; p =0.5;
u = exp(sigma*sqrt(dt) + (r-0.5*sigma^2)*dt);
d = exp(-sigma*sqrt(dt) + (r-0.5*sigma^2)*dt);
%%%%%%%%%%%%%%%%%%%%%%%%%%%%%%%%%%

% Initial computations
dpowers = d.^([M:-1:0]');
upowers = u.^([0:M]');

% Time T option values
W = max(E-S*dpowers.*upowers,0);
%Work back to option value at time zero
for i = M:-1:1
    Si = S*dpowers(M-i+2:M+1).*upowers(1:i);
    W = max(max(E-Si,0),exp(-r*dt)*(p*W(2:i+1)+(1-p)*W(1:i)));
end

disp('Option value is'), disp(W)
```

그림 18.6: 18장의 프로그램: ch18.m.

ch16과 마찬가지로 루프는 옵션 가격 V_0^0을을 갖는 스칼라값 `W`가 나오면서 끝난다.

ch18에 의한 옵션 가격 은 `1.0158`이다. 이 값의 타당성은 24장의 ch24을 이용하여 확인한다.

프로그래밍 연습문제

P18.1 그림 (18.4)를 만들어 낼 수 있도록 **ch18** 프로그램을 수정하라.

P18.2 사용 가능한 행사 전략을 한 가지 구상해 보고, 그림 (18.5)의 방식으로 시험해보라.

인 용

시뮬레이션이 더 높은 차원의 문제를 푸는데 강력한 도구임에도 불구하고,
기존의 지식은 미국식 옵션의 가격 계산 문제에는
시뮬레이션을 적용할 수 없다는 것이었다.
여기 소개된 알고리즘들은
오랫동안 계산적으로 다루기 힘들다고 여겨져 왔던
그런 문제들을 해결하기 위한 첫 번째 시도이다.

PHELIM BOYLE, MARK BROADIE AND PAUL GLASSERMAN
(Boyle *et al.*, 1997)

학계는 시장에 관한 난해한 논문들을 펴내는
얼간이 수학자들로 가득 차 있었다.
월가는 그들을 고용하기 시작했지만 오직 연구직뿐이었는데,
수학자들에게는 그곳이 안전한 곳이었다.

월가에서 그 인텔리들은 퀀트라 불렸고,
트레이딩이라는 남자의 게임에는 맞지 않았다.

ROGER LOWENSTEIN(Lowenstein, 2001)

나는 스물다섯 살짜리 수학자의 판단보다
쉰다섯 살 먹은 트레이더의 판단을 더 좋아한다.

ALAN GREENSPAN, source(Taleb, 1997)

19 장

이색 옵션

개 요

- 유럽식 형태의 옵션
- 경로 의존적인 옵션들: 룩백, 배리어, 아시아
- 조기 행사 옵션들: 버뮤다, 샤우트
- 몬테카를로와 이항 모형

19.1 학습목표

지금까지는 유럽식 옵션과 미국식 형태의 옵션들에 대해 알아보았다. 하지만 이 외에도 다양한 형태의 상품들이 존재하는데, 이들을 묶어 이색 옵션(*exotic option*)이라 부른다. 각 종류의 옵션은 아래와 같은 분류법으로 나눌 수 있다.

(i) 경로 의존의 특성 – 옵션의 수익이 자산 경로 $S(t)$에 의존하는 방식 (단, $0 \leq t \leq T$)

(ii) 조기 행사의 가능 여부

많은 경우에 옵션 가격 계산을 위한 정확한 표현식이 없어, 근사를 통해 가격 계산을 할 수밖에 없다. 이 장에서는 상대적으로 난해하지 않은 이색 옵션을 소개하고, 이항 모형과 몬테카를로를 이용하는 두 가지 계산 방법에 대해 알아본다. 세 번째 접근 방법인 블랙-숄즈 PDE를 수치적으로 푸는 방법은 이 책의 23장과 24장에서 소개할 예정이다.

19.2 배리어 옵션

배리어(barrier) 옵션은 자산의 가격이 지정된 수준을 넘는지의 여부에 따라 생기기도 하고 사라지기도 하는 수익 구조를 갖는다.

- 다운-앤드-아웃 콜(*down-and-out call*) 옵션은 만약 자산이 어떤 지정된 장벽(배리어) B $(< S_0)$를 $[0, T]$의 어느 시점에라도 **지나게 되면** 수익이 0이 된다. 만약 장벽을 지난 적이 없다면 유럽식 옵션의 수익인 $\max(S(T) - E, 0)$을 갖는다.
- 다운-앤드-인 콜(*down-and-in call*) 옵션은 만약 자산이 어떤 지정된 장벽(배리어) B $(< S_0)$를 $[0, T]$의 어느 시점에도 **지난 적이 없다면** 수익이 0이 된다. 만약 지난 적이 있다면 유럽식 옵션의 수익인 $\max(S(T) - E, 0)$을 갖는다.

이런 배리어 옵션이 인기가 있는 이유 중 하나는, 수익을 얻을 수 있는 기회가 제한적인 만큼 가격이 유럽식 옵션에 비해 싸기 때문이다. 그림 (19.1)은 이 개념에 대해 설명한다. 그림에서 두 자산의 경로를 볼 수 있다. 두 자산 모두 행사가보다 큰 상태($S(T) > E$)에서 옵션의 만기가 도래했다. 두 자산 경로 중 두꺼운 선이 더 높은 가격을 가지며 만기가 됐지

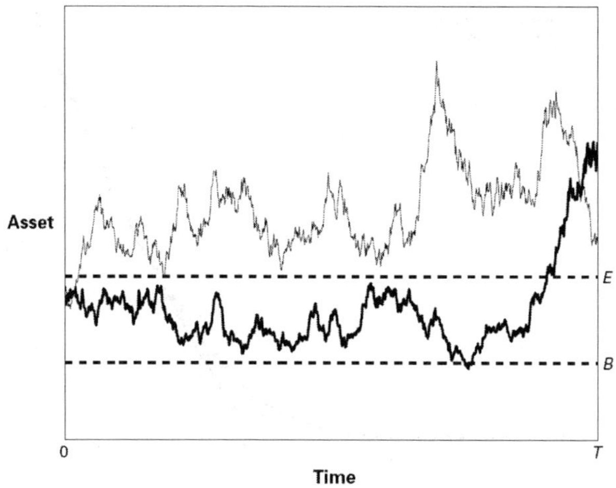

그림 19.1: 두 개의 자산 가격 경로와 배리어 B. 굵게 나타낸 자산 경로는 배리어와 교차한다. 그러므로 다운-앤드-아웃 콜옵션에서 영의 수익을 준다. 가늘게 나타낸 자산 경로는 배리어를 통과하지 않는다. 그러므로 다운-앤드-인 콜옵션에서 영의 만기 수익을 준다.

만, 가격 하락 폭이 더 컸기 때문에 장벽을 지났다. 두꺼운 선으로 표시된 자산은 다운-앤드-인 콜옵션이었다면 0이 아닌 수익을 만들었을 테지만, 다운-앤드-아웃 콜옵션이었다면 수익은 0이다. 하지만 반대로, 얇은 선으로 표시된 자산은 다운-앤드-인 콜옵션이었다면 수익이 0이 되었을 테고, 다운-앤드-아웃 콜옵션이었다면 0이 아닌 수익을 만들었을 것이다.

8장에서 소개한 헤지 방법은 배리어 옵션에 대해서도 유효하다. $C^{\mathrm{B}}(S,t)$를 자산 가격이 S이고 시간이 t일 때, 다운-앤드-아웃 콜옵션의 가치라고 하자. 블랙-숄즈 PDE 식 (8.15)는 자산이 장벽을 지나친 적이 없다면 계속 유효하다. 그러므로 $S^{\mathrm{B}}(S,t)$는 $0 \leq t \leq T$이고 $B \leq S$인 영역에서 블랙-숄즈 PDE를 만족해야 한다. 만약 $S = B$라면 옵션의 가치는 없어

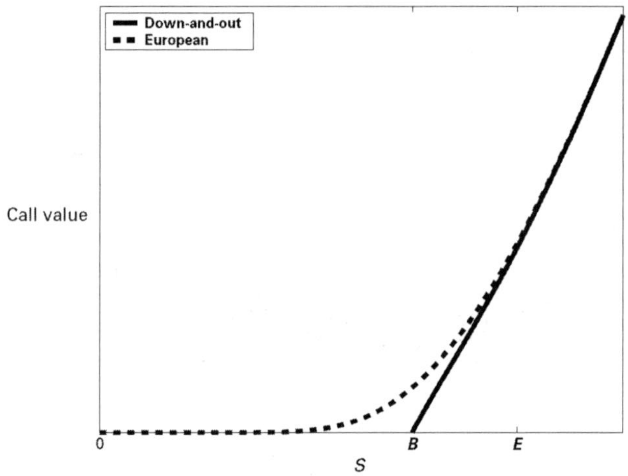

그림 19.2: 시간 0에서 주가 S의 함수로서의 다운-앤드-아웃 콜옵션의 가격. 식 (19.3)

진다.

$$C^{\mathrm{B}}(B,t) = 0, \qquad \text{단, } 0 \leq t \leq T \tag{19.1}$$

마찬가지로, 만기 때 $S(T) > B$라면 유럽식 옵션의 가치만큼 회수할 수 있어야 한다.

$$C^{\mathrm{B}}(S,T) = C(S,T), \qquad \text{단, } B \leq S \tag{19.2}$$

여기서 $C(S,t)$는 식 (8.19)의 유럽식 옵션의 가치를 의미한다. $B \leq E$인 상황에서 식 (19.1)과 식 (19.2)를 만족하는 $0 \leq t \leq T$, $B \leq S$ 영역상의 블랙-숄즈 PDE에 대한 해답은 다음과 같다.

$$C^{\mathrm{B}}(S,t) = C(S,t) - (S/B)^{1-2r/\sigma^2} C(B^2/S,t) \tag{19.3}$$

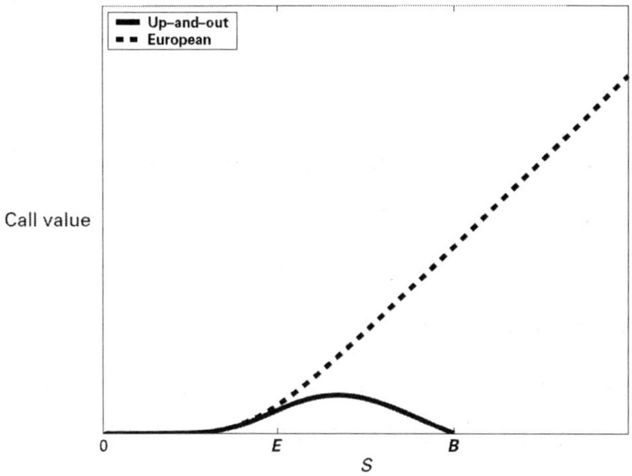

그림 19.3: 시간 0에서 주가 S의 함수로서의 업-앤드-아웃 콜옵션의 가격. 식 (19.3)

이 내용은 연습문제 (19.2)를 참고하라.

식 (19.3)을 보면 배리어 옵션이 유럽식 기본형 콜옵션보다 싼 것을 확인할 수 있다.

$B < E$일 때 식 (19.3)의 초기 값을 그리면 그림 (19.2)와 같은 그래프가 나온다. 유럽식 옵션의 가치 또한 점선으로 그려져 있다. 예상했듯이 자산의 가격이 상승하면 장벽을 칠 가능성이 낮아지고, 그에 따라 다운-앤드-아웃 콜옵션의 가치가 유럽식 콜옵션의 가치에 다가간다.

다운-앤드-아웃 콜옵션의 가치를 구하는 식이 주어진 상태에서 다음과 같은 관계식을 이용하여 다운-앤드-인 옵션의 가치를 구할 수 있다.

$$\text{in} + \text{out} = \text{European} \tag{19.4}$$

이 내용은 연습문제 (19.3)을 참고하라.

이제 다운을 업으로 바꾸면 새로운 종류의 배리어 옵션들을 구성할 수 있다.

- 업-앤드-아웃 콜옵션은 만약 자산이 어떤 지정된 장벽(배리어) B ($> S_0$)를 $[0,T]$의 어느 시점에라도 지나게 되면 수익이 0이 된다. 만약 장벽을 지난 적이 없다면 유럽식 기본형 콜옵션의 수익인 $\max(S(T)-E,0)$을 갖는다.
- 업-앤드-인 콜옵션은 만약 자산이 어떤 지정된 장벽(배리어) B ($> S_0$)를 $[0,T]$의 어느 시점에도 지난 적이 없다면 수익이 0이 된다. 만약 지난 적이 있다면 유럽식 기본형 콜옵션의 수익인 $\max(S(T)-E,0)$을 갖는다.

물론 위의 내용의 콜을 풋으로 바꾸면 풋옵션 계열의 배리어 옵션을 만들 수 있다. 결론적으로 총 8종류의 업/다운 – 앤드 – 인/아웃 콜/풋이 존재한다. 그리고 각각의 경우에 대해 알맞은 경계조건을 이용하여 블랙-숄즈 PDE를 풀 수 있고, 이에 따라 해를 도출할 수 있다. 각 종류에 대한 해는 (19.7)절의 참고문헌에서 찾아보도록 한다. (19.6)절에서 보게 될 업-앤드-아웃 콜을 위한 해는 다음과 같다.

$$\begin{aligned} &S\left(N(d_1)-N(e_1)-(B/S)^{1+2r/\sigma^2}\left(N(f_2)-N(g_2)\right)\right) \\ &-Ee^{-r(T-t)}\left(N(d_2)-N(e_2)-(B/S)^{-1+2r/\sigma^2}\left(N(f_1)-N(g_1)\right)\right) \end{aligned} \tag{19.5}$$

여기서 d_1과 d_2는 식 (8.20)과 식 (8.21)에 소개되어 있고, 그 외의 기호는 다음과 같다.

$$\begin{aligned} e_1 &= \frac{\log(S/B)+\left(r+\frac{1}{2}\sigma^2\right)(T-t)}{\sigma\sqrt{T-t}}, \\ e_2 &= \frac{\log(S/B)+\left(r-\frac{1}{2}\sigma^2\right)(T-t)}{\sigma\sqrt{T-t}}, \end{aligned}$$

$$f_1 = \frac{\log(S/B) - \left(r - \frac{1}{2}\sigma^2\right)(T-t)}{\sigma\sqrt{T-t}},$$

$$f_2 = \frac{\log(S/B) - \left(r + \frac{1}{2}\sigma^2\right)(T-t)}{\sigma\sqrt{T-t}},$$
$$g_1 = \frac{\log(SE/B^2) - \left(r - \frac{1}{2}\sigma^2\right)(T-t)}{\sigma\sqrt{T-t}},$$
$$g_2 = \frac{\log(SE/B^2) - \left(r + \frac{1}{2}\sigma^2\right)(T-t)}{\sigma\sqrt{T-t}}.$$

그림 (19.3)은 업-앤드-아웃 콜의 초기 가치를 식 (19.5)를 이용하여 그린 것이다. 여기서 점선은 같은 조건의 유럽식 콜옵션의 가치이다. 이 그림은 배리어 옵션이 유럽식 옵션에 비해 매우 싸다는 것을 보여준다. 업-앤드-아웃 콜은 상승 방향의 수익이 제한적 이어서 $B - E$를 넘을 수 없으므로 유럽식 옵션보다 매우 싸다.

이런 여덟 가지 기본적인 배리어 옵션은 다양한 일반화가 가능하다.

- 이중 배리어(*Double Barrier*) 옵션은 자산 가치에 대한 상한, 하한 배리어가 존재하며 이 중 하나의 배리어를 지난 적이 있느냐, 없느냐에 따라 수익이 생성(knock-in) 되거나 소멸(knock-out)된다.
- 부분 배리어(*Partial Barrier*) 옵션은 배리어가 제한된 기간 동안만 존재한다.
- 파리식(*Parisian*)의 옵션은 자산 가치가 지정된 시간 동안 배리어를 넘은 채로 유지되어야 배리어를 넘은 것으로 인정한다.
- 그 외에 더 일반화를 하면, 배리어가 시간에 의존적일 수도 있고, 배리어를 넘으면 옵션의 특성 자체가 바뀔 수도 있다.

위의 모든 옵션에 대해 블랙-숄즈 분석이 의미를 지니기는 하지만, 이렇게 더 복잡한 배리어 옵션의 경우에는 해석적으로 닫힌해(closed solution)를 구하는 것이 불가능하다.

19.3 룩백 옵션

룩백(Lookback) 옵션의 만기 수익은 자산의 최고 가격 또는 최소 가격에 의존한다. 룩백 옵션에는 크게 고정 행사가(*fixed strikes*) 옵션과 유동 행사가(*floating strikes*) 옵션의 두 가지 종류로 나눌 수 있다. 이를 설명하기 전에 양극단의 자산 가격을 표현하기 위하여 다음과 같은 표기를 사용하도록 한다.

$$S^{\max} := \max_{[0,T]} S(t), \quad S^{\min} := \min_{[0,T]} S(t)$$

위의 표기를 이용하여 룩백 옵션의 만기 시점의 수익을 다음과 같이 설명할 수 있다.

- 고정 행사가 룩백 콜옵션의 수익은 $\max(S^{\max} - E, 0)$ 이다.
- 고정 행사가 룩백 풋옵션의 수익은 $\max(E - S^{\min}, 0)$ 이다.
- 유동 행사가 룩백 콜옵션의 수익은 $S(T) - S^{\min}$ 이다.
- 유동 행사가 룩백 풋옵션의 수익은 $S^{\max} - S(T)$ 이다.

명백하게 같은 조건의 유럽식 옵션들 보다 이러한 룩백 옵션이 더 가치가 있다. 고정 행사가 룩백 옵션의 경우 만기 시점의 자산가격 $S(T)$가 자산 가격 중 제일 유리한 가격(콜옵션의 경우 최고가, 풋옵션의 경우 최저가)으로 바뀐다. 유동 행사가 룩백 옵션의 경우는 행사가가 가장 유리한 가격으로 바뀌게 된다. 실제로 유동 행사가 룩백 옵션의 경우 항상 행사하는 것이 유리하므로 옵션이라는 이름이 어울리지 않을지 모른다.

위의 네 가지 룩백 옵션의 경우 가격 계산을 위한 블랙-숄즈 공식을 유도하는 것이 가능하다. 이는 (19.7)절의 참고 문헌을 살펴 보라. 이러한 룩백의 확장들이 많이 존재하는데, 이는 일반적으로 룩백의 기능을 조금 더 싼 가격에 제공하기 위함이다. 제한된 시간 동안 또는 일정한 시점에만 최대, 최소값을 관찰하는 것이 한 예가 될 수 있다. 이런 옵션들은 해석적 방법이 아닌 계산적인 방법으로만 평가가 가능한 경우가 많다.

19.4 아시아 옵션

앞서 배리어 옵션과 룩백 옵션이 자산 가치의 극한값에 집중했다면, 아시아(Asian) 옵션은 자산 가치의 평균값에 집중한다.

- 평균 가격 아시아 콜 옵션은 만기 시점 T에 다음과 같은 수익을 갖는다.

$$\max\left(\frac{1}{T}\int_0^T S(\tau)d\tau - E, 0\right)$$

- 평균 가격 아시아 풋옵션은 만기 시점 T에 다음과 같은 수익을 갖는다.

$$\max\left(E - \frac{1}{T}\int_0^T S(\tau)d\tau, 0\right)$$

여기서 유럽식 옵션의 만기 시점의 자산 가격 $S(T)$를 옵션 기간 동안의 자산의 평균 가격으로 바꿔 표현했다.

- 평균 행사가 아시아 콜옵션은 만기 시점 T에 다음과 같은 수익을 갖는다.

$$\max\left(S(T) - \frac{1}{T}\int_0^T S(\tau)d\tau, 0\right)$$

- 평균 행사가 아시아 풋옵션은 만기 시점 T에 다음과 같은 수익을 갖는다.

$$\max\left(\frac{1}{T}\int_0^T S(\tau)d\tau - S(T), 0\right)$$

여기서 유럽식 옵션의 행사가 E를 옵션 기간 동안의 자산의 평균 가격으로 바꿔 표현했다.

이 밖에도 다른 형태의 아시아 옵션들도 정의할 수 있다. 예를 들면 연속 평균 $\frac{1}{T}\int_0^T S(\tau)\,d\tau$를 다음과 같이 n 개의 시점 $0 \leq t_1 \leq t_2 < \cdots < t_n \leq T$의 이산 산술 평균

$$\frac{1}{n}\sum_{i=1}^{n} S(t_i),$$

또는 이산 기하 평균

$$\left(\prod_{i=1}^{n} S(t_i)\right)^{1/n}$$

으로 바꿀 수 있다. (실제에서는 자산 가격이 연속적으로 변하는 것이 아니기 때문에 연속 평균 가격 또한 개별 자산 가격으로부터 이산 평균 근사값을 이용하여 계산한다.[1])

아시아 옵션의 경로 의존성은 어떤 면에서 배리어 옵션과 룩백 옵션의 경로 의존성보다 복잡하다. 아시아 옵션의 수익은 자산 가격의 극한값만을 취급하는 두 옵션과 달리 자산 가격의 범위에 의존한다. 아시아 옵션을 블랙-숄즈 분석을 위한 구조에 끼워 넣을 수는 있지만, 해석해는 특정한 경우에 한하여 구할 수 있다. 그 상황 중 하나가 연습문제 (19.6)에서 다루어진다.

[1]한국 시장의 경우 이산 산술 평균 아시아 옵션이 대부분이다. (옮긴이 주)

19.5 버뮤다 옵션과 샤우트 옵션

버뮤다(Bermudan) 옵션은 미국식 옵션과 다른 점은 한 가지뿐이다. 미국식 옵션은 옵션 보유자가 $[0,T]$ 사이 어느 때나 옵션을 행사할 수 있지만, 버뮤다 옵션은 옵션 보유자가 미리 지정한 고정된 수의 날짜에 한해서만 조기 행사를 할 수 있다.

미국식 옵션의 경우와 마찬가지로 버뮤다 옵션의 경우에도 옵션의 가치를 구하는 해석해는 없다.

샤우트(Shout) 콜옵션의 가장 단순한 형태는 옵션 보유자에게 0과 T 시점 사이에 최대 한번의 외침(shout) 기회를 주는 것이다. 샤우트 콜옵션의 만기 수익은 다음과 같다.

$$\begin{cases} \max(S(T)-E, S(\tau)-E), & \text{보유자가 } \tau \text{ 시점에 외쳤을 때,} \\ \max(S(T)-E, 0), & \text{보유자가 외치지 않았을 때} \end{cases} \tag{19.6}$$

여기서 $S(\tau) > E$일 때만 보유자가 외친다라고 가정할 수 있다. 이 외침의 효과는 결국 옵션의 수익을 최소 $S(\tau)-E$로 고정하는 것이고, 만기시의 실제 수익은 유럽식 수익과 이 고정된 수익 중 큰 값으로 결정된다. 일반적으로 이 외침은 옵션 보유자가 자산 가격이 고점을 찍었고 곧 폭락할 것이라고 느낄 때 이루어진다. 미국식 옵션이나 버뮤다 옵션처럼 샤우트 옵션도 가격을 표현하는 해석해는 없다.

19.6 이색 옵션 계산을 위한 몬테카를로와 이항 모형

15장에서 소개한 몬테카를로 모형은 경로 의존성을 다루기 위한 확장이 쉽다. N이 매우 큰 수이고 T가 만기 시점일 때, $\Delta t = T/N$로 정하고 $0 \le j \le N$인 각 j에 대해 $t_j = j\Delta t$ 지점들을 각각 격자로 설정한다.

$S(0) = S_0$라 하면 식 (6.9)와 같은 방식으로 자산 가격 $S(t_j)$를 이용하여 $S(t_{j+1})$를 다음과 같이 계산할 수 있다 [2].

$$S(t_{j+1}) = S(t_j)\exp\left\{(r - \sigma^2/2)\Delta t + \sigma\sqrt{\Delta t}\,Z_j\right\}, \qquad \text{단, } Z_j \sim \mathsf{N}(0,1) \quad (19.7)$$

위의 식을 이용하여 $[0, T]$ 사이에 Δt 간격으로 나누어진 점들마다 자산의 가격을 산출하므로, 최대값, 최소값, 전체 합산 값, 배리어 횡단 여부 등을 근사적으로 계산할 수 있다. 예를 들면 다음의 알고리즘으로 업-앤드-아웃 콜을 평가 할 수 있다. 여기서 M은 표본으로 추출되는 자산 경로의 수이다.

for i = 1 to M
    for j = 0 to $N-1$
        compute an $\mathsf{N}(0,1)$ sample ξ_j
        set $S_{j+1} = S_j \exp\left\{\left(r - \sigma^2/2\right)\delta t + \sigma\sqrt{\delta t}\xi_j\right\}$
    end
    set $S_i^{\max} = \max_{0\le j\le N} S_j$
    if $S_i^{\max} < B$ set $V_i = e^{-rT}\max(S_N - E, 0)$,
    otherwise $V_i = 0$
end
set $a_M = \frac{1}{M}\sum_{i=1}^{M} V_i$
set $b_M^2 = \frac{1}{(M-1)}\sum_{i=1}^{M}(V_i - a_M)^2$

위 알고리즘의 결과 값은 대략의 옵션의 가치 a_M이고, 식 (15.5)의 표현대로 95%의 신뢰구간을 근사한다.

아시아 옵션 계산의 경우 적분 값 $\int_0^T S(\tau)d\tau$의 근사값을 구하기 위해 리만 합(Riemann sum) $\Delta t\sum_{j=1}^{N} S_j$를 이용한다.[3] 다음의 알고리즘을 이용하면 평균 가격 아시아 풋옵션을 계산할 수 있다.

[2] 여기서 $\mu = r$이라고 하는 위험 중립성을 가정하였다.

[3] $N\Delta t = T$임을 이용하면, $\int_0^T S(\tau)\,d\tau/T \approx \frac{1}{N}\sum_{j=0}^{N} S_j$ 이다. (옮긴이 주)

표 19.1: 유럽형 업-앤드-아웃 콜옵션 가격에 대한 몬테카를로 방법을 이용하여 계산한 95% 신뢰구간. 식 (19.5)를 이용한 블랙-숄즈의 값은 0.0983이다.

	$\Delta t = 10^{-2}$	$\Delta t = 10^{-3}$	$\Delta t = 10^{-4}$
$M = 10^2$	[0.0469, 0.1671]	[0.0397, 0.1387]	[0.0569, 0.1813]
$M = 10^3$	[0.0961, 0.1347]	[0.0756, 0.1104]	[0.0726, 0.1046]
$M = 10^4$	[0.1042, 0.1163]	[0.0997, 0.1112]	[0.0926, 0.1038]
$M = 10^5$	[0.1097, 0.1136]	[0.1000, 0.1036]	[0.0981, 0.1071]

```
for i = 1 to M
    for j = 0 to N − 1
        compute an N(0, 1) sample ξ_j
        set S_{j+1} = S_j exp{(r − σ^2/2) δt + σ √(δt) ξ_j}
    end
    set Smean_i = (1/N) Σ_{j=1}^{N} S_j
    set V_i = e^{−rT} max(E − Smean_i, 0)
end
set a_M = (1/M) Σ_{i=1}^{M} V_i
set b_M^2 = (1/(M−1)) Σ_{i=1}^{M} (V_i − a_M)^2
```

계산 예제 이제 몬테카를로 모형을 이용하여 $S_0 = 5$, $E = 6$, $\sigma = 0.3$, $r = 0.05$, $T = 1$이고 배리어 $B = 8$인 업-앤드-아웃 콜을 평가하는데 적용해 보자. 식 (19.5)로 산출된 가격은 0.0983이다. 표 (19.1)은 시간 단계 Δt가 $10^{-2}, 10^{-3}, 10^{-4}$일 때 95% 신뢰 구간을 보여준다. 여기서 각 시간 단계에 대해 $N = 10^2, N = 10^3, N = 10^4$이고, 개별 표본 경로 수 M은 각각 $10^2, 10^3, 10^4, 10^5$이다. 예상대로 M이 증가하면서 신뢰 구간이 좁아

지는 것을 확인할 수 있다. 그러나 일반적으로는 몬테카를로 모형이 옵션 가치를 과대 평가하고 있다. 특히 표본 수가 $M = 10^5$이 되더라도 $\Delta t = 10^{-2}, \Delta t = 10^{-3}$인 상황에서는 신뢰 구간이 블랙-숄즈 식으로 산출된 가치를 포함하지 않는다. 이는 몬테카를로 모형이 $[0, T]$구간을 연속적으로 다루는 것이 아니라 많지만 유한한 지점을 정하고, 그 지점에서 표본을 추출하는 방법으로 옵션 가치를 산출한다는 것과 연관이 있다. 불연속 검사 $\max_{0\leq j\leq N} S_j < B$는 연속 검사 $\max_{0\leq t\leq T} S(t) < B$에 비해 느슨하므로,[4] 몬테카를로 모형이 배리어를 치는 경우가 실제보다 적어진다. 이는 0이 아닌 수익을 가지는 표본이 증가하는 효과가 있다. Δt를 더 세밀하게 잘라 N을 증가시키면 옵션의 가치는 연속 검사로 구해진 가치에 근접하고 값의 치우침도 적어진다. 표 (19.1)에서 $\Delta t = 10^{-4}$이고 $M = 10^5$일 때, 구간이 오른쪽으로 치우쳐 있더라도 블랙-숄즈 식으로 계산된 값을 포함하고 있는 것을 볼 수 있다. 보다 고비용의 시뮬레이션($\Delta t = 10^{-5}, M = 10^6$일 때)을 수행하면 구간이 $[0.0980, 0.0992]$로 더 발전된 결과를 보여준다. ◇

몬테카를로 모형이 일반적으로 낮은 정확도의 결과를 보여주지만, 유연성에 있어 유리하다는 장점이 있다. 경로별 표본 추출을 통한 계산법은 (19.2)절, (19.3)절, (19.4)절에서 소개된 어떤 형태의 경로 의존적인 옵션에도 적용할 수 있음은 명백하다.

이항 모형의 경우 그림 (16.1)처럼 자산 가격의 트리를 재 조합하는 과정에서 개별 자산 경로의 추적이 어려워, 경로 의존적인 옵션을 계산하는 모형으로 확장하기 어렵다. $t_M = T$ 시점에서 자산 가격의 집합 $\left\{S_n^M\right\}_{n=0}^M$의 정보만을 가지고 있고, 이 자산 가격들이 어떤 경로를 통해 여

[4] $\max S_j \leq \max S(t)$이다. (옮긴이 주)

기까지 왔는지 알 수 없다. (사실은 현재 가격으로 완료된 모든 자산 경로들의 평균을 내고 있는 것이다). 그럼에도 불구하고 이항 모형을 배리어, 룩백, 아시아 옵션에 사용하기 위한 기술들이 연구 개발되었다. 이 내용은 (19.7)절의 참고 문헌을 보도록 한다.

반대로 18장에서 보았듯이 조기 행사는 몬테카를로 모형에 적용되기 쉽지 않다. 하지만 이항 모형에는 쉽게 적용이 가능하다.

버뮤다 옵션의 경우에는 명백하게 이항 모형을 사용할 수 있다. 사실 (18.4)절에서 미국식 옵션 계산에 이항 모형을 적용한 것은 매우 많은 수의 조밀한 간격의 조기 행사 시점을 갖는 버뮤다 옵션을 가지고 미국식 옵션의 가치를 근사적으로 계산하는 것이다. 그러므로 버뮤다 옵션도 미리 지정된 조기 행사 시점들이 시간 격자 t_i의 집합에 포함되어 있다는 것만 확실하면 같은 방법으로 계산할 수 있다. 이 때, t_i가 조기 행사 시점이라면 식 (18.7)을 이용하고, 아니라면 식 (16.3)을 이용하면 된다.

식 (19.6)의 수익 구조를 갖는 샤우트 옵션을 다루기 위해, 만약 τ시점에 외침(shout)이 일어났다면 다음과 같이 수익이 표현될 수 있다는 것을 확인하자.

$$\max(S(T) - S(\tau), 0) + S(\tau) - E \tag{19.8}$$

이 관점에서 보면, 외침은 $S(\tau) - E$라는 보너스를 확정하고 행사 가격을 $S(\tau)$로 바꾸는 역할을 한다. 한 번 τ와 $S(\tau)$가 확정되면 식 (19.8)의 첫 항 $\max(S(T) - S(\tau), 0)$은 유럽식 옵션과 같은 수익 구조가 되고, 식 (8.19)의 블랙-숄즈 공식을 시간을 τ, 행사가를 $S(\tau)$로 지정하여 풀면 값을 구할 수 있다. 그러므로 (18.4)절에 소개된 접근 방법을 이용하여 식 (18.7)을 다음과 같이 표현할 수 있다.

$$V_n^i = \max\left[(t_i, S_n^i)\text{에서 외쳤을 때의 가치}, e^{-r\delta t}\left\{pV_{n+1}^{i+1} + (1-p)V_n^{i+1}\right\}\right] \tag{19.9}$$

여기서 $0 \le n \le i, 0 \le i \le M-1$ 이다. 그리고 전체적인 방법은 식 (16.1), 식 (16.2), 식 (19.9)로 정의된다.

19.7 주석 및 참고문헌

Kwok(1998)과, Wilmott et al.(1995)교재 또는 Wilmott(1998)과 같은 Wilmott 스타일의 책들은 블랙-숄즈 편미분 방정식이 이색 옵션을 평가하는데 어떻게 사용될 수 있는지 자세히 보여준다. Hull(2000), Kwok(1998), Wilmott(1998) 또한 이색 옵션 평가의 블랙-숄즈 해석해들을 위한 좋은 참고 자료이다.

Björk(1998)의 13장은 마팅게일(martingale)과 위험 중립의 관점에서 배리어와 룩백 옵션을 다룬다.

배리어, 룩백, 아시아 옵션 계산을 위한 이항 모형의 사용은 Hull(2000), Kwok(1998)를 참조하라.

이 장에서 논의된 특징들을 확장하고 조합하여 보다 더 이색적인 옵션들을 만들어내는 많은 방법들이 있다. 특히, 조기행사는 어떠한 옵션과도 결합이 가능하다. 이러한 예제는 Hull(2000), Kwok(1998), Taleb(1997), Wilmott(1998)에서 볼 수 있다.

몬테카를로와 이항 모형을 이색 옵션에 적용하는데 있어서의 실제적인 문제들은 Clewlow and Strickland(1998)에서 다루어진다.

트레이더의 측면에서는 평가보다 헤지가 더 중요하다. 이색 옵션의 헤지에 관련된 논점은 Taleb(1997), Wilmott(1998)에서 확인할 수 있다.

연습문제

19.1 ★★★ 함수 $V(S,t)$가 식 (8.15)의 블랙-숄즈 PDE를 만족한다고 하자. 그리고

$$\widehat{V}(S,t) := S^{1-\frac{2r}{\sigma^2}} V\left(\frac{X}{S}, t\right)$$

라 두면 이것이 다음 식을 만족하는 것을 보여라.

$$\frac{\partial \widehat{V}}{\partial t} + \frac{\sigma^2}{2} S^2 \frac{\partial^2 \widehat{V}}{\partial S^2} + rS \frac{\partial \widehat{V}}{\partial S} - r\widehat{V} =$$
$$S^{1-\frac{2r}{\sigma^2}} \left(\frac{\partial V}{\partial t}\left(\frac{X}{S}, t\right) + \frac{\sigma^2}{2}\left(\frac{X}{S}\right)^2 \frac{\partial^2 V}{\partial S^2}\left(\frac{X}{S}, t\right) + r\frac{X}{S}\frac{\partial V}{\partial S}\left(\frac{X}{S}, t\right) - rV\left(\frac{X}{S}, t\right)\right)$$

$\widehat{V}(S,t)$가 블랙-숄즈 PDE를 만족한다는 것을 보여라.

19.2 ★★ 연습문제 (19.1)을 이용하여 식 (19.3)의 C^{B}가 식 (18.15)의 블랙-숄즈 PDE를 만족함을 보여라. 그리고 $B < E$일 때 식 (19.1)과 식 (19.2)의 조건을 만족함을 보여라.

19.3 ★★ 식 (19.4)가 모든 다운 배리어와 업 배리어 옵션에 대해 왜 만족하는지 설명하라.

19.4 ★ 업-앤드-인 콜옵션에서 $B < E$ 조건이 무의미한 것을 설명하라.

19.5 ★★ S가 배리어 B에 다가갈 수록 업-앤드-아웃 콜의 가치는 0에 가까워진다. 식 (19.5)에서 $S = B$로 설정하여 값이 0이 되는지 확인하라.

19.6 ★★★ 다음의 수익 구조를 갖는 기하 평균 아시아 콜옵션을 생각해 보자.

$$\max\left[\left(\prod_{i=1}^{n} S(t_i)\right)^{1/n} - E, 0\right]$$

여기서 $\{t_i\}_{i=1}^n$는 $t_i = i\Delta t$이고, $\Delta t = T/n$로 균등하게 분할되었다. 다음의 식

$$\prod_{i=1}^{n} S(t_i) = \frac{S(t_n)}{S(t_{n-1})}\left(\frac{S(t_{n-1})}{S(t_{n-2})}\right)^2\left(\frac{S(t_{n-2})}{S(t_{n-3})}\right)^3\cdots\left(\frac{S(t_3)}{S(t_2)}\right)^{n-2}\left(\frac{S(t_2)}{S(t_1)}\right)^{n-1}\left(\frac{S(t_1)}{S_0}\right)^n S_0^n$$

과 (3.5)절의 마지막 (iii)번 항에 언급된 서로 독립적이며 정규분포를 따르는 확률 변수의 평균 및 분산의 덧셈 법칙을 이용하여, 위험 중립하에서 식 (6.9)를 따르는 자산 모델을 이용할 경우 다음을 만족함을 보여라.

$$\log\left[\frac{\left(\prod_{i=1}^n S(t_i)\right)^{1/n}}{S_0}\right] = \mathsf{N}\left((r-\sigma^2/2)\frac{(n+1)}{2n}T, \sigma^2\frac{(n+1)(2n+1)}{6n^2}T\right)$$

(특히 이 식이 로그 정규 분포 구조를 만들어 내는데, 이는 기초 자산의 로그 정규 분포 구조와 비슷하다는 것을 명심하라.) 또 이 옵션을 위험 중립하에서 할인된 예상 수익으로써 평가하면 초기 시점의 옵션 가치는 기초자산의 변동성 $\widehat{\sigma}$과 추세율(drift rate) $\widehat{\mu}$이 다음과 같은 유럽식 옵션의 예상 수익을 할인한 것과 같다는 것을 보여라.

$$\widehat{\sigma}^2 = \sigma^2\,\frac{(n+1)(2n+1)}{6n^2}, \quad \widehat{\mu} = \frac{1}{2}\widehat{\sigma}^2 + (r-\sigma^2/2)\frac{(n+1)}{2n}$$

연습문제 (12.4)와 식 (8.19)의 블랙-숄즈 공식을 이용하여 기하 평균 가격 아시아 콜옵션의 초기 가치가 다음과 같이 표현될 수 있음을 추론하라.

$$e^{-rT}\left(S_0 e^{\widehat{\mu}T} N(\widehat{d_1}) - EN(\widehat{d_2})\right)$$

여기에서

$$\widehat{d_1} = \frac{\log(S_0/E) + \left(\widehat{\mu} + \widehat{\sigma}^2/2\right)T}{\widehat{\sigma}\sqrt{T}}, \qquad \widehat{d_2} = \widehat{d_1} - \widehat{\sigma}\sqrt{T}$$

19.7 ★★ 유동 행사가 룩백 풋옵션을 계산하기 위한 몬테카를로 의사 알고리즘을 작성하라.

19.8 프로그램과 연습

그림 (19.4)에서 볼 수 있는 `ch19` 코드를 이용하여 업-앤드-아웃 콜옵션을 평가할 수 있다. 코드의 첫 번째 부분은 블랙-숄즈 공식인 식 (19.5)를 직접적으로 풀어낸 것이다. 두 번째 부분은 몬테카를로 접근법이 어떻게 사용될 수 있는지 보여준다. 이 코드는 자산 경로의 계산이 벡터화되었다는 것만 제외하고 19.6절에 개괄적으로 소개된 알고리즘을 근접하게 따랐다. 즉 `for j = 0 : N-1` 형식의 루프로 계산한 것이 아니라 `ch07`에서 처음 나온 `cumprod`함수를 이용하여 한 번의 계산으로 모든 자산 가격을 처리하였다.

`ch19`를 실행하면 블랙-숄즈 값으로 `bsval = 0.1857`이 나오고, 몬테카를로 신뢰 구간으로 `conf = [0.1763, 0.1937]`이 산출된다.

프로그래밍 연습문제

P19.1 유동 행사가 룩백 풋옵션을 계산하기 위해 몬테카를로 모형을 사용하라.

P19.2 식 (19.9)를 이용하여 샤우트 옵션 계산을 위한 이항 모형을 구현하고, 수렴 정도를 측정하라.

인 용

매우 많은 파생상품들이 있고, 그 중 일부는 너무 독특해서

```
%CH19 Program for Chapter 19
%
% Up-and-out call option
% Evaluates Black-Scholes formula and also uses Monte Carlo

randn('state',100)

%%%%%%%% Problem and method parameters %%%%%%%%%%
S = 5; E = 6; sigma = 0.25; r = 0.05; T = 1; B = 9;
Dt = 1e-3; N = T/Dt; M = 1e4;
%%%%%%%%%%%%%%%%%%%%%%%%%%%%%%%%%%%%%%

%%%%%%%%%%%%%% Black-Scholes value %%%%%%%%%%%%%%
tau = T;
power1 = -1 + (2*r)/(sigma^2);
power2 = 1 + (2*r)/(sigma^2);
d1 = (log(S/E) + (r + 0.5*sigma^2)*(tau))/(sigma*sqrt(tau));
d2 = d1 - sigma*sqrt(tau);
e1 = (log(S/B) + (r + 0.5*sigma^2)*(tau))/(sigma*sqrt(tau));
e2 = (log(S/B) + (r - 0.5*sigma^2)*(tau))/(sigma*sqrt(tau));
f1 = (log(S/B) - (r - 0.5*sigma^2)*(tau))/(sigma*sqrt(tau));
f2 = (log(S/B) - (r + 0.5*sigma^2)*(tau))/(sigma*sqrt(tau));
g1 = (log(S*E/(B^2)) - (r - 0.5*sigma^2)*(tau))/(sigma*sqrt(tau));
g2 = (log(S*E/(B^2)) - (r + 0.5*sigma^2)*(tau))/(sigma*sqrt(tau));
Nd1 = 0.5*(1+erf(d1/sqrt(2))); Nd2 = 0.5*(1+erf(d2/sqrt(2)));
Ne1 = 0.5*(1+erf(e1/sqrt(2))); Ne2 = 0.5*(1+erf(e2/sqrt(2)));
Nf1 = 0.5*(1+erf(f1/sqrt(2))); Nf2 = 0.5*(1+erf(f2/sqrt(2)));
Ng1 = 0.5*(1+erf(g1/sqrt(2))); Ng2 = 0.5*(1+erf(g2/sqrt(2)));
a = (B/S)^power1; b = (B/S)^power2;
bsval = S*(Nd1-Ne1-b*(Nf2-Ng2)) - E*exp(-r*tau)*(Nd2-Ne2-a*(Nf1-Ng1))
%%%%%%%%%%%%%%%%%%%%%%%%%%%%%%%%%%%%%%%

V = zeros(M,1);
for i = 1:M
    Svals = S*cumprod(exp((r-0.5*sigma^2)*Dt+sigma*sqrt(Dt)*randn(N,1)));
    Smax = max(Svals);
    if Smax < B
        V(i) = exp(-r*T)*max(Svals(end)-E,0);
    end
end
aM = mean(V); bM = std(V);
conf = [aM - 1.96*bM/sqrt(M), aM + 1.96*bM/sqrt(M)]
```

그림 19.4: 19장의 프로그램: ch19.m.

가장 닳고 닳은 투자자들마저도
이에 수반되는 위험을 제대로 알지 못한다.
이 상품들 중 일부는 기관들의 도박이 허용되지 않는 곳에서
도박을 할 수 있도록 특별히 만들어졌다고 밝혀졌다.
파생상품 개발의 가장 큰 요인 중 하나는
바로 규제를 피하기 위함이었던 것이다.

GEORGE SOROS, source (Bass, 1999)

동적 복제를 통한 의존적 청구권(옵션) 평가 이론은
옵션에 있어서 특별한 역할을 하진 않는다.
몬테카를로를 이용하면,
매우 복잡한 경로 의존적인데다 다변량인 수익 계산을
옵션을 기술하는 경로 독립적이며 일변량인
하키 스틱 모양 수익을 계산하듯이 쉽게 할 수 있다.
그래서 다항식, 순환 함수 또는 웨이블렛 같은 함수가
보다 장점을 가짐에도 불구하고
왜 시장이 단순한 함수를 이용한 수익 구조를 제공하도록
구성되는지 이유가 확실하지 않다.

PETER CARR, KEITH LEWIS AND DILIP MADAN,
'On The Nature of Options',
Rebert H. Smith School of Business, *Smith Papers Online*, 2001,
source `http://bmgt1-notes.umd.edu/faculty/km/papers.nsf`[5]

대량 손실은 무모하고 멍청한 기관들의 얘기로만 생각되는가?

---

[5]`http://www.math.nyu.edu/research/carrp/papers/pdf/nature5.pdf`에서 본문을 구할 수 있다. (옮긴이 주)

그렇다면 다음과 같은 경우를 생각해보자.

프록터 & 갬블 (1994년 1억 2백만 달러 손실)

깁슨 그리팅스(미국 카드 회사) (1994년 2천 3백만 달러 손실)

배링 은행 (1996년 13억 달러 손실 후 파산)

스미토모 은행 (1996년 13억 달러 손실)

벨기에 정부 (1997년 12억 달러 손실)

내셔널 웨스트민스터 은행 (1997년 1억 4천 3백만 달러 손실)

PHILIP MCBRIDE JOHNSON (Johnson, 1999)

20 장

역사적 변동성

개 요

- 몬테카를로 방식의 추정
- 최대우도 추정
- 지수가중 이동평균

20.1 학습목표

블랙-숄즈 공식의 인수 중의 하나인 변동성 σ는 직접 관찰이 불가능하다는 것을 알고 있다. 14장에서 특정 기초자산에 대한 시장의 옵션 가격을 이용하여 내재 변동성이란 이름으로 σ를 결정하는 것을 살펴봤다. 이 장에서는 널리 사용되고 있는 또 다른 변동성 결정 방법을 소개한다. 이 방법은 자산의 시계열에서 변동성을 측정하는 방식이다. 이 방법은 옵션 평가의 문제와는 관계가 없다. 다음은 이 방법에 대한 기본 원리이다.

(a) σ를 사용하는 자산의 거동 모형이 있고 (b)현재까지의 자

산 가격을 얻을 수 있다면, 관찰된 시계열과 일치하는 σ를 결정한다.

위의 과정에 의해 찾아진 $\sigma^\star$는 역사적 변동성 추정값이라고 불린다.

20.2 몬테카를로 방식의 추정

균등하게 나누어진 시간 간격 $t_i := i\,\Delta t$ 마다 자산 가격 정보가 있고, 그 자산 가격을 $S(t_i)$ 라 하자. 그리고 로그 수익률을 다음과 같이 정의한다.

$$U_i := \log \frac{S(t_i)}{S(t_{i-1})} \tag{20.1}$$

식 (6.9)의 자산 모델은 집합 $\{U_i\}$가 평균이 $(\mu - \sigma^2/2)\,\Delta t$이고 분산이 $\sigma^2\,\Delta t$인 독립 표준 확률 변수라고 가정한다. 이런 관점에서 보면 자산 가격 데이터를 입수하고 로그 수익률을 구하는 것은 $\mathsf{N}\big((\mu - \sigma^2/2)\,\Delta t, \sigma^2\,\Delta t\big)$를 따르는 분포에서 표본을 추출하는 것과 같다고 볼 수 있다. 그러므로 평균과 분산을 추정하기 위해 몬테카를로 방식의 접근 방법을 사용 할 수 있다. 현재 시점을 $t = t_n$이라 하고 총 $M+1$개의 최근 자산 가격 정보 $\{S(t_{n-M}),\ S(t_{n-M+1}),\ \ldots,\ S(t_{n-1}),\ S(t_n)\}$를 사용할 수 있다고 가정하자. 앞의 자산 가격에 대한 로그 수익률 정보 $\{U_{n+1-i}\}_{i=1}^{M}$를 이용하여 표본 평균(식 (15.1))과 추정 분산(식 (15.2))을 구할 수 있다.

$$a_M := \frac{1}{M}\sum_{i=1}^{M} U_{n+1-i} \tag{20.2}$$

$$b_M^2 := \frac{1}{M-1}\sum_{i=1}^{M} (U_{n+1-i} - a_M)^2 \tag{20.3}$$

그러므로 위에서 구해진 표본 평균 a_M과 모델에서 구해진 평균 $(\mu - \sigma^2/2)\,\Delta t$ 를 비교하거나 표본의 분산 b_M^2을 정확한 분산 $\sigma^2\Delta t$와 비교하여 σ를 추정할 수 있다. 후자의 방법이 실제에서 더 좋은 방법이다. (연습문제 (20.1)) 그러므로 $\sigma^\star$는 다음과 같다.

$$\sigma^\star := \frac{b_M}{\sqrt{\Delta t}} \tag{20.4}$$

연습문제 (20.2)는 위의 식이 다음과 같이 U_i 값을 이용하여 표현될 수 있음을 보여준다.

$$\sigma^\star = \sqrt{\frac{1}{\Delta t}\left(\frac{1}{M-1}\sum_{i=1}^{M} U_{n+1-i}^2 - \frac{1}{M(M-1)}\left(\sum_{i=1}^{M} U_{n+1-i}\right)^2\right)} \tag{20.5}$$

20.3 표본 분산 추정 방식의 정확도

$\sigma^\star$를 식 (20.4)처럼 추정하는 방법의 정확도에 대한 개념을 잡기 위해, 우리가 근본적으로는 $(U - \mathbb{E}(U))^2$이라는 확률 변수(단, $U \sim \mathsf{N}((\mu - \sigma^2/2)\,\Delta t, \sigma^2\,\Delta t))$를 추정하기 위해 몬테카를로 시뮬레이션을 이용하여 추정값 b_M^2을 계산했다는 것을 기억하자 (실제로는 $\mathbb{E}(U)$에 대한 추정값을 이용했으므로 정확한 표현은 아니다). 동일하게, 결과들에 Δt를 나누어 주는 방법으로 몬테카를로 시뮬레이션을 수행하여 확률 변수 $\left(\widehat{U} - \mathbb{E}(\widehat{U})\right)^2$의 기대값의 근사값인 $\sigma^{\star 2} = b_M^2/\Delta t$를 계산할 수 있다. (단, $\widehat{U} \sim \mathsf{N}\left[(\mu - \sigma^2/2)\sqrt{\Delta t}, \sigma^2\right]$). 그리고 식 (15.5)로부터 σ^2의 95% 신뢰 구간은 대략 다음과 같이 주어진다.

$$\sigma^{\star 2} \pm \frac{1.96\upsilon}{\sqrt{M}}$$

여기서 υ^2는 확률변수 $\left[\widehat{U} - \mathbb{E}(\widehat{U})\right]^2$의 분산이다. 연습문제 (20.3)은 다음이 성립함을 보인다.

$$\upsilon^2 = 2\sigma^4 \tag{20.6}$$

그러므로 σ^2에 대한 대략의 신뢰 구간은 다음과 같다.

$$\sigma^{\star 2} \pm \frac{1.96\sqrt{2}\sigma^2}{\sqrt{M}} \tag{20.7}$$

이로부터 σ에 대한 95% 신뢰 구간은 근사적으로 다음과 같다.

$$\sigma^{\star} \pm \frac{1.96\sigma^{\star}}{\sqrt{2M}} \tag{20.8}$$

이에 대해서 연습문제 (20.4)를 참조하라. 특히 여기서 일반적인 $1/\sqrt{M}$을 따르는 거동을 볼 수 있다.

하지만 구현 시에 어려운 점이 한 가지가 있다. 일반적인 몬테카를로 시뮬레이션에서 M을 증가시켜 더 많은 표본을 추출한다는 것은 의사 난수(pseudo-random number) 생성기를 더 많이 부른다는 의미가 된다. 하지만 위의 맥락에서 보면, 더 많은 표본을 추출하는 것은 더 많은 자료를 찾아본다는 의미이다. 이렇게 하는 자연스러운 방법은 두 가지가 있다.

(1) Δt를 고정하고 단순히 더 이전 시간의 자료까지 취급한다.
(2) 자료가 추출되는 시간($M\Delta t$)을 고정하고 Δt를 줄인다.

하지만 두 접근 방법 모두 완벽함과는 거리가 있다. (1)번 방법의 경우 최근의 정보가 예전의 정보보다 중요하다는 직관적인 개념에 위배된다. 어제의 자산 가격은 지난 해의 자산 가격보다 의미가 있다. 이에 대하여 추후에 다시 논의할 예정이다. (2)번 방법의 경우 실제적인 한계에 부딪힌다. 매수-매도 스프레드는 자산 가격 정보에 잡음을 추가하게 되는데, 매우 작은 Δt 값 상에서 가격을 측정하면 잡음이 상당히 커지게 된다. 결국 큰 M과 작은 Δt 사이에서 절충안을 찾는 것이 매우 어렵다.

$\sigma^{\star}$가 옵션 평가를 위해 계산되는 값일 때, 널리 쓰이는 경험 법칙은 역사적 자료의 시간 $M\Delta t$를 옵션의 만기 시간과 맞추는 방법이다. 예를

들면 옵션이 6개월 이후 만기가 된다면, 6개월 치 역사적 자료를 이용하면 된다. 물론 더 긴 기간의 역사적 자료를 이용하는 것이 가치 있는 작업이라는 증거도 있다.

$\log(a/b) = \log a - \log b$라는 등식을 이용하면 식 (20.2)를 단순화할 수 있다.

$$\begin{aligned} a_M &= \tfrac{1}{M}\textstyle\sum_{i=1}^{M}\left(\log S(t_{n+1-i}) - \log S(t_{n-1})\right) \\ &= \tfrac{1}{M}(\log S(t_n) - \log S(t_{n-M})) \\ &= \tfrac{1}{M}\log\frac{S(t_n)}{S(t_{n-M})} \end{aligned}$$

위의 식에서 중간 항들은 모두 소거 되므로 a_M은 오직 처음과 끝의 S 값에 의해서만 결정된다. 우리가 사용하는 자산 가격 모델은 $\log(S(t_n)/S(t_{n-M}))$이 평균 $(\mu - \sigma^2/2)M\Delta t$이고 분산이 $\sigma^2 M\Delta t$인 정규 분포를 따른다고 가정한다. 그러므로 다음이 성립한다.

$$a_M \sim \mathsf{N}\left[(\mu - \sigma^2/2)\Delta t, \sigma^2\Delta t/M\right] \tag{20.9}$$

실제로는 a_M의 평균과 분산이 매우 작으므로 식 (20.3)의 a_M을 0으로 치환하는 것이 일반적이다. 그렇게 하면 식 (20.5) 대신 아래의 단순화된 결과가 나온다. 일반적으로 이 단순화된 결과가 더 신뢰성이 높은 것으로 알려져 있다.

$$\sigma^\star = \sqrt{\frac{1}{\Delta t}\frac{1}{(M-1)}\sum_{i=1}^{M} U_{n+1-i}^2} \tag{20.10}$$

20.4 최대 우도 추정

역사적 변동성 추정 방법인 식 (20.10)을 심도 있게 유도하기 위해서 비슷한 식인 (20.11)을 최대 우도(*maximum likelihood*) 관점에서 유도됨을 보일 것이다.

$$\sigma^{\star} = \sqrt{\frac{1}{\Delta t}\frac{1}{M}\sum_{i=1}^{M} U_{n+1-i}^2} \tag{20.11}$$

식 (20.11)가 식 (20.10)의 차이점은 분모가 $M-1$에서 M으로 바뀐 것뿐이다.

최대우도 원리는 다음과 같은 생각에 기초한다.

> 다른 추가 정보가 없는 상태에서는 우리가 관찰했던 사건이 가장 일어날 가능성이 높은 사건이다.

위의 생각을 알려지지 않은 인수를 찾는 문제에 적용하면 다음과 같이 표현된다.

> 우리가 관찰했던 사건이 일어날 확률이 최대값이 되도록 인수의 값을 결정한다.

간단한 예로 동전을 네 번 던지는 상황을 생각해보자. 여기서 이 동전은 잠재적으로 편향성이 있다고 가정한다. 각각의 동전 던지기에 대해 독립적으로 앞면(H)이 나올 확률이 p이고 뒷면(T)이 나올 확률이 $1-p$인 어떤 $p \in [0,1]$ 가 존재한다. 네 번 동전을 튀겨 H, T, T, H의 결과가 나왔다고 하자. 그러면 앞의 가정에 의해 이 결과의 확률은 $p \times (1-p) \times (1-p) \times p = p^2(1-p)^2$이 된다. 간단하게 계산을 하면 $p \in [0,1]$일 때 $p^2(1-p)^2$이 가장 커지는 p의 값은 1/2이고, 이 결과는 위의 상황에 대해 직관적 사고와 일치한다. 비슷하게 우리가 H, T, H, H의 결과를 얻었다면, 이에 대한 확률은 $p^3(1-p)$이고 이 경우의 확률을 최대로 만드는 p는 3/4이다. 이 역시 우리의 직관과 일치한다.

앞의 간단한 예제는 일련의 독립적인 관찰을 수반하는데, 각 관찰(동전 던지기의 결과)은 이산 확률 변수(discrete random variable)이다. 만약 결과 값($U_1, U_2, \ldots, U_M$)을 밀도 함수 $f(x)$를 따르는 연속 확률 변수에서 가져온다면, 다음의 곱셈 식을 최대값으로 만드는 인수값을 찾아야 한다.

$$f(U_1)f(U_2)\ldots f(U_M)$$

엄밀하게 표현하면, 점 $(U_1, U_2, \ldots, U_M)$에서 해당 확률 밀도 함수가 최대값을 갖는다.

다시 식 (20.1)처럼 U_i를 관찰하여 σ를 구하는 상황으로 돌아가 보자. $U_i/\sqrt{\Delta t} \sim \mathsf{N}\left((\mu - \sigma^2/2)\sqrt{\Delta t}, \sigma^2\right)$라는 사실에 근거하여 $U_i/\sqrt{\Delta t}$의 평균은 무시할 수 있을 정도로 작으므로 0으로 생각한다. 그러므로 각 나누어진 관찰 결과 $U_i/\sqrt{\Delta t}$의 밀도 함수는 다음과 같아진다.

$$f(x) = \frac{1}{\sqrt{2\pi\sigma^2}} \exp\left\{-x^2/(2\sigma^2)\right\}$$

그러므로 σ의 최대 우도 추정값은 다음의 식을 최대값으로 만듦으로써 구할 수 있다.

$$\prod_{i=1}^{M} \frac{1}{\sqrt{2\pi\sigma^2}} \exp\left\{-\widehat{U}_{n+1-i}^2/(2\sigma^2)\right\}, \quad \text{단, } \widehat{U}_{n+1-i} = U_{n+1-i}^{\sqrt{\Delta t}} \tag{20.12}$$

연습문제 (20.5)에서 식 (20.12)이 추정값 식 (20.11)의 결과를 만들어 내는 것을 보일 것이다.

20.5 그 외의 변동성 추정 방법

U_i의 평균이 0이라는 가정 하에서 $\text{var}(U_i) = \mathbb{E}(U_i^2)$이다. 추정값 식 (20.11)은 다음과 같이 풀어 쓸 수 있다.

$$\Delta t\, \sigma^{\star 2} = \frac{1}{M} \sum_{i=1}^{M} U_{n+1-i}^2$$

그러므로 $\Delta t\, \sigma^{\star 2}$은 이 기대값의 표본 평균 추정값으로 해석할 수 있다. 여기서 표본 U_i^2은 시간이 다른 점에서의 값임을 기억하자. 그렇다면 각 U_i를 똑같이 취급하는 것보다 최근의 값들에 비중을 두는 것이 더 좋을 것이다. 이런 생각을 다음의 일반적인 형태의 수식으로 표현할 수 있다.

$$\Delta t\, \sigma^{\star 2} = \sum_{i=1}^{M} \alpha_i U_{n+1-i}^2, \quad \text{단, } \sum_{i=1}^{M} \alpha_i = 1\text{이고, } \alpha_1 > \alpha_2 > \cdots > \alpha_M > 0 \tag{20.13}$$

일반적으로 비중은 지수적으로 감소하도록 설정한다. 즉 $\alpha_{i+1} = \omega\, \alpha_i$이고 여기서 ω는 $0 < \omega < 1$의 값이다. 앞의 내용을 종합하면 다음과 같은 식을 구할 수 있다.

$$\Delta t\, \sigma^{\star 2} = \frac{\sum_{i=1}^{M} \omega^i U_{n+1-i}^2}{\sum_{i=1}^{M} \omega^i}$$

일반적으로 $\omega = 0.94$를 자주 사용한다. 여기서 $(0.94)^{10} \approx 0.54$이고, $(0.94)^{100} \approx 0.0021$이므로, 이 경우 M이 매우 큰 값이더라도, 100개 정도보다 이전의 표본들은 근본적으로 무시된다.

만약 각 t_n 마다 새로이 변동성을 측정해야 한다면, 계산에 편리한 위 개념의 변형을 이용할 수 있다. $\Delta t \sigma_n^{\star 2}$이 $\{U_{n+1-i}\}_{i=1}^{M}$에 기초하여 t_n에서 계산된 $\Delta t\, \sigma^2$의 추정값이라고 하자. 그렇다면 t_{n+1}에서의 추정값은 다음과 같이 계산될 수 있다.

$$\Delta t\, \sigma_{n+1}^{\star 2} = \omega\, \Delta t\, \sigma_n^{\star 2} + (1 - \omega) U_{n+1}^2 \tag{20.14}$$

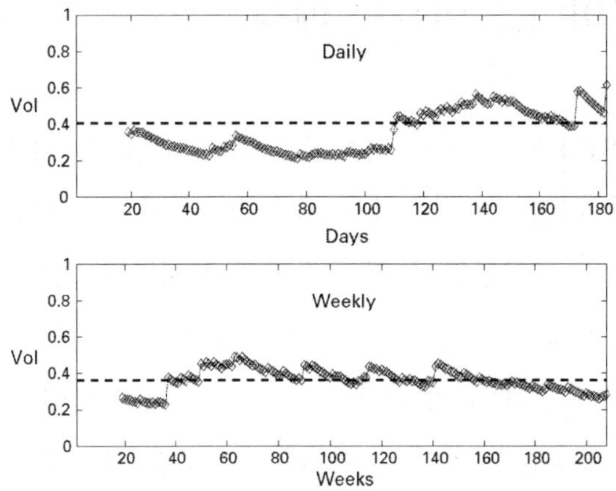

그림 20.1: 그림 5.1과 5.2의 IBM 주가의 자료를 이용하여 계산한 역사적 변동성. 윗그림: 일일 데이터로부터 계산한 변동성. 아래그림: 주간 데이터로부터 계산한 변동성. 점선은 식 (20.10)으로 계산한 값이다.

위의 과정은 기하학적으로 감소하는 가중치를 갖는 것과 유사하다. (이는 연습문제 20.7을 본다.) 그리고 t_n에서 t_{n+1}으로 변동성의 값을 갱신하는 이러한 방식의 장점은 식 (20.13)과 달리 예전 값 U_i $(i \leq n)$를 이용하지 않는다는 것이다.

식 (20.14)같은 식들은 종종 지수 가중 이동 평균(*exponentially weighted moving average*, EWMA)이라 부른다. 물론 시간마다 다른 변동성의 추정 값을 계산한다는 개념은 블랙-숄즈 공식을 유도하는데 사용된 상수 변동성의 가정과는 맞지 않는다. 그렇더라도 기초 자산 가격의 변동성은 상수가 아니라는 것이 경험적으로 밝혀졌고, 이러한 것을 반영하는 기술들이 개발되어 있다.

20.6 실제 데이터를 이용한 예제

그림 (20.1)에서 IBM의 역사적 변동성을 그림 (5.1)과 그림 (5.2)의 일일 데이터와 주간 데이터를 이용하여 산출하였다. 양쪽 데이터 모두 균등하게 나누어진 시간의 시점들에서 얻어졌다고 가정한다. 일일 데이터는 9개월($T = 3/4$년)에 걸쳐 얻어졌고 183개의 가격 정보($M = 182$)를 가지고 있다. 그러므로 $\Delta t = T/M \approx 0.0041$이 된다. 주간 데이터는 4년($T = 4$)에 걸쳐 수집되었고 209개의 가격 정보($M = 208$)를 가지고 있으므로 $\Delta t = T/M \approx 0.0192$가 된다.

일일 데이터로부터 $a_M = -4.3 \times 10^{-4}$임을 알 수 있는데, 이는 로그 수익률의 평균이 0인 것을 확인시켜준다. 몬테카를로를 이용하여 변동성을 추정식 (20.10)을 이용하게 되면 $[0.3653, 0.4486]$의 95% 신뢰 구간으로 $\sigma^\star = 0.4069$라는 결과를 만들어낸다. 이 $\sigma^\star$는 위 그림의 점선으로 표시되었다. EWMA 결과는 다이아몬드 형태의 마크와 직선을 조합하여 표시하였다. 여기서 우리는 처음 20개의 U_i 값을 몬테카를로 기반의 추정값에 이용하였고, 이를 식 (20.14)의 갱신 식에 $\sigma^\star$의 시작 값으로 사용했다. 여기서 가중치는 $\omega = 0.94$를 사용했다.

아래쪽의 그림은 같은 과정을 주간 데이터에 적용한 결과이다. 이 경우 식 (20.4)는 $[0.3263, 0.3957]$의 95% 신뢰 구간으로 $\sigma^\star = 0.3610$을 구할 수 있고, 식 (20.10) 방식으로 $\sigma^\star = 0.3621$이 산출된다.

결과적으로 표본 평균 a_M의 작은 값과 일간 및 주간 $\sigma^\star$ 측정치의 논리적인 일치는 꽤나 고무적이다. 하지만 신뢰 구간이 너무 넓은 것과 EWMA의 높은 시간 의존성은 논증의 걸림돌이다. 일반적으로 실제 데이터에서 역사적 변동성의 추정값을 얻어내는 것은 예술과 과학의 혼합이다.

20.7 주석 및 참고문헌

변동성 추정은 분명히 실제 옵션 평가에 있어 매우 중요한 것이며, 여전히 활발하게 연구가 진행 중이다. (Poon and Granger, 2003)

ARCH (Autoregressive Conditional Heteroscedasticity)와 GARCH (Generalized Autoregressive Conditional Heteroscedasticity)와 같은 더 복잡한 시간 의존적인 고급 모형은 Hull(2000)에서 논의한다.

역사적 변동성의 추정은 옵션 평가에서뿐만 아니라 VaR (Value at Risk)를 계산하는데 중요한 요소이다(Hull, 2000, 4장).

연습문제

20.1 ⋆ ⋆ ⋆ 식 (20.2)의 표본 평균 a_M이 실제 평균 $(\mu - \sigma^2/2)\,\Delta t$를 추정하는 방식을 이용하여 변동성 σ를 추정하는 몬테카를로 접근법을 생각해보자. 그리고 고정된 $M\,\Delta t$의 시간에 로그 수익률을 얻는다고 가정한다. 이는 20.3절의 두 번째 상황과 같다. 여기서 평균에 대한 95% 신뢰 구간의 넓이는 $1/M$에 비례함을 보여라. 그리고 이 방법이 좋지 않다는 것을 스스로에게 설득시켜보자. [힌트: 식 (20.9)와 15장을 참고하라.]

20.2 ⋆⋆ 식 (20.5)를 유도하라.

20.3 ⋆⋆ $Z \sim \mathsf{N}(0,1)$이고 $Y = \alpha + \beta Z$ (단, α, $\beta \in \mathbb{R}$)라고 하자. 그렇다면 $\mathsf{var}\left[(Y - \mathbb{E}(Y))^2\right] = 2\beta^4$임을 보여라. 이를 이용하여 식 (20.6)을 증명하라.

```
%CH20 Program for Chapter 20
%
% Computes historical volatility from artificially generated data

clf
randn('state',100)

%%%%%%%%%% Parameters %%%%%%%%%%%%
sigma = 0.3; r = 0.03; M = 2e3; Dt = 1/(M+1);
%%%%%%%%%%%%%%%%%%%%%%%%%%%%%%%%%%

asset = cumprod(exp((r-0.5*sigma^2)*Dt+sigma*sqrt(Dt)*randn(M+1,1)));
U = log(asset(2:end)./asset(1:end-1));

%% Monte Carlo estimate based on all data %%
Umean = mean(U);
Ustd = std(U);
sigma1 = Ustd/sqrt(Dt)
cont = [sigma1*(1-1.96/sqrt(2*M)), sigma1*(1+1.96/sqrt(2*M))]

%% Simplified estimate (assumes zero mean)
sigma2 = sqrt(sum(U.^2)/((M-1)*Dt))

%% Running EWMA %%
%% First get a starting value %%
s = zeros(M,1);
L = 20;
V = U(1:L);
s(L) = std(V)/sqrt(Dt);
%% Now do EWMA %%
w = 0.94;
for n = L:M-1
    s(n+1) = sqrt((w*Dt*s(n)^2 + (1-w)*U(n+1)^2)/Dt);
end
sigma3 = s(end)

plot([L:M], s(L:end),'r-d')
hold on
plot([1 M],[sigma sigma],'w-','LineWidth',2)
xlabel('t'), ylabel('Volatility'), ylim([0, 0.5]), grid on
```

그림 20.2: 20장의 프로그램: ch20.m.

20.4 ★★ 작은 $\epsilon > 0$에 대하여 $\sqrt{1 \pm \epsilon} \approx 1 \pm \epsilon/2$임을 이용하여 식 (20.7)로부터 근사 신뢰구간 식 (20.8)을 유도하라.

20.5 ★★★ 식 (20.12)이 최대값을 가지는 σ 값이 식 (20.11)임을 보여라. [힌트: (1) 로그를 취한다. – 양수인 양(量)을 최대화하는 것은 그것의 로그를 최대화하는 것과 동일하다. (2) σ보다는 σ^2 를 알려지지 않은 변수로 생각하자.]

20.6 ★ 식 (20.13)의 $\sum_{i=1}^{M} \alpha_i = 1$이라는 제약사항에 대하여 설명하라.

20.7 ★★ 기하적으로 비중이 감소하는 식 (20.13)과 식 (20.14)가 거의 일치하는 것을 보여라.

20.8 프로그램과 연습

그림 (20.2)의 `ch20`에서 난수 생성기에서 만들어진 인위적인 데이터를 통해 역사적 변동성의 추정값을 살펴본다. 배열 `U`는 `asset(i+1)/asset(i)`의 로그로 이루어진 `i`번째 요소를 가지고 있다. 여기서 `asset`은 자산의 경로이고, `sigma = 0.3`을 이용하여 생성하였다. 식 (20.4)의 몬테카를로 변동성 근사값은 `0.2947`로 나타났으며, 식 (20.8)의 신뢰구간은 `cont = [0.2855, 0.3038]`이다. 표본 평균을 0으로 한 단순화된 근사값 역시 `sigma2 = 0.2947` 이라는 변동성을 보여준다. 그리고 EWMA 식 (29.14)를 $\omega = 0.94$로 정하고 적용한다. `U`의 20개 요소는 몬테카를로를 이용하여 초기화한다. 근사값 `s`를 그리고 정확한 값인 0.3은 흰색의 점선으로 표시했다. 그림 (20.3)은 결과를 보여준다. 마지막 시점의 EWMA 변동선 값은 `sigma3 = 0.2588` 이었다.

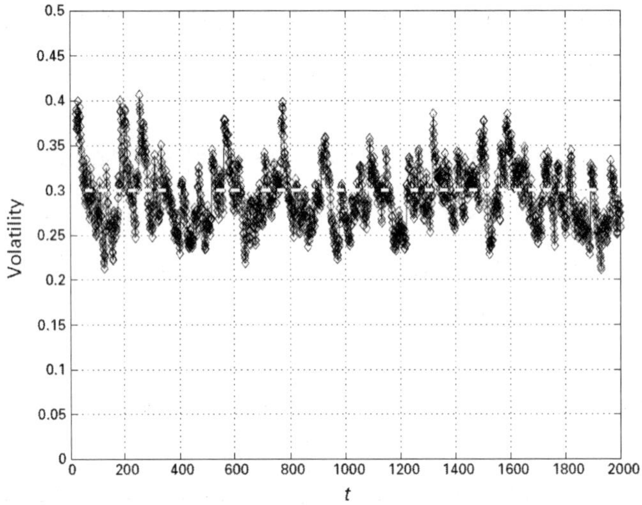

그림 20.3: **ch20**으로 생성한 그림.

이 예제에서 몬테카를로 버전이 EWMA보다 나은 성능을 보여준다. 이는 식 (6.9)의 기초자산 모델에 맞는 값을 생성해냈다는 점에서 이미 예견되었던 것이고, 그래서 가능한 많은 예전 데이터를 모으는 것이 확실히 좋은 생각이다. 최근의 변동성에 무게를 많이 두는 EWMA 접근법은 실제 주식 시장의 데이터를 이용할 때 근사값이 더 좋아지도록 설계되었다.

프로그래밍 연습문제

P20.1 **ch20**의 기술을 실제 옵션 데이터에 적용해 보라.

P20.2 시장에 거래되는 실제 옵션 가격의 데이터를 이용하여 내재 변동성과 역사적 변동성을 비교해보라.

인 용

변동성과 상관 관계를 추정하는 두 가지 중요한 접근법이 있다.
그것은 역사적 데이터를 이용한 직접적인 방법과
옵션 가격에서 변동성을 추정하는 것이다.
역사적 접근법은 가장 중요한 데이터를 직접 이용한다는 장점은 있지만
과거의 데이터만을 이용한다는 단점이 항상 존재한다.
내재 변동성은 자연스럽게 미래를 보는 방법이지만
측정 오류를 모형 오류에서 분리할 수 없다.
예를 들어, 서로 다른 블랙-숄즈 내재 변동성은
실제 상수가 아닌 변동성 때문일 수도 있고
실제 시장이 효율 시장 가설을 위배한 것이
각각의 옵션에 다른 영향을 주어서 그럴 수도 있다.
(예를 들어 옵션간의 유동성과 거래 비용의 차이)

MARK BROADIE AND PAUL GLASSERMAN
(Broadie and Glasserman, 1998)

엔론사의 2000년 연간 리포트의 헤드라인은 다음과 같았다.
'변동성 시장에서 우리만 빼고 다 변화했다.'
슬프게도 엔론은 잘못 짚었다.

Testimony of FRANK PARTNOY,
Professor of Law, University of San Diego School of Law,
hearings before the United States Senate Committee
on Governmental Affairs, 24 January 2002.
Taken from Financial Engineering News,
June/July 2002, Issue No. 26.

표본 평균이 통계적 특성상 실제 평균의 매우 부정확한 근사값이므로,
표본 평균 근처에서가 아니라 0 근처에서 분산을 구하는 것이
일반적으로 예측의 정확도를 높여준다.

T. CLIFTON GREEN AND STEPHEN FIGLEWSKI
(Green and Figlewski, 1999)

원작자들은 강조하길
역사적 기록에 대한 정말 단순한 시험도 보여주듯이
'기하 브라운 운동'이 어떤 실제 주식이나 인덱스의
가격 움직임에 대해 처음 접할 수 있는 최고의 근사법이다.
전체적인 움직임 자체가 확률적이라는 가정이
언젠가 충분히 민감한 측정 기술로 반박당하더라도 그렇다.

JAMES CASE, reviewing the book (Mantegna and Stanley, 2000)
in *Society for Industrial and Applied Mathematics (SIAM) News*,
Volume 34, January/February 2001.

장기적으로 보는 것은 현실에 대한 잘못된 분석이다.
장기적으로 우리는 모두 죽는다.

JOHN MAYNARD KEYNES (1883–1946),
A Treatise on Monetary Reform,
Chapter 3, 1923.

21 장

몬테카를로 II: 대조 변수법을 이용한 분산의 감소

개 요

- 공분산
- 균등 분포의 표본을 위한 대조 변수법
- 정규 분포의 표본을 위한 대조 변수법
- 배리어 옵션 예제

21.1 학습목표

몬테카를로 모형은 옵션 평가에 있어 간단하고 유연한 방법을 제공한다. 그러나 앞에서 이미 몬테카를로가 매우 비효율적이 될 수도 있음을 보았다. 이 장과 다음 장에서 몬테카를로의 효율성을 향상시키기 위한 두 가지 접근법을 소개한다. 이 장에서 소개하는 대조 변수법(antithetic variates)은 널리 적용이 가능하고 구현이 쉽다는 장점이 있다. 이 개념이 어떻게 작동을 하는지 이해하기 위해서는 확률 변수 사이의 공분산에 대해 논의할 필요가 있다.

21.2 전체 개념

몬테카를로 방법은 확률변수 X의 기대값을 근사하기 위해 i.i.d.이며 $\mathbb{E}(X_i) = \mathbb{E}(X)$인 확률 변수 X_i의 표본 평균인 식 (15.1)을 사용한다. 15장에서 이에 해당하는 신뢰 구간이 $\sqrt{M}$에 반비례함을 확인했다. 이는 더 많은 표본을 이용하여 근사값을 구하는 작업을 비효율적으로 만든다. 정확도를 더 높이기 위해서, 즉 신뢰 구간을 1/10로 줄이기 위해서는 100배 더 많은 표본을 이용해야 한다. 여기에서 신뢰 구간의 넓이가 $\sqrt{\text{var}(X_i)}$ 만큼의 크기를 갖는 것을 보았다. 이런 상황은 식 (15.1)의 X_i를 평균은 같지만 분산은 보다 더 작은 다른 확률변수로 바꾸는 것이 좋을 것이다. 이것이 분산 감소(variance reduction)에 숨어있는 개념이다. 이 생각의 잠재 이득은 다음과 같이 요약할 수 있다.

> 만약 X_i의 분산을 어떤 계수 $R < 1$만큼 줄인다면, 동일하게 주어진 M개의 표본에서, 새로운 버전의 신뢰구간은 $\sqrt{R}$ 만큼 작아진다. 그러므로 $R = 10^{-k}$일 경우 새로운 방법은 대략 $k/2$ 자릿수만큼 더 정확하다.

새로운 확률 변수에서 표본을 추출하는 것과 X_i에서 표본을 추출하는 것이 같은 비용이 들어간다면 이것은 조금 다른 관점에서 기술할 수 있다.

> 만약 우리가 X_i의 분산을 어떤 계수 $R < 1$만큼 줄인다면, 새로

운 방법은 R배 적은 시간에 같은 크기의 신뢰 구간을 만들어 낼 수 있다.

21.3 의존성

지금까지 이 책에서는 독립 확률 변수에 대해서만 언급했다. 특히 식 (3.9)의 결과인 X와 Y가 독립일 경우 $\mathbb{E}(XY) = \mathbb{E}(X)\mathbb{E}(Y)$를 계속 이용했다. 몬테카를로를 위한 분산 감소 기술을 논의하기 위해서는 확률 변수가 독립이 아닐 경우에 대해서도 고려해야 한다.

직관적으로 한 확률 변수값을 아는 것이 다른 변수의 값에 아무런 영향을 미치지 않는다면, 두 확률 변수는 독립적이다. 자세히 설명을 해보면, 두 개의 동전을 던진다고 가정해보자. 네 가지 가능한 결과물을 $\{H_1, H_2\}$, $\{H_1, T_2\}$, $\{T_1, H_2\}$, $\{T_1, T_2\}$ 과 같이 나타낼 수 있는데, 예를 들어 $\{H_1, T_2\}$는 첫 번째 동전은 앞면, 두 번째 동전은 뒷면이 나오는 경우를 의미한다. 이제 확률 변수 X와 Y를 다음과 같이 정의한다. X는 첫 번째 동전이 앞면이 나오면 1을 갖게 되고, 아니면 0을 갖는다. Y는 첫 번째 동전과 두 번째 동전이 모두 앞면이 나오면 1, 그렇지 않다면 0을 갖는다. 그래서 다음과 같다.

$$X = \begin{cases} 1, & \{H_1, H_2\}\text{일 때} \\ 1, & \{H_1, T_2\}\text{일 때} \\ 0, & \{T_1, T_2\}\text{일 때} \\ 0, & \{T_1, T_2\}\text{일 때} \end{cases} \quad \text{이고} \quad Y = \begin{cases} 1, & \{H_1, H_2\}\text{일 때} \\ 0, & \{H_1, T_2\}\text{일 때} \\ 0, & \{T_1, T_2\}\text{일 때} \\ 0, & \{T_1, T_2\}\text{일 때} \end{cases}$$

직관적으로 봐서도 X와 Y가 독립적이지 않다는 것을 확실히 알 수 있다. 예를 들어 $X = 0$인 것을 알면 $Y = 0$이라고 바로 추론할 수 있다. 기대값

$\mathbb{E}(X), \mathbb{E}(Y), \mathbb{E}(XY)$를 구하기 위해 다음 표와 같은 정보가 필요하다.

	확 률	X	Y	XY
$\{H_1, H_2\}$	1/4	1	1	1
$\{H_1, T_2\}$	1/4	1	0	0
$\{T_1, H_2\}$	1/4	0	0	0
$\{T_1, T_2\}$	1/4	0	0	0

위의 표에 따라 식 (3.1)의 기대값 공식을 적용하면 $\mathbb{E}(X) = 1/2, \mathbb{E}(Y) = 1/4, \mathbb{E}(XY) = 1/4$이 된다. 그래서 $\mathbb{E}(XY) \neq \mathbb{E}(X)\mathbb{E}(Y)$이고 X와 Y가 독립이 아님을 보여 준다.

X와 Y 사이의 의존성에 대한 척도로 공분산 $\text{cov}(X, Y)$를 다음과 같이 정의할 수 있다.

$$\text{cov}(X, Y) := \mathbb{E}[(X - \mathbb{E}[X])(Y - \mathbb{E}[Y])] \tag{21.1}$$

동일하게 다음과 같이 쓸 수도 있다. 이에 대해서는 연습문제 (21.1)을 참조하라.

$$\text{cov}(X, Y) := \mathbb{E}[XY] - \mathbb{E}[X]\mathbb{E}[Y] \tag{21.2}$$

그리고 만약 X와 Y가 독립이라면 $\text{cov}(X, Y) = 0$임을 쉽게 알 수 있다. 대충 식 (21.1)로부터 공분산이 양수이면 X와 Y가 동시에 두 확률 변수의 기대값보다 크거나 작은 경향이 있음을 알 수 있다. 비슷하게 만약 공분산이 음수이면 Y가 평균보다 작으면 X가 평균보다 큰 경향이 있거나 그 반대일 수 있음을 알 수 있다. 위의 예제에서 $\text{cov}(X, Y) = 1/8$인데, 앞의 해석을 뒷받침해준다.

21.4 대조 변수법: 균등분포의 예제

대조 변수법의 사용법을 설명하기 위해 다음의 기대값을 구하는 몬테카를로 방법을 고려해 보자.

$$I = \mathbb{E}(e^{\sqrt{U}}), \quad \text{단, } U \sim \mathsf{U}(0,1) \tag{21.3}$$

참고로 $I = 2$이다. 이는 연습문제 (21.2)를 참조하라. I의 몬테카를로 근사값은 다음과 같다.

$$I_M = \frac{1}{M}\sum_{i=1}^{M} Y_i, \quad \text{단, } Y_i = e^{\sqrt{U_i}}\text{이고, } U_i \sim \mathsf{U}(0,1)\text{인 i.i.d.} \tag{21.4}$$

앞에서 몬테카를로 방법의 정확도는 Y_i의 분산과 밀접한 관계가 있는 것을 보았다. 이 경우의 분산은 다음과 같다.

$$\mathsf{var}(Y_i) = \frac{e^2 - 7}{2} \tag{21.5}$$

이 식에 관해서는 연습문제 (21.2)를 참조하라.

이제 몬테카를로 추정법에 대조 변수법을 적용해보자.

$$\widehat{I_M} = \frac{1}{M}\sum_{i=1}^{M} \widehat{Y_i}, \quad \text{단, } \widehat{Y_i} = \frac{e^{\sqrt{U_i}} + e^{\sqrt{1-U_i}}}{2}\text{이고 } U_i \sim \mathsf{U}(0,1) \tag{21.6}$$

위의 대조 변수법이 사용된 변형식은 U_i를 $1 - U_i$의 형태로 재사용한다. 여기서 $1 - U_i \sim \mathsf{U}(0,1)$이고, 그러므로 $\mathbb{E}(\widehat{Y_i}) = \mathbb{E}(e^{\sqrt{U}})$이다. 확률변수의 생성 측면에서 보면 I_M과 $\widehat{I_M}$을 생성하는 것은 M개의 균등 표본을 사용하므로 같은 노력이 들어간다. (하지만 $\widehat{I_M}$을 계산하는데 지수와 제곱근을 두 번 계산하는 추가 비용은 들어간다.)

다음의 계산식

$$\mathsf{var}(X + Y) = \mathsf{var}(X) + \mathsf{var}(Y) + 2\mathsf{cov}(X, Y) \tag{21.7}$$

을 이용하면 다음의 결과를 얻어낼 수 있다. 이에 관해서는 연습문제 (21.3)을 참조하라.

$$\begin{aligned}&\text{var}\left(\frac{e^{\sqrt{U_i}}+e^{\sqrt{1-U_i}}}{2}\right)\\&=\frac{1}{4}\left[\text{var}\left(e^{\sqrt{U_i}}\right)+\text{var}\left(e^{\sqrt{1-U_i}}\right)+2\text{cov}(e^{\sqrt{U_i}},e^{\sqrt{1-U_i}})\right]\\&=\frac{1}{2}\left[\text{var}\left(e^{\sqrt{U_i}}\right)+\text{cov}\left(e^{\sqrt{U_i}},e^{\sqrt{1-U_i}}\right)\right]\end{aligned}\tag{21.8}$$

이 식은 $\widehat{Y}_i$의 분산이 원래 Y_i의 분산과 어떻게 다른지 알려주는 중요한 식이다. 여기에서

$$\mathbb{E}\left(e^{\sqrt{U_i}}e^{\sqrt{1-U_i}}\right)=\int_0^1 e^{\sqrt{x}+\sqrt{1-x}}dx$$

의 식이 성립하므로 식 (21.2)를 이용하면 다음을 구할 수 있다.

$$\text{cov}\left(e^{\sqrt{U_i}},e^{\sqrt{1-U_i}}\right)=\int_0^1 e^{\sqrt{x}+\sqrt{1-x}}dx-2\times 2\tag{21.9}$$

이제 식 (21.5)와 식 (21.9)를 식 (21.8)에 넣으면 다음의 결과를 얻을 수 있다.

$$\text{var}(\widehat{Y}_i)=\frac{e^2}{4}-\frac{15}{4}+\frac{1}{2}\int_0^1 e^{\sqrt{x}+\sqrt{1-x}}dx\tag{21.10}$$

위의 식 (21.10) 내의 적분을 근사하기 위해 수치 적분법을 사용하면 다음과 같은 결과를 얻는다.

$$\text{var}(\widehat{Y}_i)\approx 0.001073$$

그리고 아래의 결과가 나온다.

$$\frac{\text{var}(Y_i)}{\text{var}(\widehat{Y}_i)}\approx 181.2485\tag{21.11}$$

표 21.1: 식 (21.3)을 풀기 위한 식 (21.4)와 식 (21.6)의 95% 신뢰 구간과 그 넓이의 비율

M	일반	대조법	넓이 비율
10^2	$[1.8841, 2.0752]$	$[1.9875, 2.0012]$	14.0
10^3	$[1.9538, 2.0087]$	$[1.9976, 2.0017]$	13.4
10^4	$[1.9890, 2.0062]$	$[1.9997, 2.0010]$	13.5
10^5	$[1.9969, 2.0023]$	$[1.9998, 2.0002]$	13.5

이 결과는 (21.2)절에서 논의한 내용인 같은 개수의 난수를 발생시키면 대조 변수법을 사용한 경우가 유효 숫자 자릿수를 몇 개 더 얻을 수 있다는 내용과 일치한다.

계산 예제 표 (21.1)은 식 (21.3)을 위해 구해진 I_M과 대조 변수법으로 구한 $\widehat{I_M}$의 95% 신뢰 구간을 보여준다. 여기서는 $M = 10^2, 10^3, 10^4, 10^5$인 4가지 경우를 실험했고, 각각 두 방법에 대해 같은 난수 표본을 사용했다. 신뢰 구간과 더불어 두 방법으로 구해진 신뢰 구간의 넓이 비율도 구했다. 식 (21.11)에서 예상한대로 그 값은 $\sqrt{181.2485} \approx 13.5$에 수렴한다. 여기서 대조 변수법을 이용한 근사는 높은 상관 관계가 있는 $\{e^{\sqrt{U_i}}\}_i^M \cup \{e^{\sqrt{1-U_i}}\}_i^M$를 이용한 것이 **아니라** 같은 난수를 사용한 표본 $\{\widehat{Y_i}\}_{i=1}^M$을 이용했음을 강조할 필요가 있다. ◇

21.5 균등 분포 예제의 분석

대조 변수법이 어떻게 작동하는지 이해하기 위해 함수 f를 근사 하는 경우를 고려해보자.

$$I = \mathbb{E}[f(U)], \quad \text{단, } U \sim \mathsf{U}(0.1)$$

표준 방법의 몬테카를로 근사법은 다음의 식과 같다.

$$I_M = \frac{1}{M}\sum_{i=1}^{M} f(U_i), \quad \text{단, } U_i \sim \mathsf{U}(0,1)\text{인 i.i.d.} \tag{21.12}$$

그리고 대조 변수법을 사용하면 같은 식을 다음과 같이 근사할 수 있다.

$$\widehat{I_M} = \frac{1}{M}\sum_{i=1}^{M} \frac{f(U_i) + f(1-U_i)}{2}, \quad \text{단, } U_i \sim \mathsf{U}(0,1)\text{인 i.i.d.} \tag{21.13}$$

식 (21.8)을 유도하는 방식을 그대로 이용하면 아래의 식을 도출할 수 있다.

$$\mathsf{var}\left(\frac{f(U_i) + f(1-U_i)}{2}\right) = \frac{1}{2}\{\mathsf{var}[f(U_i)] + \mathsf{cov}[f(U_i), f(1-U_i)]\} \tag{21.14}$$

효과적인 대조 변수법이기 위해서는 $\mathsf{var}[\{f(U_i) + f(1-U_i)\}/2]$의 값이 $\mathsf{var}[f(U_i)]$ 의 값보다 작아야 한다. 새로운 방식의 효율성은 결국 $\mathsf{cov}(f(U_i), f(1-U_i))$ 항의 값을 최대한 음수로 만드는 것으로 귀결된다는 것을 식 (21.14)가 보여준다. 우리는 $f(1-U_i)$가 평균에 비해 상대적으로 작을 때, $f(U_i)$가 평균에 비해 상대적으로 크길 바란다. 직관적으로 이 방법은 f가 단조함수일 때 적용될 수 있다. 대략적으로 대조 변수법은 평균보다 위에 있는 표본들에 평균보다 낮은 표본들을 더하거나 그 반대 작업을 통해 표본들을 보완하려 한다.

이러한 직관을 수식으로 표현해 보자. 먼저 f가 단조 증가한다는 의미는 $x_1 \le x_2 \Rightarrow f(x_1) \le f(x_2)$를 의미함을 기억하자. 비슷하게 함수 f가 단조 감소한다는 의미는 $x_1 \le x_2 \Rightarrow f(x_1) \ge f(x_2)$가 성립함을 의미한다. 만약 f와 g가 둘 다 단조 증가를 하거나 둘 다 단조 감소한다고 하면 다음과 같은 결과를 간단하게 얻어낼 수 있다.

$$\text{모든 } x, y \text{ 에 대해} \quad (f(x) - f(y))(g(x) - g(y)) \ge 0 \tag{21.15}$$

이에 대해서는 연습문제 (21.5)를 참조하라.

보조정리 만약 f와 g가 모두 단조 증가 함수거나 또는 모두 단조 감수 함수이면, 임의의 확률 변수 X에 대해서 다음이 만족한다.

$$\mathsf{cov}(f(X), g(X)) \ge 0$$

증 명 Y를 X와 같은 분포를 갖는 독립적인 확률변수라고 하자. 식 (21.15)로부터 아래가 성립한다.

$$(f(X) - f(Y))(g(X) - g(Y)) \ge 0$$

그러므로 확률 변수 $(f(X) - f(Y))(g(X) - g(Y))$는 반드시 음수가 아닌 기대값을 가져야 한다. 그러므로 다음의 같은 식이 성립한다.

$$\begin{aligned} 0 &\le \mathbb{E}[(f(X) - f(Y))(g(X) - g(Y))] \\ &= \mathbb{E}[f(X)g(X)] - \mathbb{E}[f(X)g(Y)] - \mathbb{E}[f(Y)g(X)] + \mathbb{E}[f(Y)g(Y)] \end{aligned}$$

X와 Y는 독립적이며 동일한 분포를 가지므로(i.i.d), 마지막 오른쪽 항은 다음과 같이 단순화할 수 있다.

$$2\mathbb{E}[f(X)g(X)] - 2\mathbb{E}[f(X)]\mathbb{E}[g(X)]$$

이 식은 $2\text{cov}(f(X), g(X))$이며 원하는 결과를 유도했다. ◇

이제 f를 단조 증가 함수라고 한다면 $-f(1-x)$ 또한 단조 증가 함수임을 상기하자. 비슷하게 만약 f가 단조 감소 함수라면 $-f(1-x)$또한 단조 감소 함수이다. 두 경우 모두 위의 정리에 적용을 하면 $\text{cov}(f(X), -f(1-X)) \geq 0$의 결과를 갖는다. 동일하게 $\text{cov}(f(X), f(1-X)) \leq 0$가 성립한다. 이 결과는 f가 단조 함수일 때 식 (21.14)로부터 다음이 성립함을 보여준다.

$$\text{var}\left[\frac{f(U_i) + f(1-U_i)}{2}\right] \leq \frac{1}{2}\text{var}\left[f(U_i)\right] \tag{21.16}$$

즉 다음과 같이 정리할 수 있다.

> 단조 함수인 f에 대해서 대조 변수법으로 추출된 표본의 분산은 항상 일반 표본의 분산보다 절반 정도 작거나 같다.

물론 이것은 단순히 경계일 뿐이다. 실제로는 이전 절의 $f(x) = e^{\sqrt{x}}$의 예에서 보듯이 좋아지는 정도가 더 크다.

21.6 정규분포의 경우

대조 변수법은 균등 분포 확률 변수의 함수에 대하여 제한적으로 사용하는 것은 아니다.

$$I = \mathbb{E}(f(U)), \quad \text{단, } U \sim \text{N}(0,1)\text{인 i.i.d.} \tag{21.17}$$

의 경우 일반 몬테카를로 근사는 다음과 같다.

$$I_M = \frac{1}{M}\sum_{i=1}^{M} f(U_i), \quad \text{단, } U \sim \text{N}(0,1)\text{인 i.i.d.} \tag{21.18}$$

그리고 대조 변수법을 이용한 식은 다음과 같다.

$$\widehat{I_M} = \frac{1}{M}\sum_{i=1}^{M}\frac{f(U_i)+f(-U_i)}{2}, \quad \text{단, } U \sim \mathrm{N}(0,1)\text{인 i.i.d.} \tag{21.19}$$

N(0, 1) 분포는 중심에서 대칭이므로 $1 - U_i$가 아닌 $-U_i$를 대조변수로 사용하였다. 물론 $-U_i$도 N(0, 1)을 따르는 확률 변수이다.

f가 단조 함수일 때 식 (21.16)의 결과를 유도하는 방법을 재연하면 다음의 같은 결과를 얻는다.

$$\mathrm{var}\left[\frac{f(U_i)+f(-U_i)}{2}\right] \le \mathrm{var}[f(U_i)]/2 \tag{21.20}$$

계산 예제 여기에서는 N(0, 1) 표본과 함께 사용되는 대조 변수법을 볼 것이다. 식 (21.17)에서 $f(x) = (1/\sqrt{e})e^x$라고 가정하면 $\mathbb{E}[f(U)] = 1$이 된다. (이는 연습문제 (15.3)을 참조하라.) (일반 몬테카를로를 이용하는 비슷한 계산 예제는 15장에서 이미 수행한 바 있다. 여기서는 신뢰 구간을 이해하기 쉽게 $1/\sqrt{e}$만큼 조정한 것이다.) 표 (21.2)는 식 (21.18)과 식 (21.19)의 95% 신뢰 구간을 보여준다. 이전 예제와 동일하게 $M = 10^2, 10^3, 10^4, 10^5$라고 하고 두 방법에 대해 같은 확률 변수 표본을 사용한다. 대조 변수법을 이용한 경우가 거의 두 배의 정확도를 보여준다. ◇

21.7 다변량의 경우

대조 변수법의 개념을 f가 하나 이상의 확률변수로 이루어진 함수인 경우에도 손쉽게 적용할 수 있다. 예를 들어 다음 식의 근사값을 구한다고 하자.

$$I = \mathbb{E}[f(U, V, W)], \quad \text{단, } U, V, W \sim \mathrm{N}(0,1)\text{인 i.i.d.}$$

표 21.2: $f = (1/\sqrt{e})e^x$일 때 식 (21.17)을 풀기 위한 식 (21.18)와 식 (21.19)의 95% 신뢰 구간과 신뢰 구간 넓이의 비율

M	일 반	대 조 법	넓이 비율
10^2	[0.8247, 1.2819]	[0.9518, 1.6767]	0.6
10^3	[0.9713, 1.1574]	[1.0166, 1.1244]	1.7
10^4	[0.9647, 1.0137]	[0.9945, 1.0243]	1.6
10^5	[0.9953, 1.0115]	[0.9955, 1.0046]	1.8

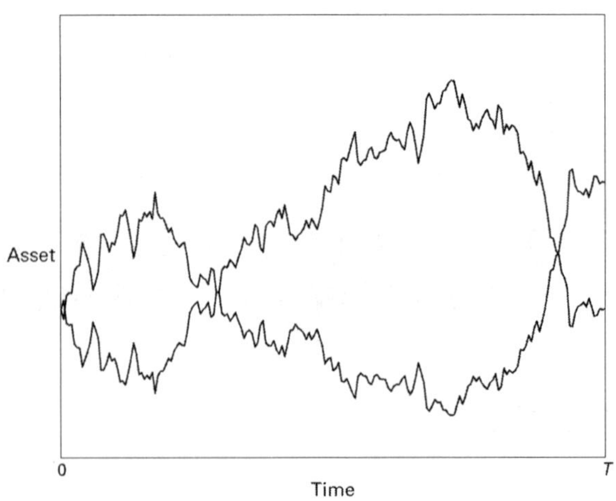

그림 21.1: 대조 변수법을 이용하여 계산한 이산 자산 경로의 짝. 하나의 샘플을 생성하기 위하여 두 경로의 수익을 평균 낸다.

일반적인 몬테카를로 근사법은 다음과 같다.

$$I_M = \frac{1}{M}\sum_{i=1}^{M} f(U_i, V_i, W_i), \quad \text{단, } U, V, W \sim \mathrm{N}(0,1)\text{인 i.i.d.}$$

그리고 대조 변수법을 사용하면 다음과 같이 근사할 수 있다.

$$\widehat{I_M} = \frac{1}{M}\sum_{i=1}^{M} \frac{f(U_i, V_i, W_i) + f(-U_i, -V_i, -W_i)}{2}, \quad \text{단, } U, V, W \sim \mathrm{N}(0,1)\text{인 i.i.d.}$$

앞서 제시된 분석 결과를 확장하면 f가 각 인수에 대해 단조함수이면 분산 감소의 효과가 있는 것을 알 수 있다.

21.8 옵션 평가에서의 대조 변수법

여기서 언급하는 응용분야는 경로 의존적인 옵션을 몬테카를로 방식으로 평가하는 것이다. 이 경우 $[0, T]$의 시간 간격을 이산화하고 각 $\{t_i\}_{i=1}^{N}$에서 위험 중립 가정하의 자산 가격을 계산한다. 여기서 $t_i = i\,\Delta t$, $N\,\Delta t = T$이다. 식 (19.7)로부터 각 단계의 주식 가격의 변화는 i.i.d.인 수열 $\{Z_0, Z_1, \ldots, Z_{N-1}\}$로 부터 나온 $\mathrm{N}(0,1)$ 확률 변수 Z_j를 이용하여 이루어짐을 알고 있다. 계산의 목적은 어떤 수익 함수의 기대값을 계산하는 것이다. 그러므로 N개의 i.i.d.인 $\mathrm{N}(0,1)$ 확률 변수들인 $\{Z_0, Z_1, \ldots, Z_{N-1}\}$ 수열의 기대값을 찾아야 한다. 대조 변수법은 표본 $\{Z_0, Z_1, \ldots, Z_{N-1}\}$으로 생성된 하나의 경로에서 나온 수익과 다른 표본 $\{-Z_0, -Z_1, \ldots, -Z_{N-1}\}$에서 구해진 수익의 평균을 취한다. 한 경로가 들쭉날쭉이라면, 다른 한 경로는 날쭉들쭉이 된다. 그림 (21.1)은 그런 경로의 쌍을 보여준다.

계산 예제 $S_0 = 5$, $E = 6$, $r = 0.05$, $\sigma = 0.3$, $T = 1$일 때, $N = 10^4$, $\Delta t = 10^{-4}$인 시간 간격을 사용하여 업-앤드-인 콜옵션을 평가하도록 한다.

그리고 장벽 수준은 $B = 8$이라고 하자. (19.2)절의 내용을 상기하면 다음과 같다.

- 만약 자산 가격이 B 수준으로 올라간 적이 없다면, 즉 $\max_{[0,T]} S(t) < T$라면 수익은 0이다.
- 만약 자산 가격이 B 수준으로 올라간 적이 있다면, 즉 $\max_{[0,T]} S(t) \geq T$라면 수익은 유럽식 콜옵션의 수익인 $\max(S(T) - E, 0)$과 같다.

(19.6)절의 개념을 이용하면, 기본적인 몬테카를로 방법은 다음과 같이 요약될 수 있다.

for i = 1 to M
  for j = 0 to $N-1$
    compute an N(0, 1) sample ξ_j
    set $S_{j+1} = S_j \exp\left\{\left(r - \sigma^2/2\right)\delta t + \sigma\sqrt{\delta t}\,\xi_j\right\}$
  end
  set $S_i^{\max} = \max_{0 \leq j \leq N} S_j$
  if $S_i^{\max} > B$ set $V_i = e^{-rT}\max(S_N - E, 0)$,
  otherwise $V_i = 0$
end
set $a_M = \frac{1}{M}\sum_{i=1}^{M} V_i$
set $b_M^2 = \frac{1}{M-1}\sum_{i=1}^{M}(V_i - a_M)^2$

이 코드는 옵션 가격 a_M과 식 (15.5)의 95% 신뢰 구간의 근사값을 산출한다.

이에 해당하는 대조변수법의 코드는 다음과 같다.

for i = 1 to M
  for j = 0 to $N-1$
    compute an N(0, 1) sample ξ_j
    set $S_{j+1} = S_j \exp\left\{\left(r - \sigma^2/2\right)\delta t + \sigma\sqrt{\delta t}\,\xi_j\right\}$
    set $\bar{S}_{j+1} = \bar{S}_j \exp\left\{\left(r - \sigma^2/2\right)\delta t - \sigma\sqrt{\delta t}\,\xi_j\right\}$
  end

표 21.3: 업-앤드-인 콜옵션을 평가하는데 일반 몬테카를로와 대조 변수법을 이용한 몬테카를로를 사용할 경우의 95% 신뢰구간과 넓이의 비율

M	일반	대조법	넓이 비율
10^2	$[0.0878, 0.3219]$	$[0.1239, 0.3061]$	1.3
10^3	$[0.2285, 0.3333]$	$[0.2238, 0.2936]$	1.5
10^4	$[0.2443, 0.2764]$	$[0.2370, 0.2580]$	1.5
10^5	$[0.2359, 0.2458]$	$[0.2373, 0.2440]$	1.5

set $S_i^{\max} = \max_{0\le j\le N} S_j$
set $\bar{S}_i^{\max} = \max_{0\le j\le N} \bar{S}_j$
if $S_i^{\max} > B$ set $V_i = e^{-rT}\max(S_N - E, 0)$,
otherwise $V_i = 0$
if $\bar{S}_i^{\max} > B$ set $\bar{V}_i = e^{-rT}\max(\bar{S}_N - E, 0)$,
otherwise $\bar{V}_i = 0$
set $\widehat{V}_i = \frac{1}{2}(V_i + \bar{V}_i)$
end
set $a_M = \frac{1}{M}\sum_{i=1}^{M}\widehat{V}_i$
set $b_M^2 = \frac{1}{M-1}\sum_{i=1}^{M}(\widehat{V}_i - a_M)^2$

표 (21.3)은 $M = 10^2, 10^3, 10^4, 10^5$일 때, 95% 신뢰 구간과 그 넓이의 비율을 나타낸다. 대조 변수법을 사용했을 때, 약 1.5 배율로 구간의 넓이가 줄어든다는 것을 볼 수 있다. (19.6)절에서 언급했듯이 전체적인 정확도는 평균의 근사값을 구하기 위한 몬테카를로 방법에 내재된 오차뿐만 아니라, 시간을 이산화하면서 생기는 오류도 존재한다. 이 계산에서는 Δt 값이 결

과에 심각한 변화를 주지 않음을 확인했기 때문에 표본 오류가 제일 크다. ◇

21.9 주석 및 참고문헌

15장에서 언급한 문서들(Hammersley and Handscombe, 1964; Madras, 2002; Ripley, 1987)은 대조 변수법에 대한 일반적인 정보를 얻을 수 있는 좋은 문서들이다. 그리고 Boyle (1997), Boyle(1977), Clewlow and Strickland(1998), Jäckel(2002)은 옵션 평가의 실제적인 논점들을 다룬다.

연습문제

21.1 ⋆ 식 (21.1)과 식 (21.2)이 같은 식임을 보이고, X와 Y가 독립이면 $\mathrm{cov}(X, Y) = 0$이라는 결론을 도출하라.

21.2 ⋆ 식 (21.3)에서 $I = 2$임을 보이고 식 (21.5)를 확인하라.

21.3 ⋆ 계산식 (21.7)를 유도하라. [힌트: 식 (3.6)과 식 (3.10)을 식 (21.1)에 적용해본다.]

21.4 ⋆⋆ 가장 선호하는 계산 프로그램을 이용하여 식 (2.10)의 $\mathrm{var}(\widehat{Y_i}) \approx 0.001073$임을 확인하라. (예를 들어 $\int_0^1 e^{\sqrt{x}+\sqrt{1-x}}dx$의 근사는 MATLAB에서 >> quadl('exp(sqrt(x) + sqrt(1-x))',0,1,1e-9)를 사용하여 구할 수 있다.)

21.5 ⋆⋆ 식 (21.15)을 증명하라.

21.6 ★★ 단조 증가함수인 f를 계산하는 작업이 매우 어려워서 난수 생성기로 표본을 얻어내는 비용을 무시할 수 있다고 하자. 그렇다면 여전히 식 (21.13)의 대조 변수법이 최소한 일반 근사법인 식 (21.12)만큼 효과적이라고 할 수 있는가?

21.7 ★★ 대조 변수법을 이용한 근사식 식 (21.13)과 식 (21.19)가 f가 선형함수, 즉, $\alpha,\beta \in \mathbb{R}$일 때, $f(x) = \alpha x + \beta$ 인 경우 정확한 값임을 보여라. 그리고 해당 신뢰 구간은 어떻게 되는가?

21.8 ★★★ 대조 변수법이 일반 몬테카를로 방법보다 비효율적인 간단한 예제를 찾아라.

21.10 프로그램과 연습

그림 (21.2)의 코드 `ch21`에서 업-앤드-아웃 콜옵션을 평가한다. 여기에서는 `ch19`의 코드와 같은 인수를 사용했고, 블랙-숄즈 값이 `0.1857`이라는 것을 알고 있다.

`for` 루프의 첫 번째 부분에서는 코드 `ch19`와 같은 표준 몬테카를로를 구현했다. 그리고 음수화(negate)한 버전의 `samples`에 있는 가상 난수 생성기를 이용하였다. 배열 `Vanti`의 `i`번째 요소는 `i`번째 자산 경로와 그 경로의 대조 변수 경로에서 만들어진 만기 수익의 평균값을 가지고 있다.

`ch21`을 실행하면 몬테카를로의 신뢰 구간으로 `conf = [0.1763, 0.1937]` 이 나온다. 이 결과는 `ch19`에서 생성된 결과와 동일하다. 왜냐하면 난수 생성기를 `randn('state',100)`으로 같게 지정해줌으로써 완전히 같은 표본을 사용했기 때문이다. 대조 변수법을 적용한 경우

```
%CH21 Program for Chapter 21
%
% Up-and-out call option
% Uses Monte Carlo with antithetic variates

randn('state',100)

%%%%%% Problem and method parameters %%%%%%%%
S = 5; E = 6; sigma = 0.25; r = 0.05; T = 1; B = 9;
Dt = 1e-3; N = T/Dt; M = 1e4;
%%%%%%%%%%%%%%%%%%%%%%%%%%%%%%%%%%

V = zeros(M,1);
Vanti = zeros(M,1);
for i = 1:M
    samples = randn(N,1);

    % standard Monte Carlo
    Svals=S*cumprod(exp((r-0.5*sigma^2)*Dt+sigma*sqrt(Dt)*samples));
    Smax = max(Svals);
    if Smax < B
        V(i) = exp(-r*T)*max(Svals(end)-E,0);
    end

    % antithetic path
    Svals2=S*cumprod(exp((r-0.5*sigma^2)*Dt-sigma*sqrt(Dt)*samples));
    Smax2 = max(Svals2);
    V2 = 0;
    if Smax2 < B
        V2 = exp(-r*T)*max(Svals2(end)-E,0);
    end
    Vanti(i) = 0.5*(V(i) + V2);
end
aM = mean(V); bM = std(V);
conf = [aM - 1.96*bM/sqrt(M), aM + 1.96*bM/sqrt(M)]

aManti = mean(Vanti); bManti = std(Vanti);
confanti=[aManti-1.96*bManti/sqrt(M),aManti+1.96*bManti/sqrt(M)]
```

그림 21.2: 21장의 프로그램: ch21.m.

`confanti = [0.1807, 0.1921]` 이 나오는데, 이는 일반 몬테카를로의 신뢰 구간과 비교해 약 1.5배 정도 작은 구간이다.

프로그래밍 연습문제

P21.1 ch21 코드를 다른 이색 옵션의 경우에 관한 코드로 바꾸어 본다.

P21.2 MATLAB의 공분산 함수를 더 배우기 위해 help cov를 쳐보자. 그리고 그 함수를 이번 장에서 학습한 예제에 적용해 본다.

인 용

몬테카를로 시뮬레이션은
금융 상품이 더 복잡해지고, 컴퓨터가 빨라지고,
시뮬레이션 소프트웨어가 더 많이 쓰일수록
더 매력적이 될 것이다.
오늘날 컴퓨터의 더 강력한 파워와 함께 분산 감소 기술을 쓴다면,
납득할 만한 정확도의 결과를 도출하는데 있어
트레이더들이 실시간으로 파생상품을 평가할 때 사용할 수 있을 만큼
실행 시간을 줄이는데 도움을 줄 수 있다.

JOHN CHARNES, 'Sharper estimates of derivative values',
Financial Engineering News, June/July 2002, Issue No. 26

통계학자들마저도 종종 시뮬레이션을 실험만큼 심각하게 다루질 못한다.

BRIAN D. RIPLEY (Ripley, 1987)

이해하고 나서 행하는 계산과 마구잡이로 행하는 계산을
구분하는 것이 항상 쉽지는 않다.

ROGER PENROSE, source www.apmaths.uwo.ca/rcorless/

22 장

몬테카를로 III: 통제 변수법을 이용한 분산의 감소

개 요

- 통제 변수법
- 아시안 옵션 예제

22.1 학습 목표

앞 장에서 대조 변수법은 원래 확률 변수와 역의 상관관계가 있는 확률 변수를 찾는 것에 의존함을 보았다. 반대로 이번 장에서 논의할 기술은 알려진 상관계수를 가지는 표본을 추출하는 것에 의존한다. 이 통제 변수법은 대조 변수법에 비하면 포괄적이지 못하다. 이는 통제 변수법이 시뮬레이션을 수행하는데 필요한 확률 변수에 대해 어느 정도의 지식을 요구하기 때문이다. 하지만 이 방법이 잘 작동하면 효과는 매우 강력하다.

22.2 통제 변수법

여기에서는 $\mathbb{E}[X]$를 근사한다고 하자. 단지 추가적으로 평균 $\mathbb{E}[Y]$를 알고 있으면서 X와 가까운 확률 변수 Y를 찾아낼 수 있다고 가정하자. 그렇다면 다음의 확률변수

$$Z = X + \mathbb{E}(Y) - Y \tag{22.1}$$

는 $\mathbb{E}[Z] = \mathbb{E}[X] + \mathbb{E}[Y] - \mathbb{E}[Y] = \mathbb{E}[X]$를 만족하므로 X대신 Z에 대하여 몬테카를로 방법을 적용할 수 있다. 여기에서 Y가 바로 통제 변수이다.

확률 변수에 상수를 더하면 그 분산은 변하지 않으므로(연습문제 3.6), 식 (22.1)로부터 다음의 식이 성립함을 보일 수 있다.

$$\text{var}(Z) = \text{var}(X - Y)$$

그리고 이 접근법이 작동하여 효과를 내기 위해서는 $X - Y$가 X보다 작은 분산을 가져야 한다. 이것이 우리가 말하는 가깝다라는 의미이다. 하지만 여기서 X의 표본을 얻어내는 것보다, Z의 표본을 얻어내는 것이 더 어려워진다. 만약 $R_1 < 1$에 대해 $\text{var}(Z) = R_1\text{var}(X)$ 가 성립하고, Z의 표본을 찾는 것이 X의 표본을 찾는 것 보다 R_2 배의 비용이 들어간다고 하면 $R_1R_2 < 1$일 때 전체적으로 이득을 보게 된다. 이는 연습문제 (22.1)을 참조하라. 식 (22.1)을 어떤 $\theta \in \mathbb{R}$에 대해 다음 식으로 일반화할 수 있다.

$$Z_\theta = X + \theta(\mathbb{E}(Y) - Y) \tag{22.2}$$

여기에서 여전히 $\mathbb{E}(Z_\theta) = \mathbb{E}(X)$임을 알 수 있으므로 역시 몬테카를로 방법을 Z_θ에 적용할 수 있다. 이 경우 분산은 다음과 같다.

$$\text{var}(Z_\theta) = \text{var}(X - \theta Y) = \text{var}(X) - 2\theta\text{cov}(X, Y) + \theta^2\text{var}(Y)$$

표 22.1: $\mathbb{E}(e^{\sqrt{U}})$ 추정을 위한 일반 방식과 식 (22.1)을 이용한 통제 변수법 방식의 신뢰 구간과 그 넓이 비율

M	일반	통제법	넓이 비율
10^2	$[1.8841, 2.0752]$	$[1.9601, 2.0031]$	4.4
10^3	$[1.9538, 2.0087]$	$[1.9951, 2.0084]$	4.1
10^4	$[1.9890, 2.0062]$	$[1.9994, 2.0036]$	4.1
10^5	$[1.9969, 2.0023]$	$[1.9993, 2.0006]$	4.1

θ가 변할 때, 이 이차식을 최소화하는 θ 값은 다음과 같다.

$$\theta_{min} := \frac{\text{cov}(X, Y)}{\text{var}(Y)} \tag{22.3}$$

게다가 θ가 0과 $2\theta_{min}$ 사이의 값일 때 $\text{var}(Z_\theta) < \text{var}(X)$임을 보일 수 있다. 이는 연습문제 (22.2)를 참조하라.

물론 일반적인 문제에서는 $\text{cov}(X, Y)$를 모르므로 θ_{min}을 구할 수 없다. 그러나 몬테카를로 시뮬레이션을 수행하는 동안에 $\text{cov}(X, Y)$를 추정하는 것이 가능하므로 θ_{min} 또한 추정할 수 있다.

통제 변수법이라는 이름은 $\mathbb{E}(Y) - Y$ 항이 몬테카를로의 수행을 제어한다는 의미로 붙여졌다. 공분산이 양수, 즉, $\text{cov}(X, Y) := \mathbb{E}[(X - \mathbb{E}[X])(Y - \mathbb{E}[Y])] > 0$이고 $\theta > 0$ 이라고 가정하자. 이 경우, X가 평균보다 크면($X > \mathbb{E}[X]$) Y 또한 그렇게 될 것이다. 일반적으로, 음수인 $\theta(\mathbb{E}[Y] - Y)$ 값을 더하는 것은 X 의 표본에서 구해진 과대평가 된 $\mathbb{E}[X]$ 값을 수정하는데 도움을 준다. 비슷하게 X가 평균보다 작을 경우($X < \mathbb{E}[X]$) Y 또한 그럴 것

표 22.2: $\mathbb{E}(e^{\sqrt{U}})$ 추정을 위한 일반 방식과 식 (22.2)를 이용한 통제 변수법 방식의 신뢰 구간과 그 넓이 비율

M	일반	θ-통제법	θ	넓이 비율
10^2	$[1.8841, 2.0752]$	$[1.9623, 2.0004]$	0.89	5.0
10^3	$[1.9538, 2.0087]$	$[1.9937, 2.0048]$	0.88	4.1
10^4	$[1.9890, 2.0062]$	$[1.9993, 2.0027]$	0.88	4.1
10^5	$[1.9969, 2.0023]$	$[1.9994, 2.0005]$	0.88	4.1

이며, 양수인 $\theta(\mathbb{E}[Y] - Y)$ 를 더해주면 과소평가된 값을 수정하는데 도움이 될 것이다. 비슷한 논의를 $\mathrm{cov}(X, Y) < 0$ 이고 $\theta < 0$ 인 경우에도 적용할 수 있다.

계산 예제 앞 장에서 살펴 본 $U \sim \mathrm{U}(0, 1)$일 때, $I = \mathbb{E}(e^{\sqrt{U}})$를 계산하는 예제를 보자. 설명을 위하여 e^U를 통제 변수로 정하고, $\mathbb{E}(e^U) = \int_0^1 e^x dx = e - 1$ 이라는 사실을 이용하자. $e^{\sqrt{U}}$과 e^U은 [0,1] 구간에서 가까우므로, $\theta = 1$인 간단한 경우만 고려한다. 그래서 통제 변수법을 사용한 몬테카를로는 $Z = e^{\sqrt{U}} + e - 1 - e^U$ 에 적용된다. 표 (22.1)은 일반 몬테카를로 방법과 통제 변수법을 사용한 몬테카를로 방법의 95% 신뢰 구간과 그 넓이의 비율을 보여준다. $M = 10^2, 10^3, 10^4, 10^5$로 변화하는 총 네 번의 실험을 수행했고, 두 방법에 대해 같은 확률 변수 표본을 사용했다. (같은 지점에서 난수 생성을 시작해서, 일반 몬테카를로 방법의 신뢰 구간은 표 (21.1)과 같다.) 통제 변수법을 사용한 경우 신뢰 구간이 약 4배 넘게 작아지는 것

을 볼 수 있다. 각각의 계산 결과를 통해 var($e^{\sqrt{U}} - e^U$)가 var($e^{\sqrt{U}}$) 보다 17배 작다는 것을 확인할 수 있다.

다음으로 식 (22.2)에 근거하여 더 일반적인 경우에 대해 실험을 수행했다. 여기에서는 cov(X, Y)와 var(Y), 식 (22.3)의 θ_{min}을 추정하기 위해 처음에 U$(0, 1)$을 따르는 표본을 이용했다. 그리고 그 표본들을 식 (22.2)의 몬테카를로 근사에 다시 이용했다. 표 (22.2)는 구해진 θ값을 포함한 계산 결과를 보여준다. 여기에서 최적의 θ값 근사값은 1에 가까우며, 추가적인 작업들은 오직 신뢰 구간을 좁히는 역할밖에 할 수 없음을 알 수 있다. ◇

22.3 옵션 평가에서의 통제 변수법

통제 변수법의 개념은 경로 의존적인 옵션의 평가에 사용될 수 있다. 경로 의존적인 옵션의 경우, 평가를 위한 알려진 해석해는 없지만 해석해가 있는 비슷한 옵션이 있는 경우가 있다. 고전적인 예제로서 미리 지정된 시간 간격 $\{t_i\}_{i=1}^n$에서 평균을 취하는 산술 평균 가격 아시안 옵션이다. (19.4)절에서 소개한 대로 산술 평균 가격 아시안 콜옵션의 수익은 다음과 같다.

$$\max\left[\frac{1}{n}\sum_{i=1}^{n} S(t_i) - E, 0\right] \tag{22.4}$$

그리고 이에 대응하는 기하 평균 가격 아시안 옵션은 다음과 같은 수익 구조를 갖는다.

$$\max\left[\left(\prod_{i=1}^{n} S(t_i)\right)^{1/n} - E, 0\right] \tag{22.5}$$

식 (22.5)가 식 (22.4)와 다른 점은 산술 평균이 기하 평균으로 바뀐 것이다. 만약 시간 간격이 동일하게 나누어져 있어서 $\Delta T = T/n$이고, $t_i =$

$i\Delta t$일 경우,기하 평균 옵션의 경우 정확한 공식이 있다는 것을 연습문제 (19.6)에서 볼 수 있다. 그러나 산술 평균 옵션의 경우에는 알려진 공식이 없다.

산술 평균 옵션과 기하 평균 옵션이 서로 상당히 관련이 있다는 생각은 논리적이다. 즉 하나의 옵션에서 큰/작은 수익을 만들어내는 주가 경로들은 다른 옵션에서도 큰/작은 수익을 만들어내야 한다. 기하 평균 옵션의 가격식인 식 (19.10)을 이용하면 이 기하 평균 옵션을 통제 변수로 사용하여 산술 평균 옵션의 가격을 구할 수도 있다.

계산 예제 위의 산술 평균 가격 옵션을 평가하기 위해 몬테카를로 방법을 사용해보자. $S_0 = 5$, $E = 6$, $r = 0.05$, $\sigma = -0.3$, $T = 1$이라고 하고, 이산화된 시간 지점을 $n = 100$일 때, Δt, $2\Delta t$, …, $n\Delta t$라고 하자. 여기서 $\Delta t = 10^{-2}$이 된다. 위에 제시된 시간 단계 외의 자산 가격에는 관심이 없으므로, Δt를 알고리즘 상의 시간 간격으로 설정하고 위험 중립 자산 가격 $S(\Delta t), S(2\Delta t), \ldots, S(N\Delta t)$를 계산했다. 표 (22.3)은 일반 몬테카를로와 기하 평균 가격 옵션을 식 (22.1)의 통제 변수로 사용한 몬테카를로의 95% 신뢰 구간을 보여준다. 여기서 $M = 10^2, 10^3, 10^4, 10^5$ 개의 표본을 사용했다. 이 결과로부터 통제 변수법을 사용하는 경우 약 8배의 정확도를 보임을 알 수 있다. 이 경우 통제 변수 표본을 추출하는 작업은 상대적으로 적은 추가 작업을 요구하므로, 효율성에서 얻어지는 이득이 더 크다. ◇

22.4 주석 및 참고문헌

참고문헌 Hammersley and Handscombe(1964), Madras(2002), Ripley(1987)은

표 22.3: 아시안 옵션 평가를 위한 일반 방식과 식 (22.1)을 이용한 제어 변수법 방식 ($\theta = 1$)의 신뢰 구간과 그 넓이 비율

M	일반	통제법	넓이 비율
10^2	$[0.0283, 0.1161]$	$[0.0885, 0.1010]$	7.1
10^3	$[0.0823, 0.1207]$	$[0.0947, 0.0990]$	8.9
10^4	$[0.0911, 0.1035]$	$[0.0965, 0.0981]$	8.2
10^5	$[0.0968, 0.1007]$	$[0.0973, 0.0978]$	8.2

일반적인 상황에서 통제 변수법을 사용하는 것을 다루고 Boyle et al.(1997), Boyle(1977), Clewlow and Strickland(1998), Jäckel(2002)는 구체적으로 금융분야에 적용하는 것을 다룬다. 논문 Boyle(1997)은 다른 분산감소 기술에 대해 포괄적으로 논의하였다.

식 (3.8)때문에 기대값을 추정하는 알고리즘은 적분을 추정하는 방법인 구적법으로 생각할 수 있다. 구적법은 수치해석에 있어서 길고 두드러진 역사를 가지고 있고, 많은 방법들이 개발됐다. 몬테카를로 방법으로 경로의존적인 옵션을 구하기 위해 시뮬레이션을 할 때, 자산 경로가 Δt, $2\Delta t$, $\ldots$, $N\Delta t = T$인 점들에서 계산이 된다면, 이는 N-차원 적분을 추정하는 것과 같다. 이런 맥락에서, 분명 몬테카를로가 쓸 만한 기술이지만 최근의 연구들은 낮은 상이 수열(*low discrepancy sequences*) 방법이라 불리는 알고리즘이 더 효율적임을 보여준다. 유사 몬테카를로(*Quasi Monte Carlo*) 방법들은 낮은 상이의 수열을 사용해서 얻어지는 효율성과 몬테 카를로의 신뢰 구간을 조합하여 최근에 개발되었다. 책(Hull, 2000; Jäckel, 2002;

Kwok, 1998)과 논문(Boyle et al., 1997)은 최근 연구 보고서에 대한 소개를 제공한다.

분산 감소와 헤지는 확률 변수를 더 예측 가능하게 만들고자 하는 공통된 목적을 가지며, 이 연결점은 현실에 적용이 가능하다. Clewlow and Strickland(1998)에서 예제를 확인할 수 있다.

연습문제

22.1 ★★ 만약에 어떤 $R_1 < 1$에 대해 $\text{var}(Z) = R_1\text{var}(X)$이고 Z 표본을 뽑아내는 비용이 X 표본을 찾는 비용보다 R_2배가 들어간다고 하자. 이때 $R_1R_2 < 1$이면 식 (22.1)에 몬테카를로를 적용할 때 효율성 측면에서 이득이 있음을 확인하라.

22.2 ★★ θ가 0과 $2\theta_{min}$ 사이일 때만 $\text{var}(Z_\theta) < \text{var}(X)$임을 보여라. 단 θ_{min}은 식 (22.3)에 정의되어 있다. (여기서 θ_{min}이 음수일 수도 있음을 고려하라.)

22.3 ★★★ (이 연습문제는 (15.4)절과 연관되지만, 일반적인 분산 감소라는 주제에 맞추어져 있다.) 어떤 확률변수 V가 확정적인 인자 p에 의존적이라고 가정하고, 어떤 작은 증가치 h에 대해 다음 식을 계산하고 싶다고 가정하자.

$$\frac{\mathbb{E}(V(p+h)) - \mathbb{E}(V(p))}{h}$$

그리고 다음과 같은 몬테카를로 접근법을 생각해보자.

방법 1

(a) $A \approx \mathbb{E}(V(p+h))$를 근사하기 위해 몬테카를로를 적용한다.

(b) $B \approx \mathbb{E}(V(p))$를 근사하기 위해 몬테카를로를 적용한다. ((a)와는 다른 가상 난수 열을 사용한다.)

(c) $(A-B)/h$를 계산해서 전체적인 근사값을 계산한다.

방법 2

(a) $C \approx \mathbb{E}(V(p+h)-V(p))$를 근사하기 위해 몬테카를로를 적용한다.

(b) C/h를 계산하여 전체적인 근사값을 계산한다.

식 (21.7)을 사용하여 왜 방법 2가 방법 1보다 더 성공적일 확률이 높은지 설명하라.

22.5 프로그램과 연습

그림 (22.1)의 ch22에서 표 (22.3)에서 나타낸 것과 같은 형태의 통제 변수법을 사용하였다. 기하 평균 가격 아시안 옵션을 사용하여 산술 평균 가격 아시안 옵션을 평가하는 것이다. 여기서 기하 평균 아시안 옵션은 블랙-숄즈 공식을 가지고 있고, 이 값을 통제 변수로 사용할 것이다. 인수를 초기화한 후 식 (19.10)을 기하 평균의 경우에 대해 계산한다. 그 이후 i번째 행이 시간이 0, Δt, $2\Delta t$, ..., T일 때의 i번째 자산 경로를 저장하는 `M`행 `L`열인 배열 `Spath`를 저장하는 일반 몬테카를로 모형을 적용했다. `mean(Spath, 2)` 명령은 두번째 인덱스의 표본 평균을 계산한다. 이 명령은 i번째 요소가 `Spath`의 i번째 행에 대한 표본 평균인 `M`행 `1`열의 배열을 돌려준다. 그리고 `exp(-r*T)*max(arithave-E,0)`는 i번째 요소가 i번째 자산 경로를 이용하여 구해진 산술 평균 가격 아시안 옵션의 수익인 배열을 의미한다. 이 수익 표본의 몬테카를로 신뢰 구간은 `confmc =`

[0.2479,0.2631]과 같다.

기하 평균 가격 아시안 통제 변수를 위해 다음의 식을 계산하여야 한다.

$$\left(\prod_{i=1}^{N} S(t_i)\right)^{1/N}$$

$\prod_{i=1}^{N} S(t_i)$를 계산하는데 발생할 수 있는 컴퓨터 내의 언더 또는 오버 플로의 가능성을 배제하기 위해 다음의 같은 형태의 식을 구현하는 것이 보다 신중한 방법이다.

$$\exp\left(\frac{1}{N}\sum_{i=1}^{N} \log(S(t_i))\right)$$

변수 geoave는 경로별 기하 평균값을 가지고 있고 Pgeo는 수익을 가지고 있다. 이 변수들이 여기에서 사용될 통제 변수 표본들이다. 그래서 배열 Z는 식 (22.1)의 Z에 해당하는 표본을 가지고 있게 된다. 결과적으로 산출된 신뢰 구간은 confcv = [0.2576, 0.2584]이며 confmc에 비해 거의 20배나 작은 구간이다.

프로그래밍 연습문제

P22.1 θ를 이용하는 식 (22.2)를 사용하도록 ch22 코드를 수정하라.

P22.2 대조 변수법과 통제 변수법을 조합하여 사용하는 것이 유용한 것인지를 테스트하라.

인 용

시뮬레이션은 다채로운 언어를 가지고 있고,

```
%CH22 Program for Chapter 22
%
% Monte Carlo on an arithmetic average price Asian option
% using a geometric average price Asian as control variate

randn('state',100)

%%%%%% Problem and method parameters %%%%%%%%
S = 4; E = 4; sigma = 0.25; r = 0.03; T = 1;
Dt = 1e-2; N = T/Dt; M = 1e4;
%%%%%%%%%%%%%%%%%%%%%%%%%%%%%%%%%

%%%%%%%% Geom Asian exact mean %%%%%%%%%%%
sigsqT= sigma^2*T*(N+1)*(2*N+1)/(6*N*N);
muT = 0.5*sigsqT + (r - 0.5*sigma^2)*T*(N+1)/(2*N);

d1 = (log(S/E) + (muT + 0.5*sigsqT))/(sqrt(sigsqT));
d2 = d1 - sqrt(sigsqT);

N1 = 0.5*(1+erf(d1/sqrt(2)));
N2 = 0.5*(1+erf(d2/sqrt(2)));

geo = exp(-r*T)*( S*exp(muT)*N1 - E*N2 );
%%%%%%%%%%%%%%%%%%%%%%%%%%%%%%%%

Spath = S*cumprod(exp((r-0.5*sigma^2)*Dt+sigma*sqrt(Dt)*randn(M,N)),2);

% Standard Monte Carlo
arithave = mean(Spath,2);
Parith = exp(-r*T)*max(arithave-E,0); % payoffs
Pmean = mean(Parith);
Pstd = std(Parith);
confmc = [Pmean-1.96*Pstd/sqrt(M), Pmean+1.96*Pstd/sqrt(M)]

% Control variate
geoave = exp((1/N)*sum(log(Spath),2));
Pgeo = exp(-r*T)*max(geoave-E,0); % geo payoffs
Z = Parith + geo - Pgeo; % control variate version
Zmean = mean(Z);
Zstd = std(Z);
confcv = [Zmean-1.96*Zstd/sqrt(M), Zmean+1.96*Zstd/sqrt(M)]
```

그림 22.1: 22장의 프로그램: ch22.m.

분산 감소 기술들은 속임수라 알려져 있다.
생각건대, 속임수에 당하지만 자주 자신의 모습을 찾는 것이 자연인 듯 하다.
분산 감소 속임수는 꽤 자주 동작하지 않는데,
특히 하나 이상의 아이디어를 동시에 적용해볼 때 그렇다.

BRIAN D. RIPLEY (Ripley, 1987)

대조 변수법은 구현하기 쉽지만
종종 오류 감소의 효과가 미미하다.
... 통제 변수법은 꽤 큰 오류 감소 효과를 볼 수 있지만,
이 방법의 효과는 각각의 문제마다 좋은 통제 변수를 찾는데 달려 있다.

JPHELIM BOYLE, MARK BROADIE AND PAUL GLASSERMAN
(Boyle *et al.*, 1997)

스팍: 무작위 기회가 우리에게 좋게 작용하는 것 같군요.
맥코이: 일반적인 영어로 말하면 운이 좋다는 것이군요!
스팍: 내가 아까 그 얘기를 한 것 같은데요, 박사.

JFrom STAR TREK,
source `http://us.imdb.com/Quotes?0060028`

CPU 계산 속도와 능력의 지속적인 발전이
잘못된 생각으로 설계한 알고리즘의 핑계가 되게 하지 말라.

PETER JÄCKEL (Jäckel, 2002)

23 장

유한 차분법

개 요

- 유한 차분 연산자
- FTCS와 BTCS
- 국소 정확도
- 폰 노이만 안정성
- 수렴
- 크랭크-니콜슨

23.1 학습 목표

8장에서 편미분 방정식(PDE) (8.15)에서 (8.18)까지를 유도하였고, 그 해인 식 (8.19)를 계산하여 유럽형 콜옵션 가격의 블랙-숄즈 공식을 얻었다. 18장과 19장에서 편미분 방정식의 해답을 통해 옵션 가치의 특징이 결정되는 것을 보였다. 일반적으로 이색 옵션을 평가하기 위하여 편미분방정식을 사용하는 경우 해석적으로 답을 구하기는 어렵다. 그러나 수치 근사해를 계산하는 것은 가능하다. 이 장에서는 가장 인기 있는 수치 계산 방법인 유한차분법을 소개한다. 이 책에서 유한차분법의 기초 개념이 되는 이산화에 대해서 이미 여러 번 다룬 적이 있다. 이 장에서는 널리 사용되는 기본적인 열전도 방정식에 대하여 세가지의 유한 차분 방법을 소개하고 각 방법들의 중요 특성들에 대해 논의한다. 다음 장은 옵션 평가에 유한 차분법을 사용하는 것에 중점을 둔다.

23.2 유한차분 연산자

매끈한 함수(smooth function) $y : \mathbb{R} \to \mathbb{R}$가 주어졌을 때, 미분의 정의에 의해서 작은 h에 대해 다음이 성립함을 알 수 있다.

$$\frac{y(x+h) - y(x)}{h} \approx \frac{dy}{dx}(x)$$

만약 y_m이 $y(mh)$를 의미한다고 하면, 위의 식은 다음과 같이 쓸 수 있다.

$$y_{m+1} - y_m \approx h\frac{dy}{dx}(mh) \tag{23.1}$$

표기를 단순하게 하기 위하여, 미분 기호로 프라임 기호(′)를 사용할 것이다. 그래서 y'은 dy/dx를, y''은 d^2y/dx^2를 의미한다. 그리고 다른 언급이 없으면 $x = mh$라고 가정한다. 간단한 테일러 시리즈 확장을 사용하면 식 (23.1)을 아래와 같이 쓸 수 있다.

$$y_{m+1} - y_m = hy' + \frac{1}{2}h^2y'' + \ldots$$

$y_{m+1} - y_m$로 표현되는 수량은 전방 차분(*forward difference*)로 알려져 있고, 전방 차분 연산자 Δ를 다음과 같이 정의할 수 있다.

$$\Delta y_m = y_{m+1} - y_m$$

표 23.1: 유한 차분 연산자

연산자	기호	정의	테일러 시리즈
전방 차분	Δ	$y_{m+1} - y_m$	$hy' + \frac{1}{2}h^2y'' + \ldots$
후방 차분	∇	$y_m - y_{m-1}$	$hy' - \frac{1}{2}h^2y'' + \ldots$
반 중앙 차분	δ	$y_{m+\frac{1}{2}} - y_{m-\frac{1}{2}}$	$hy' - \frac{1}{24}h^2y'' + \ldots$
전체 중앙 차분	Δ_0	$\frac{1}{2}(y_{m+1} - y_{m-1})$	$hy' + \frac{1}{6}h^3y''' + \ldots$
이차 중앙 차분	δ^2	$y_{m+1} - 2y_m + y_{m-1}$	$h^2y'' - \frac{1}{12}h^4y'''' + \ldots$
이동	E	y_{m+1}	$y + hy' + \ldots$
평균	μ	$\frac{1}{2}(y_{m+\frac{1}{2}} - y_{m-\frac{1}{2}})$	$y + \frac{1}{8}h^2y'' + \ldots$

(이것을 옵션의 델타와 혼동하면 안 된다. 이 장에서 Δ는 전방 차분 연산자의 의미만 지닌다.) 표 (23.1)은 몇 가지 유한 차분 연산자들의 정의를 보여준다. 이 연산자들은 격자의 값들인 $y_m = y(mh)$에서만 작동하는데, 이는 유한 차분법에서 주요한 기본 원칙이다. 표 (23.1)은 해당하는 테일러 시리즈의 첫 두 항을 제시한다. 이에 대하여 연습문제 (23.2)를 참조하라. 제시된 정의 중에서 중간 값 $y_{m\pm\frac{1}{2}} = y((m \pm \frac{1}{2})h)$를 사용한 연산자가 두 개 있다.

23.3 열전도 방정식

이 절에서는 간단한 수학 문제에 집중할 것이다. 이 절의 목표는 아래의 미분 방정식을 만족하는 함수 $u(x,t)$를 찾는 것이다.

$$\frac{\partial u}{\partial t} = \frac{\partial^2 u}{\partial x^2}, \quad \text{단, } 0 \le x \le L\text{이고 } 0 \le t \le T \tag{23.2}$$

여기서 초기 조건은

$$u(x,0) = g(x) \tag{23.3}$$

이고, 경계 조건은 아래로 주어진다.

$$u(0,t) = a(t), \qquad u(L,t) = b(t) \tag{23.4}$$

미분방정식 (23.2)는 열전도 방정식이라 불린다. 왜냐하면 해당 식은 초기 온도가 식 (23.3)으로 주어지고, 양 끝점들의 온도 조건이 식 (23.4)와 같을 때 가는 철제 봉 상의 임의의 점 x가 시간 t에 갖는 온도를 서술하기 때문이다. 이 형식의 미분 방정식에 중점을 두는 이유는 다음의 두 가지이다.

(i) 이 식은 간단한 방정식이지만 유한 차분법의 개념을 이해할 수 있게 한다.
(ii) 식 (8.15)의 기본적인 블랙-숄즈 미분 방정식은 이 형태의 식으로 변형될 수 있다. (23.9)절에서 참고 문헌을 제시하고 (24.4)절에서 변형 과정의 일부를 소개한다.

이 장에서는 x를 공간, t를 시간으로 보는 일반적인 규약을 따를 것이다.(다음 장에서는 x가 자산가격을 의미할 것이다.)

$L = \pi$이고 다음의 조건이 주어진다면

$$g(x) = \sin(x), \quad a(t) = b(t) = 0 \tag{23.5}$$

식 (23.2), (23.3), (23,4)의 해가 되는 것은 아래의 식이다.

$$u(x,t) = e^{-t}\sin(x) \tag{23.6}$$

그림 (23.1)은 해인 식 (23.6)을 그린 것이다. 이는 유한차분법을 유도할 때 참고로 사용할 것이다.

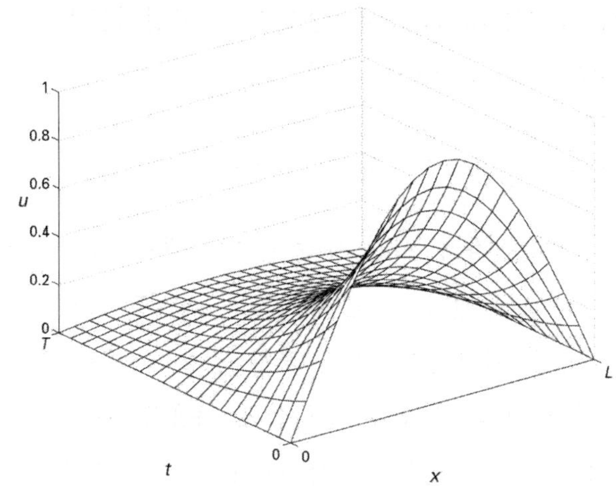

그림 23.1: 열 방정식 (23.2)와 초기 조건, 경계 조건 (23.3), (23.4), (23.5)를 만족하는 해.

23.4 이산화

미분방정식 (23.2)와 추가 조건인 식 (23.3), 식 (23.4)의 근사해를 구하기 위한 첫 번째 단계는 이산화이다. 이 책에서는 다음의 내용에서 이산화를 다루었다.

- 6장에서 자산 가격 모델을 유도할 때
- 16장에서 이항 모델을 유도할 때
- 19장에서 경로 의존적인 옵션 평가를 위해 몬테카를로를 확장할 때

여기에서는 미분방정식의 수치 근사해를 오직 유한개의 점에서만 구할 예정이다. $h = L/N_x$, $k = T/N_t$라 두고, 공간 축을 $N_x + 1$개의 동일한 간격의 점 $\{jh\}_{j=0}^{N_x}$으로, 시간 축은 $N_t + 1$개의 동일한 간격의 점 $\{ik\}_{i=0}^{N_t}$으로 나눈다.

이 점들 (jh, ik)는 격자(*grid/mesh*)를 형성한다. 유한차분법은 다음의 격자 상에서 해를 근사하는 값 U_j^i를 찾는 것이다.

$$U_j^i \approx u(jh, ik), \qquad 0 \le j \le N_x, \quad 0 \le i \le N_t$$

위 식의 표기법은 위 첨자가 시간 수준을 나타내기 위해 쓰였다는 점에서 16장의 표기법과 일관된다. 그림 (23.2)는 격자를 보여준다. 채워지지 않은 원은 답이 아직 채워지지 않은 격자 점을 의미한다. 초기 조건식 (23.3)과 경계 조건식 (23.4)가 답을 구하는데 사용될 수 있는 점들은 채워진 원으로 표시한다. 따라서 이제 해야 할 일은 ∘(원)으로 표시된 부분을 채울 숫자들을 찾는 것이다. 위에서 제시한 유한 차분 연산자를 사용하여 격자 값 U_j^i가 만족시키는 식들을 만들어내고 그 식으로 근사해를 구해 격자를 채워갈 것이다.

23.5 FTCS와 BTCS

유한 차분법을 유도하는 주요 단계는 미분 연산자를 유한 차분 연산자로 바꾸는 것이다. 여기에서 다룰 문제의 범위는 두 개의 독립적인 변수 $0 \le x \le L$와 $0 \le t \le T$가 있는 경우이다. 그러므로 x와 t 축에서 사용되는 미분 연산자를 구분하여 표기해야 한다. 이를 위하여 유한차분연산자에 x와 t의 아래 첨자를 사용한다. 예를 들면 다음과 같다.

$$\Delta_t U_j^i = U_j^{i+1} - U_j^i, \qquad \Delta_x U_j^i = U_{j+1}^i - U_j^i$$

열전도 방정식 (23.2)를 근사하는 쉬운 방법은 시간 축의 미분 $\partial/\partial t$는 시간 축에서 전방 미분 $k^{-1}\Delta_t$로 근사하고, 공간 축 이차 미분 $\partial^2/\partial x^2$은 공간 축에서 이차 중앙 미분 $h^{-2}\delta_x^2$을 사용하여 근사 하는 것이다. 결과적으

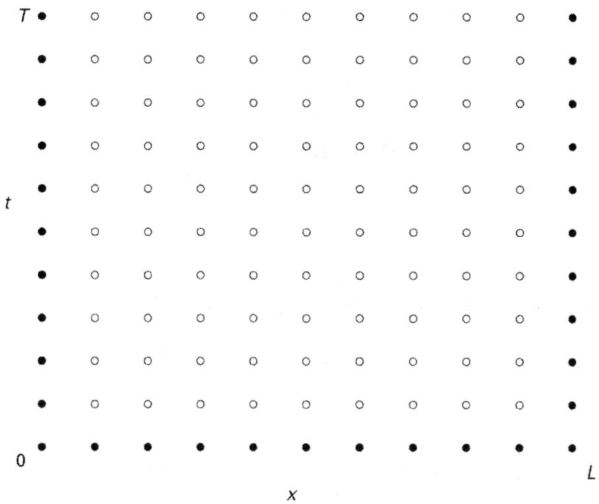

그림 23.2: 유한 차분 격자 $\{jh, ik\}_{j=0,i=0}^{N_x,N_t}$. 점들은 x 방향으로는 h, t 방향으로는 k의 간격을 가진다.

로 다음과 같은 식을 얻을 수 있다.

$$k^{-1}\Delta_t U_j^i - h^{-2}\delta_x^2 U_j^i = 0$$

위의 식을 전개하면 다음과 같다.

$$\frac{U_j^{i+1} - U_j^i}{k} - \frac{U_{j+1}^i - 2U_j^i + U_{j-1}^i}{h^2} = 0$$

아래와 같이 다시 쓸 수 있다.

$$U_j^{i+1} = \nu U_{j+1}^i + (1 - 2\nu)U_j^i + \nu U_{j-1}^i \tag{23.7}$$

여기서 $\nu := k/h^2$로서 이를 격자 비율(*mesh ratio*)이라 부른다.

모든 시간 단계 i에서의 근사값 $\{U_j^i\}_{j=0}^{N_x}$을 안다고 가정하자. 그리고 $U_0^{i+1} = a((i+1)k)$와 $U_{N_x}^{i+1} = b((i+1)k)$는 경계조건식 (23.4)에서 제시했다.

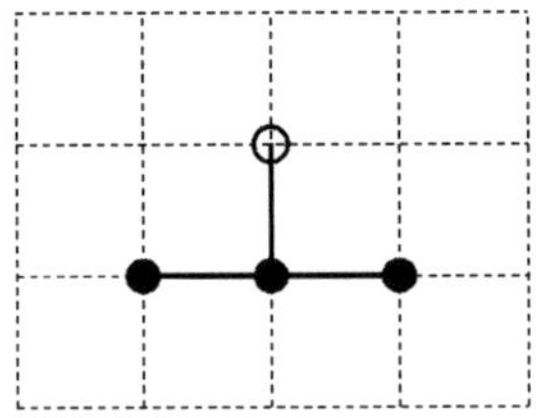

그림 23.3: FTCS를 위한 틀판(stencil). 열린 원점에서의 값을 구하기 위하여 필요한 값의 위치를 닫힌 원점으로 표시하였다.

식 (23.7)은 시간 단계 $i+1$에서의 다른 모든 근사값, 즉 $\{U_j^{i+1}\}_{j=1}^{N_x-1}$을 계산할 수 있는 식을 제시한다. 첫 시점의 값 $U_j^0 = g(jh)$은 식 (23.3)으로부터 알고 있기에, 이는 곧 시간의 정방향으로 옮겨가면서 모든 근사값 $\{U_j^i\}_{j=0,i=0}^{N_x,N_t}$을 계산할 수 있다. 식 (23.7)에 정의된 이 방법은 FTCS(**F**orward difference in **T**ime, **C**entral difference in **S**pace)이다. 그림 (23.3)은 FTCS을 위한 틀판(*stencil*)을 보여준다. 여기서 채워진 원은 비워진 원으로 표시된 U_j^{i+1}을 계산하기 위해 반드시 알아야 하는 값 $U_{j-1}^i, U_j^i, U_{j+1}^i$들을 나타낸다.

시간 i에서의 모든 내부 값들을 벡터에 넣어 표시할 수 있다.

$$\mathbf{U}^i := \begin{bmatrix} U_1^i \\ U_2^i \\ \vdots \\ \vdots \\ U_{N_x-1}^i \end{bmatrix} \in \mathbb{R}^{N_x-1} \tag{23.8}$$

연습문제 (23.3)에서 FTCS가 다음과 같이 표현될 수 있음을 보일 것이다.

$$\mathbf{U}^{i+1} = F\mathbf{U}^i + \mathbf{p}^i, \quad \text{단, } 0 \le i \le N_t - 1 \tag{23.9}$$

여기에서

$$\mathbf{U}^0 = \begin{bmatrix} g(h) \\ g(2h) \\ \vdots \\ \vdots \\ g((N_x-1)h) \end{bmatrix} \in \mathbb{R}^{N_x-1}, \qquad \mathbf{p}^i = \begin{bmatrix} \nu a(ik) \\ 0 \\ \vdots \\ \vdots \\ 0 \\ \nu b(ik) \end{bmatrix} \in \mathbb{R}^{N_x-1}$$

이고 행렬 F는

$$F = \begin{bmatrix} 1-2\nu & \nu & 0 & \dots & \dots & 0 \\ \nu & 1-2\nu & \nu & 0 & \ddots & \vdots \\ 0 & \ddots & \ddots & \ddots & \ddots & \vdots \\ \vdots & \ddots & \ddots & \ddots & \ddots & 0 \\ \vdots & \ddots & \ddots & \ddots & 1-2\nu & \nu \\ 0 & \dots & \dots & 0 & \nu & 1-2\nu \end{bmatrix} \in \mathbb{R}^{(N_x-1)\times(N_x-1)}$$

이다. 그리고 $F\mathbf{U}^i$는 행렬과 벡터의 곱셈을 의미한다.

계산 예제 그림 (23.4)는 그림 (23.1)의 문제를 $T = 3$일 때 FTCS를 이용하여 구한 수치해이다. $N_x = 14, N_t = 199$로 정하였고, 그러므로 $h = \pi/14 \approx 0.22$이고 $k = 3/199 \approx 0.015$이다. 그러므로 격자 비율은 $\nu \approx 0.3$이 된다. 제시된 수치해는 그림 (23.1)에 보여지는 엄밀해와 일치하는 것으로 보인다. 최악의 격자 오류값 $\max_{0\le j\le N_x, 0\le i\le N_t} |U_j^i - u(jh, ik)|$을 계산하면 0.0012이고, 이는 두 해가 거의 비슷하다는 의미로 이해할 수 있다. 그림 (23.4)에서 볼 수 있듯이, h보다 k가 더 작은 격자를 사용했다. x축의 경우 단지 15개의 점으로만 나누었고, t축의 경우 200개의 점으로 나누었다.

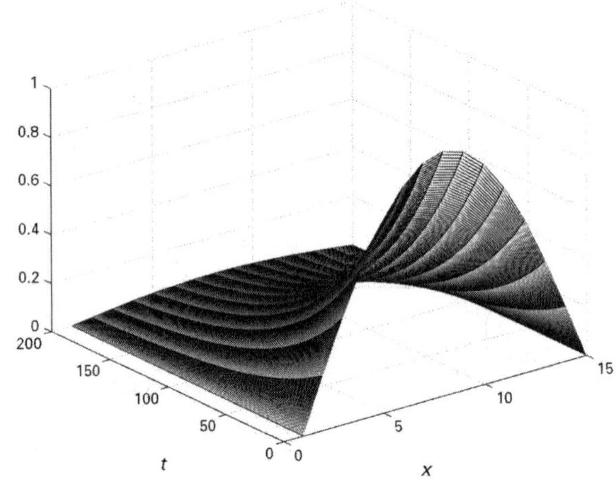

그림 23.4: 열 방정식과 조건 (23.2), (23.3), (23.4), (23.5)의 FTCS로 구한 해. 여기에서 $N_x = 14$, $N_t = 199$, 그러므로 $\nu \approx 0.3$이다.

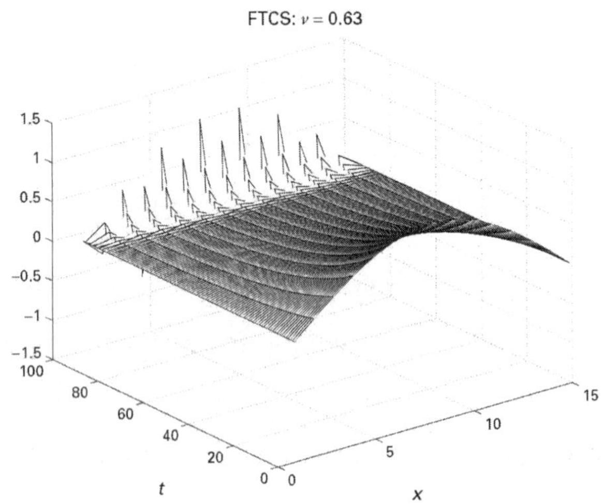

그림 23.5: 열 방정식과 조건 (23.2), (23.3), (23.4), (23.5)의 FTCS로 구한 해. 여기에서 $N_x = 14$, $N_t = 94$, 그러므로 $\nu \approx 0.63$이다.

그림 (23.5)에서 이러한 불균형을 해소했을 때 어떤 현상이 나타나는지 볼 수 있다. 여기서 N_t를 94까지 줄여 $k \approx 0.032, \nu \approx 0.63$으로 하였다. 결과적으로 $u(x,t)$의 근사값으로 사용할 수 없는 진동하는 그래프를 볼 수 있다. N이 작을 경우, 즉 시간 격자의 크기 k가 커지면 더 큰 진동이 생긴다. (23.7)절에서 이 현상을 설명할 수 있는 이론을 전개할 것이다. 여기에서는 계산을 위한 비용이 더 요구되지만 그림 (23.5)에서 보여진 형태의 불안정성은 없는 다른 계산법을 유도하면서 마무리할 것이다. ◇

FTCS에서 시간에 대한 전방 차분을 후방 차분으로 바꾸면 다음과 같은 식을 얻는다.

$$k^{-1}\nabla_t U_j^i - h^{-2}\delta_x^2 U_j^i = 0$$

이를 더 자세히 쓰면 다음과 같다.

$$\frac{U_j^i - U_j^{i-1}}{k} - \frac{U_{j+1}^i - 2U_j^i + U_{j-1}^i}{h^2} = 0$$

이 식을 시간 단계 i에서 $i+1$로 1만큼 옮겨가는 과정으로 작성하면 조금 더 편리하게 볼 수 있는데, 그 식은 다음의 식 (23.10)과 같다.

$$U_j^{i+1} = U_j^i + \nu\left(U_{j+1}^{i+1} - 2U_j^{i+1} + U_{j-1}^{i+1}\right) \tag{23.10}$$

식 (23.10)에서 제시된 방법은 BTCS(**B**ackward difference in **T**ime, **C**entral difference in **S**pace)라 불린다. 그림 (23.6)은 BTCS를 위한 틀을 보여준다. FTCS와 다르게 BTCS에는 $\{U_j^i\}_{j=1}^{N_x-1}$에서 $\{U_j^{i+1}\}_{j=1}^{N_x-1}$을 계산하는 명시적인 방법은 없다. 식 (23.8)에서 제시된 벡터 표현 식을 사용하여, 연습문제 (23.4)에서 재귀 식 (23.10)을 아래와 같이 표기할 수 있음을 보일 것이다.

$$B\mathbf{U}^{i+1} = \mathbf{U}^i + \mathbf{q}^i, \quad \text{단, } 0 \le i \le N_t - 1 \tag{23.11}$$

여기서 행렬 B는 다음과 같다.

$$B = \begin{bmatrix} 1+2\nu & -\nu & 0 & \dots & \dots & 0 \\ -\nu & 1+2\nu & -\nu & 0 & \ddots & \vdots \\ 0 & \ddots & \ddots & \ddots & \ddots & \vdots \\ \vdots & \ddots & \ddots & \ddots & \ddots & 0 \\ \vdots & \ddots & \ddots & -\nu & 1+2\nu & -\nu \\ 0 & \dots & \dots & 0 & -\nu & 1+2\nu \end{bmatrix} \in \mathbb{R}^{(N_x-1)\times(N_x-1)} \quad (23.12)$$

그리고 벡터 $\mathbf{q}^i$는 다음과 같다.

$$\mathbf{q}^i = \begin{bmatrix} \nu a((i+1)k) \\ 0 \\ \vdots \\ \vdots \\ 0 \\ \nu b((i+1)k) \end{bmatrix} \in \mathbb{R}^{N_x-1}$$

식 (23.11)은 $\mathbf{U}^i$가 주어지면 선형 방정식을 풀어 $\mathbf{U}^{i+1}$을 계산할 수 있음을 보여준다. 이는 수치해석에서 일반적인 문제이다. 참고문헌을 위해 (23.9)절을 보도록 한다.

계산 예제 그림 (23.7)은 그림 (23.1)에서 제시된 문제의 BTCS로 구해진 수치적 해답을 보여준다. 여기서 $T = 3$이고, $N_x = 14, N_t = 9$이므로 $h = \pi/14 \approx 0.22, k = 3/9 \approx 0.33$이다. 그러므로 격자 비율은 $\nu \approx 6.6$이다. 이 답은 식 (23.1)에서 제시된 정확한 답과 정성적으로 맞아 떨어지고, 가장 큰 오차는 $\max_{0\le j\le N_x, 0\le i\le N_t} |U_j^i - u(jh, ik)|$는 0.055이다. ◇

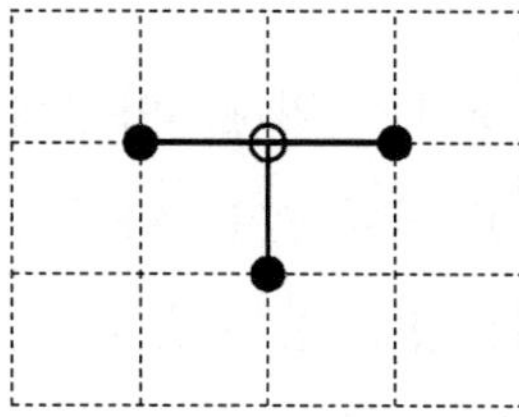

그림 23.6: BTCS를 위한 틀판. 열린 원점에서의 값을 구하기 위하여 필요한 값의 위치를 닫힌 원점으로 표시하였다.

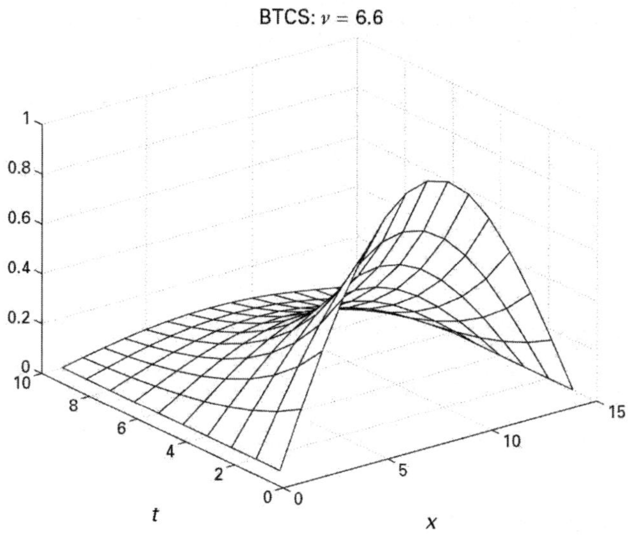

그림 23.7: 열 방정식과 조건 (23.2), (23.3), (23.4), (23.5)의 BTCS로 구한 해. 여기에서 $N_x = 14$, $N_t = 9$, 그러므로 $\nu \approx 6.6$이다.

23.6 국소 정확도

유한 차분법의 정확도를 측정하기 위해, 엄밀해를 차분 방정식(Difference Equation)에 대입했을 때 영이 되지 않는 나머지의 값을 보는 것이 직관적으로 타당해 보인다. FTCS의 경우 엄밀해 $u_j^i = u(jh, ik)$라고 하면, 국소 정확도(*local accuracy*)는 다음과 같이 정의된다.

$$R_j^i := k^{-1}\Delta_t u_j^i - h^{-2}\delta_x^2 u_j^i \tag{23.13}$$

표 (23.1)에서 제시된 테일러 시리즈를 사용하면 위의 식은 다음과 같이 확장될 수 있다.

$$R_j^i = \left(\frac{\partial u}{\partial t} + \frac{1}{2}k\frac{\partial^2 u}{\partial t^2} + O(k^2)\right) - \left(\frac{\partial^2 u}{\partial x^2} + \frac{1}{12}h^2\frac{\partial^4 u}{\partial x^4} + O(h^4)\right)$$

여기서 모든 항들은 $x = jh, t = ik$라 하고 계산된다. u가 편미분 방정식 (23.2)를 만족하므로 위의 식은 아래와 같이 정리된다.

$$R_j^i = \frac{1}{2}k\frac{\partial^2 u}{\partial t^2} - \frac{1}{12}h^2\frac{\partial^4 u}{\partial x^4} + O(k^2) + O(h^4) \tag{23.14}$$

식 (23.14)는 FTCS의 국소 정확도가 $O(k) + O(h^2)$을 따름을 보여준다. 그러므로 FTCS는 시간에 1차, 공간에 2차로 묘사될 수 있다.

BTCS의 경우 부분 정확도는 다음과 같이 정의될 수 있다.

$$R_j^i := k^{-1}\nabla_t u_j^i - h^{-2}\delta_x^2 u_j^i \tag{23.15}$$

이 경우에도 시간 단계가 $(i+1)k$일 때 테일러 시리즈를 사용하여 전개하면 다음과 같다.

$$R_j^i = -\frac{1}{2}k\frac{\partial^2 u}{\partial t^2} - \frac{1}{12}h^2\frac{\partial^4 u}{\partial x^4} + O(k^2) + O(h^4) \tag{23.16}$$

이 식도 $x = jh, t = ik$일 때 계산된다. 연습문제 (23.5)에서 자세한 내용을 보자. 이 결과로부터 BTCS와 FTCS가 부분 정확도에 있어서 같은 결과를 가지는 것을 알 수 있다.

23.7 폰 노이만 안정성과 수렴

유한 차분법의 기본이며 중요한 요건은 수렴이다. 이 수렴은 k와 h가 0으로 접근하면 오차 또한 0으로 접근하는 것을 의미한다. 수렴이라는 것은 꽤 민감한 주제이다. 한 가지 먼저 결정해야 하는 것은 수렴을 측정할 노름(norm)을 고르는 것이다. 우리는 $k \to 0, h \to 0$인 극한에서 무한 차원의 벡터 공간을 다루게 되므로, 모든 노름들은 동치이다라는 특징을 잃는다.

하지만 락스 동치 이론(Lax Equivalence Theorem)이라는 멋지고 일반적인 결과가 있다. 이것은 $k \to 0, h \to 0$일 때 국소 정확도가 0으로 수렴하고, 안정성 조건을 만족하는 것과 어떤 모형이 수렴하는 것이 동치라는 것이다. 만족해야 하는 특정한 안정성 조건은 수렴을 측정하는 노름에 따라 달라진다. 이 책에서는 이에 대해 더 자세히 다루지는 않을 것이지만, 푸리에 해석(Fourier Analysis)에 익숙한 독자라면 다음의 안정성 조건의 정의가 L_2 노름(norm)에 관련되어 있음을 알 것이다.

정 의 만약, 초기 조건과 경계조건을 무시했을 때, $U_j^i = \xi^i e^{\mathbf{i}\beta jh}$으로 바꾼 상태에서 모든 $\beta h \in [-\pi, \pi]$에 대해 $|\xi| \le 1$ 이라면[1], 근사값 U_j를 생성하는 유한 차분법은 폰 노이만 측면에서 봤을 때 안정적이다. 여기서 $\mathbf{i}$는 단위 허수 $\sqrt{-1}$이다. ◇

이 개념을 설명하기 위해 식 (23.7)의 FTCS를 가지고 와 $U_j^i = \xi^i e^{\mathbf{i}\beta jh}$을 대

입하면 다음과 같은 식이 나온다.

$$\xi^{i+1}e^{\mathbf{i}\beta jh} = \nu\xi^i e^{\mathbf{i}\beta jh}e^{\mathbf{i}\beta h} + (1-2\nu)\xi^i e^{\mathbf{i}\beta jh} + \nu\xi^i e^{\mathbf{i}\beta jh}e^{-\mathbf{i}\beta h}$$

그러므로 위 식을 풀어 다음과 같이 구할 수 있다.

$$\begin{aligned}
\xi &= \nu e^{\mathbf{i}\beta h} + (1-2\nu) + \nu e^{-\mathbf{i}\beta h} \\
&= 1 + \nu\left(e^{\mathbf{i}\beta h} - 2 + e^{-\mathbf{i}\beta h}\right) \\
&= 1 + \nu\left(e^{\mathbf{i}\frac{1}{2}\beta h} - e^{-\mathbf{i}\frac{1}{2}\beta h}\right)^2 \\
&= 1 + \nu\,(2\mathbf{i}\sin(\beta h/2))^2 \\
&= 1 - 4\nu\sin^2(\beta h/2)
\end{aligned}$$

그러므로 $|\xi| \le 1$이라는 조건은 다음과 같다.

$$|1 - 4\nu\sin^2(\frac{1}{2}\beta h)| \le 1$$

그리고 이는 다음과 같이 단순화할 수 있다.

$$0 \le \nu\sin^2(\frac{1}{2}\beta h) \le \frac{1}{2}$$

$\beta h \in [-\pi, \pi]$일 때 $\sin^2(\frac{1}{2}\beta h)$는 0과 1 사이의 값을 가지므로 폰 노이만 관점에서의 FTCS의 안정성은 다음과 같다.

$$\nu \le \frac{1}{2} \tag{23.17}$$

이 전의 계산 예제로 돌아가보면, 그림 (23.4)에서 FTCS에 사용된 안정성 값은 $\nu \approx 0.3$임을 보았다. 반면에 그림 (23.5)에서는 $\nu \approx 0.63$으로 안정성의 한계를 넘었다. 실제로도 FTCS는 $\nu \le 1/2$ 일 때 의미가 있다. 만약 격자를 더 세밀하게 만드는 것을 고려할 때, 특히 더 정확한 결과를 얻기 위해

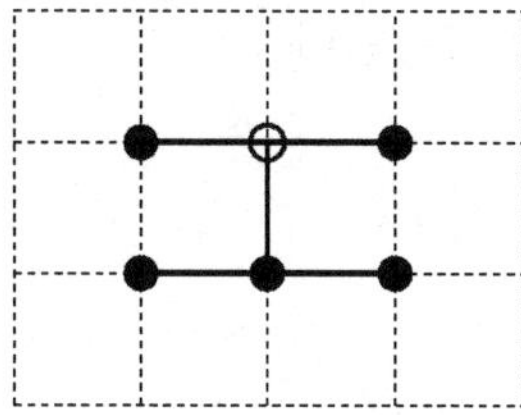

그림 23.8: 크랭크-니콜슨을 위한 틀판. 열린 원점에서의 값을 구하기 위하여 필요한 값의 위치를 닫힌 원점으로 표시하였다.

h와 k를 줄이면 앞에서 언급한 안정성 조건을 고려하여야 한다. 일반적으로 $\nu = 0.45$로 선택을 하고 격자 비율 $k/h^2 = \nu$를 고정하여 극한 $h \to 0$를 고려한다. 이 방식 하에서 k는 h보다 더 빠르게 0에 가까워지는 경향이 있다.

연습문제 (23.6)에서 독자는 BTCS가 무조건 안정적(*unconditionally stable*), 즉 폰 노이만 관점에서의 안정성이 모든 $\nu > 0$에 대해 보장됨을 보일 것이다. 이는 그림 (23.7)과 일관된 것인데, 상대적으로 ν값이 큰 경우에도 어떤 불안정성도 보여주지 않는다.

23.8 크랭크-니콜슨

앞에서 FTCS와 BTCS 모두 부분 정확도 $O(k) + O(h^2)$을 가지고 있음을 보았다. 시간에 대한 $O(k)$ 정확도는 시간 축에서 일차 전방 또는 후방 차분을 사용했기 때문에 생겨났다. 크랭크-니콜슨(Crank-Nicolson) 방법은 두 개를 초과하는 시간 단계를 사용하지 않고 시간에 대한 이차 미분을 구하기 위하여 교묘한 방법을 사용하였다. 크랭크-니콜슨 방법을 유도하기 위해, 임시로 중간 시간 단계 $(i + \frac{1}{2})k$를 받아들이도록 한다. 열전도 방정식

(23.2)을 다음과 같이 근사할 수 있다.

$$k^{-1}\delta_t U_j^{i+\frac{1}{2}} + h^{-2}\delta_x^2 U_j^{i+\frac{1}{2}} = 0$$

위의 유한 차분식은 매력적인 균형을 가지고 있다. 그러나 위의 점들이 실제로는 격자상에는 없다고 설명했다. 이로 인하여 두 번째 항에 시간 평균 연산자인 μ_t를 적용하여 아래의 새로운 식을 유도한다.

$$k^{-1}\delta_t U_j^{i+\frac{1}{2}} + h^{-2}\delta_x^2 \mu_t U_j^{i+\frac{1}{2}} = 0$$

다시 쓰면 다음의 식과 같다.

$$k^{-1}\delta_t (U_j^{i+1} - U_j^i) + h^{-2}\delta_x^2 \frac{1}{2}\left(U_j^{i+1} + U_j^i\right) = 0$$

마지막으로 정리하면 아래와 같다.

$$-\nu U_{j-1}^{i+1} + 2(1+\nu)U_j^{i+1} - \nu U_{j+1}^{i+1} = \nu U_{j+1}^i + 2(1-\nu)U_j^i + \nu U_{j-1}^i \tag{23.18}$$

이것이 크랭크-니콜슨 방법이다. 이에 해당하는 틀판은 그림 (23.8)에서 확인할 수 있다. 크랭크-니콜슨의 내재된 대칭성으로 이 방법은 $O(k^2) + O(h^2)$의 국소 정확도를 가지고 있다. 연습문제 (23.8)에서 이를 확인하라. 크랭크-니콜슨은 BTCS와 두 가지 면에서 동일한 특징을 가지고 있다. 첫째는, 그 단순함이다. 두 방법 모두 U^i에서 U^{i+1}를 계산하기 위해 일련의 선형 방정식들을 풀면 된다. 그 식들은 다음과 같이 쓸 수 있다.

$$\widehat{B}\mathbf{U}^{i+1} = \widehat{F}\mathbf{U}^i\mathbf{r}^i, \quad \text{단, } 0 \le 1 \le N_t - 1 \tag{23.19}$$

여기서 행렬 $\widehat{B}, \widehat{F}$는 다음과 같고,

$$\widehat{B} = \begin{bmatrix} 1+\nu & -\frac{1}{2}\nu & 0 & \dots & \dots & 0 \\ -\frac{1}{2}\nu & 1+\nu & -\frac{1}{2}\nu & 0 & \ddots & \vdots \\ 0 & \ddots & \ddots & \ddots & \ddots & \vdots \\ \vdots & \ddots & \ddots & \ddots & \ddots & 0 \\ \vdots & \ddots & \ddots & -\frac{1}{2}\nu & 1+\nu & -\frac{1}{2}\nu \\ 0 & \dots & \dots & 0 & -\frac{1}{2}\nu & 1+\nu \end{bmatrix} \in \mathbb{R}^{(N_x-1)\times(N_x-1)}$$

$$\widehat{F} = \begin{bmatrix} 1-\nu & \frac{1}{2}\nu & 0 & \dots & \dots & 0 \\ \frac{1}{2}\nu & 1-\nu & \frac{1}{2}\nu & 0 & \ddots & \vdots \\ 0 & \ddots & \ddots & \ddots & \ddots & \vdots \\ \vdots & \ddots & \ddots & \ddots & \ddots & 0 \\ \vdots & \ddots & \ddots & \frac{1}{2}\nu & 1-\nu & \frac{1}{2}\nu \\ 0 & \dots & \dots & 0 & \frac{1}{2}\nu & 1-\nu \end{bmatrix} \in \mathbb{R}^{(N_x-1)\times(N_x-1)},$$

그리고 벡터 $\mathbf{r}^i$는 다음과 같다.

$$\mathbf{r}^i = \begin{bmatrix} \frac{1}{2}\nu(a(ik) + a((i+1)k)) \\ 0 \\ \vdots \\ \vdots \\ 0 \\ \frac{1}{2}\nu(b(ik) + b((i+1)k)) \end{bmatrix} \in \mathbb{R}^{N_x-1}$$

이에 대해서는 연습문제 (23.9)를 살펴보라. 두 번째로는 폰 노이만 관점에서 모든 $\nu > 0$에 대해 두 방법 모두 안정적이다. 이는 연습문제 (23.10)을 참조하라. 시간 축의 국소 정확도의 차수가 늘어 났기 때문에

크랭크-니콜슨 방법이 인기가 있다. 연습문제 (23.11)은 크랭크-니콜슨 방법의 다른 방식의 유도를 보여준다.

계산 예제 그림 (23.7)에서 BTCS의 계산 결과의 최대 오차가 0.055이였다. 크랭크-니콜슨으로 방법을 바꾸면 오차가 0.0019까지 줄어 들었다. 이 오차의 감소는 시간 축의 국소 정확도에서 더 높은 차수를 보이는 것과 연관이 있다. ◇

23.9 주석 및 참고문헌

이 장에서 유한 차분법에 대한 간략한 소개를 하였다. 식 (23.11)과 식 (23.19) 같은 선형 시스템을 푸는 방법론에 대한 더 정확하고 자세한 설명과 락스 동치 이론(Lax Equivalence Theorem)에 대한 증명은 Iserles(1996), Mitchell and Griffiths(1980), Morton and Mayers(1994), Strikwerda(1989)에서 찾아볼 수 있다. 공짜로 얻을 수 있는 꽤 높은 수준의 작업 물은 Finite Difference and Spectral Methods for Ordinary and Partial Differential Equations, 1996, (Lloyd N. Trefethen)으로서 `https://people.maths.ox.ac.uk/trefethen/pdetext. html` 에서 다운로드 받을 수 있다.

블랙-숄즈 편미분 방정식 (8.15)를 어떻게 열전도 방정식 (23.2)로 변환하는가에 대해서는 Nielsen(1999, Section 6.7)과 Wilmott(1995, Section 5.4)에서 볼 수 있다.

유한 차분법은 편미분 방정식을 수치적으로 풀 수 있는 대표적으로 쉬운 방법이며, 금융 수학 커뮤니티에서 가장 인기 있다. 그러나 다른 과학과 공학 분야에서 편미분 방정식을 풀기 위한 수치적 방법은 보다 높은 수준으로 발전되어 있으며, 많은 경우 다른 기술, 특히 유한 요소법(*Finite Element Method*)이 사용된다는 것을 알아두면 좋을 것 같다.

연습문제

23.1 ★★ $\Delta\nabla = \nabla\Delta$가 성립함을 보여라. 즉, 어떤 수열 $\{y_m\}$에 대해, $\Delta\nabla y_m = \nabla\Delta y_m$이다. 비슷하게 다음의 차분 연산자의 관계식을 유도하라.

$$\begin{aligned}
\Delta\nabla &= \nabla - \Delta \\
\Delta\nabla &= \delta^2 \\
\Delta_0 &= \mu\delta \\
\Delta_0 &= \delta\mu
\end{aligned}$$

23.2 ★★ 표 (23.1)의 테일러 시리즈 전개를 증명하라.

23.3 ★ FTCS 식 (23.7)이 식 (23.9)의 형태로 쓰여질 수 있음을 증명하라.

23.4 ★ BTCS 식 (23.10)이 식 (23.11)의 형태로 쓰여질 수 있음을 증명하라.

23.5 ★ 표 (23.1)을 사용하여 식 (23.15)에서 정의된 BTCS의 국소 정확도가 식 (23.16)을 만족함을 보여라.

23.6 ★★★ 식 (23.17)을 유도한 분석법을 그대로 이용하여 BTCS가 모든 $\nu > 0$에 대해 폰 노이만 관점에서 안정적임을 보여라.

23.7 ★★ 크랭크-니콜슨 식 (23.18)이 다음과 같이 표현될 수 있음을 보여라.

$$\left(1 - \frac{1}{2}\nu\delta_x^2\right)U_j^{i+1} = \left(1 + \frac{1}{2}\nu\delta_x^2\right)U_j^i$$

23.8 ★★★ 식 (23.13)과 식 (23.15)처럼 크랭크-니콜슨의 국소 정확도를 정의하고 이것이 $O(k^2) + O(h^2)$을 따름을 보여라.

23.9 ★★ 크랭크-니콜슨 식 (23.18)이 식 (23.19)의 형태로 쓸 수 있음을 증명하라.

23.10 ★★★ 크랭크-니콜슨 식 (23.18)의 폰 노이만 안정성은 다음과 같음을 보여라.

$$\xi = \frac{1 - 2\nu\sin^2\left(\frac{1}{2}\beta h\right)}{1 + 2\nu\sin^2\left(\frac{1}{2}\beta h\right)}$$

그리고 이 방법이 모든 $\nu > 0$에 대해 안정적임을 추론하라.

23.11 ★★ FTCS 식 (23.9)와 BTCS 식 (23.11)의 평균을 취하면 다음과 같은 식을 얻는다.

$$\frac{1}{2}(I + B)\mathbf{U}^{i+1} = \frac{1}{2}(I + F)\mathbf{U}^i + \frac{1}{2}(\mathbf{p}^i + \mathbf{q}^i)$$

이 방법이 크랭크-니콜슨임을 보여라. (시간에 대한 이차 정확도는 국소 정확도 전개 식 (23.14)와 식 (23.16)의 평균이 $O(k)$ 항을 사라지게 함을 확인함으로써 이해할 수 있다.)

23.10 프로그램과 연습

프로그램 ch23은 열전도 방정식 (23.2)의 BTCS를 구현했다. 여기서 초기와 경계 조건은 식 (23.5)를 따랐고, 그림 (23.7)의 형태로 해를 그렸다. 이 코드는 그림 (23.9)에서 볼 수 있다. 인수를 초기화한 후, 우리는 **Nx-1**행 **Nx-1**열인 행렬 **B**를 만들었다. 이 배열은 식 (23.12)에서 볼 수 있다. 배열을 생성하는 작업은 **eye, diage, ones** 명령어를 이용하여 가능하다. **eye(Nx-1,Nx-1)** 명령은 다음의 단위 행렬을 만들어낸다.

$$\begin{bmatrix} 1 & 0 & \dots & \dots & \dots & 0 \\ 0 & 1 & 0 & \dots & \dots & 0 \\ \vdots & 0 & \ddots & \ddots & \ddots & \vdots \\ \vdots & \ddots & \ddots & \ddots & \ddots & \vdots \\ \vdots & \ddots & \ddots & \ddots & \ddots & 0 \\ 0 & \dots & \dots & \dots & 0 & 1 \end{bmatrix} \in \mathbb{R}^{(N_x-1)\times(N_x-1)}$$

다음의 배열은 **ones(Nx-2,1)** 명령어로 만들 수 있고, **diag** 함수 내에서 쓰인다.

$$\begin{bmatrix} 1 \\ 1 \\ \vdots \\ \vdots \\ 1 \end{bmatrix} \in \mathbb{R}^{N_x-2}$$

일반적으로 **diag(v, k)**는 **v**를 **k**번째 아래 또는 위 대각선에 위치시키고 나머지는 0으로 채운다. 현재의 경우 **diag(ones(Nx-2, 1),1)**와

```
%CH23 Program for Chapter 23
%
% Backward time central space (BTCS) for heat eqn

clf
%%%%%%%%%%%%% Parameters %%%%%%%%%%%%%%%
L = pi; Nx = 9; dx = L/Nx;
T = 3; Nt = 19; dt = T/Nt; nu = dt/dx^2;
%%%%%%%%%%%%%%%%%%%%%%%%%%%%%%%%%%%%%%%%%%%%

B = (1+2*nu)*eye(Nx-1,Nx-1)          ...
        - nu*diag(ones(Nx-2,1),1)    ...
        - nu*diag(ones(Nx-2,1),-1);
U = zeros(Nx-1,Nt+1);
U(:,1) = sin([dx:dx:L-dx]');
for i = 1:Nt
    x = B\U(:,i);
    U(:,i+1) = x;
end
bc = zeros(1,Nt+1);
U = [bc;U;bc];

mesh(U')
xlabel('x','FontSize',20')
ylabel('t','FontSize',20')
```

그림 23.9: 23장의 프로그램: ch23.m.

`diag(ones(Nx-2, 1),-1)`은 각각 다음과 같다.

$$\begin{bmatrix} 0 & 1 & \dots & \dots & \dots & 0 \\ 0 & 0 & 1 & 0 & \dots & 0 \\ 0 & \ddots & \ddots & \ddots & \ddots & \vdots \\ \vdots & \ddots & \ddots & \ddots & \ddots & 0 \\ \vdots & \ddots & \ddots & \ddots & \ddots & 1 \\ 0 & \dots & \dots & 0 & 0 & 0 \end{bmatrix}, \quad \begin{bmatrix} 0 & 0 & \dots & \dots & \dots & 0 \\ 1 & 0 & 0 & \dots & \dots & 0 \\ 0 & 1 & 0 & \ddots & \ddots & \vdots \\ \vdots & \ddots & \ddots & \ddots & \ddots & \vdots \\ \vdots & \ddots & \ddots & \ddots & \ddots & 0 \\ 0 & \dots & \dots & 0 & 1 & 0 \end{bmatrix} \in \mathbb{R}^{(N_x-1)\times(N_x-1)}$$

`Nx-1`행 **`Nx-1`**열인 행렬 **`U`**는 수치적 해답을 저장하기 위해 사용한다. 각 열은 시간 순서대로 식 (23.8)에 있는 수치적 해답 $\mathbf{U}^i$를 저장한다.

프로그래밍 연습문제

P23.1 ch16또는 다른 곳에서 등장한 콜론 부분 배열 표현법을 사용하여 ch23을 FTCS를 사용하도록 변경한다. 안정성 제한 조건 $\nu \leq 1/2$를 여러 가지 방법으로 확인해 보라.

P23.2 열전도 방정식에 대해 크랭크-니콜슨을 구현하고 FTCS와 BTCS의 정확도와 비교해 보라.

인 용

이 미분 방정식을 풀기 위해
당신은 답이 나올 때까지 이 문제를 보고 있어야 한다.

GEORGE POLYÁ, 1887-1985,
source `http://math.furman.edu/~mwoodard/mquot.html`

종종 편미분 방정식을 위한 수치적 이론이 믿을 수 없을 정도로 쉬운 형태로 표현된다.
살펴보면 이보다 더 쉬울 수가 없다.
모든 공간에 대한 미분을 유한 차분으로 이산화 하고
PDE를 풀려 한다는 사실에 마음 두지 말고
믿을만한 ODE 해법을 적용하라.
이 말도 안 되는 소리는 불운하게도 많은 교과서나 강의에서 기인하는데
막말로 천한 수학과 잘못된 수치해석법을 퍼트리고 있다.
주제의 깊이와 중요도를 생각해보면 훌륭한 강의가 놀랍도록 적다.

ARIEH ISERLES (Iserles, 1996)

철자 노트 #1: 이름이 'Nicholson'이 아니라 'Nicolson'이다.

LLOYD N. TREFETHEN,
Finite Difference and Spectral Methods for Ordinary and Partial Differential Equations, 1996; see Section 23.9.

24 장

블랙-숄즈 방정식을 위한 유한 차분법

개 요

- 시간 역순의 블랙-숄즈 PDE
- 초기, 경계 조건
- FTCS와 BTCS, 크랭크-니콜슨
- 유한 차분법으로서의 이항 모형

24.1 학습목표

앞 장에서 유한 차분법을 소개했다. 여기서는 이 방법을 블랙-숄즈 편미분 방정식에 적용한다. 블랙-숄즈 방정식이 23장에서 사용된 열전도 방정식보다 조금 더 일반적이고 경계 조건을 설정하는 것이 간단하지 않기 때문에, 유한 차분법의 적용의 모든 과정이 단순한 것은 아니다.

24.2 블랙-숄즈 방정식을 위한 FTCS와 BTCS, 크랭크-니콜슨

식 (8.16)과 식 (8.25), 식 (17.1), 식 (19.2)의 예제에서 보듯이, 블랙-숄즈의 편미분 방정식 (8.15)에는 일반적으로 만기 조건이 주어진다. 일반적인 PDE의 관례나 수치적 PDE에 대한 모든 책들은 문제를 초기 조건에 대해 정의하므로, 여기에서는 변수를 바꾸어 $\tau = T - t$를 사용하도록 한다. 이 방법으로 t가 0에서 T로 변할 때 τ는 T에서 0으로 변하는 잔존 만기를 의미한다. 이 변형하에서 블랙-숄즈 방정식인 식 (8.15)는 다음과 같이 변한다.

$$\frac{\partial V}{\partial \tau} - \frac{\sigma^2}{2} S^2 \frac{\partial^2 V}{\partial S^2} - rS \frac{\partial V}{\partial S} + rV = 0 \tag{24.1}$$

이 절에서는 유럽식 콜옵션과 풋옵션에 중점을 둔다. 유럽식 콜옵션의 $t = T$ 조건은 $\tau = 0$ 조건

$$C(S, 0) = \max(S(0) - E, 0) \tag{24.2}$$

이 된다. 비슷하게 유럽식 풋옵션의 조건은 다음과 같이 바뀐다.

$$P(S, 0) = \max(E - S(0), 0) \tag{24.3}$$

다음은 경계 조건을 고려하여야 한다. 유럽식 콜옵션과 풋옵션은 $S \in [0, \infty)$ 상에서의 PDE를 사용한다. 수치 방법에서는 이 범위를 유한 개의 점으로 표현하여야 하는 어려움이 있다. 한 가지 논리적인 방법은 충분히 큰 수 L을 사용하여 범위를 $S \in [0, L]$로 줄이는 것이다. 식 (8.17)과 식 (8.18)을 사용하면, 콜옵션의 경계조건은 다음과 같이 된다.

$$C(0, \tau) = 0, \qquad C(L, \tau) = L \tag{24.4}$$

비슷하게 식 (8.26)과 식 (8.27)로부터 풋옵션의 경계 조건도 얻어낼 수 있다.

$$P(0,\tau) = Ee^{-r\tau}, \qquad P(K,\tau) = 0 \tag{24.5}$$

이제 그림 (23.2)처럼 격자 $\{jh, ik\}_{j=0,i=0}^{N_x,N_t}$를 사용할 수 있다.

$$\mathbf{V}^i := \begin{bmatrix} V_1^i \\ V_2^i \\ \vdots \\ V_{N_x-1}^i \end{bmatrix} \in \mathbb{R}^{N_x-1}$$

를 단계 i에서의 수치해라 하면, 식 (24.2)와 식 (24.3)에서 얻어진 초기 정보로 $\mathbf{V}^0$을 구할 수 있고, 식 (24.4)와 식 (24.5)로부터 모든 $1 \le i \le N_t$에 대해 경계 값 V_0^i과 $V_{N_x}^i$를 구할 수 있다.

PDE (24.1)을 위한 FTCS의 일반화된 형태를 얻기 위해, $\partial V/\partial S$를 계산하는데 있어 표 (23.1)의 전체 중앙 차분 연산자를 사용할 것이다. 그리고 다음의 일반화된 미분 식을 얻기 위해 (jh, ik)에서의 V항을 계산할 것이다.

$$\frac{V_j^{i+1} - V_j^i}{k} - \frac{1}{2}\sigma^2 (jh)^2 \frac{\left(V_{j+1}^i - 2V_j^i + Vi_{j-1}\right)}{h^2} - rjh\left(\frac{V_{j+1}^i - V_{j-1}^i}{2h}\right) + rV_j^i = 0 \tag{24.6}$$

그리고 해당 BTCS의 일반화 된 형태는 다음 식과 같다.

$$\frac{V_j^{i+1} - V_j^i}{k} - \frac{1}{2}\sigma^2 (jh)^2 \frac{\left(V_{j+1}^{i+1} - 2V_j^{i+1} + Vi + 1_{j-1}\right)}{h^2} - rjh\left(\frac{V_{j+1}^{i+1} - V_{j-1}^{i+1}}{2h}\right) + rV_j^{i+1} = 0 \tag{24.7}$$

식 (23.9)에서 FTCS를 행렬과 벡터로 표현한 방식으로 다음 식

$$F = (1 - rk)I + \frac{1}{2}k\sigma^2 D_2 T_2 + \frac{1}{2}krD_1 T_1$$

과

$$\mathbf{p}^i = \begin{bmatrix} \frac{1}{2}k(\sigma^2 - r)V_0^i \\ 0 \\ \vdots \\ \vdots \\ 0 \\ \frac{1}{2}k(N_x - 1)(\sigma^2(N_x - 1) + r)V_{N_x}^i \end{bmatrix}$$

를 정의하면 그대로 사용이 가능하다. 여기서

$$D_1 = \begin{bmatrix} 1 & 0 & \dots & \dots & 0 \\ 0 & 2 & 0 & \ddots & \vdots \\ \vdots & 0 & 3 & \ddots & \vdots \\ \vdots & \ddots & \ddots & \ddots & 0 \\ 0 & \dots & \dots & 0 & N_x - 1 \end{bmatrix}, \qquad D_2 = \begin{bmatrix} 1^2 & 0 & \dots & \dots & 0 \\ 0 & 2^2 & 0 & \ddots & \vdots \\ \vdots & 0 & 3^3 & \ddots & \vdots \\ \vdots & \ddots & \ddots & \ddots & 0 \\ 0 & \dots & \dots & 0 & (N_x - 1)^2 \end{bmatrix}$$

이고,

$$T_1 = \begin{bmatrix} 0 & 1 & 0 & \dots & \dots & 0 \\ -1 & 0 & 1 & \ddots & \ddots & \vdots \\ 0 & \ddots & \ddots & \ddots & \ddots & \vdots \\ \vdots & \ddots & \ddots & \ddots & \ddots & 0 \\ \vdots & \ddots & \ddots & -1 & 0 & 1 \\ 0 & \ddots & \ddots & 0 & -1 & 0 \end{bmatrix}, \qquad T_2 = \begin{bmatrix} -2 & 1 & 0 & \dots & \dots & 0 \\ 1 & -2 & 1 & \ddots & \ddots & \vdots \\ 0 & 1 & \ddots & \ddots & \ddots & \vdots \\ \vdots & \ddots & \ddots & \ddots & \ddots & 0 \\ \vdots & \ddots & \ddots & 1 & -2 & 1 \\ 0 & \ddots & \ddots & 0 & 1 & -2 \end{bmatrix}$$

이다. 비슷하게 BTCS도 다음과 같은 정의하에 식 (23.11)의 형태를 유지할 수 있다.

$$B = (1 + rk)I - \frac{1}{2}k\sigma^2 D_2 T_2 - \frac{1}{2}krD_1 T_1$$

그리고

$$\mathbf{q}^i = \begin{bmatrix} \frac{1}{2}k(\sigma^2 - r)V_0^{i+1} \\ 0 \\ \vdots \\ \vdots \\ 0 \\ \frac{1}{2}k(N_x - 1)(\sigma^2(N_x - 1) + r)V_{N_x}^{i+1} \end{bmatrix}$$

이다. 이에 관해서 연습문제 (24.1)을 참조하라.

식 (23.18)의 크랭크-니콜슨 방법을 일반화할 수 있는 방법은 연습문제 (23.11)의 관점을 차용하고 FTCS와 BTCS 식인 식 (23.9)와 식 (23.11)의 평균을 내는 방법이다. 결과는 다음과 같다.

$$\frac{1}{2}(I + B)\mathbf{V}^{i+1} = \frac{1}{2}(I + F)\mathbf{V}^i + \frac{1}{2}(\mathbf{p}^i + \mathbf{q}^i) \tag{24.8}$$

계산 예제 $E = 4$, $\sigma = 0.3$, $r = 0.03$, $T = 1$일 때 유럽식 풋옵션을 계산하기 위해 세 가지 유한 차분법을 사용했다. 그리고 자산 가격의 범위를 $L = 10$일 때로 제한한다. 엄밀해는 블랙-숄즈 공식 (8.24)이기 때문에 이를 이용하여 오차를 계산할 수 있다. 시간이 0인 시점에서의 오차에 한정하면 다음과 같은 식을 구할 수 있다.

$$\text{err}^0 := \max_{1 \le j \le N_x - 1} |V_j^{N_t} - V(jh, \tau = T)| \tag{24.9}$$

$N_x = 50$이고 $N_t = 500$일 때, $k = 2 \times 10^{-3}$, $h = 0.2$가 되고, FTCS의 경우 $\text{err}^0 = 1.5 \times 10^{-3}$, BTCS의 경우 $\text{err}^0 = 1.7 \times 10^{-3}$임을 알 수 있다. 크랭크-니콜슨의 경우 N_t를 줄여 $k = 2 \times 10^{-2}$인 경우에도 비슷한 정도의 오차

$\text{err}^0 = 1.6 \times 10^{-3}$이 나온다. ◇

23장에서 행했던 유한 차분법의 안정성과 수렴도에 관한 작업들을 이 절의 결과에 바로 적용할 수는 없다. 왜냐하면 PDE 식 (24.1)이 상수가 아닌 계수를 가지고 있고, 공간에 대한 일차 미분을 포함하고 있기 때문이다. 그러나 비슷한 결과를 유도할 수 있는데 이는 (24.5)절을 보도록 한다.

24.3 다운-앤드-아웃 콜 예제

유한 차분법의 유연성을 설명하기 위해 (19.2)절에서 정의된 다운-앤드-아웃 콜 옵션의 예제를 보자. 이 경우 PDE를 $B \le S$일 때 적용이 가능하다. 그래서 범위를 $B \le S \le L$ 로 제한하도록 하고, $h = (L - B)/N$이며 $\{B + jh, ik\}_{j=0,i=0}^{N_x,N_t}$인 격자를 사용한다. 식 (24.6)의 FTCS는 다음과 같이 변한다.

$$\frac{V_j^{i+1} - V_j^i}{k} - \frac{1}{2}\sigma^2(B+jh)^2\frac{\left(V_{j+1}^i - 2V_j^i + V_{j-1}^i\right)}{h^2} - r(B+jh)\left(\frac{V_{j+1}^i - V_{j-1}^i}{2h}\right) + rV_j^i = 0$$

그리고 해당하는 BTCS의 경우 다음과 같다.

$$\frac{V_j^{i+1} - V_j^i}{k} - \frac{1}{2}\sigma^2(B+jh)^2\frac{\left(V_{j+1}^{i+1} - 2V_j^{i+1} + V_{j-1}^{i+1}\right)}{h^2} - r(B+jh)\left(\frac{V_{j+1}^{i+1} - V_{j-1}^{i+1}}{2h}\right) + rV_j^{i+1} = 0$$

이전과 같이 위의 식들은 식 (23.9), 식 (23.11)의 행렬, 벡터 형식으로 쓸 수 있고, 크랭크-니콜슨 방법은 식 (24.8)과 같이 표현할 수 있다.

식 (19.2)의 $\tau = 0$일 때의 조건은 $V_j^0 = \max(B + jh - E, 0)$임을 정의하고, 식 (19.1)로부터 왼쪽 경계조건은 $V_0^i = 0$임을 알 수 있다. 오른쪽 경계조건을 위한 논리적인 접근 중 하나는 S가 크므로 자산 가격이 배리어를 칠 가능성이 매우 낮다고 보고 경계 값을 $V_{N_x}^i = C(L, \tau)$로 지정하는 것이다. 여기서 $C(S,t)$는 유럽식 콜의 가치이다.

계산 예제 $B = 2$, $E = 4$, $\sigma = 0.3$, $r = 0.03$, $T = 1$일 때, 크랭크-니콜슨을 사용하여 다운-앤드-아웃 콜옵션을 계산해 보자. 이 경우 엄밀해인 식 (19.3)을 이용하여 오차를 계산한다. 자산의 범위를 $L = 10$일 때 까지로 제한하고 $N_x = N_t = 50$으로 맞추면, 0 시점의 최대 오차 식 (2.49)는 $\mathrm{err}^0 = 1.1 \times 10^{-3}$이었다. ◇

24.4 유한 차분법으로서의 이항 모형

16장을 돌아보면, 이항 모형과 유한 차분법의 몇 가지 유사점을 발견할 수 있다.

- 두 방식 모두 시간과 자산 영역을 이산화한다.
- 두 방식 모두 이산화가 조밀해질수록 더 정확해진다.
- 두 방식 모두 시간 방향으로 진행한다.

이항 모형은 시간의 역순으로 작동한다. $t = T$에서의 옵션 가치에서 시작하여 $t = 0, S = S_0$일 때 끝을 맺는다. 유한 차분법은 모든 격자 점 $\{jh, ik\}$에 대해 옵션 가치를 생성한다는 점에서 더 일반적이다. 특히 처음 시점에서 옵션 가치는 모든 자산 가격 0, h, $2h$, ..., L에 대해 구해진다. 그럼에도 불구하고, 이항 모형을 하나의 0 시점의 옵션 가격을 만들어내기 위해 특화된 명시적 유한 차분법의 한 종류로 보는 것도 타당하다. 이 절에서 이 연결이 어떻게 더 강해지는지를 설명한다.

식 (8.15)에서 시작하여 $X = \log S$라고 치환하는데, 이 결과로 다음의 상수 계수의 PDE가 나온다.

$$\frac{\partial V}{\partial t} + \frac{\sigma^2}{2}\frac{\partial^2 V}{\partial X^2} + (r - \sigma^2/2)\frac{\partial V}{\partial X} - rV = 0$$

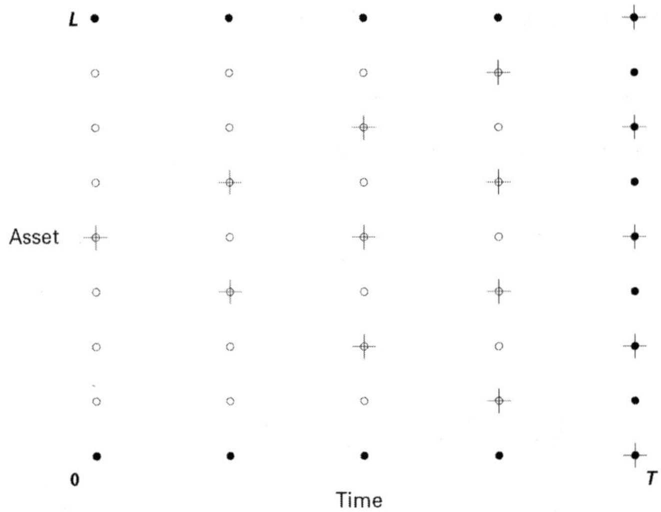

그림 24.1: 유한 차분을 위한 격자계 $\{jh, ik\}_{j=0,i=0}^{N_x,N_t}$의 예. 식 (24.13)의 이항 트리를 이용하여 제로 시점에서의 옵션의 가치를 계산할 때에는 십자가 표시가 된 점들이 이용된다.

그리고 $V = e^{rt}W$로 바꾸면, 이는 0차 미분 항을 삭제하는 효과가 있다.

$$\frac{\partial W}{\partial t} + \frac{\sigma^2}{2}\frac{\partial^2 W}{\partial X^2} + (r - \sigma^2/2)\frac{\partial W}{\partial X} = 0 \tag{24.10}$$

이에 관해 연습문제 (24.4)를 참조한다.

이제 시간 미분에 대해서는 역행, 공간 미분에 대해서는 중앙 미분을 식 (24.10)에 적용하면 다음의 식이 나온다.

$$\frac{W_j^{i+1} - W_j^i}{k} + \frac{\sigma^2}{2}\left(\frac{W_{j+1}^{i+1} - 2W_j^{i+1} + W_{j-1}^{i+1}}{h^2}\right) + \left(r - \frac{\sigma^2}{2}\right)\left(\frac{W_{j+1}^{i+1} - W_{j-1}^{i+1}}{2h}\right) = 0 \tag{24.11}$$

$h^2 = \sigma^2 k$로 맞추면 식 (24.11)에서 W_j^{i+1}항을 없애는 효과를 가져온다. 이로써 식 (24.11)이 다음과 같이 줄어들게 된다.

$$W_j^i = p^\star W_{j+1}^{i+1} + (1 - p^\star) W_{j-1}^{i+1} \tag{24.12}$$

여기서 $p^\star = \frac{1}{2}\left(1 + \sqrt{k}(r/\sigma - \sigma/2)\right)$ 이다. 이를 다시 V로 바꾸면 다음과 같은 식이 나온다.

$$V_j^i = e^{-rk}\left(p^\star V_{j+1}^{i+1} + (1 - p^\star) V_{j-1}^{i+1}\right) \tag{24.13}$$

식 (24.13)과 식 (16.3)을 비교하면 변환된 블랙-숄즈 방정식에 명시적 유한 차분법을 사용하는 것과 이항 모형이 일치함을 알 수 있다. 그림 (24.1)에 도시한 것처럼 유한 차분은 내부의 격자에 적용이 된다. $h^2 = \sigma^2 k$의 관계식은 이항 모형이 폰 노이만 안정성의 경계에 놓이게 되는데, 이는 (16.4)절에서 관찰된 원하지 않는 해의 진동 현상을 설명한다. 이에 관해서는 연습문제 (24.5)를 본다.

24.5 주석 및 참고문헌

23장에서 언급했듯이, 유럽식 콜옵션과 풋옵션을 평가하기 위한 블랙-숄즈 PDE를 식 (23.2)와 같은 형태의 열전도 방정식으로 변화할 수 있다. 그래서 유한 차분법을 적용하기 전에 그 형태로 변형하는 것은 논리적이다. 그리고 더 복잡한 형태의 옵션의 경우 앞서 설명한 변환이 불가능할 수도 있으므로, 블랙-숄즈 형태를 바로 이용하여 어떻게 계산하는지도 보였다. 식 (24.1)의 공간에 대한 일차 미분 $\partial V/\partial S$을 중앙 차분으로 이산화했다. 변동성이 매우 작을 때 더 좋은 대안은 상류(upwind) 차분법이다. 이에 관해서는 Iserles(1996), Mitchell and Griffiths(1980), Morton and Mayers(1994), Strikwerda(1989)를 참조하라.

Clewlow and Strickland(1998), Kwok(1998), Wilmott(1998), Wilmott(1995), Seydel(2002)는 유한 차분법을 옵션 평가에 적용하는 것에 대한 자세한 내용이 있다.[1]

18장에서 미국식 옵션을 평가하는 것은 선형 상보 문제(linear complementarity problem)로 서술될 수 있음을 보았다. 이러한 문제에 대해서 유한 차분법을 만드는 것이 가능하다. Wilmott(1995)를 참고하라. 안정적이지만 자주 무시되는 방법이 벌점 모형(penalty method)이다. 실제로 18장의 기본적인 이항 모형은 단순 명시적 벌점 모형의 한 예이다. 더 정확한 형태는 (Forsyth and Vetzal, 2002)에서 확인할 수 있다. (24.4)절에서의 이항 모형과 유한 차분법 간의 연결에 대한 설명은 Forsyth and Vetzal(2002)의 부록 C에 기초하고 있다. 이 주제에 관한 더 깊은 논의는 Kwok(1998)에서 찾아볼 수 있다.

PDE를 풀기 위한 수치적 방법을 개발하거나 구현할 때, 초보자의 경우 자신의 특정 방법을 개발하기 보다 기존에 있던 기술을 잘 쓰는 것이 중요하다는 것을 강조할 필요가 있다. 그러나 이 책의 두 개의 장에서 언급한 수준에서 간단한 수치적 방법의 특징을 기본적으로 이해한다면, PDE 풀이 방법들에게 어떤 것이 요구되는지 추측할 수 있다.

MATLAB은 pdepe라는 내장 PDE 풀이 기능이 있고, PDE 툴박스와 연동할 수도 있다. 일반적으로 수치적으로 PDE를 풀기 위한 공개 또는 상업 소프트웨어가 풍부하게 존재한다. 초보자에게 좋은 곳은 Netlib Repository (`http://www.netlib.org/liblist.html`)이다.

[1]유한 차분법은 공학에서, 특히 유체 역학에서 가장 많이 사용되는 편미분 방정식의 수치 해법이다. 유체 역학에서는 복잡한 형상을 가진 영역에 유한 차분법을 적용하는 기술을 많이 개발하였다. 그러나, 금융 공학에서는 복잡한 모양의 영역에서 블랙-숄즈 방정식을 풀어야 하는 상품은 거의 없다. (옮긴이 주)

```
%CH24 Program for Chapter 24
%
% Crank-Nicolson for a European put

clf

%%%%%% Problem and method parameters %%%%%%
E = 4; sigma = 0.3; r = 0.03; T = 1;
L = 10; Nx = 50; Nt = 50; k = T/Nt; h = L/Nx;
%%%%%%%%%%%%%%%%%%%%%%%%%%%%%%%%%%

T1=diag(ones(Nx-2,1),1)-diag(ones(Nx-2,1),-1);
T2=-2*eye(Nx-1,Nx-1)+diag(ones(Nx-2,1),1)+diag(ones(Nx-2,1),-1);
mvec = [1:Nx-1];
D1 = diag(mvec);
D2 = diag(mvec.^2);
F=(1-r*k)*eye(Nx-1,Nx-1)+0.5*k*sigma^2*D2*T2+0.5*k*r*D1*T1;
B=(1+r*k)*eye(Nx-1,Nx-1)-0.5*k*sigma^2*D2*T2-0.5*k*r*D1*T1;
A1 = 0.5*(eye(Nx-1,Nx-1) + F);
A2 = 0.5*(eye(Nx-1,Nx-1) + B);

U = zeros(Nx-1,Nt+1);
U(:,1) = max(E-[h:h:L-h]',0);

for i = 1:Nt
    tau = (i-1)*k;
    p1 = k*(0.5*sigma^2 - 0.5*r)*E*exp(-r*(tau));
    q1 = k*(0.5*sigma^2 - 0.5*r)*E*exp(-r*(tau+k));
    rhs = A1*U(:,i) + [0.5*(p1+q1); zeros(Nx-2,1)];
    X = A2\rhs;
    U(:,i+1) = X;
end

bca = E*exp(-r*[0:k:T]);
bcb = zeros(1,Nt+1);
U = [bca;U;bcb];
mesh([0:k:T],[0:h:L],U)
xlabel('T-t'), ylabel('S'), zlabel('Put Value')
```

그림 24.2: 24장의 프로그램: ch24.m.

연습문제

24.1 ★ 식 (24.6)의 FTCS와 식 (24.7)의 BTCS가 (24.2)절에서 언급한 것처럼 각각 식 (23.9)와 식 (23.11)의 벡터, 행렬 형태를 가짐을 확인하라.

24.2 ★★ 유럽식 콜옵션의 경우, 초기와 경계 조건식 (24.2)와 식 (24.4)의 모순을 지적하라. 그리고 이것을 어떻게 극복할 것인가?

24.3 ★★ 다운-앤드-아웃 콜옵션을 풀기 위한 FTCS와 BTCS, 크랭크-니콜슨 방법의 행렬, 벡터 형태를 작성하라.

24.4 ★★★ (24.4)절에서 행한 식 (8.15)에서 식 (24.10)으로의 변환을 확인하라.

24.5 ★★ 상수의 확산 계수 $\sigma^2/2$을 열전도 방정식 식 (23.2)에 적용한다고 가정하면 다음의 식이 나온다.

$$\frac{\partial u}{\partial t} = \frac{\sigma^2}{2}\frac{\partial^2 u}{\partial x^2}$$

그렇다면 FTCS 모형의 경우 다음의 식을 사용하게 된다.

$$k^{-1}\Delta_t U_j^i - \frac{1}{2}h^{-2}\delta_x^2 U_j^i = 0$$

여기서 폰 노이만 안정성 조건이 $\sigma^2 k \le h^2$임을 보여라.

24.6 프로그램과 연습

프로그램 ch24는 유럽식 풋옵션을 계산하기 위해 식 (24.8)의 크랭크-니콜슨을 구현했다. 결과로 그림 (11.4)을 만들어낸다. 이 코드는 그림

(24.2)에서 볼 수 있다. 코드의 구조는 ch23과 비슷하고 사용된 명령어는 23장에서 설명하였다.

프로그래밍 연습문제

P24.1 ch24코드를 다운-앤드-아웃 콜을 평가하도록 고쳐라.

P24.2 매트랩의 내장 PDE 풀이 기능인 pdepe를 옵션 평가에 사용해보는 것을 연구하라. help pdepe를 쳐보거나 Higham and Higham(2000, Section 12.4)를 참고하라.

인 용

내가 금융 공학이 매우 흥미롭다고 생각하는 이유 중 하나는
은행들이 학문적인 작업에 매우 많은 관심을 기울인다는 것이다.
그런 면에서 이 분야는 매우 활동적인 분야인데,
왜냐하면 당신이 관심 있는 문제를 푸는 새로운 방법을 가지고 있다면
그것을 들어주는 청중이 반드시 있을 것이기 때문이다.
그리고 그 청중들이 다시 돌아와 질문을 하고, 전화를 걸고, 세미나실을 가득 채울 것이다.

TOM COLEMAN,
Financial Engineering News, September/October 2002

참고문헌

Almgren, Robert F. (2002) Financial derivatives and partial differential equations. *American Mathematical Monthly*, **109**:1–12.

Andersen, L. and M. Broadie (2001) A primal-dual simulation algorithm for pricing multi-dimensional American options. Working paper, University of Columbia, New York.

Bass, Thomas A. (1999) *The Predictors*. London: Penguin.

Baxter, Martin and Andrew Rennie (1996) *Financial Calculus: An Introduction to Derivative Pricing*. Cambridge: Cambridge University Press.

Björk, Thomas (1998) *Arbitrage Theory in Continuous Time.* Oxford: Oxford University Press.

Black, Fischer (1989) How to use the holes in Black and Scholes. *Journal of Applied Corporate Finance*, **1**:4, Winter:67–73.

Black, F. and M. Scholes (1973) The pricing of options and corporate liabilities. *Journal of Political Economy*, **81**:637–659.

Boyle, P. P. (1977) Options: A Monte Carlo approach. *Journal of Financial Economics*, **4**:323–338.

Boyle, Phelim, Mark Broadie and Paul Glasserman (1997) Monte Carlo methods for security pricing. *Journal of Economic Dynamics and Control*, **21**:1267–1321.

Broadie, Mark and Paul Glasserman (1998) Introduction to Chapter III: Volatility and correlation. In Mark Broadie and Paul Glasserman, eds, *Hedging with Trees.* London: Risk Books.

Brzeźniak, Zdislaw and Tomasz Zastawniak (1999) *Basic Stochastic Processes.* Berlin: Springer.

Capiński, Marek and Ekkehard Kopp (1999) *Measure, Integral and Probability.* Berlin: Springer.

Clewlow, Les and Chris Strickland (1998) *Implementing Derivative Models.* Chichester: Wiley.

Cochrane, John H. (2001) *Asset Pricing.* Princeton, NJ: Princeton University Press.

Corless, Robert M. (2002) *Essential Maple 7.* Berlin: Springer.

Cox, John C., Stephen A. Ross, and Mark Rubinstein (1979) Option pricing: a simplified approach. *Journal of Financial Economics*, **7**:229–263.

Cyganowski, Sasha, Lars Grüne and Peter E. Kloeden (2002) MAPLE for jump-diffusion stochastic differential equations in finance. In S. S. Nielsen, ed., *Programming Languages and Systems in Computational Economics and Finance*, Boston, MA:Kluwer, pp. 441–460.

Dalton, John (ed.) (2001) *How the Stock Market Works,* 3rd edn. Englewood Cliffs, NJ: Prentice Hall Press.

Denney, Mark and Steven Gaines (2000) *Chance in Biology*, Princeton, NJ: Princeton University Press.

Duffie, Darrell (2001) *Dynamic Asset Pricing Theory,* 3rd edn. Princeton, NJ: Princeton University Press.

Elder, Alexander (2002) *Come into My Trading Room: a Complete Guide to Trading.* Chichester: Wiley.

Estep, Donald (2002) *Practical Analysis in One Variable.* Berlin: Springer.

Farmer, J. Doyne (1999) Physicists attempt to scale the ivory towers of finance. *Computing in Science and Engineering,* November:26–39.

Forsyth, P. A. and K. R. Vetzal (2002) Quadratic convergence for valuing American options using a penalty method. *SIAM Journal on Scientific Computing,* **23**:2095–2122.

Fröberg, Carl-Erik (1985) *Numerical Mathematics.* Menlo Park, CA: Benjamin/Cummings.

Fu, M., S. Laprise, D. Madan, Y. Su. and R. Wu (2001) Pricing American options: a comparison of Monte Carlo simulation approaches. *Journal of Computational Finance*, **4**:39–88.

Gard, Thomas C. (1988) *Introduction to Stochastic Differential Equations.* New York: Marcel Dekker.

Goodman, Jonathan and Daniel N. Ostrov (2002) On the early exercise boundary of the American put option. *SIAM Journal on Applied Mathematics,* **62**:1823–1835.

Green, T. Clifton and Stephen Figlewski (1999) Market risk and model risk for a financial institution writing options. *Journal of Finance*, **53**:1465–1499.

Grimmett, Geoffrey and David Stirzaker (2001) *Probability and Random Processes*, Oxford: Oxford University Press.

Grimmett, Geoffrey and Dominic Welsh (1986) *Probability. An Introduction.* Oxford: Oxford University Press.

Grinstead, Charles M. and J. Laurie Snell (1997) *Introduction to Probability.* Providence, RI: American Mathematical Society.

Hammersley, J. M. and D. C. Handscombe (1964) *Monte Carlo Methods.* London: Methuen.

Heath, Michael T. (2002) *Scientific Computing: An Introductory Survey*, 3rd edn. New York: McGraw-Hill.

Higham, Desmond J. (2001) An algorithmic introduction to numerical simulation of stochastic differential equations. *SIAM Review*, **43**:525–546.

Higham, Desmond J. (2002) Nine ways to implement the binomial method for option valuation in MATLAB. *SIAM Review*, **44**:661–677.

Higham, Desmond J. and Nicholas J. Higham (2000) *MATLAB Guide*. Philadelphia, PA: SIAM.

Higham, Desmond J. and Peter E. Kloeden (2002) MAPLE and MATLAB for stochastic differential equations in finance. In S. S. Nielsen, ed., *Programming Languages and Systems in Computational Economics and Finance*, pp. 233–269. Boston, MA: Kluwer.

Hull, John C. (2000) *Options, Futures, and Other Derivatives*, 4th edn. Englewood Cliffs, NJ: Prentice-Hall.

Hull, J. C. and A. White (1987) The pricing of options on assets with stochastic volatilities. *Journal of Finance*, 42:281–300.

Isaac, Richard (1995) *The Pleasures of Probability*. Berlin: Springer.

Iserles, Arieh (1996) *A First Course in the Numerical Analysis of Differential Equations*. Cambridge: Cambridge University Press.

Jäckel, Peter (2002) *Monte Carlo Methods in Finance*. Chichester: Wiley.

Johnson, Philip McBride (1999) *Derivatives, a Manager's Guide to the World's Most Powerful Financial Instruments*. Columbus, OH: McGraw-Hill.

Karatzas, I. and S. Shreve (1998) *Methods of Mathematical Finance*. New York: Springer.

Kelley, C. T. (1995) *Iterative Methods for Linear and Nonlinear Equations*. Philadelphia, PA: SIAM.

Kloeden, Peter E. and Eckhard Platen (1992) *Numerical Solution of Stochastic Differential Equations*. Berlin: Springer (corrected 1999).

Kritzman, Mark. P. (2000) *Puzzles of Finance: Six Practical Problems and Their Remarkable Solutions*. Chichester: Wiley.

Kuske, R. and J. B. Keller (1998) Optimal exercise boundary for an American put option. *Applied Mathematical Finance*, 5:107–116.

Kwok, Y. K. (1998) *Mathematical Models of Financial Derivatives.* Berlin: Springer.

Leisen, Dietmar P. J. (1998) Pricing the American put: a detailed convergence analysis for binomial methods. *Journal of Economic Dynamics and Control*, **22**:1419–1444.

Leisen, Dietmar and Matthias Reimer (1996) Binomial models for option valuation – examining and improving convergence. *Applied Mathematical Finance*, **3**:319–346.

Lewis, Michael (1989) *Liar's Poker*. London: Hodder & Stoughton.

Lo, Andrew W. and Craig MacKinlay (1999) *A Non-Random Walk Down Wall Street.*

Princeton, NJ: Princeton University Press.

Longstaff, F. A. and E. S. Schwartz (2001) Valuing American options by simulation: a simple least-squares approach. *Review of Financial Studies,* **14**:113–147.

Lowenstein, Roger (2001) *When Genius Failed.* London: Fourth Estate.

Madan, Dilip B. (2001) On the modelling of option prices. *Quantitative Finance*, 1.

Madras, Neal (2002) *Lectures on Monte Carlo Methods.* Providence, RI: American Mathematical Society.

Malkiel, Burton G. (1990) *A Random Walk down Wall Street.* New York: Norton.

Manaster, S. and G. Koehler (1982) The calculation of implied variances from the Black-Scholes model: a note. *Journal of Finance*, **38**:227–230.

Mantegna, Rosario N. and H. Eugene Stanley (2000) *An Introduction to Econophysics: Correlations and Complexity in Finance.* Cambridge: Cambridge University Press.

Mao, Xuerong (1997) *Stochastic Differential Equations and Applications.* Chichester: Horwood.

Merton, R. C. (1973) Theory of rational option pricing. *Bell Journal of Economics and Management Science,* 4:141–183.

Mitchell, A. R. and D. F. Griffiths (1980) *The Finite Difference Method in Partial Differential Equations.* Chichester: Wiley.

Morgan, Byron J. T. (2000) *Applied Stochastic Modelling.* London: Arnold.

Morton, K. W. and D. F. Mayers (1994) *Numerical Solution of Partial Differential Equations.* Cambridge: Cambridge University Press.

Nahin, Paul J. (2000) *Duelling Idiots and Other Probability Puzzlers.* Princeton, NJ: Princeton University Press.

Nielsen, Lars Tyge (1999) *Pricing and Hedging of Derivative Securities.* Oxford: Oxford University Press.

Øksendal, Bernt (1998) *Stochastic Differential Equations,* 5th edn. Berlin: Springer.

Ortega, J. M. and W. C. Rheinboldt (1970) *Iterative Solution of Nonlinear Equations in Several Variables.* PA: re-published by Society for Industrial and Applied Mathematics, Philadelphia, in 2000.

Poon, S.-H. and C. Granger (2003) Forecasting volatility in financial markets. *Journal of Economic Literature,* to appear.

Rebonato, Riccardo (1999) *Volatility and Correlation: In the Pricing of Equity, FX and Interest-Rate Options.* Chichester: Wiley.

Ripley, B. D. (1997) *Stochastic Simulation.* Chichester: Wiley.

Rogers, L. C. G. (2002) Monte Carlo valuation of American options. *Mathematical Finance,* **12**:271–286.

Rogers, L. C. G. and E. J. Stapleton (1998) Fast accurate binomial pricing of options. *Finance and Stochastics*, **2**:3–17.

Rogers, L. C. G. and O. Zane (1999) Saddle-point approximations to option prices. *Annals of Applied Probability*, **9**:493–503.

Rosenthal, Jeffrey S. (2000) *A First Look at Rigorous Probability Theory.* Singapore: World Scientific.

Seydel, Rudiger (2002) *Tools for Computational Finance.* Berlin: Springer.

Smith, A. L. H. (1986) *Trading Financial Options.* London: Butterworths.

Strikwerda, J. C. (1989) *Finite Difference Schemes and Partial Differential Equations.* Belnout, CA: Wadsworth and Brooks/Cole.

Taleb, Nassim (1997) *Dynamic Hedging: Managing Vanilla and Exotic Options.* Chichester: Wiley.

Walker, Joseph A. (1991) *How the Options Markets Work.* Englewood Cliffs, NJ: Prentice-Hall Press.

Walsh, John B. (2003) *The rate of convergence of the binomial tree scheme.* Finance and Stochastics, to appear.

Wilmott, Paul (1998) *Derivatives.* Chichester: Wiley.

Wilmott, Paul, Sam Howison and Jeff Dewynne (1995) *The Mathematics of Financial Derivatives.* Cambridge: Cambridge University Press.

찾아보기

MATLAB과 함께 하는

금융수학입문

지은이 데즈먼드 하이엄
옮긴이 추정호·황석정
펴낸이 조경희
펴낸곳 경문사
펴낸날 2011년 9월 1일 1판 1쇄
2015년 9월 1일 1판 3쇄
등 록 1979년 11월 9일 제313-1979-23호
주 소 121-818, 서울특별시 마포구 와우산로 174
전 화 (02) 332-2004 팩스 (02) 336-5193
이메일 kyungmoon@kyungmoon.com

값 24,000원

ISBN 978-89-6105-502-4